新时代北外文库

# 新型犯罪治理与
# 刑法现代化研究

Studies on New-type Crime Governance and
Modernization of Criminal Law

王文华 著

人民出版社

统　　筹:张振明　孙兴民
责任编辑:江小夏
封面设计:徐　晖
版式设计:王　婷
责任校对:张红霞

**图书在版编目(CIP)数据**

新型犯罪治理与刑法现代化研究/王文华 著. —北京:人民出版社,2021.2
(新时代北外文库/王定华,杨丹主编)
ISBN 978－7－01－022551－7

Ⅰ.①新…　Ⅱ.①王…　Ⅲ.①犯罪-社会问题-研究-中国 ②刑法-研究-
中国　Ⅳ.①D917 ②D924.04

中国版本图书馆 CIP 数据核字(2020)第 195720 号

新型犯罪治理与刑法现代化研究
XINXING FANZUI ZHILI YU XINGFA XIANDAIHUA YANJIU

王文华　著

**人民出版社**　出版发行
(100706　北京市东城区隆福寺街 99 号)

北京新华印刷有限公司印刷　新华书店经销

2021 年 2 月第 1 版　2021 年 2 月北京第 1 次印刷
开本:710 毫米×1000 毫米 1/16　印张:22.25　插页:1 页
字数:360 千字

ISBN 978－7－01－022551－7　定价:88.00 元

邮购地址 100706　北京市东城区隆福寺街 99 号
人民东方图书销售中心　电话 (010)65250042　65289539

## 作者简介
### ABOUT THE AUTHOR

王文华　女，中国人民大学法学博士后（2005）、北京大学法学博士（2002）、北京大学法学硕士（1998）、苏州大学法学学士（1989），加拿大蒙特利尔大学法律硕士（1999）、美国德堡大学法学访问学者（2005）。曾担任江苏省宝应县人民法院刑庭审判员、四级法官。现为北京外国语大学法学院教授、博士生导师、学术委员会主席，电子商务与网络犯罪研究中心主任、中外廉政法治研究中心执行主任、刑事法学教研室主任。曾担任法学院副院长（2006—2017），2011年入选教育部"新世纪优秀人才"，北京外国语大学首届"十大最受学生喜爱的教师"（2014）。

全国人大财经委《电子商务法》立法起草专家小组成员、北京市法学会学术委员会委员、北京市法学会电子商务法治研究会副会长、中国行为法学会常务理事、中国行为法学会理论研究分会副会长、"G20反腐败追逃追赃研究中心"首批兼职研究员、北京"一带一路"法律研究会常务理事、中国刑法学研究会理事、中国审判理论研究会理事、中国犯罪学研究会理事、中国互联网与信息法学研究会理事、中国欧洲学会欧洲法律研究会理事、北京师范大学刑事法律科学研究院特邀研究员、中国中小商业企业协会企业权益保护办公室专家顾问、《法治周末》特约评论员。

主要研究领域为刑法学、电子商务法学、网络犯罪与网络刑法、跨国犯罪与国际刑事司法合作、司法信息化、法学教育。学术成果包括专著3部、译著2部、合著7部、教材1部（副主编），学术论文100余篇，其中独著90余篇，CSSCI、核心期刊论文40余篇，3篇论文被《新华文摘》全文转载，30余篇论文被《中国社会科学文摘》、中国人民大学复印报刊资料、《人民检察》等期刊转载，多项成果获奖，主持教育部、司法部、最高人民检察院、财政部、中国外文局多项课题。

## 内 容 提 要
### EXECUTIVE SUMMARY

　　21 世纪以来，我国的刑事立法与司法顺应时代发展与社会需求，满足了公众的期待，对刑法的理论研究既推动了立法，也推动了实践。"法与时变"，包括刑法在内的法律罪名制定、如何适用，依赖于社会变革的现实与法律实践。作为调整社会关系的规则，法一经制定即落后于现实，刑法的发展变化，与刑事政策、立法、司法活动及其效果有关，更与我国改革开放、社会管理中遇到的"突出问题"紧密相关。在国际形势风云变幻、经济体制深刻变革、社会结构深刻变动、利益格局深刻调整、人们的思想观念深刻变化的大背景下，这种空前的社会变革带来了新情况、新矛盾和新问题，科技、商业模式的发展已然对刑法研究提出了诸多新的挑战，经济全球化时代，包括网络犯罪在内的各种跨国有组织犯罪的预防及处罚也需要刑法分则研究予以高度关注。本书收录的论文，试图对此类问题给出自己的理解和回应。

　　全书分为三编。第一编"刑法现代化基本问题研究"主要收录了较为宏观的刑法现代化以及刑法总论问题，探讨刑事立法、司法、执法在急剧变革的社会大背景下的刑法基本理论问题，包括"刑法之内""刑法之上""刑法之外"的问题研究。第二编"经济犯罪、腐败犯罪惩治与国际刑事司法合作"、第三编"电子商务与网络犯罪治理"探讨的是全球化背景下，数字经济时代的常见多发犯罪及国际治理。

# 出版说明

2021 年是中国共产党成立 100 周年,也是北京外国语大学建校 80 周年。作为中国共产党创办的第一所外国语高等学校,北外紧密结合国家战略发展需要,秉承"外、特、精、通"的办学理念和"兼容并蓄、博学笃行"的校训精神,培养了一大批外交、翻译、教育、经贸、新闻、法律、金融等涉外高素质人才,也涌现了一批学术名家与精品力作。王佐良、许国璋、纳忠等学术大师,为学人所熟知,奠定了北外的学术传统。他们的经典作品被收录到 2011 年北外 70 年校庆期间出版的《北外学者选集》,代表了北外自建校以来在外国语言文学研究领域的杰出成果。

进入 21 世纪尤其是新时代以来,北外主动响应国家号召,加大非通用语建设力度,现获批开设 101 种外国语言,致力复合型人才培养,优化学科布局,逐步形成了以外国语言文学学科为主体,多学科协调发展的格局。植根在外国语言文学的肥沃土地上,徜徉在开放多元的学术氛围里,一大批北外学者追随先辈脚步,着眼中外比较,潜心学术研究,在国家语言政策、经济社会发展、中华文化传播、国别区域研究等领域颇有建树。这些思想观点往往以论文散见于期刊,而汇编为文集,整理成文库,更能相得益彰,蔚为大观,既便于研读查考,又利于学术传承。"新时代北外文库"之编纂,其意正在此,冀切磋琢磨,交锋碰撞,助力培育北外学派,形成新时代北外发展的新气象。

"新时代北外文库"共收录 32 本,每本选编一位北外教授的论文,均系进入 21 世纪以来在重要刊物上发表的高质量学术论文。既展现北外学者在外国文学、外国语言学及应用语言学、翻译学、比较文学与跨文化研究、国别与区域研究等外国语言文学研究最新进展,也涵盖北外学者在政治学、经济学、教育学、新闻传播学、法学、哲学等领域发挥外语优势,开展比较研究的创新成果。希望能为校内外、国内外的同行和师生提供学术借鉴。

北京外国语大学将以此次文库出版为新的起点,进一步贯彻落实习近平新时代中国特色社会主义思想和党中央关于教育的重要部署,秉承传统,追求卓越,精益求精,促进学校平稳较快发展,致力于培养国家急需,富有社会责任感、创新精神和实践能力,具有中国情怀、国际视野、思辨能力和跨文化能力的复合型、复语型、高层次国际化人才,加快中国特色、世界一流外国语大学的建设步伐。

谨以此书,
献给中国共产党成立 100 周年。
献给北京外国语大学建校 80 周年。

文库编委会
庚子年秋于北外

# 目　录

## 电子商务与网络犯罪治理

# 自　序

　　21世纪以来,我国刑事立法与司法顺应时代发展与社会需求,满足了公众的期待,对刑法的理论研究既推动了立法,也推动了实践。"法与时变",包括刑法在内的法律罪名制定、如何适用,依赖于社会变革的现实与法律实践。作为调整社会关系的规则,法一经制定即落后于现实,刑法的发展变化与刑事政策、立法、司法活动及其效果有关,更与我国改革开放、社会管理中遇到的"突出问题"紧密相关。在国际形势风云变幻、经济体制深刻变革、社会结构深刻变动、利益格局深刻调整、人们的思想观念深刻变化的大背景下,新情况、新矛盾和新问题不断产生,科技、商业模式突飞猛进的发展对包括刑法在内的法学研究提出了诸多新的挑战。经济全球化时代,人员、资金、数据信息的世界范围流动使得金融犯罪等经济犯罪、腐败犯罪以及其他类型的犯罪,借助网络更加猖獗,特别是当这些犯罪采取跨国有组织犯罪形式时,其预防及处罚的科学化、法治化需求更为迫切。本书收录的论文,试图对此类问题作一回应。

　　全书分为三编。第一编"刑法现代化基本问题研究"主要收录了较为宏观的刑法现代化以及刑法总论问题,探讨在急剧变革的社会大背景下刑事立法、司法、执法等方面的基本理论问题,例如《论知识经济与刑法变革》《刑法学教科书70年回顾与反思》《论全球化时代的刑法国际协调》等。除了关注"刑法之内",也关注"刑法之上"——例如《论刑法的宪法制约》、"刑法之外"——《行政犯罪与行政违法的界定及立法方式》等问题的研究。定罪标准、重罪与轻罪的划分、死刑的立改废释、量刑改革是刑法学研究中的基本问题。本书主要在《论刑法中重罪与轻罪的划分》《从刑法修正案(九)草案看我国死刑制度的"停、改、废、释"》等文中探讨。在定罪处刑中,人身危险性因素始终发挥作用，却很难量化，如何准确认定，对于重罪是否要判处死刑立即执行、轻罪是否必须定罪和处刑，在《"后劳教时代"的人身危险性因素研究》中有所展开。有关刑法分论研究，限于篇幅，从犯罪的社会危害性或者法益侵害性以及常见多发等因素出发，只收录了《〈制止核恐怖行为国际公约〉与我国相关立法的协调研究》一文。

第二编"经济犯罪、腐败犯罪惩治与国际刑事司法合作"主要收录了关于经济犯罪惩治方面的论文，涉及跨国公司犯罪治理、跨国有组织犯罪抗制、金融反恐、反洗钱、反垄断等。关于腐败犯罪的惩治，主要涉及从人权保障角度反腐败、扶贫腐败监察工作的法治化、境外追逃追赃与国际刑事合作的法治化、我国参与全球腐败治理的话语权提升等。

第三编"电子商务与网络犯罪治理"单独成编，主要是鉴于互联网所带来的电子商务的迅猛发展之便利以及网络技术进步的副产品——网络犯罪的泛滥之危害。《互联网上侦查权与隐私权的冲突及其刑事政策》一文2003年发表于《比较法研究》上，时间较早，然而其聚焦的问题及观点现在看来仍然不算过时，因而也收录于文集。鉴于网络平台这一角色的重要性和权利义务责任界定的复杂性，《立法扩张与司法限缩——拒不履行信息网络安全管理义务罪研究》对拒不履行信息网络安全管理义务罪的司法认定进行探讨。我国的电子商务拥有世界上的多个第一，近年来笔者参与其中立法起草的实践，深感其中"法律责任"作为一部法律"牙齿"的重要性，主要体现在《电子商务活动相关法律责任研究》一文中。论文《论网络时代公民个人信息的刑法保护》《网络食品安全犯罪的刑事责任认定问题研究》与每个人休戚相关，论文《网络犯罪案件法律适用若干问题研究》是最高人民检察院的重点课题成果之一，论文《建立多层次国际合作，有效惩治网络犯罪》更多考虑网络无国界、强调多层次国际合作的必要性和可行性。论文《域外司法信息化发展新趋势及其启示》是根据2019年互联网法律大会上的发言稿整理而成。近年来，北京外国语大学法学院、电子商务与网络犯罪研究中心与最高人民法院信息技术中心、司法大数据研究院在此领域深度合作，司法信息化是数字经济时代减少当事人讼累、节省司法资源的必由之路。

实践中，定罪量刑、司法定分止争所需要的知识与方法早已超越了刑法、超越了法律。刑法的"立、改、释、废"进程在加快,而海量的刑法"前置法"的出现则更多、更快,对刑法的理解与适用,需要广博的社会学、哲学、心理学、管理学、外交学、对外传播学等社会科学知识,需要人文关怀精神,只有胸中有大爱,才能使得刑法教义学研究更为精当、合情合理。此外,在数字经济时代,刑法学研究离不开对算法与人工智能、大数据等新技术、新经济、新业态的了解与理解。作为覆盖面最广、最为严厉的处罚措施,刑罚是必要的却非充分的社会治理手段,是社会公正法律保障的"最后一道防线"。良法善治,不能也无法过度依赖刑法。未来对刑事立法与法律适用的研究,需要对刑法内外因素的综合性、一体化考量,准确、适当的定罪量刑需要到法理、社会现实、历史发展进程中去寻找答案。反过来,刑事立法、司法的进步,也促进社会的进步、法制的完善。

本书收录的论文,来源于笔者多年来所从事的教学科研、社会服务的一些心得体会,若能有一些参考价值,则应当感谢北京外国语大学领导们以及"新时代北外文库"编委会负责同志提供这次宝贵的编纂机会,使得笔者可以将之前发表的论文作一阶段性的梳理、回顾和总结。感谢刘博然老师、梁炳超老师和出版社编辑同志为本书出版所付出的心血,感谢北京外国语大学法学院硕士研究生魏祎远所作的格式完善和校对工作。感谢家人一直以来给予的大力支持!

书中不当之处,还望有识之士批评指正,我的电子邮箱地址是:wen-huaw9527@ 163.com。

# 刑法现代化基本问题研究

# 论刑事政策法治化的基础

## 一、前言

我国要建设现代化国家,从传统社会向现代社会转变,市场化和法治化是相生相伴的进程,不可偏废。市场经济是市场在资源配置中发挥基础性作用的经济,它迫切需要法律在国家治理中发挥基础性作用的法治环境,即依法治国,依法运用和制约公共权力。法律属于上层建筑、意识形态范畴,它不会自生自灭,虽然它必须遵循社会发展的客观规律,而如何反映规律依然是人为的。近年来,我国刑事法学者比以往更多地反思刑事法以内、以外的问题,并循着刑事一体化的方向开始重视考察刑事政策的价值。与成文法相比,刑事政策具有更多的不确定性,刑事政策法治化的问题,就摆在了正努力向法治化迈进的国家面前。

在论述刑事政策法治化之前,首先需要对什么是刑事政策、什么是法治进行界定。自德国古典刑法学家费尔巴哈 1803 年明确提出刑事政策一词,并将其界定为"刑事政策是国家据以与犯罪作斗争的惩罚措施的总和"以来,对它的概念似乎就从未有过定论。[①] 一些学者从制定刑事政策的主体(是否包括社会、公众)、目标(公正与效率的关系)、根据(刑事政策是否包括法律本身,在何种程度上遵守国际公约有关规定)、对象、具体措施(是否包括非刑罚方法、保安处分、保护处分及其相互之间的关系)、载体(以什么形式表现)等方

---

① 杨春洗主编:《刑事政策论》,北京大学出版社 1994 年版,第 398 页。

面对其进行了深入的研究,并据此对刑事政策的定义产生了二分法——广义的刑事政策和狭义的刑事政策,以及三分法——广义、狭义、最狭义之说。广义说认为,刑事政策是指国家以预防与镇压犯罪为目的的一切手段与方法,因而间接与防止犯罪有关的各种社会政策,例如居住政策、教育政策、劳动政策(失业政策)及其他公共的保护政策等均包括在内。狭义说则认为,刑事政策是指国家以预防及镇压犯罪为目的,运用刑罚以及具有与刑罚类似作用之诸制度,对于犯罪人及有犯罪危险人发生作用之刑事上之诸对策。而最狭义说认为刑事政策是对各个犯罪者、犯罪危险者以特别预防为目的而采取的措施(刑罚、保安处分等),也叫"犯罪对策论"。① 虽然一般认为广义的刑事政策和最狭义的刑事政策有其研究的意义,但通说还是取狭义的刑事政策说。个人认为,刑事政策是指国家为了控制和预防犯罪,根据本国的犯罪总态势而制定的一系列战略、方针以及具体措施的总和。这只是刑事政策的一般概念,不同国家在不同时期,刑事政策的具体内涵会有不同的侧重,从而在刑事立法和司法中会有不同的反映。

刑事政策的法治化,既是刑事政策发展的必然,也是我国各项政治法律制度法治化的必然。在世界范围内最早提出法治概念的是亚里士多德,他指出,"法治应包含两重意义:已成立的法律获得普遍的服从,而大家所服从的法律又应该本身是制订得良好的法律。"②从产生以来,法治理论已经发生了重大的发展和变化,但这一学说的核心内容是:法应当具有普遍约束力,法律应当具有权威性。"法治"一词的英文"rule of law"也反映了这一基本属性,它与"人治"相对,强调国家的一切活动,应以法律而非个人的意志为决策依据。但它不是把法律仅仅作为一种治理的根据,即不仅要"rule by law",而且要将法律作为一种价值取向来对待,它要求对权力作出限制,体现了与专制的对立。当代西方占主导地位的三大法学流派,即新自然法学派、实证主义法学派和社会法学派,包括其他各种法律思潮都不同程度地继承和发展了近代启蒙思想家们关于法治的理论,几乎所有的学派都主张各国在立法、执法和司法过

---

① 马克昌:《中国刑事政策学》,武汉大学出版社 1992 年版,第 12 页。
② [古希腊]亚里士多德:《政治学》,吴寿彭译,商务印书馆 1965 年版,第 199 页。

程中都要体现法治原则,以确保公民的公允的各种合法权利和义务的实施。1959 年在印度德里召开的国际法学家会议集中了各国法学家对法治的一般看法,在《德里宣言》中将法治归纳为以下几点:第一,根据全面正义的法治精神,立法机关的职能在于创造和维持使个人尊严、个人发展得到维护的各种条件;第二,法治原则不仅要防范行政权力的滥用,也要有一个有效的正义来维持法律秩序,借以保障人们具有充分的社会和经济生活条件;第三,要有正当的刑事审判程序;第四,司法独立和律师自由是实施法治原则必不可少的条件。

有法律不代表就实现了法治,有刑事法律当然也不代表就实现了刑事法治。刑事政策不是人们的凭空创造,它因时而至,试图发现预防和控制犯罪的规律,而不是一项别出心裁的东西,要对刑事政策进行法治化构建,就需要理论的、社会现实的、法律的、人道主义的基础。本文试从这四个方面出发,对刑事政策的法治化进行探讨,以求教于同仁。

## 二、刑事政策法治化的理论基础

从理论渊源上考察,刑事政策的萌生是 18 世纪启蒙思想发展的结果,可以溯源到贝卡利亚和边沁,它的成熟则是 19 世纪末犯罪学发展的结果。该术语最早出现在德国刑法学家费尔巴哈的著作中,但是首先对其下定义的是李斯特,他认为"刑事政策是国家和社会据以与犯罪作斗争的原则的总和"。他认为刑事政策是社会政策有机组织的一部分。1882 年李斯特的马堡计划从新派目的刑的立场出发,建立起了刑事政策的全新体系。法国学者拉塞杰认为,刑事政策是一种社会的和法律的反犯罪战略,这种战略建立在一定理论基础之上,其宗旨是要解决打击和预防广义的犯罪现象过程中所提出的各种问题。① 从李斯特为代表的刑事政策学派开始至今,刑事政策制定与付诸实践的任务,便一直是在如何有效地与犯罪作斗争这个问题上展开。从一种实际存在而言,中国历史上各个朝代,都有与当时政治、经济、文化等因素相适应的

---

① [法]拉塞杰:《刑事政策学》,巴黎法国大学出版社 1989 年版,第 5 页。

刑事政策，法家甚至提出过"以法治国"的思想，但法治的概念却从未形成。①
1979 年，"依照惩办与宽大相结合的政策"被明确写进刑法第 1 条，其后我国
一些刑法学者对刑事政策进行了专门论述，但对刑事政策的研究的展开，却是
近十多年来的事情。不论是出于现实的需要，还是从刑事政策的特点来看，刑
事政策的法治化是一个既紧迫、又需要长时间努力才能实现的目标。与刑事
法律相比，刑事政策具有其固有的特点：

（一）灵活性（flexibility）。我国有学者也将其概括为意向性。意向即意
志倾向，刑事政策就其基本精神而言是国家对付犯罪现象的意志倾向。意向
性是确定性与不确定性（模糊性）的统一。法律的制定与执行是严格、稳定、
客观的，而刑事政策的弹性、主观性要强，虽然它的制定也需要客观依据。正
如美国学者莫里斯·科恩（Morris Cohen）所指出，"生活需要法律具有两种适
相矛盾的本质，即稳定性或确定和灵活性；需要前者，以使人的事业不致被疑
虑和不稳定所损害；需要后者，以免生活受过去的束缚"。② 刑事政策有助于
后者目标的实现。

（二）开放性。刑事政策本身是一个开放的系统，它的存在和发挥作用是
以与外界不断交换信息为前提的，它的生命力表现在它的开放性。刑事政策
本身是寻求符合目的的最佳手段的不断改革和完善的过程，它的开放性主要
通过它的动态性来表现。

（三）综合性/整合性。刑事政策的主体和对象的两层含义，目的的双重
性、手段的多样性以及刑事政策载体（表现）的层次性，集中说明刑事政策的
综合性。手段多样性是刑事政策综合性的最主要表现。③

（四）动态性。法一旦制定出来，其本身是相对静止的、稳定的，然而法的实
践不是静止的，而是运动的，它既是一种状态，更是一种过程，一种正在不断应
用、不断实现、不断发展的过程。而法律的适用本身就是一种程序。但无论是

① 据考证，我国最早提出"法治"一词的是梁启超。
② ［美］高道蕴：《中国早期的法治思想》，载《美国学者论中国法律传统》，中国政法大学出
版社 1994 年版，第 217 页。
③ 储槐植：《刑事政策：犯罪学的重点研究对象和司法实践的基本指导思想》，《福建公安
高等专科学校学报》1999 年第 5 期。

什么法律,"一经制定便落后于现实"的现实是任何人改变不了的。刑法是静态的、刚性的,而刑事政策是相对动态的、柔性的。与其他公共政策相比,刑事政策依据的,不仅包括犯罪的现状,更主要的是对犯罪的感知、直觉(perception)。刑事政策不同于法律,不能对人们的行为直接作出规定,但它的影响却是深远的。

(五)批判性。这是由刑事政策的动态性引申出的特点。立法一旦施行,就应当被严格遵守,其不合理之处固然不可避免,但这并不能影响对法律的遵守与执行。但对法律的批判以致修正,任何时期都是必要的,对刑事法而言,刑事政策在此起着批判、考察刑事法的运行,并尽可能缩小现实与法律规定之间差距的作用。"凡是成文法上的规定,只要认为不合目的,都可以自由加以批评,并建议制定更合理、更有效的立法及对策。刑事政策学是站在指导修正现行刑法将来立法的地位来研究问题的。"①

因此,尽管我们以往不常提及刑事政策,实际上我们一直在从刑事政策角度考察法律及其运行。经过批判,短期内的刑事政策是对立法不完善之处进行微调,一般是通过司法活动,如司法解释、司法裁量权的运作来实现;更为宏观、长期的刑事政策则影响或决定着未来的立法。

刑事政策的这些特点充分说明,刑事政策与其他刑事法律虽然都是紧紧围绕犯罪和刑罚而展开,但是它的这些为刑事法律本身所不能替代的特性,决定了它的特殊地位,也决定了在对它的价值有所意识之时必须将它纳入法治化的轨道,否则它的灵活、动态等优势也将成为其阻碍法治的原因。我国长期以来一方面是对政策的熟练掌握、普遍运用,另一方面,是政策的法治化的茫然。刑事政策如果要真正起到其应有的作用,摈弃它可能带来的副作用,就需要有深厚的社会基础。

## 三、刑事政策法治化的法律基础

西方法治主义传统的思想理论基础,是强调法律权威至高无上的地位。

---

① 马克昌、杨春洗、吕继贵主编:《刑法学全书》,上海科技文献出版社 1993 年版,第 8 页。

西塞罗的"执政官是法律的产物,权力从属于法律。执政官是会说话的法律,法律是无声的执政官"的名言正是最好的注解。刑事政策对刑事立法、司法起着先行、指导作用,这是其生命力所在;但这些都不应离开法律本身起作用。然而为减少刑事政策形成的随意性与灵活性,为监督刑事政策的权力运用,防止其被滥用,那就需要制约。靠什么来制约?靠国家、执政党的"自律"?还是靠什么制度、规则?要知道,历史上主张过"以法治国"的朝代并不都是实行法治的。

李斯特曾提出,刑法是刑事政策不可逾越的藩篱。他虽然十分重视刑事政策,首倡刑事政策学,但他仍然认为罪刑法定是刑事政策无法逾越的一道屏障,是保护公民免受国家权威、多数人的权利、利维坦的侵害之必需。我国有的学者对刑事法治进行了充分的诠释,"在国家(政府)与人民(公民)的相互关系中,法治突出地表现为:'凡法律明文授权的,政府始得为之;凡法律未明令禁止的,公民皆可为之。'表现在国家处理孤立地反抗现行统治关系的犯罪行为及其惩罚的刑事法律关系上,法治就必然地表现为'法无明文规定者不为罪;法无明文规定者不罚;非依法定程序不得定罪与处罚',这就是我们所说的'刑事法治'。法治国家的核心就是要对涉及公民生命、自由及财产等基本权利和自由的刑事惩罚实行罪刑法定;换言之,没有罪刑法定,没有刑事法治,法治国家也就成了一句空话。"[①]如今,学者们已形成共识,为防止刑事政策被滥用,刑事政策的导向功能的实际发挥应被限定在刑法的框架之内。

刑事政策的制定、执行不仅要建立在现实经验的基础上(但经验并不代表总是正确,否则就没有经验主义一说),还应适当考虑法律、政策原则。由于刑事政策的基本原则与刑事法律的基本原则具有一致性,因此在刑法发展过程中形成的某些原则,也成为刑事政策体系必不可少的原则。但刑事政策与刑法精神的一致性并不必然具备表现形式的同一性。例如1979年刑法总则第一章第1条即开宗明义地宣布刑法是"依照惩办与宽大相结合的政策"制定的。这一刑事政策经过长期的司法实践,被证明是行之有效的,在处罚犯罪、保护社会的基础上,体现了人道主义的考虑,注意发挥刑事司法人权保障

---

① 卢建平:《论法治国家与刑事法治》,《法学》1998年第9期。

的功能。它既是刑事立法的指导思想，又是刑事司法的指导思想。新刑法坚持和进一步完善了惩办与宽大相结合的基本刑事政策，例如在总则部分对正当防卫、自首、立功、累犯、缓刑、假释、减刑等制度的构成条件等方面作了切合实际的修改，在分则部分也通过分解"口袋罪"、完善罪状与法定刑的内容等使得刑法更趋于科学化，从而增强了刑法打击犯罪、保护人民的效益性，力求使刑法既是"保障善良人民之权利保障书"，又是"犯罪人之权利保障书"，①将维护社会秩序与保障人权相结合。但现行刑法没有保留 1979 年刑法的这一规定。这是因为，"惩办与宽大相结合"是"刑法的指导思想"，属于刑事政策性质。刑事立法要反映刑事政策，刑事司法要体现刑事政策，但从立法的稳定性、科学性角度考虑，应以不规定为妥。例如"严打""社会治安综合治理"的刑事政策，无论是阶段性还是长期性的，它们都不宜在刑法中直接加以规定。哪些该"严"，哪些该"宽"，是刑法的内容，刑法中处处反映着惩办与宽大相结合的精神，因而也无必要再将如此抽象、原则性的基本刑事政策规定在法律之中。

刑事政策对刑事司法的意义甚为重大，在我国尤其如此。相比较而言，我国对刑事立法政策研究得较为充分，这也是可以理解的，因为刑事政策首先直接通过刑事立法政策发挥影响。随着对司法改革、司法公正、程序正义的呼声越来越高，投入也越来越多。但与刑事立法相比，刑事司法更需要刑事政策的导向，刑事司法领域更需要对刑事政策法治化的关注。可以毫不夸张地说，罗尔斯的整个程序正义论实际上是法治原则的哲学化。如果说刑事立法（包括实体法与程序法）事关公民切身利益（生命、自由等）与国家重大利益（国家安全、公共安全、社会秩序、经济发展）的权衡取舍，那么刑事司法的过程就更是如此。许多刑事政策，如反复采用的"严打"措施（各地在宣传中一般还要加上"风暴"一词），多是为了指导刑事司法的活动。而且，先行的刑事政策——刑事法的实验，主要是在刑事诉讼法领域，如检察、审判方式的改革，而非刑法领域。

虽然刑事政策对刑事司法有调整、导向作用，但是也不应当违反刑事诉讼

---

① 高仰止：《刑法总则之理论与实用》，五南图书出版公司 1983 年版，第 9 页。

法的规定。① 刑事政策本来是要确定大政方针,弥补法律规定的僵化特点,增强法的适应力,但在多大程度上发挥它的灵活性,在何时、何地、何种情况下才需要刑事政策来介入,又需要什么样的刑事政策,都非常值得研究,在我国却又很少被专门研究。这也突出地反映在有关刑事司法的一些刑事政策缺乏规范性和可操作性上,这样就将降低甚至背离法治的目标。例如降低刑事法律实行的成本问题,可以从诸如简化某些刑事程序等方面着手,但这并不意味着对刑事程序的否定或取消,不可以走得太远,既要考虑我国的经济条件,也要考虑我国公民的法律意识特别是利用法律进行自我保护意识。个人认为,在我国目前的法律条件下,刑事政策在有关刑事程序的问题上,不是要简化,而是要侧重健全,如果要进行程序简化,也应当慎行并逐步采用。正当程序是实行法治的关键。形式合理与实质合理的关系在很多情况下不可能两全,但如果必须作出抉择,则法律的形式合理性要比法律的实质合理性更重要。韦伯说:"一切形式法律至少在形式上是具备相对合理性的。"② 近代法治与现代法治虽有不同,但法治仍有其不变的理念,即在执行法律的时候更多地偏重形式合理性。我国在制定刑事政策时,应当牢固树立形式合理与实质合理并重的观念。

刑事政策对刑事法的一大影响就是刑事立法和司法过程中的法益平衡问题。刑法是基于国家维护其所建立的社会秩序的意志制定的,根据国家的意志,专门选择了那些有必要用刑罚制裁加以保护的法益。侵害或者威胁这种法益的行为就是犯罪,是科处刑罚的根据,刑法具有保护国家所关切的重大法益的功能。③ 正是由于这种抉择有时是非常艰难甚至是痛苦的,因为必须有所"舍",在刑事立法以后,对刑事立法的批判性反思与重构的任务就更为艰巨,也更为重要。因为本来,立法的过程已经牺牲了一些重大利益,如果不尽完善,那么应尽快予以修正,这种要求当然是迫切的,然而不妥的修正将导致更大损害的造成。对国家来说,国家安全、公共安全是前提,没有稳定的社会

---

① 例如"从快"就不应当突破刑事诉讼法对期限的规定。

② [德]韦伯:《经济与社会》,加利福尼亚大学出版社 1968 年版,第 656 页。

③ [日]木村龟二主编:《刑法学词典》,顾肖荣等译,上海翻译出版公司 1993 年版,第 9—10 页。

秩序,一切免谈。对个人来说,任何权利、自由的享有都是以个人的安全为后盾的,人身、财产、住宅等的安全,是从事一切其他社会活动的前提和基础。在二者冲突时,刑事政策有何理性的依据? 在一些英美法系国家的判例中,在涉及刑事法问题时常常提到"公共利益"(public interests)这一概念,并认为为了公共利益和最大多数人的安全而暂时限制少部分人的权利和自由,符合人权保障的精神和自由秩序的理念,也是一个文明社会中的人道主义在发生重大灾难的特殊时刻的特殊体现。例如公民的言论自由与犯罪界限问题,经济活动自由(典型的如知识产权领域的活动自由)与犯罪界限问题,这种取舍不仅关系到犯罪率高低,而且将会影响国家政治、经济文明的发展。公民自由既是目的,又是手段,如言论自由是个人自我实现的根本手段之一。何种情况下构成犯罪,需要全面的权衡,既要保护国家和社会,又要尽可能保障个人合法权益,还要考虑在经济全球化大环境中保护国内经济与向国际法律标准看齐,创设国际法律交流、国际经济交往的平台。再如隐私权与刑事侦查问题,这些冲突的权益,说实话,有时很难断言孰轻孰重,它实际上是在国家法益与个人法益发生冲突时,引入"社会法益"因素,在国家法益与个人法益不相上下的情形下通过对"公共利益"的考察,再作抉择。

但正如"社会危害性"标准一样,"公共利益"或者"社会法益"仍然是一个抽象的概念。虽然二战后西方一些学者主张,个人是国家与社会的中心,保护个人法益是保护国家法益与社会法益的基础。在三者关系上,个人法益应该是刑法最优先保护的法益,社会法益不过是作为多数人的法益而受到一体保护,国家法益则是作为保护个人法益的机构的法益而受到保护。现实社会中,不同的国家有不同的文化传统和国家制度,在进行刑法法益选择和犯罪行为选择时会受到不同的利益观和价值观的影响和制约。其刑事立法有不同的刑法法益选择,从而影响着对犯罪行为规定的选择。[①] 但无论如何选择,刑事政策在刑事立法上的体现之一,就是在损害利益和保护利益的这两种法益之间有所兼顾,并且不得以公共利益为由而无原则地牺牲个人利益。

刑事政策对刑法法益的这种权衡取舍,应当最终以宪法原则为限。这不

---

① 杨春洗、苗生明:《论刑法法益》,《北京大学学报(哲学社会科学版)》1996年第6期。

仅是宪法对刑法、刑事诉讼法的规定和适用的要求,也是对刑事政策的要求。一切抗制犯罪的策略、方法都应当首先考虑是否符合宪法精神。刑事政策的灵活性并不是说它的随意性,它一样应当是谨慎、内敛的,否则将要为之付出代价。比如"严打"的刑事政策,当然有它的必要性,但究竟"严"到什么程度,在 20 世纪 80 年代,没有明确,除了诸多其他因素以外,刑事政策本身缺乏法治化是主要原因之一,因而也难免在执行中发生偏差。我国宪法第 5 条明确规定:"一切法律、行政法规和地方性法规都不得同宪法相抵触。一切国家机关和武装力量、各政党和各社会团体、各企业事业组织都必须遵守宪法和法律。一切违反宪法和法律的行为,必须予以追究。"但我国到目前为止,对违宪行为尚无法进行具体和实质性追究,这是我国实行法治的一大缺憾。而违宪行为发生最多的当数那些掌握着一定的公权力的个人。他们既是中国推行法治的决定性力量,也可能是导致"宪法至上性"受到破坏的主要参与者。任何政策的权威性必须从属于宪法规范的最高性。只有在宪法规范中才能寻找到政党、政府的合法的依据,各项政策必须符合宪法的精义。政策只能是宪法的合法性补充,而非相反;即便对社会现实的合理需求,宪法暂不能满足,也必须以合法、正当、合理的程序,通过宪法弹性机制的运作使政策符合社会变迁、发展需求;必要时,可以对宪法中不适时的部分进行修正、补充。① 由于我国刑事法在理论与实践两方面皆欠缺宪法制约,因此依赖刑事政策在形成过程中的"宪法意识",更好地实现刑事法的保护和保障双方面的功能。这是一个任重道远的话题。

显然,关系国家与个人重大利益的问题,当然要摆正"根本法"与"最后法"的关系,并真正互相制约、互相促进。刑事政策法治化的前提是使它具备证据基础。刑事法制定的依据是什么?是刑事政策吗?刑事法与刑事政策的区别就是一个经过法定程序落到纸上,一个没有吗?当然不是。刑事政策对刑事立法有导向作用,但它不可以代替刑事立法本身,更不可以代替宪法的地位。刑事立法的证据基础在于,在刑事立法之前,需要大量的犯罪学、实证资料,且必须是具有代表性、说服力的资料,最后立法依据的必须是典型的而不

---

① 刘旺洪、唐宏强:《社会变迁与宪法的至上性》,《法学》1998 年第 2 期。

是特例的现象和行为,以增强立法的科学性;刑事立法之后,应当经得起违宪审查,防止以公共利益为借口而侵犯人权。在现代社会,在法律的价值判断问题上,秩序与自由(人权)二者不可偏废。但自由总是相对的,尤其是在"稳定压倒一切"的中国。就是在"人权"不离口的美国,在对刑法进行违宪审查时,也常常采取各种方法将刑事立法解释得符合宪法的规定。美国宪法对美国刑事法的直接影响,主要在于刑事程序法、刑事证据法与行刑法,对刑事实体法的影响则并不显著。① 但不论实质结果怎样,至少在司法人员眼中,以及在公众心目中,必须形成这样一种观念,即无论是刑事实体法、程序法,有问题、有争议首先要看是否违背宪法精神,这既维护了宪法的权威性,也维护了刑事法律的权威性、公正性。因而,"在一些国家,尤其是欧洲和北美洲,刑法的'宪法化'已经成为潮流(参见美国最高法院、加拿大最高法院的判例)。"② 为加强对宪法和法律实施的监督,有些国家设立了宪法法院、宪法委员会或行政法院,另外一些国家由普通法院代行其职权。我们不是为了赶潮流,而是因为,不论宪法对刑事法影响多大,认可了宪法的实实在在的地位,让它实实在在地起制约作用,是法治化的根本需要,它蕴涵着对国家刑罚权的监督和控制,也是从根本法的角度对刑事政策进行控制。"从法的视点对权力进行监控,即基于法治国家的原则进行权力监控,被认为是目前所发现的最为有效的监控手段。"③刑事政策由于其制定主体的特殊性——国家和政党,表现形式的特殊性——政策、策略、方法,过程的特殊性——变动、灵活,使得它区别于任何刑事法律。但是刑事政策并不应该成为一些人或政府机构凌驾于法律之上的手段,法治化要求任何人或机构,包括政府机构,都不可以超越于法律之外。对刑事政策主体、程序、内容的限制,必须依靠法律,特别是宪法。这并不是要扼杀国家机关及有关个人在依法治国中的主动性和积极性。事实上,任何个

---

① Stephen Shute, "With and Without Constitutional Restraints: A Comparision Between the Criminal Law of England and America", *Buffalo Criminal Law Review*. University of California Press, 1998, Vol.1., p.336.

② [法]米海依尔·戴尔玛斯-马蒂:《刑事政策的主要体系》,卢建平译,法律出版社2000年版,第267页。

③ 杨建顺:《宪政与法治行政的课题——宪法与行政法学领域的"现代性"问题研究》,《人大法律评论》2001年第1期。

人和国家机关只有严格遵守宪法和法律,奉行人民利益和意志至上,才能发挥在法治化进程中的真正作用。

## 四、刑事政策法治化的社会基础

近代资产阶级法治理论源于古希腊的自然理性法治思想,而法治首先是人类社会理性的选择,它必须符合历史发展的价值取向,具有合理性基础,因为法治不是空中楼阁,而是由一定社会经济形态所决定、反映人类社会理性发展的价值取向,是自由理性的体现。托马斯·阿奎那认为,理性的规则就是自然法。实在法只有符合自然法与人类理性,才具有法律效力;否则,是法律的堕落。近代资产阶级立法者亦是基于古典自然法学理论,将其理性价值观贯穿在法典中,创立了一整套的法律体系和法治社会模式。他们认为,法律不仅仅是一套强加于人的规范体系,一种实用的治理国家的方式,更是一套具有根本性意义的社会价值体系,是人类社会生活范式。刑事政策则应当在犯罪学的基础之上,担负起促成社会理性认识犯罪和预防犯罪的任务。刑事政策法治化的社会基础,一方面是伴随市场经济的发展而发生的犯罪态势的变化;另一方面是刑事法学研究领域的拓展和研究范式的转换。从总体上讲,这二者应当是同步的,但就具体犯罪而言,后者可能先于或落后于前者。在此首先需要犯罪学的研究成果,以及刑事政策对这些成果吸收的高度敏感性。一门学科的兴起绝非偶然,不是为概念而概念,为学问而学问,绝非像有些人所说的那样,认为刑事法学难以出新,于是换个话题说说而已。刑事政策法治化的提出以及发挥作用,以及刑事政策学研究的开展,都有着广阔的社会背景(social context),有更深层次的社会基础。

### (一) 刑事政策法治化提出的社会基础

良好的刑事政策对提高刑事立法质量和刑事司法效能具有直接的促进作用,对刑事政策的科学研究是犯罪控制这一社会系统工程中不可缺少的组成部分。储槐植教授指出:"刑事政策、刑事立法(实体法、程序法、组织法)和刑事司法(含处遇)构成犯罪控制大系统。刑事政策对于刑事立法和刑事司法具有导向和调节两大功能。对于刑事实体法,刑事政策的导向功能主要体现在:划定打击范围;确定打击重点;设定打击程度;选定打击方式。刑事政策对于刑事程序法的导向功能主要体现在如何高效地执行实体法并少出错案。刑事政策对于组织法的导向主要体现在对于司法机关之间的权力配置上。""刑事政策的调节功能具体表现在以下两方面:在静态性的立法和动态性的司法之间进行'中介'式的调节,可称内部调节;对刑事法律与社会状况之间的调节,因为从社会状况到刑事立法,必须经过国家(执政阶级、立法者)意志这一桥梁。这种调节可称为外部调节。"①刑事政策贯彻施行的主体是立法机构、国家司法机关以及行刑机构,刑事政策通过刑事立法、司法和行刑三个方面的司法活动得以体现。例如我国学者提出的实体法应当"严而不厉"的思想;在刑事诉讼中,西方有辩诉交易,我国也新近尝试了"普通程序简化审";在行刑问题上,现在多有提倡"监禁替代刑",既有人道主义、行刑效果的考虑,也有由于犯罪增长,监狱难以为继的因素。

我们发现,在英美法系国家,对犯罪学的研究远比刑法学研究火热,甚至它们对所谓刑事政策的研究与犯罪学的关联性也远远大于与刑法的关联性。他们的解释是,刑法是既定的东西,要说有问题主要是适用,那是法院的事情。如果说有不合适,可以进行司法审查,当然说它不合理、不科学则必须有证据来证明,因此在这个领域可做的文章远没有在犯罪学那里多。② 这也是为什么国外有些学者对刑事政策的研究,大多是将它与犯罪学混在一起的原因,它们本身也密不可分。法律的制定讲究实证,刑事政策的制定也一样应当有实证基础。这不仅是指有犯罪数据,还应当有这类犯罪产生、发展、变化走势的分析依据,因为不是所有的具备严重社会危害性的行为,都必须进行犯罪化,随着社会经济的发展,各个系统和单位防范制度的完善,这些行为的发生频率、危害性会发生显著变化(例如集资诈骗罪)。这首先需要犯罪学的研究成果做基础。犯罪学研究方法的多样性和研究现象的广泛性直接为刑事政策的

---

① 储槐植:《刑事一体化与关系刑法论》,北京大学出版社 1997 年版,第 326 页。
② 这一观点来自加拿大一些教授、法官。

法治化提供资料,中外历史上大量行之有效的刑事政策的出台,如果离开了犯罪学的基础,将失去它的根基,而"刑事政策理论也已经成为刑法理论与犯罪学的学术桥梁,受到各国的重视"①。

刑事政策法治化的社会基础的含义,在刑事政策的决策依据是产生于社会的犯罪态势以外,同样重要的,一方面是指它的决策依据的形成需要社会成员的介入。美国学者科菲曾经指出,"公众参与犯罪预防不仅是需要的,而且是必需的,刑事司法系统能否成功地对付大量的违法犯罪,在很大程度上依赖于公众的参与活动。"②联合国《加拉斯加宣言》更特别提及"必须对以法律为唯一基础的传统预防犯罪战略进行检讨"。③ 美国社会法学派的创始人庞德在《通过法律的社会控制》中也指出,"如果法律在今天是社会控制的主要手段,那么它就需要宗教、道德和教育的支持"。④ 犯罪预防与控制不仅包含了相应的国家干预,而且还包括社会机构在犯罪防治方面的努力,如一般邻里预防犯罪的相助、诉讼外调解、行为人与被害人和解以及非刑事处罚等。犯罪预防与控制的主体应当包括官方和民间的,官方的即立法者、警察、刑事司法机关、缓刑帮助机构和刑罚执行机关等;而民间性团体、组织如反诈欺协会、反酒后驾驶联合会、技术监察协会等。⑤ 刑事政策的最终决策者无疑是国家和执政党,但这不妨碍社会成员——个体的或团体的,为刑事政策的决策提供依据。在我国,"社会治安综合治理"不是个新名词,⑥从中央到地方也都很重视,然而它始终存在着可操作性方面的问题,但我们并不能因此否定社会治安综合治理的价值。当然其中的因素很多,突出的如社会资源分配和职能分工

---

① 苏俊雄:《刑法总论(Ⅰ)》,大地印刷股份有限公司 1998 年版,第 111 页。
② 肖建国:《中国现代化进程中的犯罪研究》,复旦大学出版社 1999 年版,第 244、264 页。
③ 肖建国:《中国现代化进程中的犯罪研究》,复旦大学出版社 1999 年版,第 244、264 页。
④ 蒋广学、赵宪章:《二十世纪文史哲名著精义》,江苏文艺出版社 1992 年版,第 474 页。
⑤ 例如,为了有效抗制经济诈欺犯罪,在一般的立法、司法部门之外,加拿大还有"国家反诈欺信息中心"、"考察诈欺者中心"、"反保险诈欺犯罪联盟"(CCAIF)、"安大略信息与隐私委员会"等多种国家和地方预防诈欺犯罪的机构,以及一些国际性、非营利性的民众项目如"经济诈欺犯罪阻截者"等,德国就有"抗制诈欺公司中心"、"商业交易诚信协会"、"抗制非法竞业中心"等民间组织,它们有力地帮助了司法机关及时了解经济诈欺犯罪动向,帮助民众提高警惕。
⑥ 例如,1981 年 5 月中央政法委员会召开了京、津、沪、穗、汉五大城市治安座谈会,会议决定对社会治安实行综合治理。见王学沛:《现代刑法观的重塑》,《现代法学》1997 年第 3 期。

的问题,就很大程度上影响了这类计划的落实。以往实行的社会治安承包责任制不失为一种有益的尝试,①但全局性的、长远的且具有可操作性的方案尚有待刑事政策的进一步研究。

在一项刑事政策作出以前,还可以对其所制定的政策内容、财政支出等向公众征求意见。因为刑事政策需要对各种不同主体利益进行平衡,当然需要听取来自各阶层的声音,然后进行科学的论证,对其可操作性进行充分的评价和分析。例如听证,理论上并非仅有行政处罚的决定可以适用的程序,"非经法定程序"的含义应当包括法律制定以后司法、执法的"法定程序",以及刑事政策形成的"法定程序",包括对刑事政策采用的方法与发展前景进行评估。

刑事政策法治化提出的社会基础,还包括刑事政策对刑事法执行方面的社会基础的考察与设计。在市场经济社会,个人的独立与自由是市场交换的前提条件,个人自由具有空前的价值。因而,采取设置开放式监狱、广泛适用建立在累进处遇基础上的假释制、用社区服务代替监禁刑等,其具体运作、效果预测以及如何逐步完善,都应当纳入刑事政策的视野。

## (二) 刑事政策法治化作用的社会基础

刑事政策在刑法以外,有赖于其他刑事法的协调;在刑事系统以外,非常依赖于行政责任、民事责任的衔接完善;而在法律系统外,则还依赖于国家的其他调控手段(例如社会保障制度的完备),并且由于社会主体自由程度的提高,国家控制的减弱,刑事法的作用前所未有地需要社会的非官方力量的支持与配合。尤其是在新型经济犯罪领域,这个问题就更显得突出。例如侵犯著作权或专利权的行为、金融诈欺行为,是规定为犯罪还是仅仅追究其行政责任,抑或是民事责任更为公正和有效,并没有一个铁定的度,但是不同的规定可能结果大相径庭。因此,从更广泛的意义上讲,刑事法的研究也迫切需要打通与其他部门法的块垒(这并不意味着取消或代替各学科的研究),而是提倡融会贯通,全面把握,找到各学科可以过渡的桥梁和对话的话题,而不是各自死守一块阵地,"老死不相往来",并时时想着扩充自己的地盘,认为本部门法

① 康均心:《我国社会现代化进程中的犯罪与犯罪控制》,《学习与探索》1997年第5期。

可以囊括某个相近学科的某些内容。自古刑法与民商法就不是截然分开的，例如侵权行为、违约行为与犯罪的界限，不是天然存在，是立法者选择的结果，但它们的关系从来没有像现在这样纠结复杂；现代社会行政违法与犯罪的关系，更是很难轻易划清界限。刑法的有限性不仅引起了人们对刑法功能的反思，而且除了考虑同时采用非刑罚措施，如保安处分、保护处分方法以外，还使得人们重新考虑犯罪圈的问题。这其实也是一个刑法与其他部门法的范围界定问题，如财产、人身犯罪与民事侵权的界限，危害公共安全罪、妨害社会管理秩序罪、渎职罪等与行政违法的界限。刑事政策应当关注，刑事立法应当经过民商、经济法的过滤，或者至少是同步，而不应当对一种危害社会的行为，一上来就想到动用刑法。例如过去长期经济不发达，无市场经济，也没有这么多的经济犯罪问题，刑法主要针对自然犯；但是现代社会，经济的发展伴随着大量的经济犯罪，要求刑法干预，这时刑法要回答的问题就复杂多了。相应地，刑事政策的作出需要具备对社会的全面了解和估计，至少也应当做到以下几点：一是必须首先了解行业规则；二是确定行为的违法性及其严重性；三是了解经济发展的动态性，预测这些行为危害性的走势；四是决定是否要进行犯罪化和如何犯罪化。当然，部门法的天然鸿沟被跨越，对刑法学者和司法人员也提出更高要求。

## （三）刑事政策学研究的社会基础

通常，无论是学术还是别的什么，需要寻找出路一般有两种情况：一种情况是处于困境，无路可走，需要披荆斩棘、杀出重围、开辟新路；另外一种情况是面临不止一项的抉择，需要权衡、比较、定夺，却又有点茫然不知所措。个人认为，我国对刑事政策领域的重视，当属于后者，因为，作为对犯罪激增的反应，刑法可以扩展刑法圈，加大刑罚量；但理性的做法应另辟蹊径，"不与犯罪试比高"，"从刑法学到刑事政策，研究对象发生了变化，其结果是大大地扩展了观察与分析的范围"。① 因此，刑事政策学在我国的全面兴起既是一件自觉的事情，又是一件自发的事情。不管对刑事政策的重视程度如何，至少从定位

① ［法］米海依尔·戴尔玛斯-马蒂：《刑事政策的主要体系》，卢建平译，法律出版社2000年版，序言。

上讲,刑事政策学远未像其他刑事法学部门(如刑法、刑事诉讼法、犯罪学、刑事侦查学、监狱学等)那么明确。这些学科都已基本上具备了各自的约定俗成的范围,各自有自己的"一亩三分地"。唯独刑事政策学,无论在概念的内涵和外延上,研究路径上,与立法、司法实践的联系的紧密程度上,都有许多值得探讨的地方。刑事政策本身不是法律依据,因而刑事政策学也不是关于某一部门法的学科,如刑法、刑事诉讼法;要说大政方针,一般认为可以"政策"概括之,也没有必要单独提出什么"刑事政策"一说。因此,虽然刑事政策本身长期存在,虽然在20世纪90年代,我国一些刑法学者就已经对刑事政策作出系统的论述,但刑事法学界对刑事政策的研究,在深度和广度上远比对其他刑事法学学科和问题的研究薄弱。

与此形成鲜明对照的是,在欧美,"刑事政策"一词,无论它是在什么层面上被使用,在学术著作、研究机构中都是很常见的。更有意思的是,"政策"一词,在我国并非无足轻重,而是举足轻重,人们对它再熟悉不过——法律还有虚无的时候,可是政策却无时无刻地在方方面面发挥它大大小小的作用。为什么这种司空见惯的东西,却难以引起学者的兴趣呢?是它的运用不存在任何问题,抑或认为它根本无研究的价值?个人认为,长期以来,在人们的观念中,由于"政策"似乎是"法治"的对立面,政治色彩很浓,讲"法治"似乎就应当撇开"政策"的那一套,研究法律、法学问题才是正道,认为过去靠"政策",现在靠法律才是一种进步,对刑事政策的反应也比较淡漠。那么,既然如此,为何又有刑事政策研究之风的兴起?

从某种意义上讲,刑事政策研究的兴起是自发的,也可以说是无奈的,因为刑法、刑事诉讼法怎么大改小改,都难以遏制犯罪增长的势头,刑事立法、司法中出现的种种问题颇为棘手,老问题没解决,新问题又产生了。虽然我们加强了对外开放和交流,在对待西方先进法律文化的态度上,法学界和法律界保守的、激进的、中庸的都有,我们的刑事法律也在尽可能地"取其精华,去其糟粕",拿来使用,而严峻的犯罪现状明摆着,社会治安状况虽时有好转,却不容乐观。在这种情形下,刑事政策学研究之兴起,就有它的必然性,因为刑事法研究必须寻找突破口。"刑老大"的孤军奋战越来越被证明是单薄的,它似乎有些难以招架,需要刑事系统内、外的支持。学者们提出的刑事一体化、全体刑法学等观念,正是从刑事政策学的高度看问题。刑事一体化当然并不意味着像英美刑法那样,实体与程序不分,但是程序法与实体法相互作用的意义,被提了出来。程序法在我国从来都是薄弱环节,种种表现不一而足。事实上,所有在立法中规定了的东西,无不需要在司法中再走一遭。立法是书面的、静态的,再说,规定了的东西(包括实体的、程序的)不被执行,也不是新鲜事情。然而我们还是很欣慰地发现,刑事司法正在向法治化的目标迈进,尽管是逐步的、缓慢的甚至是走走停停的。

其实,我们应当认识到,对犯罪的无奈,并非刑法突然之间出了什么问题,而只是在刑法的修订、发展赶不上犯罪演变的脚步的同时,还存在着许多刑法之外的诸多因素的作用。同样,它也并不必然意味着刑法的不完善(当然,立法永远都会存在着可完善之处),欧美刑法比我国相对完备,但不也一样遭受着犯罪的困扰?"在'二战'以后,以美国为主的几乎所有的发达国家都为犯罪的挑战而感到苦恼。"①事实上,这些国家对刑事政策的理论与实践的丰富,除了为其国家的犯罪态势"所迫",很大程度上正是源于对犯罪性质的认识,对刑法功能的认识,导致他们能够更为理性地开放视野和研究领域,同时也是一种研究方法的转换。例如我国台湾地区有些学者提出的"社会刑法学",就集合了社会学、社会政策、社会经济学、社会心理学及社会哲学等学科知识,提出根本性与前瞻性的种种问题,扩展刑法学与刑事政策的视野,从而使刑法与其他"社会控制"共同追求"刑期无刑"的理念。②

刑事政策法治化,除了具备理论的、法律的、社会的基础以外,它的效果尚取决于它是否合理,是否在公正性与人道性两方面都妥善兼顾。刑事政策的法治化体现的,不仅是对法律的尊重,更应当是对公民个体的至上价值和尊严的尊重。

## 五、刑事政策法治化的人道主义基础

保护人权是法治的重要原则,人的尊严、人的价值受到推崇和尊重是当代

---

① [日]大谷实:《刑事政策学》,黎宏译,法律出版社2000年版,第34页。
② 苏俊雄:《刑法总论(I)》,大地印刷股份有限公司1998年版,第115页。

文明社会的主要标志之一。刑事政策的法治化，当然要符合保护人权的要求，在刑事法的各个部分——犯罪和刑罚的规定，刑事诉讼和刑事执行的过程，都应当从兼顾犯罪人的刑事责任以及尽可能使其复归社会出发，建立刑罚人道、行刑社会化的制度，并充分考虑国际人权标准和其他国家在刑事法领域人道性的经验。

然而制定刑事政策的依据和认识的真理性程度不尽相同，并非所有的刑事政策都是有效的；有效的刑事政策也不一定是具有人道主义精神的。从刑事政策观念到具体的刑事立法政策、刑事司法政策和行刑政策，无不追求最大限度地控制犯罪，在效果不理想时，在反思刑法功能的同时，也开始批判刑法万能主义和绝对工具主义思想。这种犯罪控制理念由理想到现实，有点被动，因为是在刑事法受犯罪之挫以后才认识、觉悟的。然而被动也罢，自觉也罢，总之，现代刑事政策越来越关注刑事法的人道主义因素——既要"治罪"，又要"维权"，贯穿刑事立法、刑事司法、刑事执行的始终。但它不应当被看作犯罪控制的附加条件，即不是为了犯罪控制才去对犯罪人实行人道主义。刑事政策的人道主义带来了犯罪控制模式的现代化，在刑事立法政策上，关注刑法结构——犯罪圈与刑罚量的有机组合；在刑事立法时，关注实体法与程序法的衔接；在刑事司法、执法政策上，在不突破罪刑平等原则的基础上，注重刑罚个别化；并从刑事政策的高度，开始打破刑事法各学科之间的界限，确定刑事一体化的走势，寻求预防和控制犯罪的出路。

这个大方向确定以后，刑事法从理论研究到司法实践都在注重合力的形成，构建抗制犯罪的刑事系统；反过来，刑事一体化也是刑事政策合理化的前提。因为只有关注刑事法的全面效应、联合作用，才是既保证各类刑事法不仅规定得好，而且执行得好，实现"良法得到良好执行"的法治目标的前提。但同时也要有应对困难的心理准备。刑事系统涉及自由、人权以及机关、部门的权力分配等问题，多元社会格局下存在多元价值。但这并不排除而是更说明刑事政策要有一个统一的价值标准，打通刑事法不同部门之间的壁垒，不再各自为战。这正是刑事一体化产生的必要性，需要有共同的价值目标——既要处罚、控制犯罪，又要保障人权，否则就又回到"公检法不分家"、联合办公的状态中去。当然，不是说统一的刑事政策目标的确立就不需要或可以代替各学科的独立研究,而是不应当再满足于自我设计、自我实现,而是要提高刑事法的效益与保障人权并重。

刑事政策的人道主义基础也不仅存在于刑事法中。如前所述,在法律的不同部门之间,也并无天然的不可逾越的鸿沟,如宪法、民事、行政法律与刑法,有许多规定是接近的,或者具有种属(宪法与刑法)或交叉(民事、行政法律与刑法)的关系。考察欧美许多国家的司法实践我们就会发现,不仅这些法律在实体规定上有种种关联,在程序上也有互通有无的地方,例如对刑事案件的处理,在有被害人时,许多国家都比较注意调解、赔偿等民事审判方式的采用等。① 这些现象产生的原因,不光是追求案件处理的效果,更是体现了一种人道主义精神——最大限度减少当事人的痛苦——之所以说"当事人",因为它包括犯罪人与被害人,要最大限度降低刑事责任追究带来的负面影响。

在英美法中,"法治"还包含着国家的治理应当符合更高的法律之意(rule according to a higher law),即任何成文法律如果不符合某些非成文的然而普遍存在的公正、道德和正义等原则,则政府不得强制执行。② 这也是自然法学派的主要观点。如果要说在实体法之外有一种超乎其上的所谓自然法,当然是荒谬和唯心的。但若说万事万物的生成发展都遵循着一定共同的客观规律或规则,则是可以的。西方国家的法治在市场经济充分发展,主要依靠社会主体自律,坚信"最好的政府,最少的管理"的自由经济阶段以后,基于福利国家论,又出现了政府干预的现象,不过政府更多的是出于服务、管理而非一味治理的职能。然而刑事政策却不同于行政政策,刑事法的干预任何时候都不应当成为该理论的注脚,因为它采取的手段极为严厉,以对公民权利的损害为代价。在经济领域,基本上是属于契约自由、私法自治的领域,只有在民事制裁、行政制裁都不能充分对法益予以保护时,才应当考虑刑事制裁。刑法在任何时候,都应当保持谦抑、比例和补充性原则,以最大限度地保护公民合法权益。

任何事情都有一个维度,刑事政策的人道主义基础也不例外。刑事领域

---

① 〔法〕米海依尔·戴尔玛斯-马蒂:《刑事政策的主要体系》,卢建平译,法律出版社2000年版,第277—281页。

② 薛波主编:《元照英美法词典》,法律出版社2003年版,第1212页。

的人道主义,一般是针对犯罪人而言,在我们这样一个长期漠视犯罪人合法权益的国家,呼吁对犯罪人的人文关怀当然是刑事法治化的重要表现之一,但它首先必须建立在公正、严格执法的基础之上。特别是在犯罪存在被害人的情况下,更应当严格依照罪刑法定原则,因为人们必然会考虑:在犯罪人与被害人之间,谁是弱者? 谁更需要"人道主义"、"人文关怀"? 例如近来一些颇具人道性的做法——对大学生犯罪暂缓起诉,对一些于社会和国家有突出贡献的人是否可不判处死刑案件(徐建平故意杀人案)的讨论,就引发了人们的争议。刑事政策关注刑事法的人道性,在我国只是开端。不同的声音可能是来自传统习惯的阻力,也可能是值得三思的合理建议。"根据'分配正义'的理念,犯罪人必须对于他的违法责任表示承担,才能获得法律团体的善意回顾。""道德上或许有'以德报怨'或者'将功补罪'的鼓励之举,但非刑法应取之道。"①刑事法治的人道主义不应以破坏司法公正,破坏罪刑法定原则,以致动摇人们对刑事法律的信仰为代价。考察其他国家的刑事政策,我们发现英、美等普通法系国家的刑事政策在人道主义基础上主要体现在:(1)罪刑法定主义作为刑法基本原则的地位;(2)罪刑相适应这一刑法思想在英、美刑法改革中占据重要地位;(3)刑罚趋于轻缓。而大陆法系国家,例如德、法、意、日等国,在社会防卫思想的影响下,非常重视法治国家的人权和人道观念,并希望将刑法建构成为有意义的刑事教育学的工具。刑事政策的重心是"以轻为主",强调人道主义,实用主义并不突出。个人认为,刑事政策法治化的一个重要基础,就是它的人道主义精神,这是我们逐步走向并仍然需要长期努力的目标之一。司法实践中对这一问题的理解可能会发生一些偏差,不一定处理得十分到位,但这绝不能阻碍刑事政策人道主义基础的建设。刑事法领域一些基本观念的冲突、平衡,例如公正与效率,最终还是落实在一个人权保护的问题上,因此应引起刑事政策研究的重视。②

---

① 苏俊雄:《刑法总论(Ⅰ)》,大地印刷股份有限公司 1998 年版,第 104 页。
② 例如,无论是对待被害人还是犯罪人,国家和社会都有责任对弱者给予包容性、吸纳性(inclusive)而非排斥性(exclusive)的方法,在就业、家庭、社会交往等方面创造条件,给他们以机会、尊重、安全感,都是一种人道主义的表现,有利于预防和减少犯罪。

## 六、结语

刑事政策的作用,日益被认识和重视。而对我国刑事政策的内容、体系结构等的研究,仍然有待深入。虽然出于抗制犯罪,改革刑法、刑事司法制度和刑罚体系的共同目标,中外刑事法学者不约而同地走入刑事政策法治化问题的领域,但不应当将二者简单地认为趋同——西方国家刑事政策在法治化的进程上与我国也有很大不同——它们的法律经历了严格的"法治化"的阶段,才走入"政策"领域,不论是公共政策还是刑事政策,在含义上与我国的"政策"有距离,更多的是对策之意;它们主张反犯罪主体、方法的多元化,但并不等于远离法治。例如西方当代法律制度的一个重要特点是加强了法官的自由裁量权,法官判决不再只是受既定的法律规则的限制,国家越来越经常发布一些含糊的"不确定规则"和"任意标准",从而使执法者有更大的自由裁量权、行动变通性和灵活性,[1]但这并不偏离其法治的方向,因此不宜在当前的我国所提倡,因为所处阶段、历史背景不同,一项刑事政策的意义也会有所不同,正如西方所倡导的"后现代"在形式上与我国的一些做法相近似并不意味着我们的做法就正确,或者就认为是后现代一样,因为跳跃式的前进绝不是否定之否定。因此,我国的刑事政策如果在刚开始就偏离了法治的基础,就很难保证刚刚走上法治化道路的刑事法不迷失方向。因此,刑事政策作为各类具体刑事法的宏观指导、行动指南,在融合不同刑事法的对话渠道、协调运作等方面都是很有积极意义的,但刑事政策的法治化,最终还是要依靠大力倡导、发扬刑事法本身的作用来实现,刑事政策终归是刑事政策。

(本文原载赵秉志主编:《刑法评论》(第4卷),法律出版社2004年版,第89页)

---

① 王哲:《论西方法治理论的历史发展》,《中外法学》1997年第2期。

# 论知识经济与刑法变革

## 一、知识经济的发展带来犯罪态势的变化

知识经济要发展,其衍生物——犯罪也势必随之发展。由于知识经济是以知识为基础,建立在知识生产、分配和使用基础之上的经济,因而决定了知识是开放的、不可逆的、可共享的和无限增殖的,是任何人皆可以获得的。这些先进的知识和技术一旦为犯罪分子所掌握,或显示出数倍于以往同类犯罪的危害性,或作为一种新型的犯罪使传统犯罪根本无法与之匹敌。这些犯罪在我国目前经济发展的特殊时期具有与工业经济时代完全不同的特点。我国现处于一个经济发展重叠期,一方面,传统的社会转型即由农业社会向工业社会的转变未彻底完成,另一方面,从科技发展和社会进程的角度看,我国在尚未完成工业化的同时,又向信息社会转型,社会制度规范尚未完全确立,人们的价值观念也在转变,犯罪态势变得更加复杂化。知识经济时代生产力要素发生了重大变革,它必然会带来社会生产关系的变化,出现财富、权力的再分配问题。这就使得那些既得利益丧失者将其不满情绪诉诸极端,以犯罪这一不正当竞争手段获取非法利益,求得物质的和心理的平衡。而"白领阶层"又利用知识经济所提供的先进科技知识作为契机,采用现代科技手段或精通的专业知识实施犯罪。这些犯罪人平时在人们心目中的地位高,其犯罪极具智能性,犯罪手段高明,没有血淋淋的犯罪现场,其犯罪危害性易被公众忽略和宽容。使得这类犯罪人的罪恶感减轻,侥幸心理却得以增强,犯罪既遂率高,犯罪黑数大,并且具有跨区域性或跨国性,犯罪在一地滋生,很快便蔓延到其

他地区和国家。计算机犯罪就是其中的典型代表,位居各类高科技犯罪之首。① 美国学者米泽尔说过:"虽然智能犯罪分子不如恐怖分子那么臭名昭著,但是这些由于贪婪、狂妄和野心混合而成的易燃品具有更大的破坏性。实际上办公室中的犯罪比街头上的犯罪造成的伤害更大。"②

知识经济时代犯罪的另一个特点就是传统犯罪仍居高不下且有变本加厉之势。这是因为,知识经济时代知识、信息的爆炸并未动摇固有的滋生传统犯罪的温床。相反,上述转型时期制度及观念上的问题,如多种经济成分并存、国企改革的艰难、西方文化的侵入和传统文化的解体等内外因素,决定了传统犯罪不会在近期下降,反而会因为利用知识经济所提供的高科技作为实施犯罪、传播犯罪的手段而有所增加。

## 二、知识经济呼唤着刑法的回应

伴随着知识经济到来的特定犯罪既给社会带来了巨大的经济损失,又动摇了人们对知识的尊重和信仰,破坏了社会财富的公平分配和人们的心态平衡,容易导致连锁犯罪的恶性循环,从而破坏知识经济发展所必需的良好的社会秩序和稳定的社会环境。因此,刑法的介入是十分必要的。事实上,每一次社会变革,无不是以刑法作为最有力的法律后盾。但问题是刑法应以怎样的面貌出现。知识经济给刑法带来的最大难题是科学与人本的冲突,虽然这二者都是知识经济的两个最突出的特点,知识经济的发展基础是高科技,即高新科学技术运用和发展,科学追求的是理性、客观、准确,这一领域遵循的是生存竞争、优胜劣汰的自然法则。由高科技手段武装起来的犯罪更显示出其冷酷、非人性的一面,唯利是图,不择手段。但知识经济每一前进的脚步都表明人类

① 据参加第一届计算机犯罪专题博览会(1996年信息安全博览会)的专家统计,1995年全球计算机犯罪造成的损失达150亿美元。参见李志强、李庆芬:《美国的计算机犯罪问题》,《现代科技译丛》1999年第4期。另据美国电脑安全研究所1997年初的调查报告,在电脑犯罪造成的损失方面,仅电脑病毒侵入就达1250万美元,而"黑客"被起诉的概率是万分之一。

② [美]路易斯·米泽尔:《智能犯罪——遍及全世界的白领犯罪与自我防范措施》,马季方译,中国物资出版社1998年版,第56页。

在向文明的更高阶段攀登,现代通信手段的便利与信息交流的需要使人们的沟通较以往加强,人与人之间的理解与帮助也较以往增多,同时人们对他人和自己的时间、隐私权、自由以及生命等权利与价值比以往也更为重视,平等观、权利观得以充分地弘扬。可是这些与科学的发展不具有同步的必然性,科学无禁区,现代科技的发展延伸了我们的触角,扩充了我们的生活空间,这种触角可以伸多长,科学不会也无法界定,这个任务只有法律能够且必须完成。刑法是法律中的最后调节与制裁手段,如何在人本精神与科学精神中保持应有的平衡,是知识经济社会刑法的重大使命。为达到这一目标,刑法本身必须兼具科学精神和人本精神,并达到二者的最佳结合。

## 三、刑法的科学精神

自古至今,没有一种制度或法律像制定刑法如此容易感情用事而缺乏科学精神。从起源上讲,刑法最初表现为"同态复仇",是对"自然恶"的一种本能反应。为防止这种"私刑"的不断发生,遂将刑罚权收归国家。可是,谁又能保证代表国家的立法者、司法者不会将其个人观念与心态情绪化地反映于刑法,沦为国家制造的另一种"恶",或称国家犯罪的工具呢?

为使刑法这一最具严厉性的国家制裁手段具备科学性,刑事法学家和法律工作者们作出了不懈的努力。从刑事古典学派的康德、黑格尔、贝卡利亚、边沁到刑事人类学派的加罗法洛、菲利、李斯特,直到近代的许多思想家、犯罪学家以及刑法学家们,都提出过林林总总的见解,促进了刑法的科学化进程,但是,由于知识经济社会是前所未有、人们始料不及的社会,其犯罪呈现了与以往任何社会大不相同的特点,因此先哲们也不可能给出一个理想的答案。为使刑法具有知识经济的科学精神,我们应该对刑法进行全面的、历史的和前瞻性的考察。刑法的科学精神应至少包括刑法制裁犯罪的客观性、适当性、及时性,对新出现犯罪的敏锐性,以及求真意志、尊重事实、严谨踏实的作风,独立的、自由的、创新的、批判的学术品格,科学的研究方法等。具体说来,知识经济社会刑法的科学精神应表现在以下三方面:一是科学的观念,这是先导;

二是静态的,即科学的刑法内容和形式;三是动态的,即刑法在立法、司法、执法过程中的科学运作。

## (一) 科学的刑法观念

知识经济时代的犯罪许多可以说是史无前例,人们对其产生恐惧感也是正常的。但是,与知识、科技相紧密结合的犯罪不再像传统犯罪那么性质单一,它经常是在形式上披着合法的外衣,与其他合法行为掺杂在一起,实质上也可能是利弊兼具。犯罪,作为一种自古以来在人们的头脑中具有条件反射性的"恶"和"应予刑事制裁"的名词,其内涵和外延都已变得复杂化,我们不得不对犯罪重新审视并报以科学的态度。[①] 诚然,知识经济社会人的素质较工业经济社会、农业经济社会有明显提高,理论上讲,犯罪应当相应减少。但这种提高被犯罪模仿、迅速扩散和传播可能性的加大而抵消。我们终于承认:"犯罪不仅是见于大多数社会,不管它是属于哪种社会,而且是见于所有类型的所有社会。不存在没有犯罪行为的社会。只要犯罪行为没有超出每种类型社会所规定的界限而是在这个界限以内,它就是正常的。"[②]当然,知识经济社会也不例外。

知识经济时代犯罪的另一特点,是法定犯罪的增加。虽然对自然犯罪的社会谴责性几乎是一致的和相对稳定的,但"法定犯罪",如破坏社会主义市场经济秩序罪中的许多个罪,其"严重的社会危害性"是随社会发展变化而发展变化的,[③]知识、科技的突飞猛进、人们视野的开阔必然会导致人们价值观念的变化,犯罪的内涵和外延也会变化。由于刑法调整的社会关系极为广泛,包括政治、经济、文化、婚姻家庭、社会管理秩序等各方面的社会关系,可以说,除了国家根本法——宪法以外,其他部门法还不能充分保护的各种社会关系,均可借助于刑法的调整。正如卢梭所说,"刑法在根本与其说是一种特别法,

---

①  高铭暄、陈兴良:《挑战与机遇:面对市场经济的刑法学研究》,《中国法学》1993 年第 6 期。

②  [法]杜尔凯姆:《社会学方法的准则》,商务印书馆 1995 年版,第 83 页。

③  典型的例子如投机倒把,在计划经济时期是刑法打击的重要对象之一,而到了市场经济阶段,许多以往视为投机倒把的行为,如长途贩运农产品等,则被认为是搞活经济的一种形式。

还不如说是其他一切法律的制裁力量。"①但是,作为公法的刑法在本质上是与许多民事、经济性法规根本不同的,其介入是强制的、生硬的,在知识经济如此迅速发展的今天,社会更多的应该是依靠重调节的私法而不是重强制的公法——刑法。因此,刑法这种最后制裁力量施加的权衡只能依靠其自身的谦抑,即在不得已的情况下介入,如同高悬头顶的尚方宝剑,无它不可,但经常坠落则会伤害无辜,且使公众变得麻木,淡化了刑法的威慑力。

知识经济时代比任何时期都需要宽松、良好的社会环境,这就决定了刑法的二重性:为保障知识经济的良好社会状态,作为坚强的后盾与屏障,刑法具有其他任何部门法不可替代的功能;也正为了维护这一环境的良好运作,刑法应尽可能少地介入,以降低社会成本,提高刑法的效益。

## (二) 科学的刑法内容

知识经济对科学的刑法内容的挑战主要来自以下几个方面:信息资源的刑事保护;计算机刑事立法的完善;适用刑法分则其他罪的思路调整;承担刑事责任根据的深化。

### 1. 信息资源的刑事保护

知识经济社会有时也被人们称为信息社会,之所以如此,是因为信息已成为知识经济社会资源配置的第一要素,也可以说是知识经济社会繁荣的主要制导因素。知识经济社会与工业社会在现象上最突出的区别就是信息技术的广泛应用,信息已成为知识经济社会经济发展的最重要投入。② 与此同时,信息犯罪的发生频率与速度几乎与信息产业本身的发展不相上下。信息犯罪大致可以划分为两种形式:一是非法取得信息,如偷盗或欺诈取得信息;二是非法给予信息,如泄露国家机密、散布假信息等。借助于计算机和其他电子通信设备,信息犯罪不仅给社会和企业、组织及个人带来经济上的损失,它还危害国防安全和公民的人身安全。随着知识经济的发展,信息交流已扩展到政治、

---

① [法]卢梭:《社会契约论》,商务印书馆1963年版,第63页。

② 郭自力:《计算机犯罪比较研究》,载《中国内地与香港地区法律比较研究》,北京大学出版社1999年版,第78页。

经济、文化、军事、宗教等方方面面,引发了信息主权和信息国防安全的问题。据预测,在未来的国际事务中,信息遏制、信息威慑、信息封锁将代替现在的武力遏制、核威慑和经济封锁。① 信息犯罪也使个人隐私极易被人披露,对个人、家庭乃至社会产生不良影响,在刑法上则涉嫌侮辱罪、诽谤罪的犯罪构成问题。

我国刑法对信息的保护仍局限于专门处理的信息资源,如国家机密、军事机密、商业机密等,虽然在侵犯知识产权罪中涉及对信息的刑事保护,但规定得较为原则且缺乏可操作性,这里既有认识层次上的问题,又有立法技术上的问题。认识层次上的问题是由于刑法一向重视对有形财产的保护,而对信息犯罪的危害尚未引起足够的重视;立法技术上的问题是因为对保护信息的刑事立法具有相当的专业性,而且必须与保护信息的相关部门法相配套,如民法、经济法、工业产权法等,而我国这些部门法对信息的保护亦不甚完备,影响了刑法在信息保护方面的效力。

2. 对计算机刑事立法的完善

知识经济社会的迅速发展,与计算机的广泛应用有着不可分割的联系,因为知识和信息量的大量增加要求有先进的科学技术来收集、处理、存储、传输信息,计算机的普及正迎合了这一需求。可以说,没有计算机,就没有信息产业的发达,也就没有知识经济的快速发展。计算机已渗透到社会生活的各个领域,它改变了社会生产方式和社会的其他活动方式。但是,"正由于计算机被广泛应用于管理国家事务,管理财政、银行、贸易等业务,存有大量的信息和机密情报,集中了众多的社会财富,因此它在成为人们所支配的一种工具的同时,也给不法分子提供了新的犯罪机会。"②计算机犯罪可以在极短的时间内造成极大的损失,而犯罪人可以轻易变更软件资料毁灭证据,逃脱惩罚。

"计算机犯罪"已成为一个约定俗成的概念,但对其理解却不一致。我国现行刑法对计算机犯罪用三条罪作了规定:第 285 条非法侵入计算机系统罪;第 286 条破坏计算机信息系统功能罪,破坏计算机信息数据、应用程序罪,制

---

① 石培华:《新的殖民扩张对于国家安全的忧虑》,《百科知识》1998 第 12 期。
② 郭自力:《计算机犯罪比较研究》,载《中国内地与香港地区法律比较研究》,北京大学出版社 1999 年版,第 98 页。

作、传播计算机破坏性程序罪;第287条利用计算机实施的其他犯罪。但事实上计算机犯罪远远不止这些。事实上,计算机犯罪应当包括:(1)以计算机为工具实施的犯罪行为。例如我国现行刑法第287条"利用计算机实施金融诈骗、盗窃、贪污、挪用公款、窃取国家机密或者其他犯罪,依照本法规定处罚",则应按照实施的具体其他犯罪和以计算机为工具实施犯罪二罪数罪并罚,而不是像有些人理解的那样,按牵连犯原则处罚。相应地,根据这一定义,我国刑法应增设利用计算机或其他相关设备泄露职务上或业务上知悉信息罪或持有他人秘密罪,这是制裁计算机网络犯罪的必需。打击网络犯罪绝非一国刑法力量所能控制,因为互联网就像空气一样,充满了整个地球,没有世界范围的联合行动是无法全面、有效地打击此领域的犯罪的。但各国目前对互联网络犯罪虽有共同的愿望,却在具体刑法立法措施上(主要是来自观念上的差异,如片面强调保护人权,隐私权等)莫衷一是,使全球打击网络犯罪的力度和进程皆大打折扣。(2)以计算机资产为犯罪对象的犯罪行为。例如破坏计算机金融资产罪,盗用计算机服务罪等。我国现行刑法对此付之阙如,而这方面的犯罪现象颇为严重,应该加以规定予以完善。

计算机犯罪大多以牟取暴利为目的,实践也表明,绝大多数财产犯罪已经以计算机犯罪方式表现出来,但是现行刑法却未对计算机犯罪规定财产刑,不能不说是一大遗憾。为防止损失的无限扩大,刑法应尽快增设罚金刑和没收财产刑。由于计算机犯罪多系从事计算机职业的合法人员所为,因此另一有效的举措是增设资格刑,从而有期限地或者终身剥夺犯罪人的从业资格。

3.刑法分则其他罪名规定的思路调整

应当说,工业经济时代刑法的设计,是针对有形的、实在的犯罪的,这种时间、地点、犯罪人都是有形的、可确定的犯罪。知识经济社会的到来打乱了这一固有的思路,犯罪表现出时间上的瞬间性和跳跃性,空间上的无限性(覆盖全球),犯罪人的虚拟性(假地址、假姓名或假名称)。这种不可捉摸的时、空、人物的虚拟化使得刑法许多原有的定罪量刑变得难以操作,如目前非常热门的电子商务,在这一领域内发生的销售伪劣商品罪,非法经营罪、合同诈骗罪等,已经不能从固有的意义上去理解,如"商品"、"经营"、"合同"等。再如传授犯罪方法罪、传播淫秽物品罪,其犯罪手段早已升级,再也不是以往概念上的"传授方法"和"传播方法"。又如入境发展黑社会组织成员罪,现行刑法第294条第二款规定,"境外的黑社会组织的人员到中华人民共和国境内发展组织成员的,处三年以上十年以下有期徒刑"。但怎么理解"到"、"发展"?要境外的黑社会组织成员"亲自"到吗?"发展"需要到何种程度?因此,对于这些罪的设立,立法者必须转换视角,结合这些新型犯罪的具体特点,要么对立法本身进行完善,要么通过司法解释重新定位这些罪的含义,以适应知识经济发展的现实的迫切需要。

4.刑事责任承担理论根据的深化

按照美国犯罪学家拉里西格的研究,犯罪可分为暴力犯罪、经济犯罪、违反公共管理秩序的犯罪三种。① 我国的现实情况表明,随着知识和经济的发展,暴力犯罪与经济犯罪、违反公共管理秩序的犯罪的比例正在倾斜。知识经济社会,信息产业、社会公共服务业的迅速发展诸如教育、保险、环境保护产业的蓬勃兴起,已成为人们日常生活必不可少的一部分,而其中的严重违规者对社会的经济秩序、公共管理秩序带来较大的危害,需要将其犯罪化。但是在追究这些人的刑事责任时,用传统的犯罪构成理论来套已经不适合,要证明行为人是出于故意抑或过失并非易事,比如超标排污的犯罪、网上非法获得他人秘密罪、生产伪劣商品罪等。加拿大在这方面有较为成功的处理范式,那就是采用严格责任原则。虽然严格责任(strict liability)有时被笼统地称为无过错责任(liability without fault),但实际上,无过错责任还包括绝对责任(absolute liability)。国内长期以来,乃至近期一些法学刊物上尚可见对这几个概念相混淆的情况,甚至把严格责任与绝对责任等同起来,这是极端错误而有害的。加拿大法官 Dickson 对此有非常明确的解释:定罪需要主、客观要件皆具备,即既有犯罪行为,又能证明其主观罪过,是过错责任或称一般刑事责任;只要具备客观行为,不需证明其主观罪过即可定罪的,是绝对责任;虽然只要具备客观行为即可定罪,但是如果行为人能够证明他已给予应有的谨慎(due diligence)或合理的注意(reasonable care),那么行为人无罪,这就是严格责任。②

---

① 郭建安:《美国犯罪学的几个基本问题》,中国人民公安大学出版社 1992 年版,第 65 页。

② Ronald N.Boyce,*Criminal Law & Procedure*,The Foundation Press Inc.,1992,p.536.

严格责任的采用一方面大大便利了诉讼,减轻了控方的证明负担,适应了打击大量发生的危害公众健康和安全的犯罪的需要,非常适合于知识经济这一高度技术化、高效益的现代社会,同时也给予犯罪嫌疑人以解除其刑事责任的机会,而不是像绝对责任那样一概而论。鉴于这些优越性,严格责任已被英美法系的许多国家所采用,如美国、加拿大、澳大利亚等。但严格责任的适用也有其严格的限制,它大多是针对经济不法、行政不法的违规性的犯罪,如污染、虚假广告,以及违反卫生、安全或其他许可证的犯罪行为,而不适用于传统的暴力型犯罪。

## (三) 科学的刑法形式

刑法形式,或称刑法的渊源,是指刑法的具体表现形式,在我国一直是"刑法典——单行刑法——附属刑法"这一体系。但为规范刑事立法,便于刑事司法操作,1997 年我国刑法制定时已将以往单行刑法、附属刑法中的犯罪或原封不动地或有所修改地收入其中。但是,社会日新月异的变化非立法者们所能预料,指望制定一部可以一劳永逸的刑法是不现实的。知识经济社会的变化更是推陈出新,频繁修改刑法不但花费大量的立法资源,还破坏了刑法本身的严肃性,而且也未必能跟上知识经济的飞速发展。1999 年 2 月 25 日,人大常委会通过了刑法修正案,对 1997 年刑法的八条有关侵犯社会主义经济秩序罪的个罪作了修改。无疑,这是出于现实的迫切需要:破产犯罪日趋严重,期货犯罪虽刚出现却破坏力极大,到了刑法不处罚之不行的地步。但是,依此类推,计算机犯罪、走私犯罪等也很可能在犯罪手段上新招迭出,非刑法典的现有规定所能涵盖,是否也都要进行修改呢?

其实,从立法技术上讲,对这些变化性大,与科技、经济有密切关系的犯罪,根本上就不适宜纳入刑法典,而应作为附属刑法出现,刑法典只需同步地在法典中注明这些刑事性质法规的出处即可。但附属刑法的制定仍需通过国家立法经过批准,且其内容不得与刑法原则相抵触。这样既保持了刑法典的稳定性和权威性,又可以保持这类特殊犯罪与其本行业自律性规章制度、行政、经济责任的连贯性和统一性,便于司法实践也便于公众一体遵守。事实上,在刑法典中干巴巴一个或几个条文规定技术性很强的犯罪如证券、期货犯罪,根本不可行,几乎每个法官或检察官在审理这类案件时必须查阅大量的相关部门法的具体规定,而且由于这些刑法条文与部门法的脱离使得其警示效果降低。而在具体工商法规中仅规定"构成犯罪的,依照刑法追究刑事责任"显得空洞、苍白无力,远不如将具体的刑法条文列于这些法规中,紧随民事责任或行政责任之后来得警戒力强。在知识经济进程较快的国家,附属刑法普遍存在,如美国、日本的附属刑法中就大量采用了直接创制刑法条款的形式;加拿大与美国相比,其法律已简明了许多,但除了《加拿大刑法典》以外,仍有上千个工商行政法规中包含有刑法条文,这些法规是研究"法律规定之罪"的重要渊源,它们在数量上远远超过刑法典规定的犯罪。

设立附属刑法这种刑事立法方法,对于从传统的工业经济向知识经济转变的我国来说,实为最佳出路,刑法的许多问题可以迎刃而解。表面上看,刑法性规定游离于刑法典之外,似乎会使刑法的警示性减弱,但实际上,这些附属刑法皆因某一经济、科技立法的出现而出现,将其规定于具体部门法中,不仅保持了刑法与社会发展状况的一致性,防止刑法典中一些条文的过于超前导致刑法闲置或过于滞后导致打击不力放纵犯罪的后果,而且具有结合刑法典的稳定性和这些部门法的灵活性的特点。此外,这种刑法形式的改革将省去许多不必要代价的投入,如由于新情况的出现,理论界总是在为新出现犯罪的修改完善进行无休止的探讨,立法机关却为保持刑法典的稳定性不到万不得已不改,这一痛苦、艰难过程的经历是以犯罪分子的逍遥法外、危害社会为代价的。

## (四) 科学的动态刑法

由于知识经济社会的全球经济一体化、社会发展的多元化更为加强,刑事立法切不可闭门造车,刑事司法也不仅仅是与刑法条文对号入座,刑事执法更不仅限于简单的"劳动"改造。一句话,知识经济社会的动态性决定了刑法的动态性。

刑法理论与实践在知识经济时代要取得突破性进展,首先应将刑法从更广义的范围去理解,从刑事政策学、立法学、司法体制改革的理论与实践问题、行刑学进行多角度的考察,而不能将其僵化地局限于对刑法典和有关立法的静止的诠释。"犯罪态势制约刑事立法，刑事立法制约刑事司法，刑事司法制约行刑效果，行刑效果反作用于犯罪态势。"而且犯罪态势、刑事立法、刑事司法、行刑效果四者之间存在着作用与反作用互相依存、互相影响的关系。① 对刑法本身的研究，必须着力于促成这四个因素的良性循环，使刑法在动态运行中取得最佳社会效果。

此外，科学的动态刑法还离不开在刑事法的整个领域，包括刑事立法、犯罪侦查、起诉、审判、行刑的各个环节，用知识经济提供的高新技术同各种各样的犯罪作斗争，主要是吸收其他人文学科和自然学科的研究成果，这方面已有许多成功的范例。如波斯纳的经济分析理论对于提高刑法的效益很有启迪；指纹图谱技术的运用，对于侦破凶杀、强奸等侵犯人身罪的案件几乎起到了决定性的作用。事实也表明，每一专门知识的革命，往往是源于其他学科知识的研究成果，更何况刑法的调整对象几乎直接涉及社会生活的各个领域。因此刑法研究的进步同样也应是建立在整合其他所有知识的基础之上。刑法以上两种动态性的发展——刑法领域内的和刑法领域外的，在知识经济时代还必须将视野放宽，一方面，基于知识经济社会世界经济一体化，基于信息交换越来越频繁、迅速，范围越来越广，刑法的制定必须借鉴外国的立法、司法经验，增强刑法的科学性和人本性，以减少刑事法律资源的浪费，少走弯路。当前国际犯罪、跨国犯罪增多，而高科技犯罪、经济犯罪具有许多共通性，刑事法领域要加强与他国刑事法学界及司法实践部门的对话与交流，求同存异，谋求最大程度上的立法沟通、司法协助与合作，争取在全球范围内以最小成本共同打击这类犯罪。另一方面，就刑法的比较研究而论，目前对其他许多国家和地区、不同法系的刑法皆较以往更广泛地进行着。但是，在向知识经济前进过程中，不能急功近利，仍然应该立足于我国的特殊国情，有些制度和观念，可以说是没有什么可比性，千万不能盲目引进，刑法与一国的政治、经济、文化等许多因素具有同源性，尤其是法律文化，可以说是起到了非常大的作用，"它不是一件可以随便脱掉的外衣，它的历史惯性足以把异质的东西打上折扣并将其改

---

① 储槐植：《刑事一体化与关系刑法论》，北京大学出版社 1997 年版，第 36 页。

造得接近于自身的文化传统。"①

科学的动态刑法在刑事诉讼中应当得到充分体现。而这最终还有赖于刑事法律工作者们自身素质的提高。他们必须不断更新自己的知识结构,善于吸收和分析各种信息,并具有勇于实践、创新的精神。刑事审判方式改革以后,对抗制的合理内核的吸收使刑事司法工作者面临更加严峻的考验:主要证据都在庭上见,而高科技犯罪本身的专业性、技术性(如电磁记录、数据等证据的收集、保存以及效力判断),都需要刑事法律工作者边学边干,即使有专家鉴定也代替不了检察官、法官的独立裁决。目前,智能诉讼,即运用科技设备系统及高新技术产品代替人体运动和人脑思维进行刑事诉讼,②已在许多国家被引进刑事司法领域。当然,我国目前还没有条件大范围、深层次地加以适用,但是,从长远来看,为有效打击知识经济社会的各式各样的犯罪,智能诉讼势在必行。

## 四、具备人本精神的刑法

刑法设置的目的,是"为了惩罚犯罪","用刑罚同一切犯罪行为作斗争"(现行刑法第一条、第二条),无疑最终承受者还是犯罪人(包括自然人和法人),虽然社会也要为之付出代价。因此知识经济社会的刑法既要研究该社会中的犯罪现象,更要探究这些犯罪现象背后的犯罪人。因为知识是以人为本的经济,人是一切知识、技术的载体,人的尊严和价值被提到前所未有的高度,这里的人当然既包括守法公民,也包括违法犯罪人。刑法要想不仅仅充当"刀把子",就必须具备人本精神,时刻关注人的各种价值的实现,而不是打着为知识经济保驾护航的旗号行变相侵犯人权之实。刑法的人本精神至少应在以下几方面得以体现:刑法三大原则人本属性的再现;刑事犯罪化与非犯罪

---

① 王以真:《外国刑事诉讼法学》,北京大学出版社 1994 年版,第 156 页。
② 张振高、谢田、王爱红:《论高科技犯罪与智能诉讼》,《中央政法管理干部学院学报》1995 年第 6 期。

化;刑罚人道主义。

## （一）刑法三大原则人本属性的再现

虽然刑法三大原则早就被刑事古典学派所提倡,但在我国的刑法中确立并正式出现在刑法典中,1997年刑法尚属首次。可以说它走过了极为艰难、漫长的心路历程。社会的进步与完善,必然要求尊重每一个包括犯罪人在内的人的人格和权利,而不仅仅是将犯罪人看作是刑法的制裁对象。知识经济社会更应如此。由于人创造了知识,发展并运用着知识,传播着知识,是人把人类从蒙昧引向文明,直至知识经济的现代文明时代。因此知识经济社会有理由且完全有必要为实现人的最大价值创造最佳条件,人的自由和权利也应得到最大限度的尊重。当然,与此同时,知识经济的发展也为刑法基本原则的根本实现创造了条件,包括物质的和精神的、心理的,犯罪人的人权在知识经济时代完全有可能得到最大限度的保护。

在考虑行使刑法的保护功能,惩罚犯罪分子之时,为了知识经济的长远发展,刑法必须注意发挥刑法的保障功能,通过罪刑法定,实现刑罚权的制约和自我制约的双重机制,立法者、司法者在刑法制定后,裁判何种行为是犯罪时,他们自身也必须在刑法规定的范围内定罪量刑。这样可以保障社会成员的合法权益不受司法擅断的侵害,即便是有罪的人,对他们适用刑罚也必须严格遵守罪刑法定、罪刑相称和刑法面前人人平等的原则,这一保障功能与刑法包含国家、社会和个人利益免受犯罪侵害的基础功能的双重发挥,才能使刑法在终极意义上实现其公正性,真正体现出刑法对人的关怀和重视,为人本主义的知识经济服务。

## （二）刑事犯罪化和非犯罪化

### 1.刑事犯罪化

刑事古典学派报应主义者认为,如果从犯罪人这一个体角度出发,我们必须承认,他(她)是意志自由的,之所以实施犯罪是其个人选择的结果,因此犯罪者个人必须对其犯罪行为承担个人责任或称道义责任。但是,刑事人类学派的社会责任论从行为决定论出发,认为犯罪作为一种社会现象,其存在具有一定的社会原因,这种社会原因不因立法者的意志转移为转移。犯罪虽然是犯罪个人的一种行为,但任何个人无不生活在一定的社会中,因而其犯罪行为的选择从某种意义上讲,虽具有一定的社会危害性,但犯罪人却又是意志不自由的,社会必须为个人的这种犯罪承担相应的责任。因此,从总体上讲,犯罪是客观性和主观性的统一,是社会因素作用与犯罪人个人选择的统一。

知识经济时代的到来使智能犯罪大量出现,传统犯罪又居高不下,这既是犯罪人自觉付诸实施的结果,又与社会提高高新技术、智能手段,以及技术防范措施的不力,管理制度不完备,甚至有些受害单位和个人为保持其公众信心和信誉不敢报案不无关系。计算机和通信技术带来时间过剩、就业过剩的社会,它对人的生存条件、生活方式、消费需求都起着重大的作用。因此,刑法在将这类犯罪进行刑事犯罪化时,应充分考虑:在其严重的社会后危害性的现象背后,犯罪行为人的可谴责性究竟有多大? 是否存在对犯罪人的期待可能性?虽然同为故意犯罪,个人的主观动机不一样,其反映的主观恶性也不一样,绝大多数是为牟取非法利益,还有些是为泄愤报复,也可能出于其他动机,如觉得新鲜、好奇,寻找刺激等。通过对犯罪人与社会环境的相互作用的考察,再划定犯罪圈,是知识经济时代刑法具备人本精神的要求。

2. 非犯罪化

由于犯罪的法律理念充分体现着特定的文化内涵和社会价值判断内涵,知识经济的到来,社会历史的巨大发展和文化的巨大变迁与扩展、渗透,使得这些内涵不可避免地发生变化,具体反映为一些刑法固有犯罪的非罪化,即把原规定为有罪的行为不再作为犯罪加以规定,而让位于道德规范用舆论谴责或用其他社会制裁方法进行约束。这方面最典型的例子就是知识经济的刑法应当释放那些无被害人的犯罪,如赌博以及侵害公共福利的犯罪(即欧美学者所称"行政犯罪"),将其非犯罪化。知识经济社会科学技术的发展和运用深化了人们对自然、社会和人本身的认识,扩大了人们的视野,促进了人们伦理道德观的变革,而且许多科技成果的推广运用也正有力地冲击着传统的道德观念(如无性繁殖、安乐死等),为树立新的道德规范开辟了道路。因此刑法部分罪的非犯罪化有其深刻的人伦基础,是人本主义的一项重要反映。

## （三）刑罚人道主义

面对信息时代的信息爆炸带来的犯罪泛滥,有些人提出是否又该来一次"从重从快"? 我们认为,这一思想不仅与知识以人为本的特征相悖,而且十多年来刑事司法的经验和教训也证明,从重从快与社会治安的根本好转并无必然的联系,虽然它一般会具有短期效应。严格说来,"从重"是对刑法上的罪刑法定原则的否定,从快则是对刑事诉讼法上的犯罪人人权保障的忽视与践踏。虽然我国20世纪80年代初在由计划经济向市场经济转型时期面对社会控制的失范曾经一度求诸重刑的刑事政策,但这一举措有其产生的必然性。经过了长期的"法律虚无"期,人们的法制观念已趋于淡薄,"矫枉必须过正",强调、强化一下是应该的,司法界对刑法的重新回归、使用有一种如获至宝的感觉,加上实践部门对改革开放中犯罪激增的现象无心理上的准备,问题出现后多少显得不知所措,因而求助于"杀手锏"——刑罚,有时也不免用之过频。但是,社会发展到知识经济时代,如果再求助于从重从快,则是历史的倒退,无人本精神可言,而且也不会收到预期的效果。知识的飞速膨胀和人的价值空前提高,社会的进步,经济的发达,文明的发展,必然要求刑罚的宽缓,即慎刑、轻刑思想。刑罚是一种用来制止犯罪的"恶"的另一种"恶",刑罚的过量与滥用,将导致刑罚自身价值的贬值和社会普遍反应的麻痹,甚至社会伦理道德的败坏。我们应当在加强刑罚的确定性和及时性的同时(这主要是公安警务的任务,如国外刑事司法界对警察强调的"报案后到达时间"(Time of the Arrival of the Police),简称"TAP"),选择慎刑和轻刑的思路。

从另一方面看,犯罪人绝大多数是在许多方面与我们一样的正常人,若非把他们从肉体上消灭或从空间上隔绝,只是考虑了刑法保护社会的一面,忽视了特殊预防(防止犯罪者本人再犯罪)的效果,是短视的、非理性的选择。至于犯罪人中确有一些属于行为怪诞、心理不正常者,对他们又不是单纯适用刑罚就能解决问题的。对这类人,则应给予最充分的人本关怀,研究他们的生理、心理等犯罪人格特征,对他们犯罪的原因作深层次的剖析,然后结合其人格异常的程度对症下药地选择医疗、教育感化、刑罚手段或其他措施,使他们通过完善自身的人格增强复归社会的能力。

知识经济的到来,对刑法而言,是机遇与挑战并存。知识经济对人的个体而言,它既诱发犯罪又抑制犯罪;对社会群体而言,它既传播犯罪又控制犯罪;对社会的长远作用而言,它既形成犯罪又消除犯罪。刑法的任务就是要抓住契机,利用和发挥知识经济的科学与人本属性,加速刑法与知识经济的良性互动,加速刑法的现代化。

(本文原载《法学家》2001 年第 5 期,中国人民大学复印资料《刑事法学》2002 年第 2 期转载)

# 刑法学教科书70年回顾与反思

　　教科书是一门学科课程的核心教学材料,①是按照教学大纲的要求编写的教学用书,又称教材、课本,是体现教学内容和教学方法的知识载体,刑法学教科书的编撰是人才培养和学科建设的基础环节和重要评价指标。"它的功能在于系统性地叙述本学科的基本原理,因而最能体现一个学者的学术水平。"②法学教科书是伴随着现代大学的产生而出现的,在法律学习与运用过程中具有举足轻重的地位。法学知识的推广有许多途径——论文、专著、案例集、教科书等。法学论文、专著学术性很强,却未必适合于初学者——论文只针对某一个问题展开论述,专著也只针对某一方面进行专门性论述,其优点是深入,其缺点是不系统、不全面,很难形成自身的专门体系从而给初学者提供该领域知识的全貌。案例集则主要侧重于法学知识的应用,而真正能够对法学教学、研究乃至司法实践起到奠基性、启蒙性作用的,是教科书,其系统性、完整性、体系性是法学的其他知识载体所不具备或不完全具备的,许多学人都是在教科书的引领下走进学术的殿堂。③ 教科书是教育人、培养人的基本工具,是联结教育者与被教育者的纽带,且具有相对的稳定性,其质量优劣、作用大小直接关系到法学人才培养的质量,人才培养离不开教材,一本优秀的教科书往往能影响几代人,而刑法学知识的"原始积累"当然主要依靠刑法学教科

---

　　① 　教科书是教材的主要表现形式,而教材是依据教育的目标与内容所编成的、有利于教学活动的展开而有计划地编制的材料,包括教科书和其他辅助性的图书等资料。

　　② 　陈兴良、周光权:《名师名作惠及吾辈——读李斯特〈德国刑法教科书〉》,2001年1月7日访问,http://www.360doc.com/content/17/0512/18/32350599_653331109.shtml。

　　③ 　这也正是为什么刑法学教科书在日本被称为"体系书"的原因。

书。本文拟对我国建国 70 年以来刑事实体法进行规范研究的注释性刑法学教科书进行专门、独立的探讨，以求教于同仁。

# 一、刑法学教科书 70 年概况

新中国 70 年刑法学教科书的发展，与我国的法制建设、法学研究一样，经历了曲折的过程。结合我国的社会历史、法制发展进程，我国刑法学教科书 70 年的历程大体可以分为 3 个时期，1949—1965 年是初建时期，1966—1976 年为停滞时期，1977 年至今即改革开放以后的 40 年是恢复与发展时期。

## （一）初建时期（1949—1965 年）

这一时期是我国社会主义刑法学的初建时期，具体又可以分为两个时期：1949—1956 年是起步、初建时期，1957—1965 年是衰退、萧条时期。

1949 年 3 月 31 日，董必武同志签署了《废除国民党的六法全书及其一切法律》的训令，对当时国民党政府以"六法全书"为核心的法律制度予以全面的否定评价，包括刑法在内的旧法被全部废除。① 这就打破了包括刑法在内的法学的历史传承性或继受性，一切从零开始。1950 年 6 月教育部长马叙伦在全国第一次高等教育会议上强调，"在课程问题得到初步解决之后，我们就必须有计划地着手编写高等学校的教材及参考书。我们应该大量翻译苏联高等学校的教材及参考书，作为我们主要的参考材料，同时，我们也要着手编译一部分教材。"②1950 年 7 月，中央人民政府法制委员会主持拟定了《中华人民共和国刑法大纲（草案）》，标志着我国社会主义刑法学开始起步。③ 1952 年开展的司法改革运动对当时的旧法观点和旧法学理论进行了彻底的批判。因此，刚刚起步的刑法学教学与研究主要是全面学习和移植苏联的刑法理论

---

① 陈兴良、周光权：《刑法学的现代展开》，中国人民大学出版社 2006 年版，第 189 页。
② 卢晓东：《高等教育的国际化与原版教材的引进与使用》，《科技导报》2001 年第 3 期。
③ 高铭暄：《新中国刑法学研究综述（1949—1985）》，河南人民出版社 1986 年版，第 4 页。

和刑法制度,苏联刑法学家 A.H.特拉伊宁的名著《犯罪构成的一般学说》①虽不是教科书,却对我国刑法学的影响最大。外来的刑法学教科书也以苏联刑法的译本为主,以英美刑法的译本为辅,②偶尔也有其他国家的刑法典译本。③ 特定的历史原因决定了刑法学研究的片面性,只能学习苏联,而不去考察、研究具有丰富底蕴的两大法系的刑法制度与文化,更谈不上借鉴了。

1954 年 9 月,我国第一部社会主义宪法公布实施,同年 10 月,我国刑法的起草工作正式开始,拟定了《中华人民共和国刑法指导原则草案(初稿)》,到 1957 年 6 月已经拟出草案的第 22 次稿,而当时的刑法学教科书无论是否公开出版,与这些草案的主要精神都是一致的。如果说在"五四宪法"公布前,我国的法律教育与法学研究是以学习苏联为主的话,那么在此以后,就开始逐步探索以我国社会主义革命和社会主义建设的实践经验为主而进行教学和研究了。作为这个时期刑法学的研究成果,当时出了 1 本教学大纲和 4 部教科书:《中华人民共和国刑法教学大纲》是在司法部指导下,由中国人民大学刑法教研室和北京政法学院刑法刑诉教研室于 1956 年合作制订、法律出版社 1957 年出版的,4 部教科书是:中国人民大学法律系刑法教研室 1957 年编印的《中华人民共和国刑法总则讲义(初稿)》上、下册;张中庸编、东北人民大学 1957 年出版的《中华人民共和国刑法》;中央政法干部学校刑法教研室编著、法律出版社 1957 年版的《中华人民共和国刑法总则讲义》;西南政法学院刑法教研室 1957 年编印的《中华人民共和国刑法总则讲义(初稿)》。④ 上述大纲和教材试图为中国刑法学特别是刑法总论的体系和内容勾勒出一个大致的轮廓,但是由于特定历史条件的限制,意识形态的痕迹较重,内容比较单薄,有些在 20—30 页左右,形式比较单一。但是,这在我国刑法学研究几乎"从

---

① 中国人民大学出版社 1958 年出版中译版。

② 当时的苏联刑法学教科书有:苏维埃司法部全苏法学研究所主编:《苏联刑法教科书》(上下册),彭仲文译,大东书局 1950 年版;[苏]杜尔曼诺夫:《苏联刑法概论》,杨旭译,长春东北新华书店 1949 年版,共 61 页;[苏]《苏俄刑法》,张君悌译,长春东北书店 1949 年版,共 85 页;[苏]沙尔果罗特斯基:《现代资产阶级的刑事立法和刑法学》,成玉译,法律出版社 1965 年版,共 97 页。英美刑法教科书有:聂昌颐编译:《英美刑法要则》,上海三民图书公司 1950 年版。

③ 例如社科院研究所翻译的《保加利亚刑法典》由法律出版社于 1963 年出版,共 96 页。

④ 高铭暄:《新中国刑法学研究综述(1949—1985)》,河南人民出版社 1986 年版,第 5 页。

零开始"的当时已经非常难得了,毕竟"万事开头难"。

自 1957 年以后,我国的刑事立法工作受到削弱,除了几个特赦令以外,没有颁布单行刑法,在颁布的非刑事法律中,包含刑法规范的也很少。① 相应地,1957 年下半年以后,也只有一些油印的内部刑法学教材,且在内容上政策多于法律,大多配合政治运动的需要而强调政治性,并大大压缩专业内容。

## (二) 停滞时期(1966—1976 年)

1966 年至 1976 年十年浩劫期间,"随着法律虚无主义的抬头,我国法制建设进程为之中断,刑法学研究也完全陷入停滞状态,一直到 1979 年刑法颁布。"②虽然新中国成立后至今的 70 年,1949—1979 这一时期就占了一半时间,在 50 年代,曾经有过一系列刑事立法,刑法理论研究包括教科书编写工作也有过良好的开端,却由于特定的历史原因,在 1966—1978 这 10 余年的时间里,我国刑法学教科书与国家法制建设的遭遇一样,逃脱不了历史的宿命,随着司法机关被砸烂、刑事立法工作停滞、刑法教学研究被迫中断而逐步萧条直至偃旗息鼓、完全停滞。

## (三) 恢复与发展时期(1977 年至今)

1976 年 10 月粉碎"四人帮"以后,国家开始拨乱反正,邓小平同志复出之后,强调健全社会主义法制。③ 改革开放以后,法学教育与研究与我国法制建设相同步,迎来了新生,开始复苏并走上稳步发展的轨道。1979 年刑法、1997 年刑法这两部刑法典的出台,直接将刑法学教科书的编写推向高潮。刑法学教科书在这一时期具体又可以划分为 1977—1997 年的恢复、探索时期与 1997 年以后至今的繁荣发展时期。

1. 恢复、探索时期(1977—1997 年)

1978 年 12 月召开的中共十一届三中全会,深刻反思了"文化大革命"时

---

① 高铭暄:《刑法肆言》,法律出版社 2003 年版,第 114 页。
② 陈兴良、周光权:《刑法学的现代展开》,中国人民大学出版社 2006 年版,第 61 页。
③ 马克昌:《新中国刑法 60 年巡礼》,载《刑法学 60 年反思论文集》,中国人民公安大学出版社 2009 年版,第 17 页。

期全面破坏社会主义法制的惨痛历史,作出了加强社会主义民主和法制建设的重大决定。以此为开端,我国的立法工作全面展开。1979 年 6 月召开的五届全国人大二次会议通过了《中华人民共和国刑法》和《中华人民共和国刑事诉讼法》等 7 部重要法律。国家法律从无到有,法制建设尚处于力求做到"有法可依"的时期。以 1979 年 7 月 1 日新中国第一部刑法典的出台为标志,我国刑法学开始复苏,刑法学教科书的编写也拉开序幕。1980 年,群众出版社先后出版了中央政法干部学校刑法刑事诉讼法教研室编著的《中华人民共和国刑法总则讲义》和《中华人民共和国刑法分则讲义》,这套讲义吸收了 50 年代我国刑法学的研究成果,并且结合了刑法实施以后的具体情况,具有一定的学术价值。从 1979 年 1 月 1 日刑法典施行至 1997 年 10 月 1 日现行刑法典施行这 17 余年间,我国陆续出版了数十本刑法学教科书,其中比较有代表性的包括但是不限于①:杨春洗等编著的《刑法总论》②,在刑法理论研究上有一定的深度和力度;王作富等编著的《刑法各论》③,结合司法实践对刑法分则问题进行了较为深入的研究和论述;高铭暄主编、马克昌、高格副主编的我国第一部高等学校统编教材《刑法学》④,吸收了刑法学研究的新成果,在体例和内容上有了新的突破,"统编教材《刑法学》……在当时代表了我国刑法学的最高研究水平,其所建立的刑法学体系为后来的各种刑法论著和教科书所接受,成为各种同类著作的母本。其影响之大,在近 10 年内无出其右……"⑤高铭暄主编的《中国刑法学》⑥,侧重阐述刑法学的基本理论,并注意研讨刑法适用中的实务问题;林准主编的全国法院干部业余法律大学教材《中国刑法教程》⑦,密切结合刑事审判实践,研究论述了刑法的理论与实务问题。该书也是我国第一部统编的刑法学教科书,在当时具有相当的权威性和影响力,10

---

① 高铭暄、赵秉志:《新中国刑法学研究 50 年之回顾与前瞻》,法律出版社 2000 年版,第 11、18 页。

② 杨春洗、甘雨沛、杨敦先等:《刑法总论》,北京大学出版社 1981 年版。

③ 王作富等编:《刑法各论》,中国人民大学出版社 1982 年版。

④ 高铭暄等编:《刑法学》,法律出版社 1982 年版。

⑤ 陈兴良:《转型与变革:刑法学的一种知识论考察》,《华东政法学院学报》2006 年第 3 期。

⑥ 高铭暄主编:《中国刑法学》,中国人民大学出版社 1989 年版。

⑦ 林准:《中国刑法教程》,人民法院出版社 1989 年版。

多年间先后印刷 23 次,印数达 100 多万册;赵秉志、吴振兴主编的高等学校法学教材《刑法学通论》①,反映了刑法学理论研究的最新成果,并在体系结构方面有创新性探讨。

改革开放后的 10 余年,亦即 1979 年刑法典刚出台的一段时期,整个国家百废待兴,法学田地也亟待播种开耕。对一个刚从近乎"无法无天"的法律虚无主义背景下走出的国家,法学教育的意义实在太大了。在法学资料极其有限的当时,刑法学教科书更凸显其重要性,它既是学生学习的营养源泉,也是法学教师、科研人员开展刑法学教学、科研工作的起点和依据。一些学者响应时代的召唤,勇敢地承担起编写刑法学教科书这一神圣的使命,开启了新时代法学教育的新纪元。之所以说"勇敢",是因为在当时,编写者面临着专业技术与政治方面的双重挑战——法学教科书的编写几乎没有"本土资源"可以利用,而大陆法系的刑法学由于新中国成立时就已经被彻底否定,英美刑法又极少有人了解,即便有传入,仍然被看作是"资本主义的法律",是批判和抛弃的对象,因此,除了苏联的刑法学教科书,没有多少可供参考的,而且,十年浩劫刚刚结束,意识形态的禁锢很难在短时间内打破,法律在当时是一个高度机密、需要"提高警惕"的专业,报考法律需要严格"政审",自然,对作为"刀把子"的刑法进行教科书的编写是政治性很强的工作,一不小心就有可能犯"路线错误"。这导致有才学的人也难以解放思想,进行自由创作,尤其是讲求通用性的教科书。因此,虽然改革开放初期编写的刑法学教科书在完备性、体系的科学性、合理性等方面都远不及今日,我们却不应过多苛求,毕竟,特定历史时期的局限性谁也无法超越。

2. 繁荣发展时期(1997 年至今)

经过 10 多年的全面建设和发展,我国经济体制、政治、文化等方面的发展以及国际形势已经发生了很大变化,犯罪态势也有了很大变异。1997 年 10 月 1 日,新刑法典开始施行,激发了教科书的新一轮编写高潮,"它开启了新时期我国刑法学研究的序幕,也基本上确立了 30 年来我国刑法学发展的主要

---

① 赵秉志、吴振兴:《刑法学通论》,高等教育出版社 1993 年版。

方向。"①新刑法典的出台带来了教科书的"全面升级",在结构体系、内容、刑法观念等方面都与以往的教科书有很大不同,例如在 1997 年以后的教科书中一般都有刑法解释、持有、单位犯罪②、期待可能性等内容,而这些又是以往的刑法学教科书未涉及或很少涉及的。此后至今,刑法学教科书的编纂呈现出蓬勃发展的景象,在教材市场上蔚为壮观,颇为引人注目。其原因主要在于:从 1978 年开始改革开放至今,是我国整个社会发生巨变的重要历史时期,也是中国法学,包括刑法学取得重大进步和发展的重要时期。40 年的大规模和较高水平的立法活动和实践直接推动了刑法学的发展,10 个刑法修正案的每次出台,都会带来教科书的改写、再版;立法解释、司法解释的推出,一般也会导致教科书的充实和修改。同时,对外开放带来了欧美与日本刑法的译著大量引入,也使得刑法学教学与研究的眼界大大开阔;国际国内的新情况新问题也推动着刑法的进步。③ 这些在刑法学教科书的编写中都得到了充分的反映。

据不完全统计,自 1997 年刑法典颁行后至今,我国陆续出版了近百种刑法学教科书,然而,对教科书的专业评价与深入研究并不多见。如果从中文社会科学引文数据库自 1999 年至 2017 年间的 CSSCI 被引证次数、销量排行、发行量大小(包括再版次数多少)④等因素综合考察,其中张明楷所著《刑法学》⑤,高铭暄、马克昌主编、赵秉志执行主编的《刑法学》⑥以及陈兴良刑法学丛书套装 14 种 18 卷——刑法哲学、人性基础、价值构造、知识转型、法治论、防卫论、犯罪论、总论、规范、判例、本体、教义、口授等均稳居 CSSCI 被引证次数、几大图书网站的销量排行榜前三名,虽然具体数值会因为不同的统计指数而有些不同。张明楷所著《刑法学》以刑法的法益保护目的为核心,在犯罪论方面以客观主义为立场,采取结果无价值论,对犯罪构成要件进行实质性解

---

① 高铭暄、赵秉志:《改革开放三十年的刑法学研究》,《中国刑事法杂志》2009 年第 3 期。
② 由于何秉松教授较早在《刑法教科书》(中国法制出版社 2000 年修订版)中肯定了法人犯罪并作深入阐述,因此被日本学术界称为"中国法人犯罪肯定论的代表"。
③ 刘仁文:《刑法学 30 年:1978—2008》,载 2008 年第二届中国法治论坛论文集,第 409 页。
④ 然而图书发行量的大小有时会受出版社的"码头"高低、"地方性垄断"等因素的影响。
⑤ 最新版为法律出版社 2016 年第五版。
⑥ 最新版为北京大学出版社、高等教育出版社 2019 年第九版。

释;在刑罚论方面以并合主义为立场,明确相对报应刑的主张,理论精深,风格鲜明,独树一帜,自成一派。高铭暄、马克昌主编、赵秉志执行主编的《刑法学》注重体系的完整性、内容的科学性、系统性、相对稳定性和时代特色,阐述研究了我国新刑法典颁行以来刑事法治的新进展和刑法理论研究的新成果,具有较高的学术水平和应用价值,已重印数十次,年销量均在 5 万册以上,并于 2002 年荣获教育部全国普通高等学校优秀教科书一等奖。陈兴良所著的教科书系列开辟了从规范、事实、价值等不同视角对刑法进行系统研究的教科书的新境界。当然,还有相当数量的优秀刑法学教科书,如果依照上述 CSSCI 被引证次数、销量排行、发行量大小标准,会得出不尽相同的结果,因此无法一一排序列出。其他具有相当影响力的刑法学教科书还有很多,为了防止挂一漏万,在此不一一列出。

自 1997 年至今,刑法学教科书的百花齐放还可以从其名称窥见一斑,除了上述提及的教科书名,刑法学教科书还出现过以下名称:《现代刑法学》《刑法学专论/简论/通论/概论/导论》《刑事实体法学》《实用刑法学》《应用刑法学总论(分论)》《刑法新教程》《刑法教程》《简明刑法教程》《实用刑法读本》《刑法总则要义》等。但是最常见的名称是《刑法学》。还有些教科书是从案例角度出发编写的,限于篇幅在此不一一列举。

刑法学教科书的大发展是刑法学教育与研究的发展与繁荣的一个重要表征。相比 20 世纪 80 年代以前的法科学生,当今的学生有太多的刑法学教科书可以选择。也正是由于太多,他们容易眼花缭乱,无从下手,即使在老师的指点下精挑细选了一两本教科书,又生怕挂一漏万,"捡了芝麻丢了西瓜",因此,有志从事刑法学教学与研究的人不得不尽可能"博览群书",对刑法学教科书进行深入的比对阅读。有很多教科书可选、可读当然是一种幸运,然而,在读过后如果发现良莠不齐,或近似甚至雷同,这又何尝不是一种"不幸"呢?

## 二、刑法学教科书70年变化的主要特点

70 年来法制建设、法学流变的风雨沧桑,可以从刑法学教科书中管窥一

二。纵观其70年的变化,我们不难发现其一些比较显著的特点。

## (一) 从形式上看,撰写方式多样化,编写人员多元化

在新中国成立以后初建时期的刑法学教科书中,一般找不到编写者个人的姓名,而是以单位的集体名义署名,例如"中央政法干部学校刑法教研室编著"①、"中国人民大学刑法教研室编写"、"北京政法学院刑法教研室编订"②等,虽然内页有时会列出编写者的姓名、工作单位等情况。这既避免了"个人英雄主义",又减少了个人"犯错误"的概率,也与当时缺乏版权保护的观念与法律制度有关。在恢复与发展时期,即1979年刑法典施行以后,我国刑法学教科书主要采用主编(有些列出总主编)、独著、合著的形式,其中又以集体编著、权威学者担纲主编、副主编的形式更常见,其优势是非常醒目,主编的影响力能够瞬时到达读者。独著式的教科书虽然总体数量不多,却已显示出其多方面的优势与特点。合著式的教科书有些直接列出撰稿人名单而不单列主编,其优点是更加关注撰稿人的著作署名权,也使文责更明确。③ 从编写人员的情况看,教科书的作者从初期以老一辈学者为主,逐步发展为老一辈学者与中青年学者齐上阵的景象,他们大多是高校、科研院所的教研人员,其中有些人兼职于或曾经就职于司法机关,其理论功底深厚、实践经验丰富以及有些人留学欧美的经历直接影响着教科书在刑法知识结构方面的多样性、理论上的丰富、缜密和实践上的深入。刑法学教科书的出版社一般是教育部直属高校、司法部所属高校的出版社、法律出版社、中国法制出版社等。

刑法学教科书的性质以国家统编教材为主,由教育部或者司法部审订,例如教育部统编"面向21世纪课程教材"、普通高等教育"十一五"国家级规划教材、21世纪高等院校法学系列精品教材等,而"十一五"国家重点图书出版规划项目是由国家新闻出版总署组织出版的国家级重点图书。还有相当一批的省级精品教材,例如北京市高等教育精品教材。能够被列入这些教材系列

---

① 即法律出版社1957年版的《中华人民共和国刑法总则讲义》。
② 即法律出版社1957年版的《中华人民共和国刑法教学大纲》。
③ 例如曲新久等学者撰写的《刑法学》,北京市高等教育精品教材立项项目,中国政法大学出版社2016年第六版。

的当然有其相当的统一适用性、权威性,但是并不能因此得出结论,未被列入的就一律不是"精品"。

## （二） 从内容上看,主要呈现出两大特点

1. 紧随立法,及时修订

在整个初建时期(1949—1965 年),刑法学教科书实际上主要是在 1957 年以前编写的,一般体系比较简单,内容比较单薄,有些虽然在教学过程中发挥着教科书的作用,却未能够公开发行。例如公开发行的政法干部学校刑法教研室编著、法律出版社 1957 年版的《中华人民共和国刑法总则讲义》,第一讲是"刑法的阶级性",第二讲是"中华人民共和国刑法的概念和任务",指出"刑法是保护一定统治阶级利益的工具,是统治阶级进行斗争的武器","中华人民共和国刑法是……巩固人民民主专政,保护人民民主权利和保障我国胜利地建成社会主义社会的有力工具"。① 犯罪概念也主张从单纯实质性的概念转向形式与实质相统一的犯罪概念。这些与当时的立法趋势是一致的——1956 年《中华人民共和国刑法草案》第 13 次稿第 8 条规定,"一切危害人民民主制度、破坏法律秩序、对于社会有危害性的,依照法律应当受刑罚处罚的行为,都是犯罪;行为在形式上虽然符合本法分则条文的规定,但是情节显著轻微并且缺乏社会危害性的,不认为是犯罪。"②1951 年 2 月 21 日中央人民政府委员会公布的《惩治反革命条例》是新中国成立后颁布的第一个单行刑法③,而其后的教科书都对反革命罪有比较具体的规定。教科书主张刑法有溯及力,而当时的刑法典草案也规定了新法的溯及既往原则。例如 1950 年《刑法大纲草案》第 2 条规定:本大纲对于施行后、解放后及解放前的犯罪行为均适用之,但解放前的犯罪,仅以对国家或人民权益造成严重损害,法院认为有处罚之必要者为限。此后,1956 年刑法草案第 13 次稿、1957 年刑法草案第 21 次稿、第 22 次稿、1962 年第 27 次稿、1963 年第 30 次稿、第 33 次稿,甚至一直

---

① 《中华人民共和国刑法总则讲义》,法律出版社 1957 年版,第 9、19 页。

② 苏彩霞:《历史的回顾与启示:中国刑法史上三次国际化事件总置评》,载《刑法论丛》(第 10 卷),法律出版社 2006 年版,第 88 页。

③ 卢乐云:《新中国刑法的演变》,《中国刑事法杂志》2009 年第 5 期。

到 1979 年刑法草案第 36 次稿还采取从新兼从轻原则，承认刑法有溯及既往的效力。此外，1957 年版的《中华人民共和国刑法总则讲义》和其他未公开出版的教科书都有类推、刑罚的目的、犯罪构成四要件的规定，反映出对苏联刑法的继受特征，并且与当时的立法精神相吻合。

20 世纪 80 年代初期，刑法学教科书走上发展的轨道。与之前的 30 年相比，改革开放以后 30 年刑法学教科书内容的变化进一步紧随刑事立法的变化。这也是自然、正常的，既然是注释刑法学，当然以诠释刑事立法为主要任务，并且与刑事立法保持同步性；既然"法与时转"，教科书也应当"与法（刑法）俱进"，及时修订。改革开放之初，由于时代的局限性和多种因素的影响，我国第一部刑法典即 1979 年刑法典仅有 192 个条文。其颁行后的 17 年间，国家立法机关先后通过了 25 部单行刑法并在百余部非刑事法律中规定有刑事条款，进行修改补充。随着我国社会主义市场经济体制的逐步确立，我国的法治建设也不断进步。1997 年刑法典更为统一和完备，罪刑法定、适用刑法人人平等和罪责刑相适应三项基本原则的确立，突出了刑法的人权保障机能，而普遍管辖权、正当防卫、减刑、假释等制度的改变，以及将"反革命罪"修改为"危害国家安全罪"、增加了破坏社会主义市场经济秩序罪一章的罪名、将贪污贿赂罪独立成章并增加罪名等，这些立法完善的措施使得刑法学教科书的内容更加充实、合理和科学。加之一些主持或参与刑法制定的权威学者[1]对立法的来龙去脉、前因后果非常了解，其编写或主持编写的教科书比较贴近刑事立法的主旋律，其诠释也更符合立法精神。

也有些变化与刑事立法的关系并不是很紧密。例如，1979 年刑法第 1 条已经明确规定了刑法"以宪法为根据，依照……制定"，但是其后一段时间的教科书没有"刑法的根据"这一章，却有"刑法的阶级本质"、"刑法的指导思

---

[1] 在 1988—1997 刑法典全面修订期间，全国人大常委会法工委经常邀请专家学者参加刑法修改研讨会、座谈会。1996 年 8 月 12 日至 16 日，全国人大常委会法工委在北京专门邀请了高铭暄、王作富、马克昌、曹子丹、单长宗、储槐植等 6 位资深刑法学教授就刑法修改问题进行座谈研讨；1996 年 11 月 11 日至 22 日，全国人大常委会在北京召开了长达 12 天颇具规模的刑法修改座谈会，邀约了全国政法机关和法学界的 150 余位专家学者与会，集中研讨全国人大常委会法工委 1996 年 10 月 10 日编印的《中华人民共和国刑法（修订草案）》（征求意见稿）。见刘仁文：《刑法学 30 年：1978—2008》，载 2008 年第二届中国法治论坛论文集，第 413 页。

想"等内容;①没有"罪数形态"、"刑事责任"等与法律适用关系紧密的章节,却有"犯罪现象及其原因"一章。这与国家政治、经济发展时期、意识形态状况以及刑法学理论发展的成熟程度、对刑法学与犯罪学区别之认识深度等因素密切相关。

2. 在体系、内容上不断完善,理论性增强,实用性提高

在初创时期,我国刑法学教科书中刑法总论的体系一般是"四分法",即分为绪论、犯罪论、刑罚论和罪刑分论,也有的采用"三分法",即绪论、罪刑总论和罪刑分论。今日教科书虽然有的也采用"导论、犯罪论和刑罚论"或者"刑法论、犯罪论和刑事责任论"等三分法,②但是更多的是采用"二分法",即刑法总论与刑法分论,以契合刑法典"总则"、"分则"之划分,然后再将总论按照刑法论、犯罪论、刑罚论进行三分。

总论中最重要的是犯罪构成体系,绝大多数教科书采用"四要件说",也有的采用"三要件说"即大陆法系的三段论的犯罪构成理论体系,还有的例如陈兴良所著《规范刑法学》③就按罪体、罪责和罪量三个要件建构了犯罪构成体系。它既不同于我国现行的四要件理论,也不同于大陆法系递进式的三要件理论,而是将犯罪构成要件分成罪体和罪责两个基本要件,罪体和罪责是表明犯罪的质的条件的要件,在有了罪体的基础上再来考虑罪责,罪责要件是心理事实和规范评价的统一。罪量要件主要是为了解决犯罪成立的量的问题。何秉松主编的《刑法教科书(上、下卷)》④开创了独特、崭新的"犯罪构成系统论",第一次将系统论的方法运用于犯罪构成,提出"所谓犯罪理论体系是由一系列关于犯罪的条件、形态、种类、刑事责任等的概念、范畴、原理、原则依一

---

① 当时司法部直接领导编写的法学教科书的主要特点是:坚持四项基本原则,在政治上同党中央的方针、政策保持一致,充分反映宪法和法律的精神。在学术观点上,贯彻"双百"方针。在内容和体系上,力求稳妥,并有所突破;既要彻底清除旧法观点,又要防止出现"左"倾错误的言论和十年内乱中的陈词滥调。参见常青:《为改变法学教材的落后面貌而努力——关于法学教材编写和出版情况的介绍》,《法学杂志》1983 年第 1 期。

② 前者参见周光权:《刑法总论》,中国人民大学出版社 2007 年版,后者见刘艳红:《刑法学总论》,北京大学出版社 2006 年版。

③ 陈兴良:《规范刑法学》,中国人民大学出版社 2008 年版。

④ 何秉松:《刑法教科书(上、下卷)》,中国法制出版社 2000 年版。

定关系组成的有层次、有结构的知识系统,它是关于犯罪的(立法与司法)实践的理论化与系统化,是在理论与实践的互动过程中形成和发展起来的。""犯罪构成系统论认为犯罪构成不是平面上的几个要件的简单相加,而是动态的立体结构,内部各子系统之间互相联系、互相制约,同时,这个复杂而严密的系统又是开放的,与环境有着密切联系。""用'系统中心论'取代西方资产阶级的'行为中心论'或'行为人中心论',并取代我国传统刑法理论的主客观相统一的原则。"①该教科书目前已经是第6版,自1999年至2008年间的CSSCI被引证次数为180篇次,且全书被译成日文在日本发表,这也是日本第一次翻译出版我国的法学教科书。我国有关犯罪构成理论体系的不同主张体现了教科书的多元性、多样性,也反映了我国刑法学理论研究的逐步开放与成熟。

教科书的分论或各论部分一般先是"概述",然后对应刑法典分则的10章按照条文顺序排列。这种注释体系或解释体系已经被长期、广泛地应用。也有的分论部分按照犯罪所侵害法益进行归类排序,例如陈兴良主编的《刑法学》(复旦大学出版社2009年版)以及周光权所著的《刑法各论》(中国人民大学出版社2007年版)就都是按照"侵害个人法益的犯罪"(侵犯公民人身权利、民主权利罪、侵犯财产罪)、"侵害社会法益的犯罪"(危害公共安全罪、破坏社会主义市场经济秩序罪、妨害社会管理秩序罪)、"侵害国家法益的犯罪"(贪污贿赂罪、渎职罪、危害国家安全罪、危害国防利益罪、军人违反职责罪)分为3编。刘艳红主编的《刑法学各论》也是按照法益划分为这3编,不同的是将贪污贿赂罪放在"侵害社会法益的犯罪"而不是"侵害国家法益的犯罪"一编中。

总体看来,今日之刑法学教科书在体系上差别不是太大,例如总论的体系一般包括刑法论(也有的称"绪论")、犯罪论、刑罚论3大板块,在编排结构上层次分明,内容按照知识体系循序渐进,便于学生逐步、系统地接受和掌握知识。有些章节的名称不尽一致,例如"故意犯罪的停止形态"在有些教科书中

---

① 储槐植、陈敏:《应用新方法进行新尝试——评"犯罪构成系统论"》,《中外法学》1995年第5期。

被称为"故意犯罪的结束形态"、"未完成罪";"正当行为"也被称为"排除社会危害性的行为";"罪数形态"也有冠以"罪数不典型"、"一罪与数罪"的名称等。

刑法学教科书在技术上日趋完备、严谨、规范。这方面的变化有目共睹。例如以往的刑法学教科书常常是"一气呵成",从头至尾没有一个注释。近年来的刑法学教科书一般都有必要的注释,既方便读者查询和深入学习,也尊重了他人的智慧结晶和劳动成果。之所以呈现出这些特点,主要有以下几方面的原因:

首先与刑法典体系结构日益完备,刑法内容日趋科学、合理、可操作性不断提高等因素分不开,而刑事立法技术的进步也直接带来了教科书内容的不断充实和成熟。其次是由于一些学者在"文革"动乱之前曾经受过较为系统的法学教育,具有深厚的法学功底,他们参与立法,使得其教科书具有开创性、历史性的意义。例如高铭暄主编的《刑法学原理》(3 卷本)[1]这套书写作历经10 余年,可以说集新中国刑法学研究精华之大成,对改革开放以来的刑事立法、司法和理论进行了总结,对许多人产生了深远的影响,引领了诸多学子走进了刑法的殿堂,一些从事刑事法律实务的人也如饥似渴地从中汲取学术营养。这些教科书是现今刑法学许多原理的重要渊源。再次,改革开放以来,我国一批学者对德日、英美刑法学进行了深入研究,并引入原版教科书或翻译本,以及一些高校、科研院所对台湾刑法学著作的大量影印引入,他们写出的中国刑法学教科书已经明显吸收了欧陆[2]和英美刑法[3]的精华,对我国刑法学教科书建设以及刑法学研究都有着重要影响,其中一些观点已经被其他教科书所吸收、采纳;复次,改革开放后的刑事法实践(包括刑事审判方式改革)也促进了教科书的充实与完善。有些教科书在论述中充分展示和讨论案例,并能通过对一个简单案件的事实要素的不断调整,讨论不同的法律适用情况,

---

① 高铭暄:《刑法学原理(3 卷本)》,中国人民大学出版社 1994 年版。

② 例如张明楷、刘明祥、冯军、周光权、黎宏等学者的刑法学教科书,较为明显地反映了其所受德、日等欧陆国家刑法学的影响。

③ 例如储槐植教授提出的关于罪数的理论,主张用吸收犯取代牵连犯,以及"行为"应当包括持有等,即吸收了英美刑法的积极因素。

将刑法理论与实践进行最为充分的整合,最大限度地实现了理论与实践相结合的教学目标。

# 三、刑法学教科书撰写中需要回应的主要问题

回顾刑法学教科书70年的变迁,在第一时期的30年,刑法学教科书刚刚起步就因历史原因而完全中断,第二时期的40年则是"起死回生"的40年——教科书从无到有,种类大大增加,总体水平不断提高,取得了令人瞩目的成绩,可谓硕果累累。在各种法学教材中,刑法学教科书当属体系完整、脉络清晰、理论与实践兼顾的典范之一。

回顾过去是为了将来更好地发展。刑法学教科书的繁荣是不争的事实,然而法学教育的使命迫使我们要精益求精。我们不得不承认,一直以来,由于缺乏专门、系统、深入的研究①,刑法学教科书在一定程度上存在着表面繁荣、实为低水平复制、精品力作不多、重复建设、资源浪费等问题。要彻底改变现状,使刑法学教科书有质的飞跃,需要解决以下几个更深层次的问题。

## (一) 刑法学教科书的编写目的和定位

刑法学教科书的编写目的是什么? 通常在教科书的序言中都有涉及,又好像并不十分清晰。编写者如果对这一点认识不清,即使写作过程中非常认真用心,也会使教科书脱离社会对法学教育的实际需求。要担当起这样的使命,就必须对刑法学教科书进行相对明确的定位。具体包括刑法学教科书对象的定位以及定位的主体两方面的含义。

1. 刑法学教科书对象的定位

教科书的作用,近而言之,是服务于高校教学的需要,远而言之,是服务于国际国内人才市场的需要。随着社会对法律人才需求的多元化,法律人才培养模式也不断多元化,今日之法科学生存在着普通高校本科生与研究生之间、

---

① 胡玉鸿:《试论法学教材的编写目的》,《华东政法学院学报》2004年第3期。

专门政法学院与综合性大学与非法律高校的法律院系(所谓培养"复合型人才"之地,例如外语、经贸、理工大学中的法律院系)学生之间的区别,因此,刑法学教育具有知识结构、法律基础不同的"受众",不同的高等法律学校也有不尽相同的法律人才培养目标和模式。虽然"人文社会科学教学不可能像外语应试教学容易分成若干等级"①,然而教科书还是应当明确培养目标,在内容深度与广度、篇幅等方面有所差异,在理论与实务之间有不同侧重,这样有利于在编写时把握好大方向以及各部分内容的比例和整体风格。

除了初学者,刑法学教科书是否需要为刑事司法工作者提供学术营养,起到为其答疑解惑的作用? 理论上讲应当如此,在两大法系的主要国家,法官在断案时遇到困难,常常会求助于权威的教科书获得刑法学知识的源泉。② 但是,在我国,有多少刑法学教科书发挥了或者准备发挥这样的作用呢? 似乎寥寥无几。这既是学者自身学术积淀、司法实践经验有限的原因,也是教科书编写者在写作之时定位不甚明了所造成的。当前的刑法学教科书主要是写给刚入门的高校学生看的,而不是写给法官、检察官、律师们看的。后者在遇到刑法难题时,大多是通过其他渠道求知问路,例如求教于专家教授、资深法官,获得刑法学知识,而教科书对他们的帮助似乎并不大。

2. 刑法学教科书定位的主体

刑法学教科书定位的主体,是指谁来对教科书的服务对象进行定位、谁来规定教科书的评价标准以及谁来评价的问题。由于我国尚无法学教科书的评价标准和办法,导致对法学教科书的要求、意义、价值与作用等都缺乏相对统一的评价标准,这直接影响到刑法学教科书的质量。刑法学教科书可否是完全的行政主导? 还是彻底由市场决定优胜劣汰? 抑或是二者的折中——由行政主管机关选择专家编写、评审刑法学教科书? 而专家再权威,也不应当自己

---

① 夏勇:《研究生的教科书问题——〈高级法学教程〉总序》,2009 年 7 月 12 日,中国法学网,http://iolaw.cssn.cn/。

② 例如在英国,虽然英国刑法教科书的论述对司法实践没有约束力,但是它们却一直受到法官们的极力推崇。17 世纪爱德华·科克的著作中关于刑事犯罪的论述,18 世纪威廉·布莱克斯通的《英国法释义》第 4 卷,都被视为法律方面的权威著作。19 世纪的一些权威教科书经过重新编订,仍然为当代司法实践所信赖。如肯尼的《刑法大纲》,詹姆斯·斯蒂芬爵士的《刑法摘要》等,经常被法官所引用。

编写、自己评审,"自己做自己的法官",这里就有一个编写者与评审主体如何分离的问题。

处在不同立场,会给出不同的答案。在其他国家,我们很难看到刑法学教科书有"精品教科书"或者"精品教材"的标志,他们似乎也不作这样的评审,或者由教育行政主管机关、司法主管机关指定教材。原因是市场自己会说话。在激烈然而又是自然的竞争中,读者的选择就是最好的回答。否则,"教科书如果不能走向市场化,只要仍然由教育和学校的权力部门把持,就永远不可能出现精品教科书,因为教科书的选用权是学生和老师。"①刑法学教科书也不例外,它应当是或者主要是以市场为主导,否则很难保证质量。② 应当由教科书的使用者——教师和学生的选择成为指挥棒,行政主管机关本身只应履行服务职能,而不能本末倒置。

## (二) 刑法解释论与立法论的关系

注释法学关注立法、以立法为中心是必然的,我国古已有之,体现在中国古代律学(亦称"刑名之学""刑学")中,它以注释法学为主体,主要研究以成文法典为代表的法律的编纂、解释及其相关理论。作为一种以古代法律为研究对象的理论形态,律学关注的视角既包括立法原则的确定、法典的编纂,也包括法理的探讨、法律的解释与适用等。律学著作主要是官方的,也有私家编纂的。而今的教科书更接近后者,当然内容要丰富、科学得多。教科书结构体系、主要内容都是以我国现行刑法为主线展开的,尽管总论部分有关犯罪构成、罪数理论等内容在刑法典中并无规定。法学研究与其他社会科学研究的不同之处之一就在于它无法脱离立法文本来谈问题,而部门法学的教科书写

① 陈金钊:《问题与对策:对法学教材编写热潮的感言》,《杭州师范学院学报(社会科学版)》2007年第2期。

② 当然,刑法学教科书的质量也与高校、科研机构的成果评价体系有关:在评定职称和申报学位点的诸多因素中,学术成果(论文、著作)是首当其冲的硬指标,而教科书在科研成果中的评分远不如论文、专著高。在有些教学科研单位,教科书甚至不算作科研成果,在职称评审、项目申报、学位点申报中不起任何作用。但是反过来,某些高等院所之所以拒绝将教科书视为学术成果,也是因为不少教科书的质量差强人意。参见夏勇:《研究生的教科书问题——〈高级法学教程〉总序》,2009年7月12日,中国法学网,http://iolaw.cssn.cn/。

作更是如此,不关注法律的"立、改、废",脱离或者无视现行法律法规的教科书显然不足取,但是教科书的体系、内容是否必须完全按照法典的体系、内容进行撰写,是值得探讨的。

从体系角度看,这种以立法为中心的教科书的优缺点都很明显,优点是便于受教育者将教科书与立法相对照学习,使读者在短时间内获得对刑法学的整体、全面的知识体系的印象,缺点是完全被刑事立法牵着鼻子走,只要新出修正案、新的立法解释或司法解释,原来的教科书就必须重新修订,增加立法新调整的内容。而这种完全以刑事立法为主导的刑法学教科书也是"中国特色"——在绝大多数采用二元刑事立法式的国家,其教科书不可能覆盖所有刑事立法,因为这些国家只将普通犯罪规定在刑法典中,大量的经济、行政性犯罪被规定在工商行政性法规中。然而,即便有专门的刑法典,这些国家也并不是完全以该国刑法典的体系为教科书的主线,而是以作者所认为的刑法学自身的理论重点建构教科书的体系,在分论部分也只从犯罪的理论分类出发而不是完全根据刑法典篇章的先后进行论述。大陆法系的德国、日本、我国台湾地区以及英美法系的美国①、加拿大等国家和地区的刑法学教科书都是如此。② 是否完全根据立法体系来建构教科书的体系,不可一概而论。不过可以肯定的是,根据刑法学自身的特点而不是完全跟随刑法典的体系撰写的教科书,自成一体,重点更加突出,在时空上也更加稳定,不大可能因为刑法典的修订而被认为过时、没有市场,甚至成为一堆废纸。

从内容方面看,刑法学教科书其实也不必在覆盖的范围、观点的尺度方面与刑事立法保持绝对的一致。在范围上,刑法学教科书既不必对刑事立法的每个罪名都分解详述,也可以讨论立法中尚未出现的罪名。在观点上,教科书当然要尽可能地反映当下立法的全貌,但也可以有适当的前瞻性。完全跟随

---

① 美国有联邦刑法典(即《美国法典》第18篇)以及州刑法典之分。

② 例如[德]汉斯·海因里希·耶赛克、托马斯·魏根特:《德国刑法教科书》,徐久生译,中国法制出版社2001年版;[日]大谷实:《刑法总论》、《刑法各论》,黎宏译,中国人民大学出版社2009年版;[日]西田典芝:《日本刑法总论》、《日本刑法各论》,刘明祥、王昭武译,中国人民大学出版社2009年版;Joshua Dressler, *Understanding Criminal Law* (3rd ed.),2001 Matthew Bender & Company, Inc..林山田:《刑法通论》(增订7版),三民书局2000年版;蔡墩铭:《刑法总论》,三民书局1993年修订版;苏俊雄:《刑法总论》,1998年自版。

立法而作是刑法学教科书的写法之一,却不应成为唯一的写法。并非所有的理论研究成果——包括教科书的体系与内容——都要与立法相一致。立法与学者的观点有反差,原因除了理论本身是否缜密、完备,主要还在于理论在实践中的可操作性问题。换言之,是社会发展尚不具备某一刑法理论适用的条件,而这并不能说明该理论的不足或失败。

这当中尚包含着教科书对"实然"与"应然"的关系处理问题。刑法学教科书是纯实然,完全是对现行刑事立法的解释说明,还是也可以有应然的内容,可以探讨刑法学在一些问题上的未来走向,表明作者的期望态度?笔者认为,从注释性刑法学教科书的本质来看,它应当以实然描述为主,以应然设计为辅,毕竟它不是纯粹的刑法学术性著作,可以允许作者展开想象的翅膀高高飞翔。而且,任何立法都不可能做到十全十美,有些条文在刑事司法中会暴露出立法的瑕疵,或者说是立法的不周密性,但是作为刑法学教科书,对立法作过多的评价,甚至过多批判并不合适,因为"刑法的解释就是在心中充满正义的前提下,目光不断地往返于刑法规范与生活事实之间的过程。"①教科书应当扎根于刑事立法的现实,妥当解释立法,以有助于解决刑法适用中的现实问题为己任,从而处理好刑法解释论与立法论的关系。

另一方面,教科书应当处理好刑事立法与司法之间的"过渡"或"衔接"——刑法有些规定在我国当前尚不具备施行条件,在刑事司法中又作了"填空",比如在破坏社会主义市场经济秩序罪中的非法吸收公众存款罪,从法条看是行为犯,并没有数额的要求,但是在司法中则通过相关的司法解释规定了具体的追诉标准,实质上变成了结果犯或情节犯。对此教科书有时很难表述清楚,但是如果回避问题,只讲立法显然不完整,教科书就必须阐明我国刑法的"立法定性,司法定量"的特征,而不能只考虑立法,不关照司法适用。

简言之,刑法学教科书与立法的关系不同于专著,后者可以适当远离、超然于立法,而注释性刑法学教科书不行,它与刑事立法的距离既不能太远,又不能太近——太远则失去依托,没有根基,太近则完全是律学式的法条注疏,失去教科书的学术独立性与自在价值。

---

① 张明楷:《刑法学研究中的十关系论》,《政法论坛》2006年第2期。

## （三）刑法学教科书的学术性与实践性的关系

刑法学兼具很强的理论性和实践性。"就刑法学研究而言，无论是应用刑法学研究还是理论刑法学研究，其实都应当是为实践服务的，所不同的仅仅是直接与间接的区别而已。"①对于本科生而言，刑法学教学应当二者并重，不能因为我国刑法与德日刑法相近就走向理论、思辨、体系建构的极端，也不能因为这些年"英风美雨"的洗礼，只看到英美案例教学法的优点，只强调刑法的应用性、技术性，忽视"三基"（"基本概念、基本知识、基本原理"，一说"基本知识、基本制度、基本理论"）的重要性，忽视教科书的学术水准，"注释法学往往被称为应用法学，但是这种应用性不能成为其理论的浅露性的理由"。②"一部著作品位的高低，也并不完全取决于形式上是专著还是教科书，重要的是看其学术含金量的多少。"③刑法学教科书应当有较高的学术品质和规范标准，否则就沦为中国古代的注释律学了。④ 应当改变对教科书的偏见——认为它是学生的入门读本，因此不需要学术性；或者走向另一个极端，过于看重体系、概念、原理而轻视其实践性。

在国外，法学教科书往往是学者穷其一生研究的最终结晶和最高荣誉。⑤在日本，一个有趣的现象是对教科书的重视程度高于专著，例如大谷实、大塚仁、西原春夫、西田典芝等名家的刑法思想基本上都集中展现在他们的教科书中，这些教科书兼具专著的特色和作用，有的教科书内容的深入程度丝毫不亚

---

① 王作富、田宏杰：《中国刑法学研究应当注意的几个基本问题》，《法商研究》2003 年第 3 期。

② 陈兴良：《刑法知识论研究》，清华大学出版社 2009 年版，第 16 页。

③ 刘满达：《一部富有特色的研究型教材——读沈木珠教授〈国际贸易法研究〉》，《金陵法律评论》2003 第 1 期。

④ 中国古代的注释律学就是将法律与实践相结合，以注释国家的制定法为根本特征，注释的内容既包括对构成法典主要基干的律的解释，也包括对从属性的令或例以及律注进行注释。注释的宗旨是在统治者设定的框架内准确注释法律条文的含义，阐明法典的精神实质和立法原意，维护法律在社会生活中的统一适用。见何敏：《传统注释律学发展成因探析》《比较法研究》1994 年增刊。

⑤ 例如美国国际刑法学家 M.谢里夫·巴西奥尼（M.Cherif Bassiouni）教授的"Introduction to International Criminal Law"是国际刑法方面的教科书，它也是该作者的封笔之作。其中文版为〔美〕M.谢里夫·巴西奥尼：《国际刑法导论》，赵秉志、王文华译，法律出版社 2006 年版。

于专著。不同学者的刑法学教科书有时在体系、风格、观点、论证方式、援引案例等方面有相当大的差异,教科书就是其学术品牌,具有比较鲜明的学术个性。日本刑法学者对自己的教科书也时常进行修正,而且这种修正并不完全是因为立法的变化,而是因为学者自己的认识改变所带来的自我修正,"创新不仅要扬弃传统的理论观点,更要勇于自我扬弃,因为任何创新都必须在理性审判和实践考验的炼狱中清洗自己。"

刑法学教科书的任务不仅是给学生传授法学知识,而且是培养学生的法律思维能力。现有的刑法学教科书比较注重知识的完整性和系统性,相对缺乏对学生的法律思维方式的培养,欠缺有效指导学生进行刑事法律分析的意识。在传授法律知识与培养法律技能之间,前者主要是苏欧的做法,后者主要是英美的特点。教科书要实现刑法学理论性与实践性、学术性与实务性的融合,就不应当成为相互脱节的"两张皮"——理论是理论,案例是案例。事实上,有些精深的理论恰恰蕴藏在看似简单的案例中。从立法的规定看,一些具体罪名譬如内幕交易罪、信用证诈骗罪、组织领导传销活动罪、利用影响力交易罪等,非常抽象、专业性很强,非常有必要通过举例来揭示、说明立法的用意与内涵。

目前我国刑法教科书中的案例大都比较简单,且很少和实际生活中的真实个案挂钩,从理论到理论,实践性不够。也许有人认为,我国的情况与判例法国家不同,自己编拟案例可以不受案件判决结果的束缚,也不会牵涉到案件的当事人、主审法官、审理的法院,不易犯错。但是,"判例是推动学说、制度发展的主要源泉"[1]。它影响着刑事政策、刑事司法实践、刑事法学研究的各个方面。相比虚拟的案例,真实案件的信息量大、情境全面、稳定性强,[2]更能反映社会现实的发展变化,因而用具有典型意义的真实案例来支持、佐证或反驳某一观点、原理,学生可以在现代社会的大背景(social context)下讨论刑法的原则、制度问题[3],既生动形象,又使得"书本上的法"与"生活中的法"得以

---

① 阮齐林:《刑法学》,中国政法大学出版社 2008 年版,第 14 页。

② 例如刘涌黑社会性质犯罪案、许霆盗窃案、亿霖传销案、"三鹿"毒奶粉案等。

③ D.G.Barnsley.Social Insights and Black-letter Law: Some Thoughts on a New Land Textbook. *Journal of the Department of Legal Studies*,1982,No.6.

相互融合,真正实现"启发式教学"的目的,有利于提高教学效果。这也正是为什么英美刑法学、犯罪学教科书大量采用法院判决的原因。① 正如张明楷教授所指出,"刑法理论界应当纠正认识上的偏差,不要以为过多讨论司法实践中的问题,就降低了刑法理论的层次,不要以为案例讨论不能进入正式的刑法理论。其实,不管是在英美法系国家,还是在大陆法系国家,刑法教科书与论著中都充满了各种判例。况且,刑法学不是抽象的学问;即使是最抽象的哲学,也会联系具体问题展开讨论。所以,刑法学者应当密切关注司法实践,使刑法理论适合司法实践的需要。"②

在我国的刑法学教学中,虚拟的和真实的案例在刑法学教科书与教学中都需要。具体而言,初次涉及刑法学一些概念时,案例可以是虚构、假设的,在学生有了一定法律基础之后,所选择的案例则应当尽可能是真实的,以保证案例的典型性、信息完整性、客观性,同时要具有一定的疑难性,有讨论、思考的价值,而不是那种一目了然,一望便知答案的案例。③ 在这方面,陈兴良所著《判例刑法学》④堪称其中的典范。这应该成为刑法学教科书的未来发展方向之一。

问题还在于刑法学教科书如何涉及、展开、讨论案例。具体将刑法学理论与案例相融合的方法主要有二:一种是在叙述理论、诠释法条的过程中随时举例,这些案例不必太长,却必须能充分说明问题,对真实案例也可以作几种不同情形的假设,变换案例的基本要素进行讨论;另一种是在主文之前或之后列出案例,进行引导、评析。例如有些教科书配有"本章引例""学习目标""参考案例""引例评析""本章小结""练习题"等,将原理与案例相结合,引导学生

---

① 例如在美国,每本刑事司法教科书平均要用接近全文4%或者22页的篇幅讨论案例,平均会有63个案例的判决被较为详细地介绍或讨论。见 Wright, Richard A., Sheridan. Textbook Adoption and Other Landmark Decisions: The Coverage of Court Cases in Criminal Justice Textbooks. *Crim. Just. Educ.*, 1997, No.8.

② 张明楷:《刑法学研究中的十关系论》,《政法论坛》2006年第2期。

③ 事实上,再完美的理论,都会遇到来自实践的严峻考验。例如,在新型、复杂、疑难或兼而有之的案例面前,一些知名刑法学家的观点也不尽一致。本来,个案正是变幻复杂的社会现实的反映,未必有唯一确定的答案。

④ 陈兴良:《判例刑法学》,中国人民大学出版社2009年版。

自主学习。① 这样的教科书可以大大增强教学过程中师生之间的互动,活跃学习气氛。

需要注意的是,教科书将司法考试试题用作"学习引例"并无不可,但是需要在学生对刑事法规、基本知识和原理弄懂吃透的基础上去完成。因此,司法考试题可以作为高校刑法学教科书的辅助、课外作业,却不宜拿来代替刑法学教科书本身或成为教科书的主要内容。② 这里有必要提及刑法学教科书与司法考试的关系,而它的"上游问题"首先是高校法学教育与司法考试之间的关系。高校法学教育应培育学生全面的法律素养,它包括但是绝不应当只限于法律技能的传授。司法考试侧重考核学生分析、解决问题的法律技能,对传统的重理论知识、轻能力培养的高校法学教育有一定的"纠偏"作用,但是不能矫枉过正,走向另一个极端,变成"法律实用主义",认为凡是与案例无关的知识就是无用的,③或者干脆将法学知识与法律能力对立起来。

## (四) 刑法学教科书中的"通说"与独创性见解的关系

当前刑法学教科书的编写队伍越来越大,可谓强手如云、规模空前。要在众多的教科书中脱颖而出,立于不败之地,就需要有自己的特色。特色有不同表现,例如形式简约、内容活泼也是一种特色,对于刚入门的学生也有吸引力。本文主要讨论刑法学教科书的"通说"与独创性见解的关系。

教科书是采用"通说"还是独创性见解,取决于受教育对象的层次。尽管

---

① 例如黄京平:《刑法(第3版)》,中国人民大学出版社2003年版;桂亚胜:《刑法学》,中国商务出版社2007年版,分为课程导读和前沿指引两部分。课程导读部分主要是结合教科书对相关章节的基本概念、基本知识、基本内容等作了必要的总结和概括,前沿指引部分则有针对性地介绍了有关学术前沿问题和热点问题,节选了有关学术著作、论文的部分内容,并且收录了相关法律和司法解释。

② 法律教育和司法考试脱节是一个严重的问题,解决问题的途径应当是改变司法考试,而不是让法律教育去适应司法考试,因为刚刚毕业的法科大学生大多不熟悉司法考试所侧重的那些法律技术层面的内容,与法律应用有关的知识可以在进入研修所之后获得,而不必作为司法考试的重点,正如刚刚毕业的医科学生大多不熟悉临床一样,但是如果因此把他们排除在专门职业之外,将是极大的资源浪费。见方流芳:《中国法律教育之路》,载《中国法学教育观察》,中国政法大学出版社1997年版。

③ 关于职业技能与法学素养的关系,参见肖北庚:《走出法学核心课程教材编写中的形式主义》,《广西政法管理干部学院学报》2007年第6期,第38页。

学术上可以百花齐放，但是对于刚入门的本科生而言，①刑法学教科书应当指引大方向，给学生提出定论通说，尽可能直接展示"三基"的内容，在此基础上指引学生、启发学生思考问题、解决问题。即便教师的水平再高，本科刑法学教科书与教学都不应当成为其"掉书袋"的场所，把学生讲得云里雾里而后快，那样将使学生陷入混沌。开阔学生视野的阅读材料可以作为作业布置，也可以在课堂上点到为止。当然，如果在某一问题上尚未形成通说或者通说存在着明显缺陷，不符合刑法学理论与实践的现实需要，教师提出自己的独到见解并无不可。

刑法学发展至今，研习者甚众，硕士生、博士生、立法者、警察、检察官、法官、律师、高校教师……他们对刑法学知识的需求侧重点不同，教科书也应当相应地有所侧重，例如研究生教科书应当突出对格式化理论的探究、反思与超越，追求学术个性，在体系、理论、方法上具有一定的包容性和开放性，不应满足于知识堆砌。刑法理论问题、案例等本来就未必有唯一的答案，学者们也风格各异，不必苛求一致。因此，适当地将编者的学术观点展现在教科书中，显示其独到的学术风格，使教科书有一定的"学派之争"，未必是坏事。

目前的刑法学教科书虽然较70年前、30年前乃至10余年前有了很大的进步，却尚未脱离普及性的特点，总体看来，学术个性特征不明显。从知识传播者的角度看，这样的做法的确是小心谨慎、严肃认真的，教科书为了标新立异而完全偏离"通说"当然不足取。但是，区分不同受教育对象，教科书在介绍了"通说"之后阐明自己的独创性见解未尝不可。学术本来就应该遵循"百家争鸣，百花齐放"的"双百方针"，有时恰恰是那些在当时被视为"异端邪说"的"另类"观点在不断推动着理论乃至社会的进步。② 与其他的科研成果表现形式一样，教科书同样需要在基础理论与方法的基础上提出创新理论与方法，

---

① 在法学本科教育期间，刑法学课程一般安排在大一、大二。

② 例如，在体系上，有些教科书将"定罪"专门列为一章——既然刑法的主要任务是"定罪量刑"，那么为何几乎所有的刑法学教科书只有"量刑"一章而没有"定罪"一章呢？理由我们都知道，因为它渗透在犯罪构成等许多章节之中。然而拿出一章来对定罪进行专门论述还是很有意义的，这样更加完整，虽然该章与总论其他各章的逻辑关系如何理顺、内容如何连贯起来尚有研究的余地。见何秉松：《刑法教科书（第六版）》，中国法制出版社2000年版，第17页，罪数问题也被列于本章中与定罪相联系进行探讨。

"四平八稳"的教科书固然也好,可是刑法学知识传播更需要特色鲜明、不同凡响的新式力作,"更多地根据自己教书育人的实践经验来定义教材、编写教材,把更多的注意力放在流变的智慧而非固定的知识,放在探寻结论的方法而非结论本身。"①要做到这点,不仅需要教科书作者扎实、深厚的专业功力,更需要非凡的学术勇气。刑法学要发展,就需要展开学派之争,而学派之争不仅体现在学术论著中,也体现在教科书中。例如关于我国整个犯罪论体系究竟是应当在犯罪构成"四要件说"的基础上进行改造和完善,还是采用大陆法系递进式的"三要件"理论进行重构,教科书虽然不宜直接进行论辩式的学术争鸣,但是只要逻辑严谨、论证合理,就可以通过系统性的阐述实现犯罪论体系的多元化,给读者提供不同的思路和启发,给刑事立法、司法人员提供理论帮助,从而积极推动我国刑法学的不断前行。

## (五) 刑法学教科书的主编式与独著式、合著式的抉择

如前所述,我国刑法学教科书(包括未公开出版的教学大纲、讲义等)在20 世纪 50—60 年代,一般不署个人的名字。改革开放以后,教科书的撰写形式一般是主编式(也称为"主编制")或者是独著、合著式,尤以主编式更常见。在主编式下,有时会列出副主编、执行主编,通常是六七个人以上各自负责撰写不同的章节,其中一些人可能撰写不止一章的内容。独著式自然是由一人负责从头到尾全部内容的撰写,而合著式一般不超过三人。

这几种编著方式各有利弊。主编式教科书有它产生的特定背景,在新中国成立初期、在第一部刑法典通过之际,刑法学的教学、研究力量都十分薄弱,也由于国家对苏联刑法的"一边倒"政策,使得我国刑法学界无法从大陆法系、英美法系的主要国家刑法学教科书中汲取营养,而我国古代的"律学"研究虽具有注释性刑法的特征,却不足以为现代刑法学教科书的体例、写作方法提供足够的借鉴经验,因此在当时,通过集思广益、发挥"人多力量大"的优势,争取在短时间内拿出一本权威的、对当时刑法学理论研究与实践应用具有

---

① 参见夏勇:《研究生的教科书问题——〈高级法学教程〉总序》,2009 年 7 月 12 日,中国法学网,http://iolaw.cssn.cn/。

切实指导意义的工程浩大的教科书,主编式也许是唯一的选择。但是,独著式、合著式教科书更具优势,整部教科书在体系、理论方面更易具有前后呼应的一贯性,也更容易凸显教科书的学术个性。虽然在主编式的教科书中,主编多系刑法学界造诣深、影响大的学者,在撰写之初也有主编的统一指导、写毕时的统一审核,然而毕竟参与者较多,不仅写作风格有差异,而且在内容上容易出现前后不一致或者不必要的重复的现象。新中国成立以后70年过去了,刑法学教科书在质量上已有了很大提升,在数量上也已经达到相当规模,主编式这种带有"拼盘式"特点的教科书不应当再成为主流。那些对刑法学知识有着更高水准追求的研究生、司法工作人员,他们需要的是在理论上博大精深,在实践上经世致用的教科书,而六七人甚至十余人参与写作的教科书较难达到这样的水准。其实,纵观中外文学、史学、哲学、法学、经济学等领域的名著,也绝少是"主编式"的产物。

当前,法学界的学者不如以往重视教科书写作,或者质量下滑的现象在其他国家也存在。例如在美国,1984—1993年出版犯罪学教科书的作者明显不如1936—1965年犯罪学教科书的作者影响力大,美国学者认为其主要原因是学者们出研究成果的渠道比以往增多、教科书读者群的变化、教科书在谋职、晋升中的作用、图书出版市场格局的变化等。[①] 虽有相似之处,但是我国还有其他一些原因,例如一定程度上存在着学术浮躁、学术评价机制不完善的现象,对教科书不如专著、论文那么重视,而出版社、教学单位可以通过出版教科书取得相当可观的物质性收益,这些利益驱动很容易催生出"短、平、快"式的教科书。换言之,扭曲的学术评价机制、市场导向未能给"精品"教科书的产出提供有效保障,要学者们"板凳一坐十年冷"甚至更长时间写一本经典、传世的教科书,问题可能主要不是学者的学术功力,而是不太符合经济分析论的成本—收益关系这一常识。除非作者学术功底很深又能淡泊种种名利诱惑,愿意"十年磨一剑"式地倾注其主要精力专心致志于刑法学教科书的写作。因此,要期待更多独著式的刑法学教科书面世尚需时日,并且很大程度上取决

---

① 美国犯罪学教科书以往的读者群不仅是学生,也包括学者同行,而今日教科书之读者群主要是学生。见 Wright, Richard A. From Luninary to Lesser-Known: The Declining Influence of Criminology Textbook Authors on Scholarship. *Crim. Just. Educ.*, 1998, No.9。

于现有的学术评价机制的转变。

合著式折中了主编式、独著式的撰写方法,人数不多,却又分担了任务,不致使得一人过于辛苦,风格也容易统一。然而合著式的作者依然应当尽可能具有相似的学术思想、治学方式乃至语言风格,以保持整本教科书的内在统一性和形式上的连贯流畅性。

## (六) 刑法学教科书的全面、深入与篇幅的关系

随着刑事立法的逐步发展,修正案、立法解释、司法解释不断增多,刑法学理论也日益深化和拓展,刑事司法实践不断丰富,教科书亦日渐全面、深入,篇幅也越来越大,书越来越厚重,动辄上千页,庞大繁杂,堪比《圣经》,显示出编著者的学术实力和良苦用心。那么,刑法学教科书的全面、深入及其与篇幅之间的关系究竟如何?

仔细考量,过往的刑法学教科书虽然在编写过程中都贯穿了"全国高等学校法学专业核心课程教学基本要求",但是大多是根据刑法典的体系对刑法学知识所作的简单编织排列,有些在内容上简单、粗糙,即使不考虑立法修订的因素,这样的教科书也很难经得起时间的检验。诚然,与其他教科书一样,刑法学教科书在材料的筛选、概念的解释、不同观点或学派的介绍,以及学科知识的综合归纳、分析论证和结论等方面,都应当具有全面、系统、准确的特征,尽量做到全面、完整。然而刑法学教科书面向的首先是法学本科生,教科书虽然应当严谨缜密,却不必一味追求"大而全",面面俱到,而是应当突出重点难点,篇幅应当尽可能简洁明了,言简意赅,不应以厚重为追求的目标,千篇一律地展示出此观点、彼观点然后是折中观点,末了还有编者或作者的观点。如果需要对"三基"进行拓展,可辅之以教辅参考书,使学生能够抓住重点,领略要点,不断推进其学习的深度和广度。

其实,在有限的课时以内,我们是否能够如愿以偿地全面讲授刑法学的整个体系内容?如果来不及"全面开花"式地讲授,教科书是否有必要为了让学生自己去感受刑法各项制度、原理之间的逻辑联系,将所有的罪名都全面列出并加以诠释?还是只需要挑选重要的部分列于教科书之中进行剖析,着重培养学生对这门学科的感觉以及分析问题、解决问题的方法?如同习武,虽然

十八般兵器都很重要,然而对初学之人,是不可能向其详解各种兵器的使法的,与其大而化之地泛泛介绍,听者也只学到点皮毛,不如选择传授其刀法、枪法并力求使其精通。这既是刑法教学中的问题,也是教科书编写过程中面临的问题。值得一提的是王作富主编的《刑法分则实务研究(上中下)》(第3版)①重点突出,不片面苛求全面完整,对分则实务问题的研究讲求深度。

也有人认为,刑法学的教科书应当尽可能地全面,但是在课程讲授中可以有所选择和侧重,不必也不可能覆盖教科书的所有内容。刑法学教科书本身是否必须瞄准刑事立法的全面性,各国做法不尽一致。例如美国、加拿大、日本等国家的刑事立法非常多,有时连刑法学者也搞不清到底有多少刑法条文,其教科书自然不可能面面俱到,涉及具体罪名的分论部分更是如此,只能选择一些具有代表性的犯罪进行讨论研究。我国的情况与之不同,刑法规定集中,没有真正意义上的附属刑法,便于教学研究。但是,考虑到学生的时间和精力,刑法学教科书的体系尤其是分论部分可以适当调整,删除对一些不太重要的犯罪的蜻蜓点水式的描述,这些描述有时跟不说没什么区别,看完了并不能使人明白多少,将其删除可节省出篇幅充实对一些重点难点犯罪的讨论,或者增加这些犯罪的真实、典型案例,增强说服力和可读性。

刑法学教科书是否倾向于全面或深入或二者兼具还受到教科书使用者的影响。随着我国法学教育体制呈现出来的多样性,刑法学教科书也出现了"众口难调"的问题。例如单一、专门的法律院校更看重教科书的理论深度,希望学生更深入地研习刑法,而复合型、应用型法律院校由于课时有限,则希望教科书的知识覆盖面广,尽量全面、完整,但又简明扼要,逻辑严谨,层次分明,使学生易于统领掌握。事实上,从读者群来看,我们既需要系统、深入的刑法学教科书,也需要简要的教科书。如果为了厚重而厚重,看似面面俱到,却

---

① 王作富主编:《刑法分则实务研究(第三版)》,中国方正出版社2007年版。该书以服务于司法实务为目的,重点研究司法实践中存在的实际问题,因此,在编写体例上不苛求体系的完整,对一些司法实践中运用较少的或者存在问题不多的罪名,未予论及;对司法操作无关或意义不大的方面,如犯罪客体等问题,不予提及,或者一笔带过,集中篇幅对司法实践中存在的重点疑难问题进行深入详尽的分析论证。

未能突出重点,也缺乏理论深度,则肯定不是真正意义上的"厚重"的教科书。① 相反,简约的教科书也许并不简单,例如曲新久、陈兴良、张明楷、王平等学者撰写的《刑法学(第 2 版)》,就采用了最为简明的体系,如同该书序言所述②,属于同类刑法学教科书中的"精华本"。而对学术性、实践性有着执着追求的域外刑法学教科书同样也有类似的"精华本",名称一般是《刑法学精要》,其中有些非常热销,常常多次再版。③

## (七) 关于未来刑法学教科书的进一步完善

内容上如何与时俱进。虽然教科书一般都能随着刑法的修正、解释及时修订、再版,但是有些教科书改动的仅仅是法条部分,缺乏对修正后新法的精准分析,内容依然显得滞后、保守、陈旧,解读不够准确。

一些教科书的质量有待进一步提高。由于一直以来对教科书版权的保护不力,以致出现了不同教科书之间"互相启发""循环抄袭"、内容相似或雷同的现象,既剥夺了原创者辛勤的智慧劳动,又浪费了社会资源,大量的简单移植不仅造成了教科书的低水平重复,而且浪费读者的时间。

教科书的体系是否需要调整? 例如,在同种数罪不并罚的前提下,连续犯这一概念有无讨论的意义? 正当行为(排除社会危害性的行为)究竟应当在犯罪构成要件以内还是以外讨论? 缓刑究竟是一种量刑制度、行刑制度还是

---

① 精简教科书的方法还是有的,由于刑法研习者除了教科书以外,手上都还会有一本"法规"或"法规大全",因此,不必在书后"附录"部分列出刑法典及其修正案,在文中也可以将法定刑略去,只列出"参见刑法第 x 条"足矣,因为法规文本都有很清晰、完整的记载,教科书不必浪费笔墨纸张加以重复。再如阮齐林著《刑法学》(中国政法大学出版社 2008 年版)采用了国外教科书的做法,将长长的规范性文件名称列出缩略语表,既清晰又大大节省了篇幅。

② "目前,各类刑法学教科书的篇幅越来越大……该书在内容上吸收了刑法学教育、科研的最新成果,重视刑法学的系统性,采用最为简明的体系,对刑法学理论、学说和典型案例、习题做了精当编排,既科学准确地讲述了刑法学基础知识和基本原理,又详略得当地突出了重点难点,提纲挈领,简明扼要,具有较强的可读性与可操作性,可适应和满足刑法学本科教学以及国家司法考试的基本要求"。见曲新久、陈兴良、张明楷等:《刑法学(第 2 版)》,中国政法大学出版社 2008 年版,序言。

③ Arnold H. Loewy. *Criminal Law in a Nutshell*. West Publishing Company, 2003; Cecillia Ni Choileain. *Criminal Law - Nutshell*. Round Hall, 2006; Wilson. *Nutshell*:*Criminal Law*. Lawbook Co., 2008.

兼而有之？[①] 刑事责任一章放在哪里合适？刑事责任论是否可以概括所有的刑罚论？分论是按照刑法典的分则顺序先后排列，还是按照犯罪所侵害法益归类排序更合适？有些刑法概念已经不适当、不再具有实际意义，却由于历史的原因，沿用至今，约定俗成，非圈内人则无法理解，[②]是否应当修改？罪与罪之间是否总存在着明确的"此罪与彼罪的界限"？教科书列出的这些界限标准是否确实有助于区分"此罪与彼罪"？如果答案是肯定的，那么为何我们看不到国外刑法教科书讨论此罪与彼罪的界限？这些问题都值得进一步探讨。作为教科书，应当极为审慎、严谨，从内容到形式都不断"打磨"，追求极致、稳妥，只教授给学生有理论意义或实践意义的知识。

刑法学教科书的编写方法仍需进一步探索。尽管刑法学研究的方法论问题这些年已经被提出来讨论，而刑法学教科书其实也有方法的问题。作为注释性教科书，其编写方法仍然值得探讨，绝非注释即可，而且注释本身也有不同的方法。例如教科书除了解释以外，也可以适当采用中外、古今的比较方法，这些方法其实在我国律学中就已经被采用，例如"中国现代法制之父"沈家本就是对传统法制进行批判总结的律学家，其法学方法论的内容包括研究视角的转换、历史的方法、从纵向比较到横向比较、批判的方法和价值分析的方法等诸方面，时至今日，这些方法对我们仍有借鉴意义。[③] 阮齐林所著《刑法学》(第2版)[④]就融合了中国刑法、外国刑法、国际刑法的多种研究方法与知识，深入浅出地解决中国刑法的问题，理论性与实践性都很丰富。

更多关注刑法学教科书与其他部门法教材的关系。例如，很少有刑法学教科书从宪法制约的角度讨论刑法问题。当然，这也与我国的宪法制度有关。又如，由于我国存在"空白刑法"的立法方式，这就要求教科书编写者不仅要熟谙刑法，还需要熟悉相关经济行政法律法规的内容，因为"空白刑法"绝不

---

① 缓刑兼具量刑与行刑之内容，兼跨量刑与行刑两个时期，是一项具有独立价值地位的刑罚具体适用制度。我国法学界对缓刑属于行刑制度还是量刑存在争议。

② 例如"犯罪客体""犯罪对象"，二者在语词上本来是很难划分的。再如"空白罪状""引证罪状"的区分是否科学不是没有疑问，事实上"空白罪状"也需要大量引证。

③ 史广全:《从律学到法学的飞跃——沈家本法学方法论初探》,《齐齐哈尔大学学报(哲学社会科学版)》2004年第5期。

④ 阮齐林:《刑法学(第二版)》,中国政法大学出版社2010年版。

只是找到这些法律法规进行"填空"那么简单。犯罪与行政违法、民事侵权的关系比较复杂,但是刑法学教科书对此很少有深入的分析。再如,从刑事一体化的角度看,研究刑法不能脱离刑事诉讼法,刑法学教科书对一些原理和制度的诠释不可能与刑事诉讼法无涉,在教科书编写时应当适当顾及刑事诉讼制度的要求。

刑法学教科书的开放与"国际化"需要进一步推进。这主要有两层含义:

一是与时俱进,突出刑法学教科书的专业性、实务性和时代性,关照外国教科书特别是两大法系主要国家教科书的主要内容并作适当比较,真正与国际接轨。虽然刑法学教科书以中国刑事立法为研究文本,却非常需要考察、借鉴域外刑法学的主要理论与实践经验。但是借鉴域外刑法学知识应尽可能准确、及时。在评介其他国家和地区刑法学的原理、概念、案例时,应当谨慎、准确并有适当说明地引用,而且应当注意所引用域外刑事立法、学说、案例的全面性、时效性,否则反而会以讹传讹,引起思想上的混乱,不利于读者的理解与掌握。阮齐林主编的《刑法学》(中国政法大学出版社 2008 年版)当属体现这种特点的范本教科书,它充分关照了两大法系刑法学教科书的主要观点、案例,并且集注释性刑法学、比较刑法学、国际刑法学的重要原理、案例于一体,理论性与实务性都很强;

二是刑法学教科书的中外交流。在全球化的背景下,法律制度、观念也存在着趋同现象,①法律文化的交流不仅是"输入",也需要"输出",本质上是相互的,"把中国介绍给世界"与"把世界介绍给中国"一样重要。意大利学者杜里奥·帕多瓦尼在其《意大利刑法学原理》②中文版序中曾经指出,"除国际法外,刑法是法律科学中对各国具体政治和社会文化特征方面的差别最不敏感的法律学科。在刑法不同的历史形式之间,尽管也存在一些往往是非常重要的差别,但是在基本的理论范畴和法律制度方面,却有共通的基础。法律和犯罪的关系;犯罪成立的必要条件;排除社会危险性行为的问题;法律保护的

---

① 王文华:《论全球化时代的刑法国际协调》,《深圳大学学报(人文社会科学版)》2007 年第 4 期。

② 杜里奥·帕多瓦尼:《意大利刑法学原理(中文版)》,陈忠林译,法律出版社 1998 年版,第 1 页。

利益的问题;罪过问题;刑罚的目的和可罚性的意义等,这些界定实证刑法存在的范围的问题,在任何刑法制度中都居于核心地位。"近年来,翻译成中文的刑法学教科书不少,而译成外文的似乎只有何秉松教授主编的《刑法学教科书(上、下卷)》被译成日文在日本出版。在刑法学研究历史上,虽然我国远没有两大法系国家的时间长,却独具特色,也日臻成熟,我们应当担负起向世界介绍真实、全面的中国刑法学的重任,而将中国的刑法学教科书翻译成外文在其他国家出版是最直接有效的方法之一。①

从刑法学教科书的语言风格看,有些编者偏好学习西方的特别是德国的那种术语多逻辑关系复杂的长句子,还有些人由于英语太好而习惯于使用倒装句来表述,令人费解。作为教科书,还是应当简洁明了,兼顾严谨与通俗。对一些关系复杂的概念、原理,可以适当采用插图和表格,更加直观与鲜活,增加学生的感性认识,一目了然,便于读者掌握和应用,在这方面《图解刑法适用大全》做得很全面、彻底。② 此外,教科书的首要作用是服务于教学,因此那些教学经验丰富的教师的授课材料汇总显然是一种语言清新、活泼、可读性很强的教科书,例如陈兴良所著《口授刑法学》。③

# 四、结语

当前我国处在一个社会大变革、大转型的时期,国际、国内形势复杂多变,

---

① 还应当积极更新、拓展中外交流等教学手段,例如开发教学课件(包括多媒体课件)、音像教材、电子教科书、参考书、图书馆、教育数据库等。

② 该书总则部分以刑法条文为序,列明主体法条、相关规定(包括司法解释)和理论阐释。分则部分以刑法罪名为线索,纵排三栏图表式结构,并针对不同罪名做个性化的表格设计,使得刑法典、单行刑法、刑事立法及司法解释中有关罪名的每一罪状和法定刑一一对应,附属刑法、相关依据和理论阐释紧随其后,全景展示了刑法千丝万缕的纵横协调关系。见图解刑法适用大全编写组:《图解刑法适用大全》,中国法制出版社2006年版。

③ 该教科书是陈兴良教授于2006年2月至12月为北京大学法学院2005级本科生讲授刑法课程的录音整理稿。在刑法总论部分系统地讲授了犯罪和刑罚的基本原理,在刑法分论部分选择故意杀人罪等14个重点罪名进行了讲授,将刑法理论、法律规定、司法解释和典型案例熔为一炉,直接将学生引入刑法的学术前沿,引人入胜。

法治建设任重道远,刑法学也处在一个大变革时期,刑法知识的演进与流变必然会在刑法学教科书上有投射。从类型上看,注释性刑法学教科书无疑不仅应当在数量上成为主体,更应当在质量上精益求精。"无论采取哪种研究路径,解释刑法都是刑法学的基本任务,因为法律之解释是法律规范学的使命,也是达到探求法之哲学性和法之现象性的目的之手段。"①然而,与世界上许多国家相比,我国法治建设的时间不长;与我国的其他人文社会科学相比,我国的法学教学与研究底蕴不深,起步也晚,刑法学也不例外。在这种情况下,刑法学教科书从 70 年前的完全从头开始,到 40 年前的"轮回"——几乎又是从头再来,走到今天的大发展乃至繁荣景象,是非常不易的,其中不知倾注了多少刑法学人的心血和汗水。有些撰稿人的姓名也许从未出现在教科书中,但是他们的功劳不可磨灭。在回顾刑法学教科书 70 年的沧桑变迁时,梳理其实际存在的问题,展望其未来景象,我们有理由期待,通过与别国开放式的探讨、交流,立足我国的刑事司法实践,包容吸纳,开拓创新,将会有更多的刑法学教科书在知识体系、内容上更加完善,在方法上更加科学,能够从立法论、解释论两方面给司法实践、学术研究、国际交流与合作提供更多的理论支持,从而走向真正的精品化,引领刑法学的不断前行,在我国刑事法治的深度与广度上进一步拓展。

本文的评介难免挂一漏万,希望能起到抛砖引玉的作用。

（本文题目原为《刑法学教科书 60 年回顾与反思》,原载《政法论坛》2010 年第 2 期,《新华文摘》2010 年第 13 期转载,获得第二届"中国法学优秀成果奖"论文类二等奖,英文版发表于《中外法学》英文版"Peking University Law Journal"2015 年第 2 期。数年后,因庆祝建国 70 年约稿,将题目更新为《刑法学教科书 70 年回顾与反思》,内容上也作了一些必要的更新,载刘仁文主编:《新中国刑法 70 年》,中国法制出版社 2019 年版,第 335—372 页）

---

① 陈兴良:《转型与变革:刑法学的一种知识论考察》,《华东政法学院学报》2006 年第 3 期。

# 论全球化时代的刑法国际协调

　　近年来,随着全球化的迅猛发展,法学界也出现了"法律全球化"的概念。但是我国学者对法律全球化是否出现以及在何种意义上使用,尚有不同认识。笔者认为,"法律全球化"指的是法律在世界范围内的一种趋势,即各国法律的内容趋同、协调,乃至在某些领域的一致(不包括过程意义上的司法全球合作),这一趋势是现实存在的。这种法律趋同过去主要发生于民商法、国际法领域,而如今,在具有最严厉的国家强制性,带有浓烈的国家主权色彩的刑法领域,这种"化"也已经在某些领域以某些特殊形式出现了,它主要表现在三个方面:一是大量带有刑法内容或刑事性质的国际公约出现;二是具有一体化倾向的区域刑事法出现,这典型地反映在欧盟刑事法中;三是许多国家刑法的内容日益趋同协调。笔者称之为"刑法的国际协调"。

## 一、刑法国际协调问题的提出

　　刑法的国际协调是在以经济全球化为核心动力的各领域的全球化浪潮的形势下提出的。

　　第一,国际国内政治、经济、文化的发展变化迅猛。作为根本的决定性的因素,经济全球化同时带动了政治、法律、文化等因素的发展变化和互相影响。经济全球化在给人类带来经济发展的同时,一方面,由于资金、服务、人员、信息流通的便捷,国家之间、人与人之间的交往机会大大增加并且不可避免地发生冲突和矛盾;另一方面,对利益的追逐以及不同主体之间发展的不均衡使得经济犯罪迅速增长,知识与科技的迅猛发展使得国际犯罪和其他犯罪的内容与形式进一步演变。因此,经济全球化带来了副产品——经济犯罪的全球化。自 20 世纪末开始,犯罪越来越呈现智能化、专业化的特征,网络犯罪危害甚重;由于通讯方式的便捷,跨国有组织犯罪繁衍速度较快。从犯罪种类上看,毒品犯罪由于高额的非法暴利屡禁不止;经济发展给权力寻租带来空间,贪污贿赂犯罪特别是商业贿赂犯罪较以往显著增加;而国家、地区间发展的不平衡,文化、文明的差异与冲突等因素滋生或加剧了恐怖犯罪……这些都迫切要求各国采取有效措施进行惩处和预防。然而,一个国家要想单单依靠传统的本国刑法已经难以有效地抗制严峻的犯罪态势,因为许多犯罪超越了国界,需要国家之间消除制度和观念上的差异,尽快取得共识,在刑事实体法和程序法方面加强合作,形成合力,联手出击,才能奏效。

第二,国际社会与世界绝大多数国家日渐重视对人权的保障。这当然于国于民皆有利,彰显了人类的文明、法治的进步。并且,刑法打击犯罪,保障人权的双面功能共同形成一对矛盾关系,缺一不可——从打击犯罪角度看,刑法是用来主动出击的"矛",而从人权保障角度看,刑法又是具有守护性质的"盾"。[①] 然而,对以往偏重打击的刑事立法而言,这张"盾"的存在有时会增加刑事立法、司法的难度,尽管国际社会和国家的人权保障与打击犯罪的根本目标一致,但是在惩治具体犯罪时二者并非总是同向的,作为人权保障的"盾"要求刑法在发挥其"矛"的作用时尽量保持其最后手段性或谦抑性,这样在一定程度上会削弱打击犯罪的力度和速度。

第三,不同性质、不同级别和不同效力的法律法规日益增加,这包括民事的、行政的、刑事的,也包括国际的和国内的。因而刑事立法需要"瞻前顾后,左顾右盼",否则容易发生法律之间的不协调,引发法律冲突,使民众无所适从,最终使得刑法和其他法律的执行效力大打折扣。

当然,当今刑事立法遭遇的挑战不止这些,笔者在此难以尽列。这些挑战对刑事立法工作提出了更高的要求。在经济全球化的背景下,刑法如果要完

---

① [美]M.谢里夫·巴西奥尼:《国际刑法导论》,赵秉志、王文华译,法律出版社 2006 年版,第 80 页。

成自己的使命，就不应当也不可能像传统刑法那样，将目光主要放在国内，而是需要更多地关注国际刑法与外国刑法，并研究如何与之衔接——也即笔者所说的"刑法的国际协调"。

## 二、我国刑法国际协调的主要对象与协调原则

与刑事立法的国内协调问题（刑法内在机制的协调、刑法与国内相关法律的协调等）相比，我国刑事立法的国际协调问题也正越来越显示出其重要性和紧迫性。笔者认为，我国刑法国际协调的对象主要包括以下两个：与国际刑事公约、人权公约的协调；与其他国家刑法的协调。

### （一）与国际刑事公约、人权公约的协调

出于打击跨国犯罪、国际犯罪、保障人权的需要，联合国和一些区域性国际组织多年来缔结了一系列有关国际刑法方面的公约，其中我国签署、批准或加入的国际刑事公约涉及的领域有：灭绝种族罪、战争罪、反人道罪、非法使用武器罪、危害国际航空安全犯罪、种族歧视与种族隔离罪、酷刑罪、侵害应受国际保护的人员罪、劫持人质罪、恐怖犯罪、毒品犯罪、腐败犯罪等。此外，我国1997年签署、2001年批准了《经济、社会和文化权利国际公约》，1998年10月5日签署了《公民权利与政治权利国际公约》。我国刑法与国际刑事公约、人权公约的协调主要有两方面内容：一是积极加入，二是已经加入的应当及时协调修改以便适用。国际刑事公约、人权公约或者是出于打击某一类犯罪的迫切需要而产生，或者是在一些国家和地区经历人权灾难后，国际社会无法继续坐视，基于"人类的共同良知"制定的。它们基本反映了国际刑事法治的需要。我国刑事立法应当在不损害我国利益和基本原则的情况下积极签署、批准或加入国际刑事公约和国际人权公约，这既是我国打击跨国犯罪和国际犯罪的需要，也是我国承担国际义务、提升国际形象、显示大国负责任态度的需要。我国自"二战"以后就是国际刑事审判的参加国，近二十多年来一直积极加入了许多国际刑事公约，在我国的刑事立法和司法实践中也十分重视打击

国际犯罪,但是由于中间有过停顿,起步较晚,在国际刑法与国际人权法的学术与实践两方面都有待提高。

另一方面,虽然已经加入或签署了一系列国际刑事公约,但是我国刑法与之尚存在一些不协调甚至矛盾冲突之处,例如我国刑法对知识产权犯罪的规定与《与贸易有关的知识产权协议》(即 TRIPs 协议)、对贿赂犯罪的规定与《反腐败公约》都还有一定距离。无论是从履行条约义务,促进我国刑事法治与国际接轨还是从促进我国刑法的科学发展,发挥刑法应有功能的角度考虑,我国刑法都应当及时修缮与有关国际公约相抵触的内容。①

## (二) 与其他国家刑法的协调

与其他国家刑法的协调是指我国应当积极借鉴吸收别国立法经验,采用其先进的刑法制度,并通过国家刑法的协调趋同促进与其他国家的刑事司法合作,加深刑法文化的理解与传播。

刑法作为公法的重要组成部分,是主权国家的产物,具有鲜明的民族性,并且由于它轻则剥夺人之财产、自由,重则危及生命,因此是一种以国家强制力为后盾的最严厉的惩罚措施。这使得刑法较其他法律难以在国家之间互相影响。但是国家间刑法的这种趋同、协调的倾向还是不可阻挡地发生了,例如近代日本刑法对法国、德国刑法的吸收移植,就属于这种情形。这是因为别国先进的刑事法律制度可以为我所用,少走弯路,更好地发展。

经济全球化时代,"地球村"使人们之间的联系更为便利,同样也使国家之间的交往更为频繁密切,其中经济是主要的纽带。因此而产生的跨国犯罪、国际犯罪同样需要国家间通过良好的刑事司法合作进行处罚。各国刑事法惩治犯罪的"联手"出击主要体现在刑事司法领域的合作,虽然合作的内容与深度因国家的刑事司法水平、具体犯罪状况、国家的外交关系等而有所不同,但是有一点自始就表现得很突出,就是国家之间刑法观念与刑事实体法的规定对刑事司法合作的实际效果有很大影响。如果两国刑事立法接近,对同样的行为作同样或近似的犯罪规定,并规定相同——至少是近似的刑罚,则容易在

---

① 赵秉志:《在国际公约框架内研究我国刑事法治》,《检察日报》2002 年 5 月 9 日。

观念上取得一致,并加深国家之间的理解与信任,有利于刑事司法合作的顺利开展,对这些严重的犯罪进行有效打击,将使犯罪人无法利用国家之间刑事法的差异逃避惩处。

引渡与死刑适用的关系就是最好的说明,长期以来,由于我国刑法的死刑规定,许多外逃贪官因此不能被引渡回国受审,不仅造成国有资产的大量流失,更造成了极坏的社会和国际影响。令人欣喜的是,继与西班牙签订引渡条约之后,我国又于 2007 年 3 月 20 日与法国签署了《中法引渡条约》,前提同样是该条约对与死刑有关的案件不适用。我国所采取的这种特殊情况特殊处理的灵活方式是非常值得称道的,通过与对方国家在死刑问题上协调趋同,将大大有利于缉捕以贪官为主的外逃案犯。实体法的刑罚制度对引渡条约的作用可见一斑。

此外,国家间刑法的协调趋同还具有加深刑法文化理解与传播的功能,反过来它又可以进一步减少国家间的刑法冲突,有利于国家间协调合作地打击犯罪。这不仅在欧盟,而且在美洲国家间、东亚国家间的刑事领域都表现得十分明显。

与加入国际公约不同的是,加入国际公约有时是在国家利益因素之外还有某种外在压力,而国家间刑法的趋同与协调则完全是自觉的。无论其他国家的刑法如何成熟,我国刑法绝不会走向"法国化""德国化"或"美国化",因为我国刑法制定的立足点是我国自身发展的需要,它是在我国政治、经济、文化的特定情形下制定的,是用这种最强烈最严厉的法律手段实现其他法律所不能达到的功能的需要。我国刑法与先进国家的刑法趋同协调的原动力和根本目标,是进一步完善本国刑法。因此,这种协调是为了我国刑法的科学发展而自觉进行的,不是任何其他国家或组织的意志强加的结果。一个有着 13 亿人口的大国,国情之复杂决定了我们不会片面移植任何国家的刑法,或照搬其具体的刑法制度,只能是在比较刑法的前提下,根据需要吸收、借鉴其合理成分,这是一种求同存异的、在以我为主的前提下追求最大公约数的国际协调。

## 三、我国刑法国际协调的主要领域

随着国际刑事公约和人权公约的不断出现、国家间刑事司法合作以及国家间刑法领域对话的不断增加,刑法的国际协调客观上也明显地在不断推进。这主要表现在:世界上绝大多数国家废除了死刑或正在限制死刑的适用;两大法系的刑事法相互借鉴——一些英美法系国家不仅有刑法典,还有大量的附属刑法,刑事制定法日益凸显其重要地位,而大陆法系国家也开始重视判例的作用;大陆法系国家对"持有型犯罪"、严格责任、单位犯罪的研究与适用增加。欧盟则将刑法趋同的特点表现到极致,对毒品贩运、人口贩卖、奴役妇女、对儿童的性剥削、恐怖主义犯罪、高科技犯罪和环境犯罪和金融犯罪进行了广泛的刑事干预。欧盟的一些框架法律提出了刑罚指导原则,有些甚至明确了各国法定最高刑的底线,例如 1998 年 5 月 3 日制定的 947/98 号法令就规定,"任何改变和伪造欧元的,无论采取何种方法,都应处以不低于 8 年的监禁",对成员国都有约束力。①

当然,至今为止,国家间刑法的协调或趋同并非"全面开花",例如在政治性的犯罪、家事犯罪、妨害社会管理秩序的犯罪、违反公序良俗的犯罪等方面,各国刑法的差别较大,具有本国特征或民族性特征。但是,国家间刑法的协调或趋同在两大类犯罪——"震撼人类良知"的国际犯罪和经济犯罪中,无论是刑法观念还是具体规定都有很大的协调趋同性。这两类犯罪可以说是自然犯与法定犯的两极,我国刑事立法应当密切关注并尽可能与之协调趋同。

### (一)"震撼人类良知"的国际犯罪

这类犯罪危害严重,各国出于人类的共同良知,出于对公平、正义的共同需要,容易达成共识,制定国际刑事公约。我国政府对此一向采取积极的态度,加入了一系列国际刑事公约。但是我国对国际刑法在理论与实践两方面都有待深入。

---

① 王文华:《欧盟刑事法的最新发展及其启示》,《河北法学》2006 年第 3 期。

然而，有国际公约不等于问题都得到解决，例如国际刑事公约适用中的国家的刑事管辖权问题、刑罚执行问题等，都还有许多值得研究落实的地方。我国现行刑法对普遍管辖的原则的规定是一大进步，然而并不是所有的国家都参加了国际条约，未参加的国家对国际条约规定的犯罪就不承担管辖的义务，而且许多国际条约为了防止出现管辖上的"盲区"，规定了多个国家对国际犯罪的管辖权，但又未规定行使刑事管辖权的顺序，以及在刑事管辖权发生纠纷或者冲突时的解决办法。[①] 在出现这一问题时，我国应秉承国家主权和平等互利的原则与其他国家协商解决，以便在不影响与其他国家关系的前提下及时有效地惩处国际犯罪。

## （二）经济犯罪

在经济全球化的背景下，由于对资本利益的追逐和经济主体的利益冲突等原因，经济犯罪在 20 世纪末迅速蔓延。知识产权犯罪、走私犯罪、金融犯罪等无不是这场"没有硝烟的战争"——经济战争的外在征候。刑法在经济全球化时代承载了传统刑法从未有过的使命——维护国家、地区、世界的经济安全与经济秩序，因此如果将眼光只局限在一国之内，只介入调整本国的经济秩序是远远不够的。因为经济早已逾越了国界，商事活动更是在许多方面要服从国际规则，各国不可能独善其身，而是互相依存、互相影响的。这种经济生存与发展的相互依赖性不仅需要各国需要关注市场经济发达国家的民商、经济法律，还需要关注这些国家的经济刑法。

我国在进行经济刑法立法时，既要考虑与我国经济发展状况、经济政策、经济行政、民商法律法规的协调，也要关注其他国家在此方面的规定。由于民商、经济活动的相通性、经济犯罪的共同性，决定了经济刑法有其共通性的一面，借鉴、协调、趋同有一定的基础。例如金融全球化使得金融法律存在趋同的态势，货币刑法也就有了共同的规则，[②]而我国的货币犯罪刑事立法在章节

---

① 王新清：《刑事管辖权的国际冲突与协调（下）》，2006 年 9 月 20 日，http://www.criminal-lawbnu.cn/criminal/info/showpage。

② 卢勤忠：《金融全球化视角下我国货币刑法的改革》，《法律科学（西北政法学院学报）》2004 年第 2 期。

体系、客体定位、罪名设置、主观目的、外币保护、犯罪形态、刑事责任等七个方面与其他国家存在较大差异,应当尽可能地做到取长补短,协调完善,同其所当同,异其不得不异。

但是,经济刑法与国际公约和其他国家刑法的协调、趋同不同于与"震撼人类良知"的国际犯罪方面的协调趋同。后者是刚性的,具备"强行法"的特征,因为国际犯罪是极端的、违反人性的,为世人所共同谴责的犯罪,在对它的认识上,各国从最基本的人道、公正等角度出发,容易达成共识。而经济犯罪即使是在一国以内,都有其变动不居的一面,这是市场经济发展的固有特征决定的。例如加拿大刑法对竞争犯罪规定就有过反复,①我国现行刑法出台后的 6 个修正案,其中就有 5 个涉及或主要是针对刑法第三章"破坏社会主义市场经济秩序罪"的。② 正是由于经济犯罪的这种相对性,以及各国法律文化或经济发展水平的差异等原因,对经济违法犯罪行为的法律定位比较困难,对经济犯罪的"度"如果掌握不好很可能会影响自由经济的发展。而且,这些行为在不同国家由于经济发展状况等因素而危害性不一,各国对是否采取以及如何采取刑法方法保护经济也有不同的认识(例如同样是操纵证券价格行为,有些国家就未将其犯罪化;英美法系国家刑法规定的"入罪"门槛低,犯罪规定"定性不定量",经济犯罪许多规定在附属刑法中,属于"准犯罪"性质等),因此我国的经济刑法在做比较借鉴时应给予足够的注意,而不应盲目地去协调趋同。

## 四、结语

在法律的国际关联性日趋明显的态势中,刑法的全球化由于刑法自身的本质特点,必然是相对较难、较慢的一部分,尤其在罪与刑的规定上,相同或基本相同意义上的"刑法全球化",在可以预见的未来恐怕还不太可能实现。刑

---

① 王文华:《加拿大市场竞争的刑法保护及其启示》,《法学评论》2005 年第 4 期。
② 至 2020 年 9 月 1 日,我国已出台十个刑法修正案,6 个修正案是原文发表时的统计结果。

法在客观上还没有条件快速地全球化,各个国家在主观上既不会、也没有必要为趋同而趋同。但是,为了更有效地打击跨国的、国际性的犯罪,防止罪犯外逃,在国际化程度、全球化程度较高的领域优先关注、探讨、推进刑法的国际协调,不仅是非常重要的,也是非常迫切的,对于已是全球经济大国、贸易大国而其经济、政治体制又非常独特的中国来说尤其如此。刑法的国际协调也并不意味着国家主权的弱化,相反,刑法的开放和包容,通过与能够反映刑事法治的国际公约或他国法律的协调,可以更好地对本国的经济、社会发展起到更加强有力的保障作用,从而进一步增强国力,提升社会发展水平,更好地维护国家主权。

（本文原载《深圳大学学报》(人文社会科学版)2007 年第 4 期)

# 论刑法的宪法制约

　　我国 1982 年宪法颁布实施以来,在国家经济、政治、文化和社会生活中发挥了极为重要的作用。2004 年 3 月"国家尊重和保障人权"的"人权入宪"规定,也为人权的刑法保障提供了更为明确的依据。然而,与许多现代法治国家不同的是,我国宪法对刑法的制约是间接的,宪法不具有直接适用性。我国法治建设的时间不长,也缺乏对刑法与宪法的关系的深入研究。在刑事司法实践中,宪法几乎不被提及,难以充分发挥其应有的制约作用。为加快刑事法治建设的步伐,加大对人权保障的现实性,我国应当在以下几个方面加强对刑法的宪法制约。

## 一、强化宪法对刑事立法的制约

　　宪法与刑法,一为国家的"根本大法",一为所有其他法律的"最后手段"或"最后一道防线",其最为人们熟知的关系是:宪法是刑法制定的依据,刑法等其他法律不得与宪法的规定相抵触,否则无效。我国刑法第 1 条规定:"……根据宪法,结合我国同犯罪作斗争的具体经验及实际情况,制定本法。"刑事诉讼法典第 1 条规定:"……根据宪法,制定本法。"事实上,二者的关系非常紧密而微妙。从限制公权力的角度看,宪法与刑法都是"限权法"或"控权法",宪法与刑法具有共同的价值目标——限制公权、保障人权。若从公民权利方面看,宪法是"授权法"——正如列宁所说,"宪法就是一张写满人民权利的纸";虽然随着罪刑法定原则的确立,国家不再能够恣意发动刑罚权,刑法也被称作"被告人的大宪章",但是从直接功能看,刑法首先是"剥权法"——通过不同程度的剥夺公民的各项权利乃至生命,实现打击犯罪,保护社会,保障其他人的人权的目的。因此,二者具有天然的"矛"(指刑法)和"盾"(指宪法)的紧张关系,缺一则不能形成一对稳定的矛盾综合体。①

这种矛盾关系从另一方面也说明,二者必须相互作用才能保持其特定的相互作用关系,虽然二者存在着法律地位之差、法律位阶之差。刑罚有如一把"双刃剑",用之得当,则社会与个人两受其益,用之不当,则社会与个人两受其害。因此,没有宪法这张"盾"实际制约的刑罚权这支"矛"是极其危险的。列宁曾经讲过,如光有宪法,而不施行,那宪法只能是一张"写满人民权利的纸"。检验一个是否是法治国家的标准,不在于它是否拥有完备的法律,而在于它是否拥有切实发挥作用的宪法。② 正因如此,现代国家对刑罚权都有不同形式和程度的宪法限制。说不同形式,主要是指两种:美国为代表的英美法系国家的违宪审查与以德国、法国为代表的大陆法系国家的宪法诉讼;说不同程度,是指即便属于同一法系的国家,宪法对刑事法的制约作用也可能差别较大,例如美国与英国。③ 但是其目的都是确保刑事法的合宪性,确保宪法权利不被刑事法无故侵蚀。

西方法治主义传统的思想理论基础,是强调法律权威至高无上的地位。西塞罗的"执政官是法律的产物,权力从属于法律。执政官是会说话的法律,法律是无声的执政官"的名言正是最好的注解。这里的法律,包括刑事法,首先应当是"良法"。"良好"的标准首先必须符合宪法的要求,能够切实地实现

---

① 王文华:《宪法只有走进刑事法视野,才会出现真正的刑事法治》,《光明日报》2008 年 9 月 8 日。

② 侯瑞岭:《宪法不是写着人民权利的白纸》,2008 年 2 月 23 日,http://www.148com.com/html/507/94818.html。

③ 美国刑法的每一项都有可能受美国宪法所谓边际约束(side-constraint)功能的检验,如宪法第一、第八、第十四修正案对刑法的塑造和改造都有一定的作用。在宪法活跃的二十世纪六七十年代,美国最高法院还依靠宪法第十四修正案"除非在非常有限的情况下,公民有不受政府非法无故干预私人生活的自由"的正当程序条款的规定来否决下列法律:禁止妇女在婴儿被确定死亡前终止妊娠的法律,禁止医师发售避孕药的法律,以及禁止成年人在家中持有淫秽物品的法律。见〔美〕斯蒂芬·休特:《有宪限制与无宪限制——美国刑法与英国刑法比较》,《法学杂志》2004 年第 4 期。

打击犯罪、保障人权两方面的机能,而人权包括人身权、财产权、表达权等。法治是良法之治,良法体现在实体法与程序法双方面。从这个意义上讲,仅有罪刑法定原则尚不能保证刑法成为"良法",因为如果对"恶法"进行罪刑法定,则刑法反而通过"形式合法"的手段成为侵犯公民自由和权利的工具。而刑法内容的正当性,不能依靠刑法本身来检验,需要发挥宪法的限制作用。通过宪法的常态制约,消除"刑法万能"的传统观念。

任何立法都不可能一劳永逸,我国现行刑法颁布施行以后也已经出台了八个修正案,①新的修正案也会不断面世,这是"法与时转"的体现。② 在准备对一些行为进行犯罪化处理时,应当对这些行为从宪法权利的角度去审视犯罪化的必要性和可行性。例如,民事侵权行为、违约行为与犯罪的界线并不是天然存在,而是立法者选择的结果,但它们的关系从来没有像现在这样纠结复杂;现代社会行政违法与犯罪的关系,更是很难明确划界。这是由于经济的发展伴随着大量的经济犯罪,要求刑法干预,现代刑法要回答的问题比传统刑法多得多、复杂得多。刑法的有限性使得人们不得不对刑法功能进行反思,不得不重新考虑犯罪圈这一永恒的话题。至少,刑事立法应当经过民商、经济、行政法的过滤,换言之,能用民事责任、行政责任约束、控制的行为,就不能动用刑事责任。关键是如何理解这里的"能用",因为无论如何也无法避免对其判断的主观性,因而更需要加强刑事立法的实证研究。不过,实证研究并不只是满足于证明一种行为具有严重的社会危害性或法益侵害性,以及常见、多发性,还应当动态地看待其发展走势,并多方面发现其犯罪原因,对一些成因复杂的犯罪而言,刑法不是消除、减少此类犯罪的有效手段。也许只需要政策、相关法律规定稍做调整,就会影响到该行为的发生概率,而不必"大刑伺候"——动用刑法。亦即,刑法不是预防、抗制犯罪的唯一手段。任何时候都应当保持刑事立法的理性,尽可能采用其他社会措施和其他法律手段,在"用

---

① 此处八个刑法修正案是原文发表时的统计结果,截至 2020 年 9 月 1 日,我国已出台十个刑法修正案。

② 有人认为刑法修正太频繁,笔者不敢苟同。我国人口众多、地域辽阔,各地区差异性较大,政治、经济、文化、社会发展迅猛,犯罪态势不断变化,不及时修正刑事法表面上维护了法律的稳定性,却有悖于打击犯罪、保障人权目的的实现,于国于民不利。世界一些发达国家每年都出台刑法的修订本,原因亦在此。

尽救济方法"、不得已、无替代的情况下,才应当考虑动用刑法。这也是保障公民宪法权利的必然要求。

## 二、强化我国刑法的宪法制约,有必要将刑法的基本原则入宪

联合国通过的《世界人权宣言》《公民权利和政治权利国际公约》《禁止酷刑和其他残忍、不人道或有辱人格的待遇或处罚公约》及 1950 年的《欧洲人权公约》等国际法律文件对此有明确的要求。不过各国对刑事法的基本原则入宪更多的是混合了甚至主要是刑事诉讼法基本原则的入宪,例如国际刑法学协会前任主席 M.谢里夫.巴西奥尼( M.Cherif Bassiouni ) 对 139 个国家宪法进行研究,得出结论:65 个国家的宪法规定了生命权;13 个国家的宪法规定了公民人身不受侵犯的权利;有 81 个国家宪法规定公民不得被任意逮捕,不受酷刑、非人道或有辱人格的刑罚;48 个国家规定不得自证其罪;67 个国家宪法规定了无罪推定;38 个国家规定了公平、公正的审判程序。① 事实上,刑事实体法与刑事程序法的基本原则,例如罪刑法定原则、罪责刑相称原则、无罪推定原则、保释原则、公正审判原则等,都应当成为宪法公民权利的核心内容。特别是罪刑法定原则,它是防止刑罚权被恣意启动的"安全阀",1966 年通过的联合国《公民权利与政治权利国际公约》第 15 条第 1 项对此作了规定,两大法系主要国家最初都是在宪法中规定了此项原则,直至今日,英美等国依然保留了这一做法,而大陆法系国家则在宪法和刑法中对罪刑法定原则都作了规定。②

罪责刑相适应原则(也称作罪责刑相称原则、罪责刑均衡原则)入宪,具有同样重要的意义,因为刑罚是刑法适用的最终落脚点,其有无、轻重直接关乎被告人的个人权利。在资产阶级启蒙思想家们的大力倡导下,罪责刑均衡

---

① 卢建平:《刑法宪法化简论》,《云南大学学报(法学版)》2005 年第 4 期。
② 彭凤莲:《宪政:罪刑法定原则的基础》,《新疆社会科学》2007 年第 4 期。

原则在西方国家的刑事立法中逐步得以确立。英国 1689 年《权利宪章》规定："不应要求过多的保释金,亦不应强克过分之罚款,更不应滥施残酷非常之刑罚。"1789 年法国《人权宣言》第 8 条在确立了罪刑法定原则之后,又在 1793 年法国宪法所附的《人权宣言》第 15 条中规定,"刑罚应当与犯法行为相适应,并应有益于社会"。该法典关于罪刑均衡原则的规定后来为许多欧陆国家所仿效,成为一项世界性的刑法原则。英美法系国家大多也作如此规定,但是未必采用同样的表述方式。例如美国联邦最高法院始终以联邦宪法第八修正案规定的"禁止残酷和非寻常的惩罚"作为标准审查量刑是否与罪行不相称(disproportionate)。加拿大《权利与自由宪章》第 7 条"法律权利"部分规定,每个人都有生命、自由、人身安全的权利。除非符合基本法律原则,这些权利不得被剥夺。第 12 条规定:"每个人都有权不受任何残酷、非寻常的待遇或处罚。"第 10 条(d)项规定了无罪推定的原则。第 15 条规定了每个人获得法律平等的保护和利益。今年也是加拿大宪法实施 30 年。作为首个采取人权法案的英联邦国家,1982 年《加拿大宪法》及其《权利和自由宪章》已经影响了其他前英国殖民地,以色列和许多东欧国家也借鉴了加拿大宪章内容。在某些方面,加拿大宪章的规定比美国宪法更为完备,对公民权利的保障更为彻底,体现了加拿大独特的价值观,其中包括宽容、多元、个人和政府在行使权利和责任方面的自觉意识,有人认为它有可能超越甚至取代《美国人权法案》的地位。①

　　禁止"残酷的和非寻常的刑罚"不仅适用于刑事立法,也包括刑事司法,换言之,法官量刑同样要符合这一要求,否则可能被宣告违宪而被撤销。例如在 1910 年威姆斯诉美国(Weems v. United States)中一案中,一位官员因篡改官方记录而被判处 15 年重劳动监禁。该判决最终被美国最高法院撤销。②

　　虽然我国刑法明确规定了罪责刑相称原则,但是在裁决具体案件时,刑事法官有时会遇到来自多方面的干扰与压力,此时何为"相称",不同的人有不同的解读。特别是一些经济犯罪案件,例如吴英非法集资案,虽然单纯从危害

---

① 李平:《加拿大权利与自由宪章引领全球修宪》,2009 年 6 月 26 日,http://blog.sina.com.cn/s/blog_4b6b7cc601015pjb.html。

② 参见美国最高法院 217 U.S.349(1910)案。

结果看很严重、损失特别巨大，甚至达到死刑的处刑标准，然而，大量的经济犯罪案件都存在着相关经济制度本身是否合理、经济监管、执法措施是否到位等多方面的原因，因此要完全让被告人为所有这些"背锅"并不合适。对经济犯罪适用死刑从根本上不符合罪责刑相称原则，因为人的生命是无法用经济数字来衡量的。

实践中，大量的经济犯罪都存在着这种现象。那么，对于因经济犯罪而获罪的人，判处死刑是否属于"残酷的和非常的刑罚"？从规范的、形式正义的角度看，判处经济罪犯死刑似乎并无不当，然而从自然法、实质正义的角度看，却不那么简单。以广义的经济犯罪为例，其中的贪污罪、受贿罪这两个职务犯罪在实践中由于多种原因一直处于高发态势，然而无论从犯罪成因看还是从刑罚的报应性、威慑力以及一般预防、特殊预防的目的性来看，将来废除非暴力犯罪包括贪污罪、受贿罪的死刑也是大势所趋，只是目前尚不具备国民心理接受条件。然而，心理上不能接受并不代表这一措施的理性和公正。腐败犯罪同样有深刻的制度原因，事实上也不可能对所有的乃至对绝大多数贪官追究刑责，更遑论判处死刑甚至立即执行，那么结局必然是被动地"选择性执法"，结果不仅会违反罪责刑相称原则，也违反罪刑平等原则。而且，腐败犯罪大多是窝案、串案，情况复杂，我国的死刑立即执行"效率"相比其他国家也偏高，很难确保不出现"死了他/她一个，幸福许多人（不仅是家人）"的情况。为彻底查清事实，留着这些贪官不杀可能更有利于案件的顺利进展。而且在打击跨国腐败犯罪国际合作中，也会因为不会判处死刑而减少了引渡或遣返合作的障碍。

总之，刑事法律的基本原则入宪，既反映了国家对这些公民权的高度重视与保护，更从客观上在公权力与私权利之间筑起了一道强有力的屏障，使得宪法对私权利的授权落到实处——国家不得以刑事诉讼、以适用刑法的名义侵犯公民的基本权利。

此外，对刑法的解释，包括立法解释与司法解释都应当符合宪法精神，具有合宪性，不能超越或违反宪法的规定。在我国，由于法治建设的时间短、经验有限、法官素质参差不齐，刑事法律需要有权解释来补充，主要表现为立法解释与司法解释。刑法、刑事诉讼法适用的过程，就是法律解释的过程。司法解释虽然起到了指导司法实践的作用,对其解释权的诟病却从未停止,主要认为是对立法权的侵蚀。立法解释的正当性毋庸置疑,但是在解释方法上,如果立法机关对扩大解释等方法把握不当,极易使得"立法解释"变成"通过解释变相立法",违反罪刑法定原则的要求。因此,刑事法的立法解释与司法解释应当始终以"合宪性"为终极目标。这就需要在刑事立法、司法解释的制定与适用中,非常有必要更多地从宪法角度考察刑事法律问题,例如死刑规定、溯及力规定的正当性问题,很多问题将迎刃而解。

## 三、加强宪法对刑事司法的制约

刑事司法、刑事诉讼与人权保障的关系更直接,处理不当则侵犯公民的重大自由与权利。近年来,"宪法的司法化"在学者中呼声较高。相应地,"宪法的刑事司法化"是让宪法融入刑事法视野,真正发挥宪法的统领、制约作用的重要途径。宪法只有走下"神坛",步入"民间",才能与民情、民权直接发生联系。宪法对刑事立法的作用相对抽象,却完全可以通过具体的刑事司法活动和生动丰富的个案与之共同实现保障公民宪法权利的价值。在这方面,违宪审查或宪法诉讼是许多国家的做法,我国目前尚未采用这些做法,而是采取的议会自我审查模式,即根据宪法规定,由全国人大和全国人大常委会负责监督宪法的实施。

国家安全、公共安全是国家存在的前提,没有稳定的社会秩序,一切免谈。对个人来说,任何权利、自由的享有都是以个人安全为后盾的,人身、财产、住宅等安全,是从事一切其他社会活动的前提和基础。在二者冲突时,刑事司法者如何进行具体的权衡? 在一些英美法系国家的判例中,在涉及刑事法问题时常常提到"公共利益"(public interests)一词,并认为为了公共利益和最大多数人的安全而暂时限制少部分人的权利和自由,符合人权保障的精神和自由秩序的理念。诸如公民的言论自由与犯罪界线问题,经济活动自由与犯罪界线问题,这些取舍近则关系到犯罪率的高低,远则会影响国家政治、经济文明的发展。例如,在市场经济社会,个人的独立与自由是市场交换的前提条件,个人自由具有空前的价值。公民自由既是目的，又是手段。那么，一些"过火"的言论、"过激"的行为，以及一些经济违法行为，究竟是否犯罪，需要全面权衡，既要保护国家和社会，又要尽可能保障个人合法权益。再如公民隐私权保护与刑事侦查权也属于有冲突的权益，说实话，有时很难断言孰轻孰重，它实际上是在国家法益与个人法益发生冲突时，引入"社会法益"因素，在国家法益与个人法益不相上下的情形下通过对"公共利益"的考察，再作抉择。但正如"社会危害性"标准一样，"公共利益"或者"社会法益"仍然是一个抽象的概念。虽然"二战"后西方一些学者主张，个人是国家与社会的中心，保护个人法益是保护国家法益与社会法益的基础。在三者关系上，个人法益应该是刑法最优先保护的法益，社会法益不过是作为多数人的法益而受到一体保护，国家法益则是作为保护个人法益的机构的法益而受到保护。现实社会中，不同的国家有不同的文化传统和国家制度，在进行刑法法益选择和犯罪行为选择时会受到不同的利益观和价值观的影响和制约。但无论如何选择，刑事司法都不得以公共利益为由而无原则地牺牲个人利益。"对刑法法益的这种权衡取舍，应当最终以宪法原则为限。"①我国宪法第5条明确规定："一切法律，行政法规和地方性法规都不得同宪法相抵触，一切国家机关和武装力量，各政党和社会团体，各企业、事业组织都必须遵守宪法和法律。一切违反宪法和法律的行为必须予以追究。"但我国到目前为止对违宪行为尚无法进行具体和实质性追究，这是我国实行法治的一大缺憾。而违宪性行为发生最多的当数那些掌握着一定公权力的人。他们既是中国推行法治的决定性力量，也可能是导致"宪法至上性"受到破坏的主要参与者。任何法律、政策的权威性必须从属于宪法规范的最高性。只有在宪法规范中才能寻找到政党、政府的合法的依据，各项法律、政策必须符合宪法的精义。当然，自由总是相对的，即使是在"人权"不离口的美国，在对刑法进行违宪审查时，也常常采取各种方法将刑事立法解释得符合宪法的规定。② 因而，在现代社会，在法律的价值判

---

① 王文华：《论刑事政策法治化的基础》，载《刑法评论》（第4卷），法律出版社2004年版，第112页。

② 斯蒂芬·休特：《有宪限制与无宪限制——美国刑法与英国刑法比较》，王文华译，《法学杂志》2004年第4期。

断问题上,秩序与自由(人权)二者不可偏废。

无论国际国内形势如何风云变幻,无论社会治安的走势如何,刑法修正都应当采取"宽严相济"的刑事政策,而不是一味进行从重从快的"严打"。一切抗制犯罪的策略、方法都应当首先考虑是否符合宪法精神,各项政策必须符合宪法的精义,政策只能是宪法的合法性补充,而非相反。不难发现,作为一项刑事政策,我国的四次"严打"(较早的宣传中一般还要加上"风暴"一词)都具有较浓的运动式色彩,与法治社会的司法理性要求有着较大的差距,也不尽符合宪法对保障人权的要求。有些地方尽管不直接提"严打",然而其办案实践还是反映出了"严打"的思维、行动惯性,包括对黑社会的追诉,成为变相的"严打"、变相的运动,偏离了刑法、刑事诉讼法的规定,需要从公民权利、国家权力基本规定的角度反思其合宪性。

刑法对公民宪法权利的违反(指立法)或侵犯(主要指司法)不大可能指望刑事法本身进行纠正、救济,而"无救济则无权利"。理想的同时也必须尽早成为现实的,是宪法在刑事法律中的可及性,宪法权利在刑事诉讼过程中更容易受到侵害,更应当着力去保障。国家一手拿起了刑法这支"矛",另一手就必须拿起宪法这张"盾"。如果没有宪法的保障,刑法、刑事诉讼法就有可能成为赤裸裸、血淋淋的"刀把子"而不是"天平"。因此,对刑事司法中的相关问题进行"合宪性审查"很有必要。就我国的具体情况而言,也许采用大陆法系国家的宪法法院诉讼体制较为合适。

# 四、学者应当引领刑法的宪法制约观念并进行制度设计

刑法的宪法制约需要学者通过法学教学与研究进行观念与制度上的引领。在一些国家,刑法的宪法化已经成为潮流,这可以从欧美法院的大量案例窥见一斑。美国、加拿大等一些国家的法学院一般也都会开设"宪法与刑法""宪法与刑事诉讼法"等课程。即便是"刑法""刑事诉讼法"课程,课堂教学的一部分时间也会被用来讨论刑事法律的一些规定和做法是否"合宪",以及一些案件中警察的搜查、扣押、调查取证等行为是否"合宪"的问题。因此,说

这些国家的刑事法律已经"宪法化"并不过分,反而是,如果完全撇开宪法来讨论刑法、刑事诉讼法问题是不可思议的。对宪法与刑事法学科的关系,我国目前宪法与刑法、刑事诉讼法的教学与研究基本上是各说各话,互不相干,各个部门法至多是在教科书中的"本学科与其他法律学科的关系"部分原则性地一带而过,到了教科书的主体部分,除宪法以外的法学教科书的内容基本上与宪法"无涉"。这是不正常的。无论是从保障人权的现实需要考虑,还是从法学研究的全面性、综合性等角度考虑,宪法与其他部门法都有着重要、复杂的关系,不仅其他法律不得与宪法相抵触,而且宪法与其他法律必然有相当一部分内容有重合、需要交叉研究,这些问题在教学中也应当得到体现。学者是最具有社会责任感的,重视宪法的"根本法"地位不仅是公权力部门的职责,也是法学学者的使命。我国学者应当在本专业方向"专"的同时,打破专业之间的隔阂,进行学科之间必要的交叉研究,特别是需要促进、引领刑法等部门法的宪法制约的观念与制度设计方面的教学研究。

虽然我国的宪法还不能直接进入司法程序,然而这并不妨碍宪法精神应当体现在社会生活的方方面面各种细节中、深入人心。不仅刑法学专家等法学专家,即使平民百姓也应当熟知宪法权利,习惯于从维护宪法权利的角度思考问题,这既是尊重自己更是尊重他人。

不必担心强调刑法的宪法制约会削弱本来已经弱化的刑法控制犯罪的作用。对犯罪的无奈,并非刑法突然之间出了什么问题,因为不只是刑法的修订、发展赶不上犯罪演变的脚步,而是因为,犯罪的产生还存在着刑法之外诸多因素的作用。欧美刑法比我国相对完备,但是一样饱受犯罪的困扰。"在'二战'以后,以美国为主的几乎所有的发达国家都为犯罪的挑战而感到苦恼。"事实上,这更应该促使我们对犯罪性质、对刑法功能有理性的认识,更为开放学术视野和研究领域,并进行研究范式的转换。例如我国储槐植教授提出的"刑事一体化"、我国台湾地区学者提出的"社会刑法学"主张,就集合了社会学、社会政策、社会经济学、社会心理学及社会哲学等学科知识,提出根本性与前瞻性的种种问题,大大拓展了刑法学的研究视野,从而使刑法与其他"社会控制"共同追求"刑期无刑"的理念。相反,如果为了突出打击犯罪的能力而削弱或者忽略宪法对刑法、刑事诉讼法的制约、控制,则等于同时打开了侵犯人权的闸门,显然与现代法治精神背道而驰。

简言之,宪法既是刑法制定的根据来源,又是刑法的终极保障和归宿。刑罚权的发动应当以宪法为起点、也是终点。宪法的"根本大法"地位不是人定的,而是由于它体现公意、保护公益,反映了最广大民众的意志,是全体社会成员集体智慧的结晶,符合国际通行的法治要求,代表着人类的普适价值。市场经济是市场在资源配置中发挥基础性作用的经济,我国要发展社会主义市场经济,就迫切需要法律在国家治理中发挥基础性作用的法治环境,即依法治国,依法运用和制约公共权力。

现行宪法已经颁布实施30年,现行刑法也已经颁布实施15年,要强化刑事法的宪法根基,就必须改变那种将刑事法视为惩罚犯罪的工具——"刀把子",忽视刑法的人权保障机能的观念。[1] 要依法治国、尊重和保障人权,离不开对刑法的宪法制约,刑法也应当加大对宪法权利的保护力度——刑事法律人的目光应当时常在刑事法与宪法之间徘徊,宪法只有真正走进刑事法的视野,才会出现真正的刑事法治。

(本文原载赵秉志、张军主编:《刑法与宪法之协调发展——2012年全国刑法学术年会论文集》,中国人民公安大学出版社2012年版,第216页)

---

① 此处的"30年""15年"根据的是2012年发表论文时的时间。

# 论刑法中重罪与轻罪的划分

## 一、刑法为何要将犯罪划分为重罪与轻罪？

经常会遇到这样的情形——行为人在犯罪以后，其本人及其亲属虽手拿刑法文本，却还在不断向司法人员、律师打听，"这个罪重不重啊？能判几年？会不会判死刑啊？"试想，如果刑法有明确的重罪、轻罪的刑之区分，每个具体的犯罪在刑法条文中已经注明了是重罪还是轻罪，这样的疑问就自然少了很多。

当前，我国正处在一个前所未有的体制转型时期，许多复杂的社会问题不断产生，包括犯罪种类和数量激增。特别是严重刑事犯罪居高不下，造成社会治安状况严峻，群众缺乏安全感，严重影响到社会的稳定与和谐。[①] 而司法的裁决是否能够做到"罚当其罪"，直接影响到案件的法律效果、社会效果，关系到刑罚的特殊预防与一般预防目的的实现。我国刑法中规定的犯罪林林总总，虽有分则的章、节、条、款的划分，却总令人感觉缺乏"标尺"。因为犯罪的坐标系是由纵轴与横轴共同组成的，如果说分则各个章节条款的规定是"纵向标"，从前到后一杆规定到底，那么还应该有"横向标"，给出大致的轻、重"刻度"，使得每个具体犯罪的法定刑也能据此"靠船下篙"，普通民众也能得其要领，对具体犯罪的严重程度一目了然。笔者认为，这是立法将犯罪划分为

---

① 李希慧、杜国强、贾继东：《"轻轻重重"应成为一项长期的刑事政策》，《检察日报》2005年5月26日。

重罪、轻罪最基本的功能,也是罪责刑相适应原则的必然要求。它使得刑法更为科学、严谨,并将其固有的评价、引导、威慑功能得到进一步的加强,何为重罪,何为轻罪,一目了然。

此外,这种划分还具有更为重要的刑事政策意义——它是有效贯彻执行"宽严相济"刑事政策的重要依据。不明轻重,何以宽严? 在刑法适用过程中,"宽严"首先应当和"轻重犯罪"相对应。在刑法中,虽然在违法性、有责性的抗辩中可以提出许多区分罪行轻重的标准,例如精神病程度、正当行为、自首、立功、偶犯、初犯等,但是毫无疑问,它们最终都要落实到法定刑的轻重上,换言之,法定刑的轻重是划分重罪与轻罪、反映行为的社会危害性轻重的最重要、最明晰的界限,便于认知、理解与执行。对"宽严有度"的"度"的完整解读,应当是既指处罚的幅度,也指处罚的标准。

所谓"轻轻重重",举轻以明重,举重以明轻,首先必须建立在适当的标准上,而不能将轻、重之罪互为标准。如果认为比严重犯罪轻的就是轻罪,比轻微犯罪重的就是重罪,那样就沦为循环定义,没有真正说明和解决问题。究竟什么是轻,什么是重,应当通过立法加以明确,才能使得刑事政策有效发挥作用,并且是在法律的樊篱内而不是过度的自由裁量、甚至违背罪刑法定原则的要求,超越法律发挥作用。同时,将犯罪划分为重罪与轻罪也是刑事一体化思想的切实贯彻,因为这种划分还具有更为广泛的刑事实体法、程序法上的意义,使司法机关能够对刑事案件在准确定罪量刑的基础上进行分流和快速处理,提高司法效益,将公正、效益两个目标兼顾。

在刑事实体法上,它应当成为未遂[①]、共犯、累犯、缓刑、前科消灭制度(只适用于轻罪)、吸收犯理论、量刑、告诉才处理案件的范围、时效(重罪的时效更长或者不受追诉时效的限制)乃至分则中的包庇罪[②]构成与否的重要依据。例如,"重罪吸收轻罪"的适用条件是否只需要被吸收之罪的法定刑轻于吸收

---

① 例如德国刑法第 23 条第 1 项规定,未遂犯的处罚以重罪犯为原则。见苏俊雄:《刑法总论I》,台湾大学法学院 1999 年版,第 131 页。

② 例如美国《模范刑法典》规定,明知他人犯重罪而不举或同意不对其追究责任的,则该行为人要负与重罪的同等责任;但是,如明知他人犯的是轻罪则对明知不举的行为不承担法律责任。参见童颜:《美国刑法中的重罪与轻罪》,《现代法学》1984 年第 1 期。

之罪即可？笔者认为，它们之间应当有轻重悬殊，而不是一般的轻重比较。刑法专门规定重罪、轻罪则可以体现出这种悬殊，这样，当行为人触犯重罪和轻罪两个以上具有吸收关系的罪名时，轻罪的刑罚被重罪吸收。再如，在量刑方面，刑的轻重取决于罪责的轻重，无论是否有具体的量刑指南，在有了重罪、轻罪的规定之后，就已经大大减少了量刑畸轻畸重的概率。如果要制定更为缜密的量刑指南，那么再进一步量化刑罚也已经有了基本尺度作基础。

在刑事程序法上，重罪和轻罪的划分也是管辖、[①]办案期限、审判程序（是否适用简易程序）、行刑地点与方式的确定以及是否选择刑事和解、暂缓起诉制度的主要依据。在澳大利亚等一些国家，对重罪还要专门开设专门的管理课程（Management of Serious Crime，"MOSC"），指导警察处理毒品、贩卖人口、恐怖主义、有组织犯罪等复杂重罪，提高从事重罪调查的高级警员的管理水平和领导水平。[②] 从办案期限角度看，根据罪责刑相称的原则，轻微刑事犯罪的被告人应当被判处较轻的刑罚。但在司法实践中往往出现因为案件事实以外的原因，被告人被"轻罪重判"的现象。例如盗窃价值 2000 元的刑事案件，被告人的刑期一般应该是拘役 1 至 2 个月，但在实际判决时，法院往往会考虑被告人实际羁押期限已经超过了应判刑罚，而判处略高于羁押期限的刑罚，出现所谓的"轻罪重判"现象。[③] 要确保轻微刑事案件真正获得轻刑，还需要从立法上加以完善，对某些可以适用简易程序案件的各个环节都规定一个较短的办案期限，真正从程序上实现繁简分流，轻罪轻判。

由于刑法并未明确何为重罪、何为轻罪，刑事诉讼程序中的一些重要活动也缺乏实体法上的界定，还出现了"重罪轻判"的问题——《关于适用普通程序审理"被告人认罪案件"的若干意见（试行）》的颁布和施行，使得对被告人认罪案件能够适用较普通程序更简化的程序审理，从各级人民法院适用该意见审理被告人认罪的重罪案件的现状来看，"普通程序简化审"中的"重罪轻

---

① 例如法国就区分重罪法院与轻罪法院。见许章润：《犯罪学》（第 2 版），法律出版社2004 年版。

② 谢忠明：《澳大利亚重罪管理（MOSC）课程简述》，《公安学刊（浙江公安高等专科学校学报）》2007 年第 5 期。

③ 林章伟：《轻微刑事犯罪"轻罪重判"现象探讨》，2011 年 2 月 16 日，http://www.110.com/ziliao/article-202091.html。

判"现象并不鲜见。① 鉴于我国刑事案件的上升势头以及刑事司法资源的有限性,通过刑事立法明确划分重罪与轻罪,使得基层刑事司法机关能够构建轻罪刑事案件分类办案制度成为一种必然。可以说,刑法中重罪与轻罪的划分具有"分水岭"的意义。它既反映了行为的客观危害性,也反映了行为人的人身危险性与主观恶性,并且在总体上水到渠成地解决了犯罪人的划分的问题——重罪犯、轻罪犯,决定了不同的行刑政策和措施,使得"刑事一体化"的思想得到自然的体现。例如从行刑方式看,对轻罪应当尽量推行非监禁化措施。增加劳动赔偿令、社区服务令、管教令、保护观察令的适用,从而有别于重罪的改造措施,真正实现刑罚个别化。

## 二、世界主要国家对重罪、轻罪的划分

世界上绝大多数国家的刑法都将犯罪按照轻重分类,不过具体的规定方法、划分标准不尽相同。例如:A.德国、奥地利刑法将犯罪分为重罪与轻罪;B.瑞士、法国刑法规定了重罪、轻罪与违警罪。德国刑法以前亦作如此划分,但1976 年刑法取消了违警罪这一类型;C.西班牙将犯罪分为重罪、较重罪、轻罪。如果同时是较重罪和轻罪,则被认为是重罪;②D.意大利刑法规定了一般犯罪与违警罪;E.俄罗斯刑法只明文规定了重罪,其余犯罪可推定为轻罪;F.与俄罗斯刑法相反,泰国刑法只明文规定了轻罪,其余犯罪可推定为重罪。③

重罪、轻罪具体的划分标准主要有 4 种:一是以法定刑的刑期为区分标准;二是通过刑种相区分;三是列举具体的犯罪类型以示区别;四是以具体的刑事诉讼活动(例如起诉、逮捕)方式相区别。

---

① 徐美君:《重罪简易程序研究——以〈若干意见(试行)〉为考察对象》,《法商研究》2006年第 2 期。

② 《西班牙刑法典》第 13 条。

③ 郑伟:《重罪轻罪研究》,中国政法大学出版社 1998 年版,第 109 页。

## （一）以自由刑的刑期作为区分标准

以自由刑的长短区别重罪与轻罪，是最常见的重罪与轻罪的划分标准。在具体的刑期分界点上，不同国家也有不同的选择，主要有 6 种情况。

第一种：10 年。1791 年《法国刑法典》被认为是欧陆刑法的典范，它率先根据法定刑的轻重将犯罪作了划分，即"刑事犯罪，依其严重程度，分为重罪、轻罪和微罪（或违警罪）。"重罪与轻罪之间的界限为 10 年监禁（第 131 — 1 条），违警罪只处以罚金和资格刑。① 这种划分方法也被德国、日本以及其他许多国家所仿效。

第二种：3 年。《西班牙刑法典》第 33 条规定，重罪与较重罪的界限是 3 年徒刑。② 《奥地利刑法典》第 17 条将应受刑罚处罚的行为分为重罪与轻罪，其中应当科处终身自由刑或 3 年以上自由刑的故意行为是重罪，所有其他应受刑罚处罚的行为均为轻罪。③

第三种：2 年。1997 年《俄罗斯联邦刑法典》依照法定刑的轻重，将犯罪分为轻罪（最高刑不超过 2 年监禁）、中等严重的犯罪（不超过 5 年的监禁的故意犯罪以及超过 2 年监禁的过失犯罪）、严重犯罪（不超过 10 年监禁）、特别严重的犯罪（10 年以上监禁或更重的刑罚）。④

第四种：1 年。2002 年修订的《德国刑法典》第 12 条规定，重罪与轻罪的界限标准为 1 年自由刑。⑤ 《瑞士联邦刑法典（2003 年修订）》第 9 条规定，重罪是指应科处重惩役的行为，轻罪是指最高刑为普通监禁刑的行为。但是重惩役的最低刑期为 1 年，监禁刑的最高刑期为 3 年，在期限上有交叉，原因是重惩役比监禁刑严厉，不可以绝对地以时间长短作为唯一的区分标准。⑥

---

① 罗结珍译：《法国新刑法典》，中国法制出版社 2003 年版，第 3、12 页。
② 潘灯译：《西班牙刑法典》，中国政法大学出版社 2004 年版，第 14 页。
③ 徐久生译：《奥地利联邦共和国刑法典》（2002 年修订版），中国政法大学出版社 2004 年版，第 7 页。
④ 黄道秀译：《俄罗斯联邦刑法典》（2003 年修订版），中国法制出版社 2004 年版，第 5 页。
⑤ 徐久生、庄敬华译：《德国刑法典》（2002 年修订版），中国方正出版社 2004 年版，第 8 页。
⑥ 徐久生、庄敬华译：《瑞士联邦刑法典》（2003 年修订版），中国方正出版社 2004 年版，第 6、11 页。

美国沿袭了英国普通法上区分重罪、轻罪的做法。为了量刑的目的,美国联邦和许多州的刑法对重罪、轻罪都是以 1 年监禁为限,并对重罪进行分级①。有些州也对轻罪也进行了分级②,也有些州规定了违警罪。③ 对重罪,有些州采用了其他的划分方法,例如《伊利诺斯州刑法典》将重罪分为暴力重罪(forcible felony)与非暴力重罪(non-forcible felony)两类,并且这种区分对刑事实体法上的正当防卫、刑事程序法上的逮捕④等都有直接的影响。1962年美国法学会拟订的《模范刑法典》将犯罪分为重罪(felony)、轻罪(misde-meanor)、微罪(petty crime,petty offence)和违警罪(violation/infraction,直译为"违反")四种,其中重罪又分为一级重罪、二级重罪、三级重罪,一级最重,三级最轻。轻罪也分为三级。而重罪、轻罪的界限是 1 年监禁。⑤

总体上看,重罪、轻罪的划分对刑事实体法与程序法都有十分重要的意义,例如犯罪的构成要件(例如夜盗罪)、共同犯罪人的划分(轻罪无须区分主犯和从犯,都以主犯论处)、管辖(例如治安法院、警察法院、夜法庭等管辖轻罪)、逮捕条件(轻罪只有现行的才能实行无逮捕令逮捕)、刑罚执行地点(重罪犯在监狱,轻罪犯在地方看守所)等。此外,重罪犯可被剥夺选举权、律师执业权、担任政府官员、陪审员等权利,而轻罪犯则保有这些权利。⑥

第五种:6 个月。《加拿大刑事法典》沿袭了英国将犯罪分为公诉罪(可起诉罪)、简易裁判罪以及可选择罪(或"双重罪")的区分法,将犯罪依照起诉条件的不同可分为三类:一是只能由检察官提起公诉的犯罪,被称为公诉罪或

---

① *West's Illinois Criminal Law & Procedure* (2003 Edition), Illinois:West Group, 2003, p. 216-217.

② 薛波主编:《元照英美法词典》,法律出版社 2003 年版,第 919 页。

③ Joshua Dressler. *Understanding Criminal Law*. New York:Matthew Bender & Company, Inc., 2001,p.3.

④ 对暴力重罪可以采用"致命暴力"(deadly force)进行防卫,即使保护的只是住宅以外的财产权利;警察对实施了或正在实施暴力重罪的人可以采用致命暴力进行逮捕。见美国 720 ILCS5/7-5(a)(2)(1999)案例。也有相反意见,参见美国 Tennessee v.Garner,471 U.S.1(1985)案例。转引自 John F.Decker.*Illinois Criminal Law*(3rd Edition).New York:Matthew Bender & Company,Inc.,2000,p.23。

⑤ 储槐植:《美国刑法》(第 2 版),北京大学出版社 1996 年版,第 15 页。

⑥ 薛波主编:《元照英美法词典》,法律出版社 2003 年版,第 543 页。

可起诉罪,在法官和陪审团的参与下进行审判,其刑罚为 2 年以上的监禁;二是简易裁判罪,由治安法庭的法官审理,处 2000 加元以下罚金或 6 个月以下监禁或者二者并处;三是介乎二者之间的犯罪,称为可选择罪——既可以是公诉罪,也可以是简易裁判罪。这样,案件刑事管辖权便与审判方式、所处的刑罚相统一。① 澳大利亚也采用这种划分方式来区分罪的轻重。②

第六种:1 个月。《泰国刑法典》第 102 条规定:"轻罪是指犯 1 个月以下有期徒刑或者 1 千铢以下罚金或者二者并处刑罚之罪。"③

## (二) 通过刑种相区分

《意大利刑法典》第 39 条将犯罪分为重罪和违警罪。具体而言,依法应当被判处徒刑或罚金的行为属于重罪,依法应当被判处拘役或罚款的行为属于违警罪。④

## (三) 通过列举具体的犯罪类型以示区别

这是英国早期普通法上的重罪、轻罪的划分方法。早在 1166 年,英国就根据《克拉伦法令》将谋杀、抢劫、诈骗和窝藏罪犯列为重罪,1176 年根据《北安普敦法令》把伪造和放火罪增加为重罪。根据普通法规定,重罪一般指:谋杀、非预谋杀人、夜盗、破门侵入住宅、盗窃、重婚、强奸等;轻罪一般指:伪证、共谋、欺诈、诽谤、骚乱和侵入殴击等。1967 年《刑事法令》废除了这种区分方式,并且从 1968 年 1 月起,"重罪"一词不再使用,⑤代之以刑事诉讼活动模式,即以是否可以实施逮捕区分为可逮捕罪(arrestable offence)和不可逮捕罪(non-arrestable offence)。⑥ 此外,英国还有公诉罪(可起诉罪)、简易裁判罪,以及可选择罪的区分,⑦受英国影响很深的一些国家至今仍保留了这一区分方法。

---

① Scarborough. Sec 34(1) of Interpretation Act., Toronto: Thomson Canada Ltd., 1999, p.15.
② 薛淑兰、罗国良:《澳大利亚轻罪案件的审理及刑罚适用》,《人民司法》2005 年第 7 期。
③ 吴光侠译:《泰国刑法典》,中国人民公安大学出版社 2004 年版,第 24 页。
④ 黄风译:《意大利刑法典》,中国政法大学出版社 1998 年版,第 11、18 页。
⑤ 童颜:《关于西方国家重罪与轻罪的问题》,《国外法学》1987 年第 6 期。
⑥ [英]J.C.史密斯、B.霍根:《英国刑法》,法律出版社 2000 年版,第 33 页。
⑦ 谢望原译:《英国刑事制定法精要》,中国人民公安大学出版社 2003 年版,第 31 页。

## （四） 以具体的刑事诉讼活动（例如起诉、逮捕等）方式相区别

例如英国以是否可以实施逮捕区分为可逮捕罪和不可逮捕罪。加拿大则继承了英国过去的做法，以是否可以提起公诉为界限划分为公诉罪、简易裁判罪和可选择罪。不过，通过这种划分方法确定的犯罪最终还是落实到刑期和刑种的区别上。

# 三、我国刑法应将犯罪划分为重罪与轻罪

笔者认为，根据当前的刑事立法水平与经验，我国已经具备了将犯罪划分为重罪与轻罪的立法条件。我国刑法理论与司法实践常常把犯罪分为"特别严重""严重""一般"和"轻微"的，但是缺乏明确的标准。刑法分则中有大量的"情节严重""情节恶劣""数额较大"等字眼，但是它们有时是犯罪构成的基本要件，有时是加重犯的要件，应当结合法定刑进行明确的重罪与轻罪的分类。

可以想见，一开始作这样的划分会费时费力，甚至觉得过于烦琐。但是哪一项法律法规制定之初没有经历过这样的"阵痛"呢？俗话说，"磨刀不误砍柴工"，没有精准的尺度就无法量体裁衣。重罪与轻罪的划分正是与具体的法定刑相结合，将其细化分类的"标尺"，有利于防止定罪失准、量刑失衡。

从纵向考察，我国古代刑法虽无重罪与轻罪的明确划分，但是对东亚诸国产生深远影响的《大明律》却有"重其重罪，轻其轻罪"量刑原则的规定，虽然与现代刑法的重罪与轻罪含义不同，但是它说明，对重罪、轻罪区别对待的观念由来已久。直至近日，20多年前我国就曾有学者指出①，西方国家把犯罪从法律上分为重罪与轻罪有一定的积极意义，这一点在我国立法中可以借鉴。至于是否沿用"重罪"与"轻罪"这一名称并不重要，关键在于刑法应当对此种划分有明确的规定。

---

① 童颜:《关于西方国家重罪与轻罪的问题》,《国外法学》1987年第6期。

# 四、我国刑法区分重罪与轻罪的标准

## （一）刑法中重罪与轻罪的总体界限

由于"罪"在我国刑法中比世界上其他许多国家的同样概念的性质严重，因此，短期内不宜将本应受行政处罚的行为纳入"轻罪"范畴，进行"犯罪化"。换言之，所谓的重罪、轻罪，都限于且只应当限于对现行刑法典中规定的犯罪的进一步划分。

我国一直以来非常重视刑事政策的作用，近年来最高司法机关也有对"宽严相济"刑事政策的详尽解读。笔者认为，虽然通过对犯罪类型（例如暴力犯罪、贪污贿赂犯罪、有组织犯罪等应当重处）、情形的大量列举可以达到明示的效果，但是为何不吸取其他国家和地区刑事立法的经验，直接在刑法中对重罪、轻罪进行划分，从而使犯罪的性质更加清晰可辨，法律适用也更加准确、便捷、稳妥呢？因此，在具体区分方法上，笔者认为我国应当采用以自由刑的长短为统一区分标准的做法。那么具体应当以几年的法定刑为分界线合适呢？这确实是一个不易回答的问题——虽然世界其他国家的刑法大多采用了自由刑的刑期作为重罪与轻罪的划分标准，但是具体的分界线却出现了10年、3年、2年、1年、6个月、1个月等6种划分方法。很难说哪一种划分方法是绝对合适的，因为各国情况不同，而且各国在不同时期和地区，划分重罪与轻罪的标准也并非一成不变。例如储槐植教授在《美国刑法》一书中则明确指出，重罪与轻罪的划分标准不是一成不变的。"二战"以前一般以5年监禁为界，20世纪末一般以1年监禁为界。[①] 在构建我国的重罪轻罪体系时，并不需要一味地在西方犯罪分类层次、刑罚层次上找到对应物（counterpart），因为实际上并不存在一一对应的关系，如果强求与别人一致则是荒唐的，也是不可能的。

---

① 储槐植：《美国刑法》（第2版），北京大学出版社1996年版，第14页。

张明楷教授认为,刑法第 67 条规定,犯罪以后自首且"犯罪较轻"的可以免除处罚,暗示了可以从理论上将犯罪分为重罪与轻罪。区分重罪与轻罪应以法定刑为标准,而不宜以现实犯罪的轻重为标准。从刑法第 7 条属人管辖、第 8 条保护管辖、第 72 条缓刑等规定看,可以考虑将法定最低刑为 3 年以上有期徒刑的犯罪称为重罪,其他犯罪则为轻罪。① 还有其他一些学者也持这种观点,认为"考虑到我国特有的立法定量模式和法律结构,轻罪应当是指法定刑为 3 年或 3 年以下有期徒刑的犯罪。"②但是也有学者提出,鉴于我国整个刑罚设置偏高偏重的现状,可将应处 5 年有期徒刑作为重罪与轻罪的分水岭,即应处 5 年以上有期徒刑、无期徒刑或者死刑的犯罪为重罪,应处 5 年或者 5 年以下有期徒刑、拘役或者管制的犯罪为轻罪。③

笔者认为,由于重罪与轻罪的分界线也就是重罪的"起点线",分界线越低,刑法就越严厉——在该分界线之上,就都要按照重罪对待,在实体法、程序法方面都要适用比轻罪更严苛的规定,因此立法时需要考虑到该国的刑事政策以及与刑法整体罪刑体系的平衡等问题。同时应当考虑到,我国刑法上的"犯罪"概念与西方两大法系的许多国家不太相同,例如美国的不少轻罪罚相当于我国的行政罚,这是因为我国刑法中的"犯罪"不仅定性,而且包含定量因素。对应这样的整体犯罪门槛,我国的刑罚整体比许多国家的刑罚起点高,相应地,重罪与轻罪的分界线也不宜定得过低,否则不适合我国重罪、轻罪划分的目的与性质。然而如果分界线定得太高,将无法起到对重罪的区别对待、在各项实体法、程序法制度上"重罪重处"的作用,失去重罪与轻罪划分的意义,也有悖于"宽严相济"刑事政策的要求。

鉴于此,我国刑法的重罪与轻罪的分界线以 3 年有期徒刑为宜,3 年以上有期徒刑的犯罪为重罪,其他犯罪则为轻罪。这种抉择不仅有上述学者所提及的刑法总则一些条款以 3 年为界限的考虑,而是纵观刑法分则所有罪名,严重刑事犯罪的量刑起点一般都是 3 年,很大程度上说明了立法对犯罪轻重程

---

① 张明楷:《刑法学》(第 3 版),法律出版社 2007 年版,第 91 页。
② 李邦友、姚兵:《轻罪和解模式研究》,《法学杂志》2006 年 6 期;黄开诚:《我国刑法中轻罪与重罪若干问题研究》,《现代法学》2006 年第 2 期。
③ 卢建平、叶良芳:《重罪轻罪的划分及其意义》,《法学杂志》2005 年第 5 期。

度的区分倾向。因此，以 3 年作为重罪与轻罪的分界线，兼顾了总则与分则的罪、刑结构体系，有其现实基础，在刑事立法、司法两方面都具有较强的可接受性。

### （二）具体"个罪"中重罪与轻罪的确定方法

上述重罪与轻罪的划分标准，指的是总体的界定标准。在刑法规定了这样一个总体界线以后，具体到刑法分则规定的某一"个罪"，如果不在罪状中明确规定其为重罪与轻罪，或者什么情形下属于重罪或轻罪，那么，刑法有关重罪与轻罪总体的界线——不论是三年或者是几年——就丧失了其规定的意义。那么具体的"个罪"应该如何确定重罪、轻罪的情形呢？

在这方面，美国《模范刑法典》的规定具有一定的借鉴意义，即对具体犯罪如何确定为重罪或轻罪主要考虑以下因素：罪过心态[1]、造成财产损失金额的多少、伤害后果的轻重、被害人的年龄大小、侵害对象性质的不同[2]、行为的不同时期、犯罪手段的不同[3]、常业与初犯、目的与动机的不同等。[4] 我国刑法在具体规定时也应当考虑行为与行为人主、客观方面的特点，作出适当的规定。

## 五、结语

既然犯罪和刑罚都是人定的，反映了立法者的价值取向，因此在犯罪的"轻"和"重"的问题上就不可避免地带有"人为"或"主观"的烙印。从这个意义上讲，要完全做到罪刑相适应只能是人类不断追求的理想境界。将犯罪分

---

[1] 例如在杀人罪中，把谋杀定第一级重罪，故意杀人定第二级重罪。过失杀人定第三级重罪。

[2] 例如，在伪造文书罪中，伪造的对象属于货币、公债、邮票、印花等政府发给的证书的定第二级重罪，伪造的对象属于遗书、契约书、债务免除证书以及商业上所用证书的则定第三级重罪。

[3] 例如，在强奸罪中，被害人误认行为人为其丈夫而允许性交的为第三级重罪；以暴力威胁使屈服的为第二级重罪；对造成重大身体伤害的为第一级重罪。

[4] 童颜：《美国刑法中的重罪与轻罪》，《现代法学》1984 年第 1 期。

为重罪与轻罪无论是在大陆法系国家和英美法系国家都很普遍①,其原因在于,重罪与轻罪的划分虽然是人为的,却在很大程度上反映了相当长一段时期内犯罪社会危害性轻重的主要规律,在此基础上再进行针对性的处罚,是规律的必然要求,也是刑罚思想的理性回归。真正做到轻重分明、罚当其罪比不加区分盲目地"严打"、将希望寄托在严刑峻法上更科学有效、也更公正、更人道。"宽严相济"最基本的法律基础,首先依赖于刑法对重罪与轻罪的划分。

（本文原载《法学评论》2010 年第 2 期）

---

① 也有的国家取消了这种分类方法,例如日本,理由是现行刑法规定的法定刑幅度很大,对犯罪还必须考虑其具体情节,所以抽象地对犯罪进行轻重分类不一定适当。法国虽开了重罪、轻罪和微罪（或违警罪）之划分的先河,对此也不乏批评意见,例如缺乏逻辑性、人为的性质、适用上的困难等。但是法国多数学者还是肯定了它在刑事实体法与程序法上的多重意义,例如管辖、时效、未遂、共犯等。参见马克昌:《比较刑法原理》,武汉大学出版社 2002 年版,第 100 页。

# 我国死刑制度的"停、改、废、释"

## ——以刑法修正案(九)草案为视角

通常,一部法律的变化离不开"立、改、废、释"——一些新的内容通过"立"规定进去,一些条文内容被修订——"改",一些条文被取消——"废",还有些条文尽管在立法上没有变化,但是已经通过立法解释或司法解释影响着它的法律适用效果——"释"。在我国,死刑制度已经谈不上"立"的问题,因为它自古至今就一直存在,故此,有关死刑制度的法律问题主要是"停、改、废、释"。具体而言,死刑制度的"停"指的是立法上仍有一些判处死刑的犯罪的具体规定,然而司法由于主观或客观的原因并不适用死刑,本文所指死刑制度的"停"仅限于个案适用的"停"。死刑制度的"改"即指对其进行立法修改,包括总则或分则。死刑制度的"废"有两种情况:一是彻底的"废",即立法上全面废除死刑;二是虽然立法上还保留着死刑,司法中却已全面停止死刑的适用——尽管用词上仍然是"停止适用",然而其本质是全面废弃不用,因此本文将其列入"废"的一类——这种"全面停止适用"是走向彻底的"废"的节奏。"释"则指针对死刑制度的立法解释或司法解释,我国实践中主要是司法解释。

我国刑法修正案(九)(草案)(以下简称"修(九)"草案)拟取消的死刑罪名有9个,若最终获得通过,我国的死刑罪名将降至46个。不过,也有人对"修(九)"草案取消这9个罪的死刑持不同意见,特别是对走私核材料罪、强迫卖淫罪、战时造谣惑众罪等罪名,认为这些犯罪在情节严重时社会危害性很大,应当保留其死刑。①

---

① 关庆丰:《委员建议强迫卖淫罪等不应取消死刑》,《新京报》2014年11月1日。

客观地评价,这一立法修改步伐并不激进,却可以说是比较适中、循序渐进的。实践中,由于种种原因,这9个罪名的死刑很少被适用,甚至有些罪名都很少被适用——例如走私核材料罪。从死刑的正当性看,一些犯罪处以死刑并不合理,有些犯罪发生有深层次的社会、经济制度因素的作用——例如集资诈骗罪,有些则夹杂着观念方面的原因——例如组织卖淫罪、强迫卖淫罪,立法当时过于强调其侵害的社会风尚法益,导致对这些犯罪判处生命刑过于严苛。而且,死刑的威慑力对于逐利性质的犯罪非常有限,这一点早在150多年前就已被马克思在《资本论》中透彻地加以论述,"……如果有100%的利润,资本就敢践踏一切人间法律;有300%的利润,资本就敢犯任何罪行,甚至冒绞首的危险。"而一些经济犯罪、腐败犯罪的利润早已远超300%!

对一些具体犯罪的死刑究竟是保留还是废除、何时废除,涉及在保障人权与保护社会两个目标之间如何平衡,不能就事论事,应当结合当前的经济状况、社会治安状况等国情、社情和国际环境因素进行综合考量,既要朝着逐步减少死刑的适用直至最终废除死刑的人类文明的目标迈进,也要稳妥、慎重——正如十八届三中全会《决定》所提出的,"逐步减少适用死刑罪名",具体需要在司法上慎重地适用死刑、在立法上慎重地取消死刑罪名。"修(九)"草案拟取消的9个死刑罪名都是非暴力犯罪,经济利益、社会风尚等法益无法与生命权相提并论,因此取消这些罪的死刑规定并无不妥。

当前,我国既需要在立法上逐步的"改",也需要在司法上对个案适用死刑的"停",至于死刑的"废"(包括全面停止死刑的适用),在我国为时尚早。此外,对死刑的"释"仍需加强——这种"释"包括"两高"的司法解释、个案判决书的"释"以及学者的"释"。

## 一、司法层面:死刑适用的"停"

"修(九)"草案以及先前的"修(八)"提出的取消死刑的罪名实际上都经历了一个"停"的过程,不管是客观的还是主观努力的结果。没有较长一段时间"停"的实践,立法机关也不会贸然推进一些罪名的死刑取消。"停"实际上就是司法限制、控制或减少死刑的适用。但是也有客观的"停",即实践中没有发生需要适用死刑的此类案件——例如走私核材料罪,不仅死刑没有判处过,而且实践发生也少、定罪也少。① 主观的"停"主要有三种情况:一是在死刑、无期徒刑之间选择判处无期徒刑;二是在"死执"与"死缓"之间选择后者,当然这是狭义的"停",因为它本质上还是属于死刑;三是在等待刑法修正、取消某些死刑罪名的修正案通过之前这段时间内,最高法对一些案件不马上下判,待立法取消这些犯罪的死刑后再下判、不予核准死刑。当然,主观的"停"是司法机关对慎用死刑所作的努力,它同时也是为将来取消一些罪的死刑规定做准备、做检验——检验立法效果、检验民意,为最终部分取消某些犯罪的死刑,直至彻底废除死刑做准备。这种冻结部分死刑适用的"休克"式处理法,本质上也是死刑的渐进式废除进程。实践也证明,一些挂死刑的犯罪,没判死刑也没有天下大乱,一些挂死刑的罪名,如果停止了一段时间死刑的适用,反应较为平和,可以考虑修改立法,取消该项罪名下的死刑。

死刑适用的"停"的最大优点当然是避免了死刑本身的很多问题,例如制造新的对立面、"杀人灭口"查不出真正的"大老虎"(腐败犯罪、毒品犯罪、黑社会犯罪、恐怖犯罪都可能如此),以及杀错人的错案问题,导致判一个人死罪导致一系列相关更大案件成了"死案""呆坏案"(借用"呆坏账"的说法),永远查不清、理不明。

当然,死刑适用的"停"还包括刑事诉讼法上停止死刑执行的情形,最高法2008年12月26日起施行的《关于适用停止执行死刑程序有关问题的规定》对执行死刑之前发现判决可能有错误、罪犯揭发重大犯罪事实或者有其他重大立功表现、正在怀孕而停止执行死刑进一步作了详细规定。笔者建议,需要对这些情形的具体内容及其适用进一步加以明确,发现任何"合理怀疑"都应当查清查实,哪怕需要经过很长的时间。当前我国死刑立即执行的案件核准后,需要尽快付诸执行的压力确实很大,但是,在世界其他保留死刑的国家和地区,包括美国和我国台湾地区在内,大多也是"判处死刑但是不执行或者缓执行",这都是慎重适用死刑以及为未来全面废除死刑所作的准备。

---

① 事实上,对于丧失理智、不计后果的报复性暴力犯罪,死刑显然也难以发挥其威慑作用。

然而,立法不作修改、仅靠司法层面的"停"来限制、减少死刑的适用是不够的。上述的"停"是司法机关通过个案推进的结果,即便这种量刑适当,司法机关也常常需要顶住来自方方面面、上上下下的压力,例如暴力犯罪中被害人家属一方的压力,在舆情的裹挟之下,问题会变得难以想象的复杂。① 因此,依靠司法机关对死刑适用的"停"达到逐步减少死刑的适用固然是一稳妥的径路,但是它很大程度上取决于法院的"审判独立"能否进一步落实,甚至包括法院在国家机关中的整体地位能否进一步提高。换言之,法院"停"用死刑,很多时候压力大、风险大。相比之下,"改"是必由之路。

## 二、立法层面:死刑制度的"改"

从立法层面看,对死刑制度的"改"包括总则与分则两部分。分则部分是指取消一些具体罪的死刑,例如"修(八)"取消的 13 个罪的死刑与"修(九)"草案拟取消的 9 个罪的死刑。总则部分主要是修改死刑的适用对象、适用条件,从而达到减少死刑适用的目的,例如"修(八)"对 75 周岁以上的人适用死刑、死缓限制减刑具体条件的规定,以及修(九)草案拟对死缓适用条件的修改,"判处死刑缓期执行的,如果故意犯罪,情节恶劣的,报请最高人民法院核准后执行死刑;对于故意犯罪未执行死刑的,死刑缓期执行的期间重新计算,并报最高人民法院备案。"充分体现了宽严相济、慎重适用死刑的精神。

毫无疑问,我国死刑制度改革的未来大方向是逐步削减死刑罪名、扩大不适用死刑的对象、进一步严格死刑的适用条件。但何时是"改"的适当时间(right time)? 对此有人提出,即使某些挂死刑的犯罪实际发生不多,由于一旦发生危害不可估量,与其匆忙地取消这些罪的死刑、减弱其威慑力、带来社会不安定因素、造成立法上的反复,不如保留其死刑规定即"备而不用",例如走私核材料罪。这有一定道理,是一种未来求稳而不得已采取的较为保守的做

---

① 其实,司法上死刑适用的"停"最大的阻力主要在于有被害人的暴力犯罪案件。不少涉案数额天文数字的经济犯罪、贪腐犯罪最终不判"死执"也就不判了。因此,如何引导民意、说服和救助被害人及其家属是根本问题。

法,纯属权宜之计,条件成熟时还是应当取消这些死刑罪名,才能更加符合罪责刑相当、罪刑法定、刑法面前人人平等、刑罚人道等原则的要求,也比司法层面的"停止"死刑的适用更能引领法治文明。关键是"条件成熟"的判断标准较难把握,笔者认为,对于多年也没有判处一起死刑、甚至一年也没有几起的罪名,例如走私核材料罪,应当考虑取消其死刑规定。"备而不用"不能成为逐步减少死刑罪名的障碍,看似稳妥,如果固守这一主张则不利于人权保障与刑事法治的进步。如果脱离具体情况空谈"备而不用",容易陷入似是而非的误区。放眼世界上那些全面暂停死刑适用的国家,其实就是其刑罚死刑规定的"备而不用",这些国家的刑法保留死刑的罪名一般也就十多个,并未因追求"备而不用"的威慑效果而在立法上保留几十个死刑罪名的。

笔者认为,对一个挂死刑的罪名,究竟要不要保留其死刑、要不要让其死刑的刑罚设置"备而不用",需要考虑以下几个因素:第一,犯罪的性质是否属于暴力犯罪。目前即使是保留死刑的国家,一般也很少对非暴力犯罪设置死刑,遑论执行死刑。第二,此类案件的发生频率。如果一直很少发生甚至没有发生,"备而不用"就是一种立法虚置。第三,万一发生,有无可替代的刑罚?显然,我国"修(九)"草案拟取消死刑的 9 个罪还有无期徒刑的设置,而且在个案中存在着与其他罪进行数罪并罚最终判处死刑的较大的可能性。第四,是一个老生常谈的原因——这些犯罪即使保留死刑,其"威慑力"也并无绝对的衡量标准——难道是因为设了死刑才没敢走私核材料?那走私毒品为什么没有威慑住?回到原点,不能过于依赖死刑、更不能迷信死刑。死刑的威慑作用是有限的,导致犯罪发生的原因则是无限的。在死刑之外,更需要考虑预防的问题。

为进一步发挥立法对减少死刑适用的引领作用,建议未来在"改"的时候,对一些挂死刑的犯罪采用"转化犯"的方式加以规定,例如抢劫罪、强奸罪、绑架罪等。其实,组织卖淫罪、强迫卖淫罪也可以作如此规定。目前这两个罪中5种可判死刑的加重情节,实践中主要是对第5种"造成被强迫卖淫的人重伤、死亡或者其他严重后果的"情节特别严重的考虑适用死刑,那么立法可取消其他4种情形的死刑规定,对第5种情形采取转化犯的立法形式,"使用暴力致人伤残、死亡的,依照本法第二百三十四条、第二百三十二条的规定定罪处罚。"从而适用故意杀人罪、故意伤害罪条款,一样可以适用死刑。

另一个与死刑制度、贪污贿赂犯罪的立法之"改"紧密相关的问题是——尽管"修(九)"草案尚未涉及——刑法应当对重特大腐败案件被判处死缓的被告人,根据其犯罪情节增加规定限制减刑。现行刑法的限制减刑只适用于"被判处死刑缓期执行的累犯以及故意杀人、强奸、抢劫、绑架、放火、爆炸、投放危险物质或者有组织的暴力性犯罪被判处死刑缓期执行的犯罪分子",主要考虑的是暴力性犯罪人的人身危险性。诚然,贪污贿赂犯罪即使不被定罪判刑,只要被剥夺公职就没有实施贪污受贿罪的条件了,但是不能因此就降低对其应予的处罚——从功利的角度讲,莫非国家只需要剥夺其公职就可以了吗?显然不是。同样的道理,也不能因为重特大腐败案件被判处死缓的被告人没有人身危险性就不考虑其死缓的限制减刑问题。对于"数额特别巨大,并使国家和人民利益遭受特别重大损失的",即使不判处死刑立即执行,也要考虑其死缓刑罚与"死执"刑罚的衔接、考虑贪污贿赂犯罪的极大危害性、罪行的及其严重性而带来的与其他暴力性犯罪的死缓限制减刑的量刑均衡问题。

## 三、"司法或立法":死刑制度的"废"

作为人类法治文明发展的理想境界,死刑的废除不可避免。在此之前一些国家有经过司法层面先全面"叫停"死刑适用的阶段。这是较为稳妥的做法,以免立法的反复波动。我国目前的治安状况、民众观念与历史传统等因素决定了在相当长一段时期内尚不可能彻底废除死刑,也暂时不可能全面叫停死刑的执行。这也是我国 2007 年对联合国暂缓全球死刑的议案投反对票的原因。但是从长远来看,我国也终将有全面废除死刑的一天。其实,多年来的实践已经充分表明,我国的死刑制度在发挥其报应功能的同时,其弊端也很明显。除了众所周知的死刑不人道、任何司法体系都无法避免误判、错案的人死不能复生等问题,还有:

1.标准难以统一、难以实现罪刑平等原则:"死刑立即执行与死刑缓期执行之间并没有根本性的区分,换言之,这种区分本身是相对的。"①

2. 在窝案串案、有组织犯罪中,死刑成为更高级别犯罪人用以"切割"的工具、掩盖更大犯罪或者产生更大的问题——"杀人灭口"。后面的"大老虎"难以被揭发、处理,判一个人死罪导致一系列相关案件成了"死案"。

3. "以恶制恶"制造新的对立面,一个倒下去,其亲友及支持者更多地站起来,与社会对抗,"杀了一个'恶',竖起一片'敌'",这在暴恐等暴力犯罪案件中表现得尤为明显,例如"黑寡妇"实施的爆恐案,其中一个重要的动机是为其被判处死刑的丈夫或父亲复仇。

4. 逃往发达国家的外逃贪官难以引渡、遣返,要成功引渡、遣返一般需要先承诺不判处死刑,产生新的不平等,也不利于打击贪官外逃。

5. 司法资源投入太大,错案更是如此。第一,为保证死刑的正确适用、死刑复核与执行等成本巨大;第二,需反复做被害人家属的工作,包括赔偿事宜与执行死刑的关系处理,很难权衡;第三,对错误执行的死刑更是极大浪费司法资源、也极大地侵犯人权、损害司法公信力。追责是必须的,但是由于牵涉到一众办案人员,其中不少人正是因为办理这一"大要案"、"命案"已升迁或调整部门、工作岗位,再加上地方政府、党委的干预、审委会个人责任确定等使得错案责任的厘清难度一点也不亚于当年破案的难度。可以设想,如果刑法没有规定可判死刑的罪名,司法机关将节省大量的司法资源。

6. 如果审判不独立,也很难保证死刑适用的公正性。因此,尽管我国暂时条件还不具备,却很有必要关注死刑的"废"带来的一系列问题。所谓死刑制度的"废"包含司法或立法两个层面:一是司法层面,全面停止死刑的适用,尽管用词仍然是"停",然而其本质就是对死刑刑罚方式的废弃不用,因此宜将其归入"废"的部分。二是立法层面,从刑法上明确取消有关死刑的规定。

近年,一些已经宣布停止死刑适用的国家(地区)由于恶性犯罪、恐怖犯罪的发生,面临着强大的恢复执行死刑的压力。对此不同国家和地区反应不

---

① 陈兴良教授认为,对于死刑适用标准从政策上予以把握是极为重要的,当然,这并不意味着刑法教义学的分析可以缺位,即使是体现死刑政策的司法解释,还是需要通过刑法教义学的分析使之具体化,并在个案中得以适用。参见陈兴良:《死刑适用的司法控制——以首批刑事指导案例为视角》,《法学》2013 年第 2 期。

一。例如,科威特、菲律宾、印度、印度尼西亚、斯里兰卡、日本等亚洲国家以及我国台湾地区恢复了死刑的执行,尽管具体执行数字一般都是个位数。与此相反,俄罗斯、瑞士、波兰等欧洲国家即使面临强大的民众压力,也未恢复执行死刑。一般来说,人口超过1亿的大国,由于民族文化、地区经济的差异等导致国情复杂,矛盾、冲突多,犯罪态势决定了离不开死刑的适用。然而俄罗斯却是个例外。这些截然不同的反应显然是各个国家和地区综合考量、多种因素作用和博弈后的艰难抉择。不同的人乃至同一个人在不同时期的特定情况下,对死刑的态度和感情都会发生改变。

此外,立法者、司法者需要关注的一个重要因素是"民意"。事实上,死刑制度的停、改、废、释,都离不开对民意的充分考量,尽管立法、司法不应当被民意牵着鼻子走。很多国家都做过对死刑制度意见的大范围乃至全国的民意调查。我国人口如此之多、各地情况复杂不一,更需要对死刑的适用作全面、深入的调研,取得相当的统计数字作决策参考。当然,我国要进行全国性调研统计比较困难、工作量太大,可以选择几个有代表性的省份开展此项工作。此次"修(九)"草案在中国人大网公布并向社会公开征求意见,收到反馈意见5万多条,就是立法民主化的充分体现。另一个对死刑制度改革获取更多社会支持的路径是吸收民众参与死刑案件的一审审判。例如,河南省高院在全省刑事审判工作中所推行的"人民观审团"试点就收到了较好的效果①。这一举措其实也是对个案审理、法律适用的意见收集,特别是拟适用死刑的影响重大的案件。

## 四、对死刑制度的"释"

要"逐步减少适用死刑罪名",离不开"释法"。法律适用的过程其实就是法律解释的过程。解释的作出其实首先必然会受到解释者理念的导向,有无、

---

① 《广泛引入人民观审团》,2013年12月3日,新浪网,http://news.sina.com.cn/o/2013-12-03/084528873863.shtml。

多大程度上秉承人权保障的理念,至关重要。从释法的主体看,对死刑等刑法制度进行立法解释在我国已不多,主要是司法解释与学理解释。准确说来,对死刑的广义司法解释又分为:一是"两高"或最高法的相关解释,二是具体判处死刑个案之中法官的解释。目前我国最高法与最高检分别出台的《宽严相济刑事政策意见》对死刑适用问题有规定,遗憾的是最高法院的《量刑指导意见》中未对死刑案件作具体量刑情节适用的规定。为严格死刑适用的标准,最高法有必要尽快出台有关死刑的《量刑指导意见》,形式可以是对原有的《量刑指导意见》的修改,也可以专门针对死刑的适用出台意见。第二种"司法解释"——具体判处死刑个案之中法官的解释实际上集中体现在判决书中,这些年我国也极大地加强了死刑案件判决书的说理部分。例如最高法公布的指导案例:4 号王志才故意杀人案、12 号李飞故意杀人案就是其中的典型。

对死刑的学理解释更应当注意理性、开放、包容,充分考虑公权与私权、保护社会与保障人权的平衡。尤其应当通过对死刑的学理解释充分发挥学者对"逐步减少适用死刑罪名"的价值引领作用,首先在观念上推动刑事法治的进步,这本身也是学者的使命所在。例如挪威 2011 年 7 月 22 日奥斯陆爆炸、枪击惨案遇难人数达 76 人,被告人布雷维克被以"恐怖行为"罪名判处 21 年有期徒刑、10 年内不得保释。然而,受害者家属对此判决结果竟然多数表示接受,其后 2011 年 10 月 8 日挪威日报(Dagbladet)公布的民调也显示,68% 的挪威人反对死刑。笔者并不认为挪威对此案的判决是可取的,但是它至少反映出,挪威长期以来对犯罪的"事前预防与事后矫正"的观念、尊重任何人的生命权的观念是多么地深入人心。

我国当前在死刑立法具有合法性的背景下,应当积极发挥刑法解释的功能,通过解释从严把关死刑的适用,并在死刑的刑法解释中体现宪法精神,从有利于实现人权保障的视角减少死刑,防止死刑上的冤案和错案,以实现死刑立法的宪法化。"如果站在宪法的立场,从维护人权的原则解释相关条文,有可能在客观上起到减少死刑的效果。在死刑的司法适用中,应积极将宪法价值引入到刑法解释过程,建立在刑事立法与刑事司法中运用宪法的机制与程序,克服死刑立法上的'工具主义'倾向,全面落实'国家尊重和保障人权'的宪法原则。"①尽管宪法不可以在判决书中直接引用,司法者、学者至少要常怀"宪法情结",用宪法的思想与规范去引导死刑适用的有效控制。

## 五、结语

总之,就死刑的"停、改、废、释"四者关系看,如果没有死刑适用的"停",其改和废就将更遥远。具体步骤应该是,"现阶段暂时保留死刑,但严格控制和慎用适用死刑,并且逐步减少死刑和最终废止死刑"②。

近年来我国的死刑适用似有"反弹"的压力,司法需要顶住、立法需要担当、学者也更应理性地、负责任地进行解释和论证。在复杂的国情、社情形势下,大国治理固然不易,然而对死刑的依赖将产生更大的问题。削减死刑绝不是为了面子上好看,更是在保障人权、保护社会之间实现利益平衡。

对党的十八届三中全会《决定》所提出的"逐步减少适用死刑罪名"的落实,未来除了立法上——包括实体法与程序法的进一步修改完善,很大程度上仍然需要司法上的严格控制与慎用,并需要相应的、及时的司法解释和学理解释。

在此之上,未来有必要将生命权"入宪",将生命权明确写进宪法,以宪法推动死刑制度的改革。对死刑的"停、改、废、释"都应当参照我国签署的《公民权利和政治权利国际公约》等国际人权公约关于保障公民生命权的规定进行。

此外,《国家赔偿法》应当进一步提高刑事错案特别是死刑错案被告人的赔偿金,大幅提高赔偿金数额——生命只有一次,何况是国家公权力犯的"错"——以那样耻辱的方式错误剥夺一个公民的生命,给其家庭特别是父母子女带来终身无尽的伤痛——赔偿金多高都不为过。与此同时,加强对命案被害人家属的救济,减少被害人一方因迫切需要被告人的赔偿金而使得是否

---

① 韩大元:《死刑立法的宪法界限》,《国家检察官学院学报》2014 年第 5 期。
② 梅双:《减少死刑是法治建设需要》,《法制晚报》2014 年 1 月 2 日。

适用死刑特别是是否适用死刑立即执行夹杂了太多的经济因素,也人为加重了法官的工作负担。

对死刑问题的讨论最终还需要回到"原点"——对犯罪的事前预防和事后矫正上——毕竟仅靠"杀掉坏人"的做法并不能从根本上减少犯罪产生的原因。

（本文原载《南都学坛》2015 年第 4 期）

# "后劳教时代"的人身危险性因素研究

　　2013 年 12 月 28 日,第十二届全国人民代表大会常务委员会第六次会议通过了《关于废止有关劳动教养法律规定的决定》,正式宣告这一实施了 56 年、饱受诟病的制度走向终结。未来对那些本需要劳教的行为人如何处置,聚讼不一,方案多达四种,然而无论哪一种方案,都绕不开如何评价人身危险性的问题。多年来劳教处理的多是不构成犯罪、却有一定的人身危险性的人,对这些行为如何处理、是否入刑,关键是如何处理其社会危害性与人身危险性的关系。这也是刑法中的一个永恒话题,并在刑罚的最轻、最重的两极凸显困境——在"重"的一极,一些社会影响极坏的案件最终纠结于是否要判处死刑立即执行,此时罪行方面的事实、证据都不存在疑问,重点恰恰是被告人的主观恶性、人身危险性对最终是否要判处极刑的影响。[①] 在"轻"的一极,往往表现在"入罪"问题上,常常纠结于是否应当考虑人身危险性因素? 刑法所规定的"情节轻微""情节显著轻微"是否包括对人身危险性的考量? "后劳教"时代的困惑在于后者。[②]

　　问题的根源其实在于,究竟什么是人身危险性? 人身危险性因素在多大程度上影响定罪、量刑? 如果这个问题不解决,对人身危险性因素的内容与作

---

　　① 例如李昌奎案、药家鑫案等案件,判决书中,对判处死刑立即执行的,一般会表述为行为人"主观恶性、人身危险性极大",反之,则不会出现这样的表述或相反表述。这在一审、二审及死刑复核的法律文书中并不鲜见。

　　② 关于"入刑",一方面是要求刑法的门槛降低、刑法的防线提前的呼声,另一方面是司法实践中贪腐犯罪的数额以及实际追诉的数额标准不断"水涨船高"、一些财产犯罪的追诉标准也在不断提高,其间还有司法资源有限、监狱改造条件有限的问题。在"劳教"制度废止以后,这个问题愈加"显性"。

用大小判定不准,将会导致:在"轻"的一极,体现在定罪上,把握不住"入罪"门槛,有损刑法介入的适当性,在"重"的一极,在"杀不杀"的问题上,把握不准,损失更大,也难以实现刑法应有的报应、教育、威慑等功能。[1]

# 一、什么是人身危险性?

我国刑法学教科书一般都会在总论、分论中提及人身危险性、主观恶性,或者将二者相提并论。然而,我国对人身危险性的专门研究明显多于对主观恶性的专门研究。在北大法律信息网收录的全文期刊和目录期刊中,研究人身危险性的有26篇,研究主观恶性的有3篇。[2] 有关人身危险性的专著有3部,似未出现专门研究主观恶性问题的专著。那么,主观恶性、人身危险性二者之间究竟是什么关系?

## (一) 人身危险性与主观恶性的关系

对此众说纷纭。有认为是相互独立的,也有认为是相互包容的。在认为二者是包容关系的主张中,又有区别——既有认为人身危险性包容主观恶性的,也有认为主观恶性包容人身危险性的。[3]

---

[1] 当然,人身危险性问题也贯穿于所有其他不涉及死刑问题的刑事案件的始终,一样需要厘清人身危险性因素的内容与作用大小,从而准确地定罪量刑。

[2] 参见北大法律信息网、中国知网。

[3] 后者如,"人身危险性属于主观恶性的范畴。主观恶性是个内涵十分丰富的概念,包括犯罪故意、犯罪过失、犯罪目的、犯罪动机、人身危险性等内容……主观恶性,是指实施危害行为的人的反社会的心理态度,其评判的必要要素有故意或者过失,选择要素有行为目的、动机、人身危险性等。作为行为人人格特征的人身危险性不可能归属于客观危害,而只能在主观恶性中找到一席之地……就犯罪故意等主观恶性和人身危险性的关系而言,不存在谁表征谁的问题。人身危险性作为主观恶性的因素之一,在其他主观恶性因素不变的前提下,人身危险性越大,则行为人的主观恶性越深;反之,则越小。而主观恶性是决定社会危害性有无或者影响刑事责任大小的因素,是决定对行为人是否适用刑罚及其轻重的因素,因而,人身危险性也是影响刑罚轻重的因素。"见叶良芳、卢建平:《也论人身危险性在我国刑法中的功能定位——兼与游伟研究员和陆建红审判员商榷》,载《南京大学法律评论》(2008年春秋号合卷),法律出版社2009年版,第67页。

通说认为,社会危害性的主要内容之一就是"行为人的情况及其主观因素"。① 这里的"主观因素"包括主观恶性。但是很难说,人身危险性是社会危害性的一个方面。从狭义上讲,犯罪的社会危害性与主观恶性、人身危险性相对应,社会危害性是客观外在表现,主观恶性是指内在因素,而人身危险性,广义的是指再犯、初犯可能性,狭义的则指再犯可能性。

笔者认为,事实上,主观恶性与人身危险性二者是"一体两面"。首先,"罪""恶"不可分——最极端的二者结合就是"罪大恶极"。其次,没有"罪""恶"就没有"危险",没有主观恶性就没有人身危险性。② 主观恶性是通过一个人的犯罪及其性格、以往的生活环境等表现出来的内在的、深层次的东西,而人身危险性则是这种"恶"的外在表现。主观恶性与人身危险性二者总体方向一致,只是主观恶性针对过去,而人身危险性针对未来。没有"现在完成时"的主观恶性,就难以体现出"一般将来时"的人身危险性。

## (二) 人身危险性与再犯可能性的关系

人身危险性也常常被描述为再犯可能性。这需要对人身危险性从广义、狭义两方面理解。广义的人身危险性从不同角度可以划分为:

1. 初犯可能性与再犯可能性

在"后劳教"时代,对人身危险性的另一个疑问是,它是否包含初犯可能性。对此主要有三种观点,一种观点认为人身危险性是指再犯可能性;第二种观点认为人身危险性包括初犯可能性和再犯可能性;第三种观点则认为人身危险性就是指初犯可能性。笔者认为,人身危险性应当被严格界定为行为人的再犯可能性,从刑法角度看,是行为人再次实施犯罪的可能性。如果行为人仅有再次违法的可能性,就不宜被称为"再犯可能性",尽管它也是人身危险性的一种。

相比较而言,相对约定俗成的观点是将人身危险性等同于再犯可能性。

---

① 高铭暄、马克昌:《刑法学》,北京大学出版社、高等教育出版社 2011 年版,第 41 页。
② 例如毒品犯罪的再犯,第二次虽然数量小,但是也判了死刑;邻里纠纷由于对象特定,行为人不太可能再犯,人身危险性小,一般是只要赔偿了就轻判;而未成年人犯罪,经过"社会调查",判断其主观恶性、人身危险性,结果自然是有的需要重判,有的则可以暂缓起诉半年。

2. 主观的再犯可能性与客观的再犯可能性

"主观的再犯可能性"是指犯罪人格因素方面,即行为人主观上想要再犯的可能性,一定程度上可通过行为人的主观恶性反映出来。

"客观的再犯可能性"是指客观条件方面是否具有再犯可能性,例如:(1)身份犯的身份丧失,就不再具有再犯可能性,包括煽动类犯罪行为人的政治权利、经济犯罪行为人的从业资格、渎职罪行为人的职务等。(2)也包括年龄、体能、智力等客观因素,例如强奸罪、故意伤害罪、故意杀人罪中行为人受重伤、失能、年龄在 75 岁以上、危害国家安全罪、经济犯罪、职务犯罪中行为人失忆等等,是指行为人在客观条件上再犯的可能性。

但是,狭义的人身危险性则将人身危险性理解为犯罪人格因素方面即"主观的再犯可能性",而将再犯可能性只理解为"客观的再犯可能性"的,例如最高法《宽严相济刑事政策意见》第 21 条规定:"对于老年人犯罪,要充分考虑其犯罪的动机、目的、情节、后果以及悔罪表现等,并结合其人身危险性和再犯可能性,酌情予以从宽处罚。"

在绝大多数情况下,人身危险性被与主观恶性相提并论,那么,在此语境下的人身危险性很难说包含"客观的再犯可能性"。这也可以从最高法《宽严相济刑事政策意见》第 21 条看出来,它将"再犯可能性"与人身危险性相并列,实际上,这里的"再犯可能性"指的是"客观的再犯可能性",而这里的人身危险性指的是"主观的再犯可能性"。

3. 违法的人身危险性、犯罪的人身危险性

诸如吸毒、数额不大的多次诈骗、抢夺等,只能说是违法的人身危险性而不是犯罪的人身危险性。对其处理,在"后劳教"时代,或者是强制性戒毒,或者是治安管理处罚,而不能因为其人身危险性作为犯罪对待,因为这里的人身危险性尚不是犯罪的人身危险性。

与此形成对照的是,我国刑法已经将"多次盗窃、入户盗窃、携带凶器盗窃、扒窃"规定为犯罪,将一些本属于违法的人身危险性上升为刑法上犯罪的人身危险性。

## 二、人身危险性对定罪量刑的实然影响

"既然犯罪人的人身危险性是犯罪的社会危害性的一个方面,那么,作为定罪根据的犯罪构成也必然反映了罪犯的人身危险性的内容,也就是说,犯罪构成的诸要件中具有体现犯罪人的人身危险性及其程度的因素。"①因此,人身危险性作为刑罚个别化的理论根据,在立法、司法中已得到了相应的应用。

### (一) 人身危险性影响定罪量刑的法律依据

我国刑法典及 8 个刑法修正案②从未明确提出"主观恶性、人身危险性"的概念。然而不能认为,刑法中未出现"主观恶性、人身危险性"的字眼就意味着不需要考虑此类因素。其实,刑法中犯罪的概念特别是"但书"、罪责刑相适应原则、犯罪中止、累犯、自首、赔偿损失、量刑原则等规定,皆反映出对主观恶性、人身危险性的考虑。③ 分则中大量的"情节犯"实际上也包括对主观恶性、人身危险性的考量。人身危险性直接影响定罪的例子是盗窃罪、逃税罪,"多次"或"两次以上"等不仅体现了行为的客观危害,也体现了行为人的人身危险性。

然而,真正全面正视主观恶性、人身危险性问题、将它们单独提出来作专门规定的,是"两高"的司法解释。2007 年 1 月 15 日最高人民检察院《关于在检察工作中贯彻宽严相济刑事司法政策的若干意见》(以下简称最高检《宽严相济刑事政策意见》)第 4 条规定:"宽严相济刑事司法政策的核心是区别对待。应当综合考虑犯罪的社会危害性(包括犯罪侵害的客体、情节、手段、后

---

① 徐宗新:《我国刑法对人身危险性理论的新应用——兼论〈最高人民法院关于贯彻宽严相济刑事政策的若干意见〉》,《法治研究》2010 年第 8 期。

② 此处 8 个刑法修正案是 2014 年当时的情况,截至 2020 年 9 月 1 日,我国已出台 10 个刑法修正案。

③ 但是,将人身危险性因素作为法定从重情节进行处理的,只有第 29 条教唆不满 18 周岁的人犯罪应当从重处罚、第 65 条、第 66 条累犯应当从重处罚的规定。

果等)、犯罪人的主观恶性(包括犯罪时的主观方面、犯罪后的态度、平时表现等)以及案件的社会影响,根据不同时期、不同地区犯罪与社会治安的形势,具体情况具体分析,依法予以从宽或者从严处理。"第 7 条、第 13 条也有关于主观恶性、人身危险性对宽严相济刑事政策的规定。① 2010 年 2 月 8 日最高人民法院《贯彻宽严相济刑事政策的若干意见》(以下简称最高法《宽严相济刑事政策意见》)则有 10 多处出现"主观恶性、人身危险性"的字眼,②另有 23 个条文与主观恶性、人身危险性因素的裁量有关。这说明,主观恶性、人身危险性因素正式通过司法解释的规定形式进入我国刑法适用领域。不过,2010 年 10 月 1 日起试行的《人民法院量刑指导意见(试行)》(以下简称《量刑指导意见》)③中

① 第 7 条规定:"对于罪行严重、主观恶性较大、人身危险性大或者有串供、毁证、妨碍作证等妨害诉讼顺利进行可能,符合逮捕条件的,应当批准逮捕。"第 13 条规定:"对轻微犯罪中的初犯、偶犯依法从宽处理。对于初次实施轻微犯罪、主观恶性小的犯罪嫌疑人,特别是对因生活无着偶然发生的盗窃等轻微犯罪,犯罪嫌疑人人身危险性不大的,一般可以不予逮捕;符合法定条件的,可以依法不起诉。确需提起公诉的,可以依法向人民法院提出从宽处理的意见。"

② 最明确的规定是:《宽严相济刑事政策意见》的"二、准确把握和正确适用依法从'严'的政策要求"中的第 6 条规定:"宽严相济刑事政策中的从'严',主要是指对于罪行十分严重、社会危害性极大,依法应当判处重刑或死刑的,要坚决地判处重刑或死刑;对于社会危害大或者具有法定、酌定从重处罚情节,以及主观恶性深、人身危险性大的被告人,要依法从严惩处。在审判活动中通过体现依法从'严'的政策要求,有效震慑犯罪分子和社会不稳定分子,达到有效遏制犯罪、预防犯罪的目的。"第 10 条规定:"严惩严重刑事犯罪,必须充分考虑被告人的主观恶性和人身危险性。对于事先精心预谋、策划犯罪的被告人,具有惯犯、职业犯等情节的被告人,或者因故意犯罪受过刑事处罚、在缓刑、假释考验期内又犯罪的被告人,要依法从严,以实现刑罚特殊预防的功能。""三、准确把握和正确适用依法从'宽'的政策要求"中第 14 条规定:"宽严相济刑事政策中的从'宽',主要是指对于情节较轻、社会危害性较小的犯罪,或者罪行虽然严重,但具有法定、酌定从宽处罚情节,以及主观恶性相对较小、人身危险性不大的被告人,可以依法从轻、减轻或者免除处罚;对于具有一定社会危害性,但情节显著轻微危害不大的行为,不作为犯罪处理;对于依法可不监禁的,尽量适用缓刑或者判处管制、单处罚金等非监禁刑。"

③ 量刑的指导原则:1.量刑应当以事实为根据,以法律为准绳,根据犯罪的事实、犯罪的性质、情节和对于社会的危害程度,决定判处的刑罚。2.量刑既要考虑被告人所犯罪行的轻重,又要考虑被告人应负刑事责任的大小,做到罪责刑相适应,实现惩罚和预防犯罪的目的。3.量刑应当贯彻宽严相济的刑事政策,做到该宽则宽,当严则严,宽严相济,罚当其罪,确保裁判法律效果和社会效果的统一。4.量刑要客观、全面把握不同时期不同地区的经济社会发展和治安形势的变化,确保刑法任务的实现;对于同一地区同一时期,案情相近或相似的案件,所判处的刑罚应当基本均衡。

并无"主观恶性、人身危险性"的直接规定。①

笔者认为,主观恶性、人身危险性主要是作为"宽严相济"的刑事政策内容进入了刑事司法机关的视野。这种发展变化反映了我国刑事司法对"宽严相济"刑事政策、对量刑规范化的不断探索、日臻成熟。② 最高法《宽严相济刑事政策意见》的发布时间在前,《人民法院量刑指导意见(试行)》在后,这不仅是时间上的先后,也说明了量刑指导意见贯彻了宽严相济的刑事政策要求,在最高法《宽严相济刑事政策意见》中多次出现的社会危害性、主观恶性、人身危险性等语词,在《量刑指导意见》中虽然一次未出现,却将这些较为抽象的概念具体化为具体情节,从而严格区分刑事政策与法律规范用语,旨在实现刑事政策的法治化。其实,2009 年最高人民法院《关于醉酒驾车犯罪法律适用问题的意见》的规定就突出体现了这一特点,其中第 2 条"贯彻宽严相济刑事政策,适当裁量刑罚"规定了"具体决定对被告人的刑罚时,要综合考虑此类犯罪的性质、被告人的犯罪情节、危害后果及其主观恶性、人身危险性。"司法解释的发展变化还在于,不仅将"人身危险性"规定了进去,还体现在《人民法院量刑指导意见》规定的诸多量刑情节之中,《宽严相济刑事政策意见》也将其细化到相应具体规定之中,有助于实现刑事政策的法治化。

## (二) 人身危险性影响量刑的司法运用

如果就指导性案例和其他判决中的主观恶性、人身危险性作用进行考察,我们不难发现,我国的刑事判决一般不直接论及主观恶性、人身危险性,包括杨佳故意杀人案、李昌奎故意杀人案都是如此。少数的如药家鑫故意

---

① 事实上,《量刑意见》第一部分"量刑的指导原则"第 1—3 条体现出来的精神是"报应+特别预防+一般预防":一是报应,我国刑法第 61 条的规定以及《量刑指导意见》第一部分"量刑的指导原则"第 1 条:"量刑应当以事实为根据,以法律为准绳,根据犯罪的事实、犯罪的性质、情节和对于社会的危害程度,决定判处的刑罚。"二是特别预防,《量刑指导意见》第一部分第 2 条:"量刑既要考虑被告人所犯罪行的轻重,又要考虑被告人应负刑事责任的大小,做到罪责刑相适应,实现惩罚和预防犯罪的目的。"三是一般预防,《量刑指导意见》第一部分第 3 条:"量刑应当贯彻宽严相济的刑事政策,做到该宽则宽,当严则严,宽严相济,罚当其罪,确保裁判法律效果和社会效果的统一。"第 4 条则体现了量刑因地制宜的特殊性,以及量刑均衡性要求。见阮齐林:《刑法学》,中国政法大学出版社 2011 年版,第 267 页。

② 王晨:《试论量刑的人身危险性根据》,《当代法学》1991 年第 2 期。

杀人案判决书直接提及主观恶性、人身危险性:"被告人药家鑫作案后虽有自首情节并当庭认罪,但纵观本案,药家鑫在开车将被害人张妙撞伤后,不但不施救,反而因怕被害人看见其车牌号而杀人灭口,犯罪动机极其卑劣,主观恶性极深;被告人药家鑫持尖刀在被害人前胸、后背等部位连捅数刀,致被害人当场死亡,犯罪手段特别残忍,情节特别恶劣,罪行极其严重;被告人药家鑫仅因一般的交通事故就杀人灭口,丧失人性,人身危险性极大,依法仍应严惩,故药家鑫的辩护律师所提对药家鑫从轻处罚的辩护意见不予采纳。"①

目前已公布的最高人民法院指导案例 4 号王志才故意杀人案、12 号李飞故意杀人案,都是论罪应当判处死刑,但是王志才故意杀人案"因恋爱、婚姻矛盾激化而引发,⋯⋯被告人具有坦白悔罪、积极赔偿等从轻处罚情节,同时被害人亲属要求严惩的,人民法院根据案件性质、犯罪情节、危害后果和被告人的主观恶性及人身危险性,可以依法判处被告人死刑,缓期二年执行,同时决定限制减刑,以有效化解社会矛盾,促进社会和谐。"而 12 号李飞故意杀人案"因民间矛盾引发的故意杀人案件,被告人犯罪手段残忍,且系累犯,论罪应当判处死刑,但被告人亲属主动协助公安机关将其抓捕归案,并积极赔偿,人民法院根据案件具体情节,从尽量化解社会矛盾角度考虑,可以依法判处被告人死刑,缓期二年执行,同时决定限制减刑。"②都适用了刑法第 50 条第 2 款死缓限制减刑的规定。而指导案例 4 号王志才故意杀人案的裁判要点明确指出人民法院从宽量刑的根据包括"被告人的主观恶性及人身危险性"。当然,目前已公布的涉及被告人的主观恶性及人身危险性的这两个案件,都是从宽量刑——从死刑立即执行从宽处罚至"死刑,缓期二年执行,同时决定限制减刑",而没有相反的指导案例公布——即考虑被告人的主观恶性及人身危险性而从严量刑的。这是否可以被看作是最高人民法院的指导案例的导向性作用——作为量刑根据的主观恶性及人身危险性,应当在从宽处罚时予以考虑,而不是作为从严的根据呢? 抑或仅仅是一种偶然,毕竟最高人民法

---

① 陕西省西安市中级人民法院刑事附带民事判决书(2011)西刑一初字第 68 号。

② 见最高人民法院指导案例第 4 号、第 12 号裁判要点。

院指导性案例公布的数量和速度是有限的、审慎的。人身危险性、主观恶性具有复杂性、不确定性,这些人身危险性因素对量刑未来走向的影响更需要关注。

## 三、人身危险性对定罪量刑影响的应然考察

### (一) 人身危险性对定罪的应然影响

"犯罪客观要件、故意或过失等犯罪主观要件解决的是刑事责任有无的问题,而主观恶性、人身危险性解决的是刑事责任大小的问题",这需要结合刑法的目的是报应还是预防一起来确定行为人最终的刑事责任。[①] 一般认为,人身危险性对定罪有影响,即在法律适用过程中,除了要看行为对法益的侵害性,还同时需要考虑行为人的人身危险性。然而,人身危险性除了"但书"所说的"出罪"的单向作用,[②]是否也应当具备"入罪"的作用? 笔者认为,人身危险性对定罪的应然影响,需要从人身危险性对立法中定罪的应然影响、对司法实践中定罪的应然影响去考察。

从立法层面看,人身危险性对定罪在"出罪"与"入罪"两方面都有影响。人身危险性对立法上"出罪"的作用已无须赘述,就"入罪"而言,由于多次违法反映出来的人身危险性,可以上升至犯罪,我国刑法已经给出肯定的答案,刑法中包括盗窃罪、逃税罪以及其他具体罪的诸多情节要求,显然是"入罪"时必须考虑的人身危险性因素。笔者认为,未来的刑事立法应当严格控制其适用,并且要严格把握,不能随意扩大"人身危险性"在定罪中的适用范围。不应当将本属于劳动教养的适用对象都由于"多次违法"而规定为犯罪、纳入

---

① 德国目的理性体系的核心创新之一,是形成了把"罪责"扩展为"责任"的范畴。对于罪责这个各种刑罚必不可少的条件,还补充进刑事惩罚的(特殊或者一般)预防必要性。因此,罪责和预防性需要是相互限制的,然后才能共同产生引起刑罚的行为人个人的"责任"。这种把传统的罪责范畴与预防性目标设定相结合的做法,对许多问题的解释有重要意义。

② 游伟、陆建红:《人身危险性在我国刑法中的功能定位》,《法学研究》2004 年第 4 期;文姬:《人身危险性与责任主义》,《甘肃政法学院学报》2011 年第 3 期。

刑法的调整范围,那样的分化处理,也不利于保障人权。

从司法层面看,人身危险性对定罪的"出罪"作用是毋庸置疑的。如果行为人实施刑法规定的危害行为并不体现行为人的人身危险性或人身危险性较小,一般不能追究行为人的刑事责任。问题是,在司法实践中,能否依据行为人的人身危险性方面的酌定/非法定情节,将处于定罪"两可"之间的行为"入罪"?这些酌定情节包括"多次"情节、犯罪人人格方面的危险性等。严格说来,不可以!法益侵害性、社会危险性是第一位的,人身危险性只是补充,然而这种补充对"入罪"的作用都只应当限于立法层面,而不能扩大到司法层面。

在此必须论及我国大量的司法解释对"情节严重""情节特别严重""情节恶劣"的解释与适用问题。本来这是立法中的规定,由"两高"进行司法解释当然有其合理性,但是这种解释必须是严格的、合理的、符合立法目的性的解释,否则容易加入新的成分,变相增加"入罪"的可能性,也有违罪刑法定原则的要求。

## (二) 人身危险性对量刑的应然影响

人身危险性影响量刑,这早已是刑法学界的共识。犯罪的社会危害性的大小和犯罪人的人身危险性的大小都是决定刑罚轻重的重要因素,而犯罪的社会危害性是首要因素。学界主流观点是二元论、并合主义,主张以社会危害性为基础,以人身危险性为补充。以报应为主,预防为辅。例如,冯军主张责任主义,[1]梁根林主张客观处罚条件是基于刑法以外的目的设定即控制风险的公共政策需要而设置的犯罪成立条件,是责任主义原则的例外。[2] 张明楷认为,一般预防不应作为入罪、刑事责任承担的依据,也不宜采人格责

---

① 冯军:《刑法中的责任原则兼与张明楷教授商榷》,《中外法学》2012 年第 1 期。

② "根据责任主义原则,大陆法系的犯罪论体系一般认为,该当构成要件、违法与有责,是行为具有可罚性的实体性要件。通常情况下,一旦行为该当构成要件、违法并且有责,即应作为犯罪予以论处。但是,立法者有时也会在不法与罪责之外特别附加某些犯罪成立要件。在此情况下,行为该当构成要件、违法并且有责,并不能当然确定其可罚性,还必须以这些不法与责任以外的附加要素是否成就为最终根据。"见梁根林:《责任主义原则及其例外——立足于客观处罚条件的考察》,《清华法学》2009 年第 2 期。

任论、单从犯罪人格角度定罪,但是特殊预防、人身危险性对量刑的作用不可忽视。

问题是,人身危险性对量刑究竟是只应当起到单向从宽的作用还是应当起到双向——从宽、从严的作用,意见不一。① 笔者认为,事实上人身危险性对量刑应当起到双向——从宽、从严两方面的作用,这也是特殊预防的刑罚目的之需要。然而,人身危险性对量刑的作用必须受到罪刑法定原则、罪责刑相称原则的严格制约,特别是对死刑的量刑。② 除了罪行极其严重,还必须是主观恶性极大、人身危险性极为严重(实际上就是"罪大"+"恶极")时,才能适用死刑,③而死刑立即执行则更需严格、慎重。对人身危险性必须通过罪行、主观恶性、罪前事实、罪后表现等客观事实的表征、犯罪人格调查、社会调查等进行综合判断。并不存在着完全抽象、主观的人身危险性。限于篇幅,不予展开。

# 四、结论

与社会危害性相比,行为人的人身危险性更难以准确把握。美国学者大

---

① 例如,游伟认为,人身危险性只能在出罪、从宽处罚时起作用,而不能在入罪、从严处罚时起作用,即只有单向功能,而不是双向功能,叶良芳、卢建平则认为:"无论在定罪活动中,还是在量刑活动中,人身危险性的功能均是双向的,而非单向的。"见游伟、陆建红:《人身危险性在我国刑法中的功能定位》,《法学研究》2004年第4期;叶良芳、卢建平:《也论人身危险性在我国刑法中的功能定位——兼与游伟研究员和陆建红审判员商榷》,《南京大学法律评论》2008年增刊。

② "通过司法控制死刑适用是我国死刑制度改革的有效可行途径。在死罪个案中罪行达到何等严重程度方可判处死刑,完整理解刑法第四十八条至关重要。'罪行极其严重'量定客观危害,是死刑适用的一般化标准,同等情况同等对待,不因人而异;罪行极其严重的犯罪分子测查主观恶性,是判定死刑立即执行或者缓期执行的个别化依据,不同情况不同对待,需因人而异。立足国情贯彻少杀慎杀政策精神,对'罪行极其严重'标准应予'严加'把控,对不是必须立即执行的犯罪分子尺度适当放宽掌握,通过公正司法达致'罪行极其严重'可判死刑的犯罪分子被限制到极少数。"见储槐植:《死刑司法控制:完整解读刑法第四十八条》,《中外法学》2012年第5期。

③ 在当前群体性事件、个人极端暴力事件频发的治安环境下,诸如李昌奎案、药家鑫案、曾成杰案、公交车连环杀人案(因无低保)、T3航站楼爆炸案等之所以引起很大反响,除了其社会危害性,杀不杀更多地纠结于其主观恶性、人身危险性。由于至今尚无完备的评估办法,包括人格调查在内都只是补充手段,作为参考,因而法官对主观恶性特别是人身危险性的自由裁量权很大。

多不赞成只根据所谓的"未来的危险性"就进行"预防性羁押",①认为控方没有足够的证据来精确预言,究竟谁会再犯、谁不会再犯。即使是被认为最可靠的"累犯模型"最终也不可避免地发生错误。同时认为,只是基于"未来的危险性"(future dangerousness)就监禁行为人是非常危险的,这种做法直接源于人的最深层次、最强烈也是最暴力的本能——"自我保存"。② "后劳教"时代,是否需要将原属于劳动教养法规所规定的一些危害行为规定进刑法,人身危险性是一个绕不过去的重要因素。刑事责任的追究应当避免过分关注行为人的人身危险性、忽略社会危害性。

(本文原载《南都学坛》2014 年第 6 期)

---

① 只有少数学者持相反观点,例如 Christopher Slobogin。

② Candace McCoy,Tony Krone.Mandatory Sentencing:Lessons from the United States.*Indigenous Law Bulletin*,2002,No.5.

# 行政犯罪与行政违法的界定及立法方式

## 一、中外行政犯罪概念之比较

一段时期以来,"行政犯罪""行政刑法"在我国和其他一些大陆法系国家讨论热烈。如果从语词上进行比较,我们会发现,英美刑法较少采用"行政犯罪"(administrative crime, administrative offence)、"行政刑法"(administrative criminal law)这样的概念,而更多使用"违规犯罪"(regulatory offence, regulatory crime)的概念。

英美法系国家的"违规犯罪"与我国的"行政犯罪"并不完全对应,区别不仅在于我国的行政犯罪全部规定在刑法中,而英美法系国家的"违规犯罪"存在于行政法规中,还在于这些国家的行政处罚也称为"offence"。例如加拿大附属刑法中的犯罪也用"offence"这个词汇来表达。虽然其刑法典、行政法规都使用"offence"一词,但是通常只有刑事法典所创设的犯罪被认为是真正意义上的刑事犯罪(true crime),其性质、危害程度比违规犯罪严重,处罚也更严厉。违规犯罪虽然也是犯罪,其性质却是一个有争议的问题,其中绝大部分是简易裁判罪,是适用严格责任或绝对责任的犯罪,在人们的观念中,这类犯罪也没有《刑事法典》中所规定的犯罪那样给人以"犯罪感"。占主流的观点认为,违规犯罪是一种低度的犯罪,属于行政犯罪或"准犯罪"(quasi criminal)的性质,不是真正意义上的犯罪。但是,在加拿大,如果违规犯罪是由联邦创设的、规定较重刑罚的犯罪,例如设立了监禁刑并且要求控方证明被告人的罪过心态时,则同时具有行政犯罪和真正的、典型的刑事犯罪的性质。不过具体某一犯罪究竟属于何种性质,还必须根据相关经济法规的范围、立法目的等要素而定,单从表面形式上进行比较无法得出正确的结论。事实上,加拿大的违规犯罪绝大多数相当于我国的行政违法,只有少数相当于我国的行政犯罪。

因此,在作比较研究时,我们不应一见到"offence"就将其与"犯罪"等同起来,究竟它是指行政犯罪还是指行政违法,需要对其规定的内容进行分析才能得出结论,例如《俄罗斯行政违法法典》(Code of Administrative Offences of the Russian Federation)中的"Administrative Offences"就通篇被译为"行政违法"而不是行政犯罪。并且《俄罗斯行政违法法典》明确规定,行政违法行为是指"自然人或法人违反法律的、有过错的并被本法典或俄罗斯联邦主体行政违法法规定了行政责任的作为(或不作为)"。

另一方面,德、日等国所谓的行政犯罪也不同于我国此概念的含义:"德国学说上所谓的行政犯,其中心概念在 1952 年该国《秩序违反法》制定前,指的是旧《刑法》第 29 章以下科以刑罚的违警罪,而在 1952 年该国《秩序违反法》制定后,指的则是课以行政罚的秩序违反犯。也就是说,德国学说上"行政犯"一词已从早期与刑法的纠葛状态发展到目前与刑法完全无关的状态。而日本学说上的行政犯,则有广狭二义:广义的行政犯包含科以行政罚的秩序违反行为,狭义的行政犯仅指行政法上科处刑罚或科处行政罚的不法行为(行政刑法)。[①] "德国学者所首倡的行政刑法虽有刑法之名,但就其实质而言,指的却是秩序违反法。相当于中国的治安管理处罚、劳动教养以及相关治安处分措施,属于行政法的范畴。"德国的行政刑法只相当于中国的行政处罚法。但是,日本却主要是把行政刑法作为特别刑法来研究,即从刑事法的角度,研究附属于行政法中的刑事规范。[②]

比较而言,我国行政犯罪是最狭义的,显然比"课以行政罚的秩序违反犯"的德国行政犯的范围小得多,也比"行政法上课处刑罚或课处行政罚的不法行为"的日本狭义的行政犯更为"狭义",因为我国行政犯罪不包括"课处行

---

① 黄明儒:《也论行政犯的性质及其对行政刑法定位的影响》,《现代法学》2004 年第 5 期。
② 赵秉志、郑延谱:《中国行政刑法的立法缺憾与改进》,《河北法学》2006 年第 8 期。

政罚的不法行为"。从性质上看,我国的行政犯罪相对于传统犯罪而言是"特别犯罪",我国的行政刑法相对于传统刑法而言也是"特别刑法",但是与日本行政刑法的立法渊源不同,我国将其统一规定在刑法典中。然而,我国刑法包含定量因素以及行政犯罪都规定在刑法典中的特点,使得中外行政犯罪与行政刑法的比较研究存在障碍,需要引起足够的重视,不应盲目借鉴。

从实然的角度出发,本文所述我国的"行政犯罪"指的是违反行政法律法规并且被刑法规定为犯罪的行为。它具有两个方面的特点:

一是行为违反了行政法律法规,一般是情节严重或造成一定的损失或其他后果,量变引起质变,被刑法规定为犯罪。但是也有一些行为,在刑法与《治安管理处罚法》中的表述完全一致,未显示出其危害程度的差异。这当然并不表示两者的危害程度相同,而是立法未予明确所致。从首先必须违反行政法律法规的特点看,行政犯罪是"二次违法"性质——先违反了行政法,后又违反了刑法。与英美刑法中的"违规犯罪"部分相同,因为英美刑法中的"违规犯罪"尚包括单纯的行政违法行为。

二是"被刑法规定为犯罪的行为"。这是我国当前"一元式"刑事立法的特点所决定的,虽然在实然层面,两大法系许多国家都是"二元式"立法例,刑法除了刑法典,还包括附属刑法;在应然层面,我国相当一部分学者也提倡"二元式"立法。"一元式""二元式"立法例各有利弊,在此不予赘述。为了便于研究讨论,以从实然角度界定我国的行政犯罪为宜。

## 二、行政违法与行政犯罪界线难以确定的原因

行政违法与行政犯罪的界线问题,不仅困扰着处于市场经济发展初级阶段的我国法律界,而且在一些市场经济比较发达的国家——无论其隶属于英美法系还是大陆法系,截至目前,争论依然激烈。它不仅是对刑法学、行政法学的挑战,也是对犯罪学的挑战。行政违法与行政犯罪界定之困难,既反映了这种界限的相对性,也反映了行政刑法的相对性。其原因主要在于以下几方面:

## （一）司法权、行政权两种公权力之间分配的相对性

侵权与犯罪之间的界限，从实体法上看，主要也是危害程度的不同，这似乎与行政违法与行政犯罪之间的差异具有相似性——都是危害程度的差异，殊不知，它们之间有本质的区别。

从法律责任追究者的角度看，行政责任、刑事责任的追究，都是国家发动的，是公权力的行使，是公权力对私权主体的处罚（责任追究），都发生在公法领域，是"公对私"。与之不同的是，侵权责任的追究是当事人发动的，侵权与犯罪除了危害程度、侵犯客体的不同，还有发生主体的不同，是私权主体之间的纠纷，其发动权也在私权主体那里，是"私对私"。因此，侵权与犯罪除了实体的差异，还有责任追究者或程序发动者的根本不同，其追求的目标也相去甚远。因此，侵权行为与犯罪行为之间，还是有很多因素使之相区别的，虽然两者的关系在英美刑法学者那里至今仍有深入的讨论。

与侵权和犯罪之间关系不太相同的是，虽然行政违法与行政犯罪各有不同的责任追究主体（一为行政机关，一为司法机关）、责任性质、程序救济措施等差异性，然而，行政责任、刑事责任的追究在被追究事由（常常完全相同）、程序上仍然有较大的相似性。说到底，是对危害社会的行为追究责任时，公权力在发动者之间如何分配，司法权与行政权针对某一具体行为的管辖权划分问题。除了法律责任的轻重以外，在行政机关与司法机关的抉择中，主要是目标上的差异：一为效率与秩序优先，一为报应与威慑，司法权与行政权作用一定程度的相似性是在行政违法与行政犯罪之间如何抉择的一个因素，更重要的是行为本身"不真正犯罪"的模糊性。

## （二）行政犯罪的"不真正犯罪"或"准犯罪"的性质

从行为本身的性质看，除了那些"真正的犯罪"——传统的普通犯罪的性质不大可能因时代的变迁而发生变化以外，绝大多数所谓的"行政犯罪"会在犯罪与行政违法之间、在刑法典与行政处罚法（或称行政违反法）之间产生动态的摇摆、迁移，相当一部分行政犯罪还显示出静态的性质模糊性。

所谓"动态的摇摆、迁移"，是指行政犯罪具有时间性，这与故意杀人罪、

放火罪在任何时期都是犯罪的特点明显不同。这种相对性不仅在经济犯罪中体现得十分明显,例如加拿大的竞争犯罪、我国的投机倒把罪等。当然,我国的投机倒把罪是由于不同社会经济体制转换的结果——计划经济—市场经济,而西方国家的这些经济犯罪性质的转变却是处在同样的市场经济背景下。行政犯罪这种"动态的摇摆、迁移"的性质也反映在人们的观念中,例如英国"严重经济犯罪部"一位多年从事内幕交易犯罪侦查的警察指出,他曾经将内幕交易视为最严重的犯罪。但在多年工作、反复思考以后,他的这一观点发生了动摇。他认为,刑法确实具有"应急"的作用,但制定这种"应急法"时,必须同时考虑它对民商法可能会带来的影响。①

所谓"静态的性质模糊性"是指,无论是目前在英美法系国家被称为"违规犯罪"的行为,还是大陆法系国家称为"行政犯罪"的行为,对其性质的争议,从来就没有停止过,尤其是英美法系"违规犯罪"行为的性质,不少判例、学说试图对其"盖棺论定",但是事实证明,这些主张不断受到来自法学理论与实践两方面的挑战。"静态的性质模糊性"还指同一危害社会的行为,究竟是界定为行政违法、行政刑法还是刑事犯罪,抑或不按照犯罪论处,在不同国家或地区,甚至在同一个国家或地区的联邦与各州、省,都可能在同一时期有较大的差异。即使按照刑事犯罪论处,其法定刑轻重也可能悬殊。例如,虽然各国对内幕交易行为都通过立法进行调整,但具体法律责任设置不一,有些采用刑法加以规定,有些只追究其行政违法责任,例如新西兰。② 而法国早在1970 年就已有专门的内幕交易法。欧盟针对一些经济不法行为给成员国所发出的一些指令中,并未要求成员国对所有的经济不法行为都同样追究行为人的刑事责任,而是指示可以选择适用民事、行政、刑事的法律责任。这典型地反映在有关内幕交易和操纵市场行为的法律调整措施方面——2003 年,欧盟理事会通过了《关于内幕交易和操纵市场指令》( Directive 2003/6/EC),2004 年 1 月 7 日,欧洲委员会采纳了执行该指令的三项措施,规定各成员国

---

① Barry A.K.Ride.The Control of Insider Trading:Smoke and Mirrors.19 *Dick.J.Int'lL*,2000,No.1.

② Michael Levi.*Regulating Fraud:White—Collar Crime and the Criminal Process*.London:Tavistock Publications,1987.

在采取具体措施方面有选择权,可以采取民事、行政或刑事手段来规定其法律责任。因此,该指令也被认为是选择性的"刑事法"指令,顾及了各个成员国的不同情况,保持了法律应有的"弹性"(flexibility)。对内幕交易和操纵市场行为,在美国等发达国家,民事救济从来都走在前面,无论最终是否要追究行为人的刑事责任。这一点我国当前还做不到,原因在于我国证券期货市场发育尚不成熟,也在于我国"重刑轻民""先刑后民"的传统习惯。但是欧美的这些做法至少表明,对于内幕交易和操纵市场的不法行为,在不同国家或地区,其性质并非在行政不法、民事不法抑或刑事不法之间固定划一,经济行政不法行为具有性质上的静态模糊性,究竟以何种法律责任追究行为人,需要根据各个国家和地区的具体情况而定。

再如,在加拿大,同是在呈交指定部门的报告书、报表、文件等材料中作虚假陈述的行为,处罚却不尽相同:依照《加拿大商业公司法》构成简易裁判罪,可处 5000 加元以下罚金或 6 个月以下监禁;依照《安大略商业公司法》构成可选择罪——或者是简易裁判罪或者是可诉罪,可处 25,000 加元以下的罚金或 1 年以下的监禁;依照《安大略证券法》第 122 条则构成可诉罪,可处 100 万加元以下罚金或 2 年以下监禁。这种因违反不同的商事行政管理法律构成的违规犯罪处罚的差异,说明了它对具体商事行政法规的强烈依附性。

而一些违反伦理道德、有违社会风尚的犯罪,例如吸毒、卖淫嫖娼、赌博等行为,不同的国家在立法上的定位多有不同。

上述特点,正是行政犯罪的相对性,或者是"不真正犯罪""准犯罪"的性质的外部表征。然而,针对实然法律,行政违法与犯罪之间的界线并不可以模糊化。犯罪,特别是行政犯罪与行政违法之间的界线必须划清,否则有违合比例原则、罪刑法定原则、罪责刑相称原则等刑法、行政法的基本原则,侵犯公民、组织的合法权益。


## 三、行政违法与行政犯罪的实然界线

行政违法与行政犯罪的界线,从实体方面看,离不开犯罪构成分析理论。

但是,在犯罪构成的四要件中,如果是同一个行为人的同一不法事实,要确定它是行政违法还是行政犯罪,犯罪客体要件是否符合最终还是通过犯罪主、客观方面体现出来。而犯罪主体要件很容易判断,却对分清行为的行政违法与行政犯罪性质帮助不大。因此,行政违法与行政犯罪的界线,更主要的,是犯罪主观方面、客观方面的区别。

从犯罪客观方面看,绝大多数行政犯罪是行政违反加重犯,即以"行政违反+加重要素"为构造的犯罪,[1]行政刑法针对的主要是指那些首先违反了行政法律、法规的行为,多表现为"行政违反+加重结果"。事实上,行政违法的定量因素很可能只是比行政犯罪更低度而已。英美法系国家也有类似情况。例如加拿大不仅《刑事法典》"与契约和贸易有关的诈欺交易"一章中绝大多数的经济欺诈犯罪包括欺诈程度的要求。[2] 这并不意味着行政违法绝对不可以有定量因素,加拿大的许多违规犯罪也存在对经济欺诈犯罪的程度要求,[3]我国的《治安管理处罚法》中也包含着诸多定量因素。

就刑事犯与行政犯区别的理论而言,有"质的区分说""量的区分说"以及"质量的区分说"。量的区别说以"行为之轻重"作为量的区别,根本否认行政不法行为与刑事不法行为间有任何"质"的差异,而认为至多仅在行为违法性之轻重程度不同,而具有"量"的差异而已,即认为行政不法行为只是一种比犯罪行为具有较轻的损害性与危险性的不法行为,或者是在行为方式上欠缺犯罪的高度可责性,是一种"轻微罪行"。质量的区分说综合了质的区别说及量的区别说,认为刑事不法与行政不法两者不仅在行为的量上,而且在行为的质上均有所差异。刑事不法行为在质上显然具有较深度的伦理非价内容与社会伦理的非难性,而且在量上具有较高的损害性与社会危险性;相对地,行政

---

① 张明楷:《行政违反加重犯初探》,《中国法学》2007 年第 6 期。

② 例如第 382 条欺诈性地操纵证券交易罪规定,这种对现行证券公共交易所或证券市场价格产生的虚假或误导表象的行为必须是"影响证券交易但不改变有关的获益所有权"。

③ 例如《加拿大商业公司法》第 250 条、《安大略证券法》第 1 条、《安大略商业公司法》第 256 条都规定,虚假陈述指,"(1)对重大事实的虚假陈述;(2)遗漏在当时情势下为使陈述不致误导他人必须或者有必要作出陈述的重大事实"。何为"重大事实",在《安大略证券法》第 1 条中定义为:"就已发行或拟发行证券而言,是指对这种证券的市场价格或价值已经产生或依合理预测将会产生显著影响的事实。"

不法行为在质上具有较低的伦理可责性,或者不具有社会伦理的非价内容,而且其在量上亦不具存重大的损害性与社会危险性。笔者认为,客观方面"量"的差异性是行政违法与行政犯罪"质"的差异性的重要基础,正是由于客观方面"量"的差异性,才导致了行政违法与行政犯罪"质"的差异性。否认行政违法与行政犯罪"质"或"量"的任何一方面的差异性都是失之偏颇的。

从犯罪主观方面看,行政犯罪者的主观恶性显然比行政违法者大,司法证明标准也更高。在英美刑法中,主观要件的区别甚至被认为是违规犯罪与"真正犯罪"的根本区别,例如"违规犯罪"(regulatory offence/crime)或者是"准刑事犯罪"(quasi-criminal offence)的定义便是"证明罪责的标准已降低,不需要'mens rea'(guilty mind)的一类犯罪。"①其理论基础是,为了社会秩序的需要,应当对行为本身给予处罚,其目的是威慑,而不是惩罚。这是否意味着对"违规犯罪"皆适用严格责任或绝对责任呢?

"早期的法律对严重犯罪行为常常设定了严格责任,但是先进的法律制度却倾向于要求某种形式的犯罪意图作为刑事定罪的一个要件。"②关于立法规定的犯罪是否包含犯意内容,加拿大存在着这样的推定:如果是《刑事法典》中的犯罪,则包括犯意要素,如果是《刑事法典》以外的经济法规中的犯罪,则不包括犯意要素,适用严格责任或绝对责任。③ 不过,加拿大最高法院法官莱斯金在 R 诉拜瑞尔一案中提出,对于拟判处 2 年以上刑罚的违规犯罪,应该引入犯意要素,其理由是,根据《刑事法典》第 731(1)(b)条的规定,2 年以上的监禁就必须在联邦监狱而不是在省内的矫正机构服刑。不过这一观点并未取得加拿大刑法界的一致意见。因而,与适用《刑事法典》时采用的刑事责任原则不同,对违规犯罪适用严格责任(strict liability)或绝对责任(absolute liability)原则。但是对违规犯罪的罪过心态问题争议并未结束。Susan F. Mandiberg 在《联邦违规犯罪的罪过心态认定困境——以环境犯罪为例》一文中指出:"寻求成文法、最高法院的判例都无助于解决联邦违规犯罪的罪过心

---

① 来源于 Wikipedia 对"quasi—criminal offence"的定义。

② [美]E.博登海默:《法理学——法哲学及其方法》,邓正来、姬敬武译,华夏出版社 1987 年版,第 270 页。

③ Strasser V.Roberge,2 *SCR* 953 *at* 986,50 CCC(2d).1979,p.129.

态认定的困境,在这个问题上,评论者与法官一样迷茫。""违规犯罪的罪过心态问题,困扰了刑事司法一百多年。"①因此,加拿大的一些违规犯罪也包含罪过心态的要素,这也许可以被看作是一种例外。

应当明确,严格责任与绝对责任不能画等号,是否需要证明行为人的罪过心态也有差别。我国有些学者将绝对责任说成是严格责任的同义词,这是不正确的。因为"绝对责任"比严格责任"严格",这类犯罪不再接受任何抗辩事由。之所以采用严格责任或者绝对责任,首先是因为可以免去证明行为人主观心理状态的责任,通过严格责任原则或绝对责任原则来定罪,控方根本无须考虑行为人的主观意识与意志,对违规犯罪来说,其定罪方式一般就是"违规"那么简单,行为人对某一具体规范的故意违反的事实构成犯罪,至于行为人是否有故意或过失的罪过心态,法律不予理会,这当然并不代表着行为人行为时没有任何"罪过心态"或者是无意识行为,而只是表明处罚者不承担证明责任而已。

我国的行政犯罪与加拿大不同,因为它是刑法典中规定的犯罪,当然比行政违法需要更严格的主观要件。我国也有学者认为:"治安管理违法行为与犯罪行为的构成要件在主体、客体、客观三个方面是相同的,最大区别在于主观要件上。"②有一个问题是,我国绝大多数行政犯罪是故意犯罪,行为人"故意"违反行政法规的罪过心态是毋庸置疑的,但是行为人对违规造成的重结果的心态,在刑法理论上莫衷一是,有些学者认为是过失,有些认为可能是间接故意,也可能是过失。而我国的刑法规定表明,就行政犯罪的基本状态而言,"重大损失"或"情节严重"是绝大多数行政犯罪成立的必备要件。而以一般的刑法理论通说而论,只有在过失犯罪和间接故意犯罪的场合,刑法才以危害结果的实际产生作为犯罪成立的基本条件。那么,对这些行政犯罪的犯罪主观方面,究竟应当如何理解呢?

笔者认为,行为人对规范的违反本身就是对危害结果的一种放任,虽然行

① Susan F.Mandiberg.The Dilemma of Mental State in Federal Regulatory Crimes: The Environmental Example Journal.*Environmental Law*: *Lewis & Clark Northwestern School of Law*,1995,Vol.25,Issue 4.

② 姬亚平:《〈治安管理处罚法〉实施研究》,《行政法学研究》2006 年第 4 期。

为人可能确实不希望危害结果的发生,但是这种希望没有什么现实的根据,纯粹是一种主观愿望,它与过于自信的过失不同,后者的"不希望"危害结果发生的"自信"有一定的客观事实基础,而故意违规犯罪具有太大的冒险性和更大的主观恶性,对其心态应当推定为间接故意或放任故意。"行为人既然明知自己的行为会发生某种危害结果,也不希望这种结果发生,那么,只要停止实施预定行为,危害结果就不会发生。但是,行为人为了追求另一目的结果,执意实施预定行为。此时,其主观上则会产生一种矛盾:既不希望危害结果发生,又想实施会引起这种结果发生的谋利行为。矛盾斗争的结果仍然是决意实施预定行为,于是原有的不希望意志形态自行消失,转化为对危害结果的发生抱听之任之的放任意志形态。"①"在有些情况下,根据立法上的规定或司法上的要求,对犯罪的某些要素或犯罪构成要素以外而与犯罪构成密切相关(从而影响到定罪量刑)的某些要素,以及某些程序性的要素,控方并不需要举证证明,或者仅需要间接证据证明,即可推定这些要素的存在。如果被告人不对此提出证据进行辩解,就要承担不利的法律后果。"②推定在刑事案件的审判的整个过程中都有可能出现,甚至可以从中折射出立法者对于社会政策、价值取向的考虑。推定大大提高了审判效率,其依据主要在于两点:一是以高概率为基础;二是被告人对推定的举证反驳如若合理,发生可采的效力。③又由于我国刑法第 14 条有关故意的规定并未明确区分直接故意与间接故意,这种区分只有理论研究的意义,至多对量刑起作用而不关乎定罪,因此对"故意"违反行政法规的行政犯罪的罪过心态,应当推定认定为故意。

## 四、行政违法与行政犯罪的应然界定

将一行为规定为犯罪(包括行政犯罪)是社会对该行为最严厉的谴责。

---

① 赵国强:《论刑法中的故意》,载《全国刑法硕士论文荟萃》(1981—1988 届),中国人民公安大学出版社 1989 年版,第 229 页。

② 游伟、肖晚祥:《刑事推定与犯罪的认定》,《浙江省政法管理干部学院学报》2001 年第 6 期。

③ 王文华:《加拿大与中国经济诈欺犯罪比较》,中国检察出版社 2003 年版,第 98 页。

究竟是选择适用刑法还是行政处罚法,各国做法不尽相同。如前所述,行政违法与行政犯罪的界线问题,既是司法权与行政权的权力分配问题,从实体法上看,也是刑法圈的边界问题,并与一国的犯罪概念的内涵与外延密切相关。这又与一国所属的法系、刑事法律传统、经济发展水平以及人权保障观念的成熟程度等因素不可分割。归纳起来,各国分别从下列几个角度认识、解释犯罪概念:一是伦理角度;二是刑法角度;三是刑法与社会角度;四是社会角度;五是犯罪的本质、阶级性的角度。仅以刑法角度的犯罪圈为例,英美"道德·刑法"模式的刑事立法,"犯罪"的可谴责性就比之大陆法系要弱一些,"立法定性,司法定量"的特点使刑法的边界更接近于道德的边界,例如价值极小的盗窃和大量的违规犯罪,更接近于大陆法系的行政处罚。与英美法系不同的是,大陆法系国家对犯罪的危害性、犯罪概念的定位更为抽象概括,定位也更高。

从人权保障角度看,将一些严厉的行政处罚纳入司法机制,由中立的第三方——法官来裁决,显然更为公正,至少"显得"更为公正,这是司法程序的严格特点决定的,司法程序的这种优势是其他任何程序无法比拟的,但是刑法是一个国家法制面貌的重要反映和最后的防线,是其他法律的"保障法",而市场经济的本质属性又要求刑法采取谦抑的价值取向,即尽可能减少介入,尽可能依靠其他因素的作用,以降低社会成本,提高刑法的效益。刑法的谦抑性、效益性和经济性,"整体法网与刑事法网,前者为后者的基础。整体法网泛指国家对社会事务的管理。管理出秩序,秩序是刑法追求的目标又是畅通刑法机制的环境保障。从总体效用上看,严管胜于严打",①而行政违法处理机制的完善,正是这种"整体法网"发生作用的体现。"刑法不但不是国家对社会秩序进行调控的唯一手段,而且相对于民法、经济法、行政法而言,它反而处于辅助的地位。正如卢梭所言:'刑法从根本上来说,与其说是特别法,还不如说是其他法律的制裁力量。'刑法作为一部最具权利损害特征的部门法,它在维护社会秩序的同时,又造成对人的权利、自由的剥夺。事实上,社会秩序的维护和个人权利自由的保障是较难协调的。因此,刑法对社会生活的介入要

---

① 储槐植:《议论刑法现代化》,《中外法学》2000 年第 5 期。

遵循最低限度干预原则、合理组织对犯罪的反应原则和刑法最后手段性原则。"①犯罪原因的复杂性决定了适用刑罚的相对性,急功近利、简单地"用刑"——动用刑法——可能有短期效应,但绝非长久之计。近来"刑法防线提前"常被人们提及,特别是在与英美刑法比较时。然而,在一个有着长期的刑法"定性又定量""犯罪"一词有着强烈的伦理谴责性、人权保障观念日渐深入人心的国家,刑法谦抑、刑法经济应当是主导思想,犯罪化的进程应当慎之又慎。对被告人而言,刑罚本身的执行只是处罚之一,处罚完毕后留下的犯罪记录则是另一种"刑罚"——终身的污点使其名誉受损、就业困难、人生坎坷。因此,立法将某一行为定性为行政犯罪,必须是因为:第一,从刑罚的目的考虑,这类行为必须适用更严厉的处罚——刑罚,来实现其行为与法律责任的对应性、相称性;第二,从社会影响、社会效果考虑,必须通过刑法的适用,给这类行为通过贴上犯罪的标签予以强烈的社会谴责。

除了行为的社会危害性、法益侵害性不同,立法者还出于对法律责任的特征以及立法目的的考虑——若是重权利、关系修复,就应当选择民事责任;若是重秩序建设和处理效率,应当选择行政责任,行政处罚对维护社会秩序,给予公众安全感比刑罚便捷、反应迅速;若是重报应与威慑,则应当选择刑事责任,将行为定位为犯罪。

行为的严重的社会危害性,是区分罪与非罪的界线,而"非罪"包括民事违法、行政违法与合法行为。从民事违法或行政违法到刑事犯罪既是危害性的量的积累,更是质的飞跃。"二次违反"改变了行为的性质——由违法转变成犯罪,尽管依然需要参照行政法律法规才能确定犯罪与否。

## 五、行政刑法应当采取附属刑法形式

行政违法与行政犯罪的界线,不应以规定犯罪的条文寓居位置来确定,即并不是一旦规定在行政法律法规中,犯罪行为也不是犯罪性质了。如果行政

---

① 游伟、谢锡美:《犯罪化原则与我国的"严打"政策》,《政治与法律》2003 年第 1 期。

法律法规中规定了犯罪,除了看是否使用"罪"的字眼,关键是看这些规定在行政法律法规中的不法行为的处罚是行政性质的还是刑事性质的,这需要结合刑法典中关于刑罚的总则规定做出判断。例如加拿大工商行政法规对违规犯罪虽然都可以创设罪名,但是,是否可以设立监禁刑则视法规的制定者是联邦还是省而不同。如果该法规的立法权属于联邦,则可以设立监禁刑以上的刑罚。例如《竞争法》是重要的联邦立法,其中第 45 条共谋限制市场构成可诉罪,可处以 5 年以下监禁或 1000 万加元以下的罚金。如果其立法权属于各省,则其中的"犯罪"(Offence)篇原则上只能设置经济刑,如罚金等,也可以按照简易定罪程序罪的规定判处 6 个月以下的监禁。简易裁判罪给予的处罚,实际上相当于我国的行政处罚和拘役、罚金,所谓简易裁判罪也相当于我国的部分行政违法和轻微的行政犯罪。

比较而言,我国采用刑法典一元式的立法方式有其长处,规定集中,查找方便,并且利于一体遵守。但是,面对市场经济交易的日趋复杂和专业化,以稳定性见长的刑法典显得力不从心,对灵活、多变的行政犯罪特别是发生于工商经济领域的行政犯罪,缺乏应变能力。六个《刑法修正案》①以及相关立法解释、司法解释的不断出台充分说明,指望通过制定一部大而全的刑法典就可以一劳永逸的思维过于理想化。

科学完善的经济刑法体系,首先依赖于科学的立法模式。世界上许多国家采取了二元刑事立法模式,但在我国是否要设立附属刑法,仍是一个有争议的问题。有些学者主张,应当废除附属刑事规范,认为以附属刑事规范定罪量刑,将导致混淆部门法的性质,法定刑只能由刑法典规定。如果民商法、经济法和行政法都规定法定刑,那么,刑法典就成了"刑法通则",刑法分则的各项条款也就没有存在的必要。也有的学者主张,倘若允许立法者在民商、行政法律法规中创设附属刑事规范,则能够有效地解决经济行政犯罪的变动不居与刑法典的相对稳定的矛盾。经济行政犯罪属于"法定犯",其刑事违法性和应受惩罚性来源于民商、经济行政法对经济关系的调整和

---

① 此处的六个刑法修正案指本文发表的 2008 年时的情况,截至 2020 年 9 月 1 日,我国已出台十个刑法修正案。

规制,①由于专业人员对本行的法律、法规较之刑法典更为熟悉,因而附属刑事规范具有更强的预防特定行业犯罪的警示功能。②

事实上,我国采取刑法典与附属刑法二元立法式的条件已比较成熟。从附属刑法的性质看,它集经济、行政、民事、刑事于一体,实际上是部门法之间的"中间地带"。很大程度上,它是刑法行政法化和行政法的刑事化。但是,行政法与刑法都是公法,而附属刑法却包含了许多民商、经济的内容。可以说,这种行政刑法的大量出现是公、私法发展到一定程度产生融合的必然结果,是国家干预与自由经济发展相结合的必要所决定的产物。它可以被看成与经济形势密切相连的犯罪性质发生转化,从而淡出刑法典。从另一角度讲,又是国家公法职能——刑事、行政调整职能的加强,是公法对民商经济性质法律的干预。对这些犯罪规定在附属刑法中,以增强其实际可操作性,发挥刑法应有的威慑力。在刑法典中用干巴巴的一个或几个条文规定技术性很强的经济行政犯罪,根本无济于事,几乎每个法官或检察官在审理这类案件时都必须查阅大量的相关部门法的具体规定,而且由于这些刑法条文与部门法的脱离,使得其警示效果降低。在经济行政法规中仅规定"构成犯罪的,依照刑法追究刑事责任",显得空洞、苍白无力,远不如将具体的刑法条文列于这些法规中,紧随行政责任之后来得警戒力强。当然,附属刑法的内容不得与刑法原则相抵触,而且其制定仍需通过国家立法机关批准。既要保持刑法典的稳定性和权威性,又需保持行政犯罪与其本行业规章制度以及民事、经济法规的连贯性和统一性,便于司法操作,也便于公众一体遵守。

当然,在存在附属刑法的情况下,罪名的竞合要比一部刑法典情况下更多,法律适用问题也变得更复杂。这个问题,在英美法系,一般不采用大陆法系的一罪与数罪的复杂理论,而是将它留给法官去解决。在大陆法系国家,意大利的做法颇具可操作性——直接在附属刑法中明确规定"除非构成重罪"的字眼,立法解决竞合时的法律适用问题。

---

① 周农:《论经济犯罪的刑事立法对策》,《中国人民公安大学学报(社会科学版)》2000年第3期。

② 游伟:《模式构建与罪刑设置——对我国经济犯罪立法的宏观思考》,载《刑事法评论》(第1卷),中国政法大学出版社1997年版,第344页。

　　作为现代化过程中不断增加的特别犯罪,行政犯罪与普通犯罪也有着许多不同之处,值得专门讨论研究。值得注意的是,刑法许多问题的讨论都有相对"终极"的结论或"共识",而对行政犯罪的讨论,却与这种目标尚存距离,似乎尚有相当大的讨论余地,尚有很长的路要走。本文也只是提出一些浅见,一个行为究竟是设定为犯罪还是行政违法,我们在理论的思辨分析以外,应当进一步加强对行政犯罪的实证性研究,为明确界定行政违法与行政犯罪提供现实基础。

(本文原载《东方法学》2008 年第 4 期)

# 《制止核恐怖行为国际公约》与
# 我国相关立法的协调研究

## 一、国际公约对核恐怖犯罪的规定

2015 年 7 月 14 日,旨在阻止伊朗开发核武器的国际谈判终于在维也纳达成伊核问题全面协议,这场持续 13 年之久的重大国际争端最终得到政治解决。尽管疑虑未消,但是谁也不能否认该协议对有效遏制核武器的制造、反核恐怖主义的重大意义。中国作为伊朗核问题六国之一,对此表示十分的肯定和赞同。在反恐大背景下,这也引发我们进一步关注核恐怖犯罪的问题。

核恐怖主义(nuclear terrorism)是指国际恐怖分子利用核扩散从事恐怖活动。当前,在各国普遍加强反恐措施的情况下,恐怖袭击行动仍然频繁,并且袭击规模更加扩大、袭击手段更加现代化、极端化。使用大规模杀伤性武器的"超级恐怖主义",已成为当代国际社会面临的现实威胁,而核恐怖主义是当今国际和平与安全面临的最严重挑战之一。为打击日益猖獗的核恐怖主义犯罪活动,国际社会专门制定了与核材料有关的反恐怖主义国际公约。1980 年联合国大会通过了《核材料实物保护公约》(Convention on the Physical Protection of Nuclear Material,"CPPNM")其宗旨是,一切国家有权为和平目的发展和利用核能,同时采取适当有效的措施预防非法取得和使用核材料所可能引起的危险、打击与核材料有关的犯罪行为。该公约 1987 年 2 月 8 日生效。它是民用核材料实物保护领域中唯一的国际法文书。"9·11"恐怖事件以后,国际社会面临的核恐怖主义的威胁加剧。2005 年 4 月 13 日,第 59 届联合国大会一致通过《核材料实物保护公约》的修正案——《制止核恐怖行为国际公约》

（The International Convention on the Suppression of Acts of Nuclear Terrorism，"NTC"，以下简称《公约》）在公约缔约国大会上获得通过。这是联合国大会通过的第 13 项反恐公约，也是第一项明确旨在打击核恐怖主义罪行的国际公约，为预防和惩治核恐怖犯罪提供了重要法律依据。① 也正是从这个公约起，国际反恐怖公约基本上涵盖了所有的领域，国际反恐法律框架得以进一步完善。② 该公约于 2007 年 7 月 7 日生效。目前已经有 99 个国家批准、16 个国家签署了该公约。③ 我国于 2005 年 9 月 14 日签署、2010 年 8 月 28 日批准了该公约，同时也声明多有些条款作了一些保留。④

公约由序言和 28 条正文组成，主要对"放射性材料""核材料""核设施"等概念进行了界定，并要求缔约国采取必要的立法和其他措施，将核恐怖主义行为规定为刑事犯罪，规定各缔约国应当开展引渡和刑事司法协助等司法合作，共同打击核恐怖主义犯罪，同时对以收缴等方式获得的放射性材料、核设施或者装置的保管、储存和归还作了具体规定。

什么是"放射性材料""核材料"？《公约》第 1 条规定，"放射性材料"是指核材料和其他含有可自发蜕变核素的放射性物质，此种材料和物质由于其放射或可裂变的性质，可能致人死亡、重伤或财产或环境受到重大损害。"核材料"（nuclear materials）是指钚、铀、非矿石或矿渣形式的铀或任何含有一种或多种上述物质的材料。⑤

---

① 李韦华：《美国、俄罗斯、法国、日本签署〈制止核恐怖行为国际公约〉》，《国外核新闻》2005 年第 10 期。

② 沈丁立：《制止核恐怖公约实施，国际反恐法将覆盖所有领域》，2007 年 6 月 15 日，http://news.sohu.com/20070615/n250588916.shtml。

③ *Nuclear Threat Initiative. International Convention on the Suppression of Acts of Nuclear Terrorism. July 15, 2015*, http://www.nti.org/treaties-and-regimes/international-convention-suppression-acts-nuclear-terrorism/.

④ 全国人大常委会声明：一、中国不受公约第 23 条第一款规定的约束；二、根据公约第 9 条第三款的规定，中国确立公约第 9 条第二款规定的管辖权；三、在中国政府另行通知前，公约暂不适用于中国香港特别行政区。见《全国人民代表大会常务委员会关于批准〈制止核恐怖主义行为国际公约〉的决定》，《人民日报》2010 年 8 月 28 日。

⑤ "核材料"是指钚、铀或任何含有一种或多种上述物质的材料。具体规定见 *Nuclear Threat Initiative. International Convention on the Suppression of Acts of Nuclear Terrorism. July 15, 2015*, http://www.nti.org/treaties-and-regimes/international-convention-suppression-acts-nuclear-terrorism/。

关键是怎么界定"核恐怖犯罪"。《公约》第2条规定,"核恐怖犯罪"是指任何人以制造伤亡、损坏财产或破坏环境为目的,拥有或使用放射性物质或放射性装置的行为。此外,破坏民用和军用核设施,或威胁使用放射性物质或核装置的行为,也属于核恐怖犯罪。据此,《公约》规定的核恐怖犯罪行为主要为三大类:

一是以危害人、财产和环境为目的,拥有放射性物质或核装置;

二是出于同样目的,使用放射性物质、核装置或破坏核设施;

三是为达到这些目的,威胁使用或企图拥有放射性物质和核装置。

那么,对这些核恐怖犯罪,国内法要如何落实?《公约》第5条要求,各缔约国应酌情采取必要措施,在国内法中将第2条所述犯罪定为刑事犯罪,并根据这些犯罪的严重性质规定适当的刑罚。对于第1、2项,即使未遂也构成犯罪。此外,上述行为的组织、教唆、帮助行为也构成犯罪。

在程序上,对于涉嫌制造核恐怖行为的个人,各国政府必须起诉或将其引渡到别国受审。各国应该为打击核恐怖行为加强情报交流,并加强对本国放射性物质的监管。


## 二、我国刑法有关惩处核恐怖犯罪的规定

我国一向重视履行包括国际安全在内的各项国际义务,对所批准或签署的公约严格遵循"条约必须遵守"的原则,刑法关于组织、领导、参加恐怖活动组织罪及相关反恐怖主义条款的规定,实际上都在考虑国情的基础上尽可能与国际公约相协调,充分体现了我国在反恐领域的大国负责任态度。具体到反核恐怖问题,作为有核国家,我国努力推进反核恐怖主义立法的国际化、加强反核恐怖国际合作、打击境内外核恐怖活动犯罪,保护我国安全、维护世界和平。从刑法规定看,2001年12月29日通过的《刑法修正案(三)》对惩治恐怖活动犯罪的有关条文进行了补充修改,该修正案也可以说是我国的一部反恐法案:

(1)将刑法中原有的投毒罪修改为投放危险物质罪、过失投毒罪修改为

过失投放危险物质罪。

（2）对组织、领导、参加恐怖组织罪的犯罪人根据他们在犯罪中各自所起的作用分为三个层次，分别规定了不同的法定刑。

（3）将非法买卖、运输核材料罪修改为非法制造、买卖、运输、储存危险物质罪。

（4）将洗钱罪的犯罪对象由修改前的 3 种扩大为现在的 4 种，即在保留了原有的犯罪对象基础上又把"恐怖活动犯罪的违法所得及其产生的收益"作为洗钱罪的犯罪对象。

（5）将盗窃、抢夺枪支、弹药、爆炸物罪修改为盗窃、抢夺枪支、弹药、爆炸物、危险物质罪。

（6）抢劫枪支、弹药、爆炸物罪修改为抢劫枪支、弹药、爆炸物、危险物质罪。

（7）增设了 3 个有关惩治恐怖活动犯罪的新罪名：资助恐怖活动罪、投放虚假危险物质罪、编造、故意传播虚假恐怖信息罪。

此外，刑法第 151 条第 1 款"走私核材料罪"尽管规定在第三章破坏社会主义市场经济秩序罪中，但是其犯罪客体或侵害的法益既包括国家对核材料的对外贸易、海关监管制度，又包括公共安全，应为复杂客体。此外，第 130 条"非法携带枪支、弹药、管制刀具、危险物品危及公共安全罪"、第 136 条"危险物品肇事罪"中的"危险物品"包括核材料等放射性物质、物品，第 338 条"污染环境罪"中的"有害物质"也包括有放射性的废物。对照《公约》，从反核恐怖的罪名体系考察，这些犯罪本身不属于核恐怖犯罪，除非证明行为人具有"以造成人员伤亡、财产重大损失和破坏环境为目的"。然而，由于核材料的极度危险性，对核恐怖犯罪的预防和控制必须紧紧围绕对核材料类的犯罪的防控，因此在研究核恐怖犯罪时，也应当对这些罪名给予高度关注，也利于刑法的整体协调。

这些罪名未必都包含"核恐怖"或"核材料"三个字，有些还因为处罚范围的扩大看不出与核恐怖或者核材料的直接关系——例如，将"非法买卖、运输核材料罪"修改为"非法制造、买卖、运输、储存危险物质罪"。然而，鉴于核材料是制作核武器、制造核恐怖的重要材料，因此，这些涉及"危险物质"的罪名事实上都适用于有以下行为的核材料犯罪——非法制造、买卖、运输、储存、盗窃、抢夺、抢劫，分别按照上述不同罪名追究刑事责任。

《公约》第2条所规定的"核恐怖犯罪"的三大种类所指向的犯罪对象都是"放射性物质和核装置"，我国刑法采用的是"危险物质"、"危险物品"、"有害物质"等表述，因为刑法有必要将毒害性、传染病病原体与放射性物质一并作为"危险物质"加以规定，以及需要将爆炸性、易燃性、毒害性、腐蚀性物品与放射性物品一并作为"危险物品"加以规定、将"含传染病病原体的废物、有毒物质或者其他有害物质"一并与有放射性的废物作为"有害物质"加以规定，因而在这些罪名中就不再单独突出"核材料"这一犯罪对象。物质的外延更宽，包括物品。"危险物质""危险物品"是属概念，它包含放射性物质，而核材料属于放射性物质。"危险物质""危险物品""有害物质"并无本质区别——"危险物品"强调它的用途和社会属性，"危险物质"强调它的自然属性，例如，组成、结构、性质等，而"有害物质"的范围比"危险物质"更宽。

总之，我国刑法通过多个罪名、特别是对包含核材料在内的危险物质、危险物品、有害物质的多个犯罪的规制，与组织、领导、参加恐怖组织罪、资助恐怖活动罪、投放虚假危险物质罪、编造、故意传播虚假恐怖信息罪等罪名一起，形成了较为完备的反核恐怖犯罪的罪名体系。

2015年7月公布的刑法修正案（九）草案第二稿（以下简称"修（九）草案"二稿）对有关恐怖犯罪的规定再作修改、从严打击。其中第120条之二增加规定，"有下列情形之一的，处五年以下有期徒刑、拘役、管制或者剥夺政治权利，并处罚金；情节严重的，处五年以上有期徒刑，并处罚金或者没收财产：（一）为实施恐怖活动准备凶器、危险物品或者其他工具的。"这实际上也是我国刑法为与《公约》相协调一致所作的更为到位的修改——《公约》第2条第1款规定的第一种核恐怖犯罪就是"以危害人、财产和环境为目的，拥有放射性物质或核装置"，我国刑法拟增设的"为实施恐怖活动准备凶器、危险物品或者其他工具罪"中的"危险物品"包括核材料，本质上都是将实施恐怖犯罪的预备行为单独定罪，突出刑法的预防核恐怖等犯罪的功能。

从罪名设置看，我国刑法涉及或包含核材料作为犯罪对象在内的罪名，主要规定在危害公共安全罪中，只有走私核材料罪规定在破坏社会主义市场经济秩序罪中。

从量刑方面看,修(九)草案对恐怖犯罪的规定整体体现出"严"的一面——增设罪名、提高了组织、领导恐怖活动组织罪的法定刑等。但是也有"宽"的一面——拟对第 151 条第 1 款"走私核材料罪"取消死刑规定。核走私主要指的是走私可制造核弹的主要材料——铀和钚。如前所述,走私核材料罪本身不必然是恐怖犯罪,但是可能会被恐怖组织、恐怖分子所利用、对公共安全造成很大威胁,因此,修(九)草案一稿在审议中,有人建议保留走私核材料罪的死刑。

诚然,走私核材料使得核恐怖主义与跨国、跨境犯罪进一步交织,加剧一些地区的冲突,应予严厉打击。走私核材料属于走私违禁品类的走私犯罪,是根据走私物品的性质来认定是否达到情节严重、是否构成走私犯罪,不同于走私普通货物、物品罪,主要是看走私物品的数量来定罪量刑。因此,从入罪门槛看,只要走私核材料,其行为本身就可视为情节严重,原则上均应以犯罪论处。然而,从法定最高刑的立法规定看,对核安全的重视、刑法对核恐怖的防范是否必须通过挂死刑、处死刑来实现? 死刑的必要性、有效性、正当性是一个永恒的争议话题,也无法在此展开论述,不过一个值得关注的事实是①:世界上很多核能利用较为充分的国家、受恐怖威胁较多的国家并没有因为核恐怖犯罪的严重威胁而对这类犯罪人处死刑,那些已经取消死刑的国家也未因此而恢复对核恐怖犯罪的死刑。

走私核材料罪是否应当用死刑来进行威慑,关键还是看该罪的性质、危害的可能性。尽管走私核材料罪可能与恐怖犯罪有关,然而该罪首先是侵犯经济秩序的犯罪,即使危及公共安全,那"走私危险物品"也只是造成公共安全的危险,属于危险犯而非实害犯,我们不能因为对恐怖犯罪的恐惧而将恐怖犯罪泛化、将与恐怖犯罪可能有关联的犯罪都予以严惩,那是"以恐治恐"。国

---

① 例如,自 1991 年以来,德国警方已破获 400 多起核材料走私案。参见胡舜媛:《1994 年德国核走私创纪录》,《国外核新闻》1995 年第 4 期。如果只是想着处死刑加以严惩,甚至希望通过刑法对这类犯罪挂死刑加以威慑,那么德国也会判处走私核材料的人死刑但是作为欧盟重要成员国,德国早已取消了死刑。其多年来的实践也说明,预防核恐怖犯罪与死刑之间并无必然联系。

际人权组织大赦国际代表坡米(Renzo Pomi)在《2014 年死刑执行报告》发布会上也曾指出,"将死刑用作打击犯罪和恐怖主义的工具现象令人担忧"①。试图"以恐反恐"就中了恐怖主义的圈套,只会"越反越恐"。

2015 年 7 月,全国人大法律委员会经研究认为,"逐步减少适用死刑罪名"是党的十八届三中全会提出的改革任务,取消 9 个罪名的死刑,是与中央各政法机关反复研究、论证,并广泛听取了人大代表、专家和各有关方面意见的基础上提出的,同时,为防止可能产生的负面影响,事先作了慎重评估。在常委会初次审议后,经同中央政法委、解放军总政治部等反复研究,认为草案的规定是适宜的。今后可进一步总结实践经验,根据经济社会发展的情况和惩治犯罪的需要,适时对刑罚进行调整。据此,建议维持草案的规定。② 其实,"走私核材料罪等犯罪根据其实际危害情况在司法实践中已较少适用死刑,目前取消其死刑是顺势而为,并不会对相关司法力度产生妨碍;取消死刑后这些犯罪的法定最高刑是仅次于死刑的无期徒刑,完全可以做到对这些犯罪中危害严重情形进行严厉惩治,贯彻罪责刑相适应原则的要求。"③对走私核材料罪不挂死刑,也是我国反恐在保护社会与保障人权两大目标的全面、慎重权衡所作的选择。从国际层面看,保留死刑的国家减少死刑的适用是大势所趋,联合国秘书长甚至呼吁,"21 世纪不应当再有死刑。"④尽管这是一种理想,各国国情也不一样,但是这应当是各国是努力的目标——不靠死刑威慑遏制犯罪,包括核恐怖在内的各种恐怖犯罪。

---

① 2014 年全球有 607 人被执行死刑,比 2013 年下降近 22%,但这一数字不包括中国被执行死刑的人数;2014 年有至少 2466 人被判处死刑,比 2013 年增加了 28%,增加数量近 500 例,埃及和尼日利亚以内部冲突和政治不稳定为由对大批人判处死刑。参见联合国《2014 死刑执行报告》,http://www.worldcoalition.org/zh/resourcecentre/document/id/1414164944。

② 2015 年 7 月 10 日公布的修(九)草案第二稿将刑法第 151 条第 1 款修改为,"走私武器、弹药、核材料或者伪造的货币的,处七年以上有期徒刑,并处罚金或者没收财产;情节特别严重的,处无期徒刑,并处没收财产;情节较轻的,处三年以上七年以下有期徒刑,并处罚金。"即仍然保留了修(九)草案第一稿取消了走私核材料罪的规定。

③ 赵秉志:《谈死刑复核制度的 35 年变迁路》,《法律与生活》2015 年第 3 期。

④ UN NEWS. "*Death Penalty Has No Place in 21st Century*," *Declares UN Chief*. July 12, 2014, https://news.un.org/en/story/2014/07/472282 - death - penalty - has - no - place - 21st - century - declares-un-chief#.Va7zOLUSkQo,%2020140702.

# 三、进一步与《公约》相协调，强化刑法的预防犯罪功能

## （一）增设"非法持有核材料罪"或"非法持有危险物质罪"

从刑事政策角度出发，对核恐怖犯罪的治理同样需要"严而不厉"——严密法网、全面构筑刑法防线、增加前端、上游犯罪的规定，不可一味依赖死刑。

未来刑法可以考虑在第130条非法携带枪支、弹药、管制刀具、危险物品危及公共安全罪、"修（九）草案"二稿第120条之二增设的"为实施恐怖活动准备凶器、危险物品或者其他工具罪"以外，增设"非法持有核材料罪"或"非法持有危险物品罪"。因为前者需要证明非法携带危险物品进入公共场所或者公共交通工具，情节严重的行为，或者需要证明行为人具有"为实施恐怖活动"的目的，而涉核材料的犯罪，因其极大的危险性，需在罪名设计时考虑到降低司法证明的难度、将刑法的防线提前，严密对涉核材料犯罪的刑法规制，强化刑法的预防犯罪功能。

况且，刑法第128条第1款早就规定了非法持有、私藏枪支弹药罪，刑事立法的逻辑是——出罪"举重以明轻"，入罪则应当"举轻以明重"，[①]那么，在核恐怖已引起世界各国高度警惕的今天，增设"非法持有核材料罪"就有很大的必要性。这一规定可与修（九）草案拟增设的第120条之二"为实施恐怖活动准备凶器、危险物品或者其他工具罪"一起，共同构筑严密的刑法防线，也与《公约》规定的第1类核恐怖犯罪"以危害人、财产和环境为目的，拥有放射性物质或核装置"相协调一致。

也许有人认为，《公约》有目的要件，那么我国刑法增设持有核材料的犯罪是否过于严苛，已经超出了《公约》的要求？其实不然。第一，持有型犯罪允许行为人作"合法来源与用途"的辩护，排除"危害人、财产和环境"的非法目的——这应该不难，守法之人不大可能在持有核材料的情况下还说不清楚

---

① 见《唐律疏议·名例律》。

为何持有的。第二,国际公约对缔约国的义务规定,都是最低限度的规定。

有人会提出,刑法已经规定了非法制造、买卖、运输、储存危险物质罪,其中的"储存危险物质"已经涵盖了"非法持有核材料"。这种想法经不起类比——刑法第 128 条第 1 款"非法持有、私藏枪支、弹药罪"与第 125 条第 1 款"非法储存枪支、弹药、爆炸物罪"同时存在,二者并不重复,都有立法的必要性。

还有人可能提出,核材料作为放射性物质,对人体危害极大,怎么会非法持有呢? 这其实是对"持有"过于僵化的理解。"持有"并不要求手中一直拿着,而是针对行为人对违禁品的实际控制。在无法证明行为性质属于"储存"性质的情况下,通过证明实际控制而认定"持有",就是非常必要而有效的补充,起到严密刑法法网的作用。这和"非法储存枪支、弹药、爆炸物罪""非法持有、私藏枪支、弹药罪"罪名的共存是一个道理。

为防范核恐怖、保护社会,对核材料方面的犯罪防线提前也是世界其他一些国家的做法。例如,德国刑法典第 328 条、俄罗斯联邦刑法典第 220 条、奥地利刑法典第 175 条等都对涉核材料的犯罪作了较为详尽的规定。但是,不能简单比较而得出我国刑法此类罪名规定太少的结论。有人提出,"对比国外的立法,我国核材料犯罪的具体行为仅有制造、买卖、运输、存储和走私,而德国刑法还包含了加工的行为,俄罗斯刑法将非法取得、保管、使用、移交、销毁、侵占、勒索核材料的行为也纳入刑法的规制当中,这些行为完全可能发生且具有严重的社会危害性。对这些行为给予刑罚处罚,能更全面地打击核材料犯罪。"[①]其实,这些行为在我国大都可以通过现有罪名进行处理——"加工"也是一种"制造",而"非法取得、保管核材料"部分可以通过买卖、非法储存危险物质罪、盗窃、抢夺危险物质罪、抢劫危险物质罪进行处理,如果未来再辅以"非法持有核材料罪"或"非法持有危险物品罪"进行定罪处罚,则更为完备。

我国刑法是否包含了《公约》规定的第 3 类核恐怖犯罪"以危害人、财产和环境为目的,威胁使用或企图拥有放射性物质和核装置"? 我国刑法中没有"恐吓罪",但是"威胁"在有些情况下可构成抢劫罪、敲诈勒索罪,而且修(八)对第 293 条寻衅滋事罪增加了"恐吓"行为,"追逐、拦截、辱骂、恐吓他

---

① 洪烨:《我国核材料犯罪的立法与完善建议》,《法制与社会》2013 年第 2 期(下)。

人,情节恶劣的"。固然,这里的"恐吓"主要是从妨害社会管理秩序这一侵害的法益考虑,不太涉及公共安全。可是,无论采用何种解释方法,将"以危害人、财产和环境为目的,威胁使用或企图拥有放射性物质和核装置"解释为此处的"恐吓他人"并不存在方法论上、逻辑自洽上的障碍,刑法不需要为与《公约》规定的第3类核恐怖犯罪协调而另设新罪。

## (二) 增设危害"核装置"的相关罪名

《公约》第2条规定的"核恐怖犯罪"的三大种类所指向的犯罪对象都是"放射性物质和核装置",因为"核装置"是制造原子弹、氢弹等大规模杀伤性武器之必需。我国刑法第二章、第三章、第六章的涉核罪名都不包括核装置,有关"危险物质""危险物品""有害物质"等犯罪对象的罪名,其实都只包括核材料等放射性材料,并不包括核装置,只有在第七章危害国防利益罪中涉及"武器装备"的几个罪名中包括核装置,显然犯罪主体、犯罪客体、犯罪主观方面都受到很大限制,难以有效规制涉及核装置的核恐怖主义犯罪。建议未来可以考虑在刑法第二章增设危害"核装置"的相关罪名。

## (三) 将核恐怖犯罪列入"国际犯罪",专章加以规定

联合国先后制定的有关反恐的13个公约充分说明,恐怖主义是国际社会所普遍关注、重点预防和打击的犯罪。有些国家,例如,《俄罗斯联邦刑法典》第12编将本属于国际犯罪的"破坏人类和平和安全的犯罪"作为独立的一编加以规定。① 该编第355条为"研制、生产、储存、购买或销售大规模杀伤性武器罪"。实践中,恐怖犯罪也越来越呈现出跨国、有组织等特点,犯罪主体、犯罪手段、犯罪后果常常具有国际性。在理论上,恐怖主义更是早就被视为国际犯罪的一种,因为它"违背人类基本价值"、"震撼人类的良知"。② 未来我国

---

① 赵秉志、阴建峰:《完善惩治恐怖活动犯罪立法》,2015年7月20日,http://www.legaldaily.com.cn/misc/2005-05/26/content_141334.html。

② 例如,盗窃核材料罪、资助恐怖组织罪在理论上和国际公约里都被视为国际犯罪。见[美]M.谢里夫·巴西奥尼:《国际刑法导论》,赵秉志、王文华译,法律出版社2006年版,第102—104页。

有必要考虑,一是单设国际犯罪一章,二是将核恐怖犯罪列入其中,突出对其严重的谴责性、否定性评价。

## (四) 取消"运输、储存枪支、弹药、爆炸物、危险物质罪"的死刑

一国为履行该义务所作的国内法上的修改,常常会带来整部法律体系的变动,出现新的问题。例如,考虑刑法典的整体协调性,刑法修(九)将取消走私武器、弹药罪、走私核材料罪的死刑,未来还应考虑取消第 125 条非法制造、买卖、运输、邮寄、储存枪支、弹药、爆炸物罪、非法制造、买卖、运输、储存危险物质罪中的"运输、储存枪支、弹药、爆炸物、危险物质罪"的死刑,因为其危害性与走私武器、弹药罪、走私核材料罪的危害性相当——"运输"是在一国境内运输,"走私"是跨越国境或者在界河、海、湖泊运输。简言之,走私的本质就是逃避海关监管的"跨境运输"。同时,"储存"的危害性也并不大于"走私"或"运输"。也可以说,走私的危害一般大于运输、储存。那么,既然走私武器、弹药罪、走私核材料罪都已经取消死刑,那么运输、储存枪支、弹药、爆炸物、危险物质罪也应当取消死刑。

其实我国刑法有关毒品犯罪的规定也说明了这一点。第六章第七节的节罪名、第 347 条的个罪名都是"走私、贩卖、运输、制造毒品罪",走私、贩卖、运输、制造行为同处一条、法定最高刑都是死刑。其原因在于,走私、贩卖、运输、制造这几个行为在实践中联系实在太紧密、危害相当。然而请注意一个立法动向——晚近结合修(九)被热烈讨论的是,要不要取消"运输毒品罪"的死刑,却没有太多的声音争论要不要取消"走私毒品罪"的死刑。这说明,学者与司法、执法人员包括公众普遍认为,"走私"毒品的危害大于"运输"毒品。那么,以此类推,"走私"核材料的危害大于"运输"核材料,"走私"武器、弹药的危害大于"运输、储存"枪支、弹药、爆炸物、危险物质罪! 因此,从反核恐怖、取消走私核材料罪死刑的情况下,取消运输、储存核材料的"运输、储存危险物质罪"才是合理的、符合逻辑的选择。又由于走私武器、弹药罪的死刑即将被取消,那么运输、储存枪支、弹药、爆炸物罪的死刑也应当取消,以保证刑法的前后一致性。

可能有人提出,2015 年"8·12"天津滨海新区危险品仓库爆炸案造成的危害如此严重,刑法取消运输、储存枪支、弹药、爆炸物、危险物质罪的死刑规定是否合适? 笔者认为,这是一个非常典型的个案与立法的关系问题,个案或推动或阻碍立法的改变,有其足够的现实性考量。然而,指望依赖死刑来遏制犯罪本身就是不切实际的幻想,因为资本的逐利性决定了其诱惑力大过死刑的威慑力。当今我国包括天津新区在内多地存在非法运输、储存枪支、弹药、爆炸物、危险物质的情况,部分是暴恐犯罪的源头,也有不少完全是为了营利,对其危险性的监管、控制防线其实有多道,死刑只是最后一道。无论从刑法结构本身的逻辑性看还是从死刑的威慑力看,未来取消运输、储存枪支、弹药、爆炸物、危险物质罪的死刑都是大势所趋,尽管当前从情感上人们似乎还难以接受。

另一个问题是,既然都是违禁品,那么刑法是否可以如同对待毒品犯罪那样,将这几个涉及核材料等危险物质的犯罪规定在一起,规定为"走私、贩卖、制造、运输、储存危险物质罪"? 笔者认为,从理论上讲是可行的,首先是因为这几个罪的高度关联性,其次是因为有毒品犯罪的刑法规定先例,而毒品、核材料都是违禁品,各有各的不同危害,为强化刑法对核材料类犯罪的打击,对涉及核材料的犯罪作集中规定,可以进一步增强其威慑力、利于司法操作,也符合《公约》的要求。如果这样,就需要将走私核材料罪从第三章中剥离出来,规定在危害公共安全罪一章。最好将有关枪支、弹药、"危险物品"、"危险物质"的犯罪在第二章危害公共安全罪当中集中规定,即对涉枪、涉爆、涉危险品的犯罪规定在一处。这也是很多其他国家的刑法立法方式。

## 四、《公约》与我国其他法律的协调

我国《刑事诉讼法》《反洗钱法》《人民武装警察法》,以及近期颁布的《国家安全法》《反恐怖主义法》也都在基本面上与《公约》协调对接。例如,《反恐怖主义法》第 20 条规定了货运和邮政、快递等物流运营单位对运输、寄递物品的查验、登记义务;第 21 条、第 22 条、第 23 条规定了对危险物品的多项安全管理措施,特别是规定了"任何单位和个人不得非法制作、生产、储存、运输、进出口、销售、提供、购买、使用、持有危险物品。公安机关发现的,应当予以扣押;其他部门发现的,应当予以扣押,并立即通报公安机关;其他单位、个人发现的,应当立即报告公安机关",从源头上对核材料等危险物品进行管控,防止被用来实施恐怖主义犯罪,也与刑法的规定相衔接。

2015 年 7 月 1 日通过并施行的国家安全法第 9 条明确了"维护国家安全,应当坚持预防为主、标本兼治"的行动思路,并在第 28 条规定了反恐的决心,"国家反对一切形式的恐怖主义和极端主义,加强防范和处置恐怖主义的能力建设,依法开展情报、调查、防范、处置以及资金监管等工作,依法取缔恐怖活动组织和严厉惩治暴力恐怖活动"。第 31 条规定了涉核方面的国家安全问题,"国家坚持和平利用核能和核技术,加强国际合作,防止核扩散,完善防扩散机制,加强对核设施、核材料、核活动和核废料处置的安全管理、监管和保护,……不断增强有效应对和防范核威胁、核攻击的能力。"我国通过现行的、新施行的、即将施行的各项法律法规,逐步形成了较为完备、全面、深入的反恐法律体系,有效促进我国在反核恐怖犯罪方面与《公约》的协调对接。

# 五、结语:发挥刑法等相关法律预防核恐怖犯罪的功能

反恐是一个世界性的问题,核安全与反核恐怖主义是一个问题的两个方面,国际核安保合作的核心是防范核恐怖主义。《公约》制定的目的是为有效制止利用自制核装置进行恐怖袭击和消除其产生的后果,以及保障军用和民用核设施免受恐怖分子袭击奠定法律基础。此外,《公约》还规定严惩实施核恐怖的犯罪分子,并"根据这些犯罪的严重性质规定适当的刑罚"。

我国包括刑法在内的多项立法形成了较为完备的反核恐怖犯罪的法律框架,与《公约》的宗旨、具体规定总体相协调一致。在对核恐怖"人人喊打"的环境中,我国刑法应进一步严织法网,对涉核的危害行为根据犯罪态势和刑事立法状况作出理性抉择,既从严打击,又不至于陷入死刑工具主义的旋涡而不能自拔。

早在 20 世纪 60 年代末,德国司法改革的主流指导思想就已明确,现代刑法并不应再是镇压和报应,其正当性和导向只能是预防犯罪和保护法益,对个人罪责也应当严格限制,特别是死刑的适用。我国刑法理论多年来也一直认为,惩罚是手段,预防才是目的。如果我们对核恐怖犯罪的如此"重罪"也秉承这一思路,在罪名体系、刑罚结构上作出更为科学、妥当的安排,则不仅有利于与《公约》的协调,也有利于我国刑法的改革,有利于反恐取得实效。

(本文原载《河南大学学报》(社会科学版)2016 年第 3 期)

# 经济犯罪、腐败犯罪惩治与国际刑事司法合作

# 论跨国公司犯罪及有效抗制

多年来,我国刑法学界对单位犯罪的研究日渐深入。细究之,司法实践中单位犯罪的主体其实主要是公司、企业。再进一步分析,实际被处罚的,特别是重处的,以及被判死刑最多的,首先是民营公司、企业,①其次是国有公司、企业,很少对来华投资的公司、企业追究刑事责任,也更少对走出国门的公司、企业追究刑事责任。在经济全球化背景下,中国企业不仅要面对跨国公司进入中国市场的竞争,而且要面对"走出去"跨国经营的情况,在这两个"相反"方向的跨国公司经济活动中,都存在着形形色色的跨国公司犯罪。本文的研究对象主要是两个:一是来华投资、经营的公司犯罪,二是中国"走出去"的公司犯罪。

跨国公司在我国国内进行投资主要有中外合资经营企业、中外合作经营企业、外资企业、中外合作开发、外国公司分支机构、外商投资性公司、外资投资股份有限公司和外资并购这八种形式。这些企业均是依照我国法律在我国境内所设,性质上属于中国企业,并且企业的运作均应符合我国法律的规定,因此我国对于国内的跨国公司有权进行规制。随着全球经济一体化时代的到来,跨国公司在世界经济中的地位和作用越来越重要。改革开放以后,我国经济高速发展,成为世界上增长最快的主要市场,不少跨国公司来华进行投资,从事贸易活动,向我国提供了资金、技术、知识、管理、企业文化,促进了我国的就业和税收增长,促进了中国经济体制的改革和企业经营机制的转换。"最近十年,中国的外资有了大发展,加入世界贸易组织当年,中国引进外资约为

---

① 例如,吴英、曾成杰集资诈骗案。

400多亿美元,到2010年已经达到1057亿美元。"①但是,任何事物都有其两面性,跨国公司进入我国市场也同时带来了不少问题,特别是跨国公司及其成员实施的经济犯罪问题,需要母国、东道国、国际相关组织共同加以规制和监管。

另一方面,国内一些公司、企业高管外逃"出去",事实情况是"跑出去"而不是"走出去"——浙江等地称其为"跑路"——多因身负沉重债务,有些甚至是负罪外逃——一般会触犯非法吸收公众存款罪、集资诈骗罪、拒不支付劳动报酬罪、非法发放贷款罪等。而在已经"走出去"的跨国公司,一样面临着诸多法律风险、监管方面的问题,包括跨国经济犯罪。一些国内公司、企业通过种种途径,改头换面,出国投资办企业,在此过程中企业很可能面临着违反我国与东道国两个以上国家刑法的规定,面临刑事指控的风险。对跨国公司犯罪进行类型化研究,目的是有效抗制跨国公司犯罪,促进经济国际化进程的健康发展。

# 一、跨国公司实施的具体犯罪种类

商务部研究院跨国公司研究中心发布的《2006跨国公司中国报告》指出:"少数跨国公司人员在华行贿,一些跨国公司在华非法避税,少数跨国公司在华涉嫌垄断,一些外资企业劳工标准偏低,一些外企产品安全不达标。"事实上还不止于此。具体而言,跨国公司实施的犯罪常见的主要有:

1. 垄断犯罪。垄断犯罪是由垄断经营引起,行为方式包括:操纵定价权,即所谓价格卡特尔,两个或两个以上具有竞争关系的经营者,以合同、协议或其他方式,共同商定商品或服务价格,以限制市场竞争,牟取超额利润所实施的联合。跨国垄断直接危害到我国的民生。

跨国公司的垄断行为并非都构成垄断犯罪,何况我国刑法尚无垄断犯罪的规定,通常只能考虑适用《反垄断法》《反不正当竞争法》《价格法》《政府采

---

① 王志乐:《跨国公司在中国经济发展中的影响和作用》,《国际经济合作》2009年第3期。

购法》等经济行政法律法规进行处罚。然而,我国对价格联盟等垄断行为的处罚力度明显不够,例如《反垄断法》中,对于经营者违反反垄断法规定,达成并实施垄断协议的,"由反垄断执法机构责令停止违法行为,没收违法所得,并处上一年度销售额百分之一以上百分之十以下的罚款;尚未实施所达成的垄断协议的,可以处五十万元以下的罚款"。这与欧美等国家迅速的、严厉的、巨额的处罚不可相提并论。① 而且,跨国公司巨头们之间的价格联盟一般隐蔽和复杂,公众和监管部门都难于发现。

随着我国入世后过渡期的结束,在一些产业全面对外开放的背景下,外资企业掀起了一场大规模的并购浪潮,甚至出现了外资恶意并购(hostile M&A)国内上市公司的现象。② 损失还不止于此,在外资并购的同时,我国一些监管部门的官员借并购、扩股等造成国有资产的大量流失。

2. 贿赂犯罪。犯罪主体主要是跨国公司及其高管行贿中国的政府官员、国企高管。这类犯罪是目前跨国公司犯罪中暴露问题最为突出也是最常见的,在此不予赘述。

3. 逃税犯罪。这个问题一直比较严重。北京市地税局的一项统计显示,到 2005 年 7 月 15 日为止,北京地税局已发现 34% 的跨国公司代表处个人所得税存在问题,查处补缴个人所得税收入 6356 万元。估计每年在中国的跨国公司外籍高管,利用这种方式逃税的规模在百亿元。③

跨国企业在华偷逃税款已经是公开的秘密,一些跨国企业将境外企业的经营亏损转移至我国境内关联企业,导致我国大量税收的流失。从 20 世纪90 年代以来,随着外资进入中国市场的进程加速,外资企业通过跨境的关联交易转移利润的问题越来越突出,在账面上直接表现为大面积的亏损。具体表现为,在资本项目交易方面,企业不仅可以通过股权转让或注册空壳公司的方式,将母公司注册地变更为离岸金融中心等税收优惠地区,并通过关联交易

---

① 欧志葵、熊汉玲:《宝洁日航国外被罚为价格操纵敲警钟》,《南方日报》2011 年 3 月 8 日。

② 谢晓彬:《应对外资恶意并购国内上市公司的法律环境分析》,《政治与法律》2009 年第3 期。

③ 顾建兵:《在华跨国公司外籍高管逃税百亿高管逃税路线图》,《石家庄日报》2006 年 8月 17 日。

将利润转移到母公司,还可以通过增加股东贷款及资本弱化的手段,尽可能多地汇出债务利息、减少税前利润,造成奇怪的现象:一方面外商投资企业的亏损面高达60%,年亏损额逾1300亿元;另一方面少数外企的利润率却惊人得高,且大多数外企长亏不倒,许多企业甚至越亏越投资。事实上,我国面临着中资企业外资化、资本外逃、洗钱以及境内居民大量到离岸金融中心注册等许多问题,在造成我国大量税收流失的同时,也给我国的外债管理和反洗钱工作带来困难。也由于税收和土地优惠的诱惑力巨大,多年来"假外资"在中国非常普遍,其比重一度超逾33%。① 同时,外企高管利用外籍身份逃税的现象也很普遍。

跨国公司逃税等税收犯罪离不开"做假账"。据《南方日报》报道,三星、LG、索尼和夏普等跨国巨头做假账避税,面向中国国内的销售公司多半是亏损的,但出口却在赚钱,在华生产总值远远超过在华销售总值的数倍甚至数十倍。还有些外资企业通过关联交易将利润或亏损进行转移。本文开头所举的"安达信倒闭"案例,就是由于安达信这一"在全球84个国家设有390个分公司"的跨国会计师事务所为安然、世通等公司作假、并销毁证据、妨碍司法等事实的曝光而引发的。

自2008年1月1日起施行的企业所得税法以及企业所得税法实施条例给内资企业和外资企业带来同等税收待遇,外资企业将不再享有比国内企业低十几个百分点的优惠税率,与内资企业一样要缴纳统一的25%所得税。此外,外资企业单独享受的税前扣除优惠、生产性企业再投资退税优惠、纳税义务发生时间上的优惠等今后也将与内资企业统一,但是对高技术、环保型的产业仍有优惠。这一举措对遏制跨国公司的逃税犯罪显然是非常有效的。然而在此以后大量在华外资撤离,我国又重新增加了出口退税,使得新税法的预期适用效果打了折扣。

4. 诈骗犯罪。在跨国公司的合法经营中同时存在着欺诈甚至诈骗犯罪行为,例如近些年时有发生的跨国公司合同诈骗、信用证诈骗、电信诈骗、跨国货

---

① 柴青山:《外资税收漏洞调查:优惠政策让中国付出沉重代价》,2006年6月17日,人民网,http://finance.people.com.cn/GB/1045/4485718.html。

物买卖诈骗等。2009 年 5 月发生的意大利贸易集团义乌办事处合同诈骗案就是最近一段时期义乌商家遭遇的多起跨国诈骗案之一。[①] 而且,即使被骗货物被追回国内,被骗商户还要交纳税款。

5.环境犯罪。亨斯迈集团是全球最大的化工集团之一,是通用化学品及精细化学品的全球制造商及营销商,为多种全球性产业提供基础产品,包括化学品、塑料、汽车、航空、鞋类、油漆和涂料等。这样一家超级跨国集团旗下的 6 家公司,在中国申报一种新化学物质的过程中竟然提供虚假生态毒理学测试报告,分别被我国环保部罚款 3 万元。[②] 而康菲石油公司在山东蓬莱的溢油事件,不仅是否构成犯罪尚不能定性,就连赔偿问题也步履维艰。

又如,2010 年 4 月 20 日,英国石油公司(BP)位于美国路易斯安那州墨西哥湾海面的"深海地平线"钻井平台爆炸沉没并发生严重泄漏,11 人死亡。泄漏的原油每天以万吨计。这是美国有史以来最严重的一次石油泄漏事件。美国政府宣布对墨西哥湾漏油事件展开刑事调查。这次漏油事件对环境造成的危害可能会持续数十年。然而,如果美国对这家能源企业提起刑事指控,或提起民事诉讼,会给事件进展注入更多复杂元素:一方面,美方要追究英国石油公司在原油泄漏事件中的责任;另一方面,美国政府较大程度上依赖英国石油公司设计并执行堵漏方案,以期化解这次危机。这也是许多环境犯罪追究其刑事责任大多"投鼠忌器"的原因之一。

6.针对劳工的犯罪。例如强迫劳动罪等。在经济全球化的进程中,跨国公司为追逐利益的最大化,往往尽可能地压低劳动成本,严重侵犯劳工的权益。这方面屡屡出现一些耸人听闻的事件,例如,至 2010 年 5 月,台湾鸿海集团属下的富士康深圳厂区连续传出 13 起员工自杀事件,引起中国和国际社会各界强烈关注。虽然并没有追究该公司及其成员的刑事责任,但是,为了保护劳工权,需要跨国公司自身的约束,更需要国家乃至国际社会的引导、规范和监督。

7.窃取国家机密的犯罪。例如澳大利亚力拓有限公司驻上海代表处首席

---

① 蔡岩红:《义乌商家遭遇多起跨国诈骗,海关特批被骗货物免税回国》,《法制日报》2009 年 8 月 27 日。

② 郄建荣:《提供虚假生态毒理学测试报告,跨国集团在华环境违法被处罚》,《法制日报》2011 年 2 月 16 日。

代表胡士泰、力拓铁矿石部门中国业务负责人王勇、葛民强、刘才魁等4名员工因涉嫌窃取国家机密一案,胡士泰被上海市第一中级人民法院以非国家工作人员受贿罪、侵犯商业秘密罪数罪并罚判处有期徒刑十年,并处没收财产和罚金人民币100万元,其他3名员工也被判处14年、8年、7年不等的有期徒刑以及罚金,违法所得均予以追缴。上海市高级人民法院终审维持原判。力拓公司相关人员的行为严重影响和损害了中国有关钢铁企业的竞争利益,而且首钢、济钢等企业也被牵扯其中,反映了跨国公司拉拢我国国企员工窃取国家机密的动向。力拓案既是我国打击跨国贿赂犯罪的一个标志性案例,也是打击跨国公司侵犯我国国家机密、商业秘密的标志性案例。

当前需要密切关注的跨国公司犯罪,还包括外资撤离中的犯罪。外资撤离常常涉抽逃出资、贷款、税务、走私、腐败犯罪等,大多还涉及民事诉讼,例如对境外资产的查封、冻结和没收等。① 2008年,我国商务部、外交部、公安部、司法部联合印发的《外资非正常撤离中国相关利益方跨国追究与诉讼工作指引》规定,如果外资非正常撤离中国,中方将跨国追究外资非正常撤离责任,外资逃逸将被追责,逃税额巨大者可请求引渡,从而坚决维护中方相关利益方的合法权益。

## 二、查处跨国公司犯罪的困境

多年来,真正被定罪处刑的跨国公司及其成员寥寥无几,其中因素很多,主要是查处困难,使得对跨国公司刑事责任的追究陷入困境。具体原因包括以下几方面。

---

① 外资撤离的主要原因之一是利润微薄。2005年至2010年,中国工人的平均薪酬就暴增了69%。根据BCG新发布的一份研究报告,"劳动力套利"的利润空间已开始萎缩,有的时候几乎到了可以忽略不计的地步。波士顿咨询顾问集团(BCG)的Hal Sirkin认为,"到2015年左右,生产美国本土消费品的厂商会觉得工厂设址在美国还是中国没有什么不同,"哈佛大学商学院的加里皮萨诺也认为,"中国劳动力价格上升会使一些准备缩小在美国投资的企业决定继续在美国办厂,他们给自己留了条退路。"例如,通用汽车(GM)2011年5月10日宣布,将投入20亿美元用于给美国境内的17家工厂增加4000个就业岗位。见2011年5月18日,http://www.ecocn.org/thread-49073-1-1.html。

1. 跨国公司多国投资的特点使其身份难以认清,一旦出现利益保护的需要,其母国便充当了跨国公司代言人、保护人的角色。跨国公司母国对于投资者利益的维护更多地体现了发达国家的意志。依照 WTO 规则,如果跨国公司认为其在东道国受到了不公正待遇或利益受到损害,可运用 WTO 争端解决机制,依照《关于争端解决规则和程序的谅解协定》,由其母国政府向争端解决机构提请解决争端,以此来保障本国投资者(跨国公司)的利益在其他国家不受损害。动辄提交 WTO 争端解决机构使得发展中国家,特别是加入WTO 的发展中国家的投资管理权面对跨国公司而不敢有所作为。①

2. "鼓励外商投资"的惯性思维使东道国给予跨国公司"超国民待遇"。由于跨国公司掌握着资金、技术、出口等资源,为吸引外资,改善投资环境,促进产业升级,解决就业,收取利税,推动 GDP 的增长,因此地方政府、司法机关不愿也不敢深究跨国公司的法律责任,而追究其刑事责任更是难以想象。

3. 过分迷信跨国公司的身份,对其监管不力。诚然,绝大多数的跨国公司是"高效率、高质量与高廉洁"的代名词,经营规范、管理井井有条、极富企业社会责任、有担当。人们很难将跨国经济犯罪与跨国公司联系起来。然而,缺乏监督的权力都是危险的。在市场经济竞争中,跨国公司的根本目的是"逐利",注定了其目标与东道国的目标存在不对称性,一旦监管缺位,各种问题就集中出现,包括行贿、逃税、诈骗、危害环境、侵害劳工利益等违法犯罪行为。显然,认为"跨国公司=免检公司"的看法是错误的。

4. 有些政府官员、国企高管与这些跨国公司有着"权钱交易"或其他"深层次"的关系。例如受贿、合资共建中的贪污、侵占、挪用,乃至失职被骗等,因而"投鼠忌器",甚至包庇偏袒,严重破坏了我国经济的健康发展。

5. 地方政府、国企等在与跨国公司的合作过程中,对跨国公司也有"欠账"。例如强迫对方接受一些"不平等条件",保证 GDP、保证就业,或者是一些曾经夸过的"海口"无法兑现,被对方抓住了"辫子",那么在对方出现问题时,也板不起面孔、直不起腰杆。

---

① 严艳:《WTO 规则下对跨国公司本国规制的思考》,2007 年 2 月 7 日,中国法院网,https://www.chinacourt.org/article/detail/2007/02/id/234871.shtml。

6. 国内的公司治理、信息披露、政府与社会监督、社会诚信等法律以及非法律的良好投资环境尚未完全建立起来，法律制约效果差，例如企业普遍缺失社会责任。中国社科院发布的 2011 年《中国企业社会责任报告》(蓝皮书)① 参考国际企业社会责任指标体系、国内企业社会责任倡议书及世界 500 强企业的社会责任评估体系，对我国境内的国企、民企、外企的百强企业，从反商业贿赂制度、产品合格率、社保健康培训、节能减排等方面进行综合评估，结果显示，中国企业社会责任整体水平尚属起步阶段，七成企业严重缺乏社会责任，无论是国企、民营企业还是外资企业，社会责任得分都很低，平均分不到 20 分（百分制），而 0 分以下"负分"的超过七成竟然是外资企业！这些外资企业在其母国以及其他一些国家以守法诚信经营闻名，在中国却大大"异化"。

7. 就中国"走出去"的跨国公司而言，存在着在境外设立子公司转移国内公司的资产、逃避国内税收、②逃汇等问题，给我国的国有资产保护、财政收入、外汇收入等带来了威胁。

8. 从刑事法律角度讲，追究跨国公司的刑事责任在刑事实体法、刑事程序法等方面都比单纯追究责任人的刑事责任，以及追究国内公司的刑事责任要复杂得多，尤其是在是否构成单位犯罪这一犯罪主体、管辖权的确定等方面。我国刑法所规定的一些单位犯罪，双罚时对自然人的处刑与单纯的自然人犯罪时不一样。简言之，就是在单位犯罪时，对自然人的处刑比单纯自然人犯罪时的处刑轻。这必然导致其中应当负刑事责任的自然人想方设法将案件向着单位犯罪的方向去"努力"；而跨国公司等"单位"为了少被罚以及顾及商誉不被定罪，宁愿"丢卒保车"，处罚其人员总比定公司犯罪好得多。这一问题不仅是刑法问题，也是刑事诉讼中非常重要、必须尽早解决的问题。根据刑事诉讼法的规定，这一问题应该是最终由法院裁决的，一旦推翻侦查、审查起诉阶段对犯罪主体的认定——指是否属于单位犯罪——必然给整个刑事诉讼带来

---

① 王永生：《0 分以下，超七成为外资企业》，《法制晚报》2011 年 11 月 8 日。

② 一般认为，逃税是违法行为甚至是犯罪行为，而避税不是违法行为。与国内的逃税和避税相比，国际逃税和国际避税之间的区分往往没有明确的界限，甚至在一定条件下两者可相互转换。这是因为各国税法的规定存在着差异，在一个国家为合法的行为，在另一个国家或许就是非法行为。

司法资源的浪费,且有损司法的权威性。

随着经济全球化进程的加快以及我国的对外开放、入世,我国国有公司在海外投资越来越多,然而,投资失利频繁,资产大量流失。其原因,除了海外收购的经验不足、国际金融炒家的算计等,更严重的是失职问题——严重的赌博式冒险投资。我国刑法第 168 条规定了国有公司、企业人员失职罪,但是具体适用的不多,在理论上需要进一步探讨。

## 三、有效抗制跨国公司犯罪的主要措施

### (一) 在刑法方面,准确适用法律,严格区分不同主体的刑事责任

跨国公司刑事责任的划分,涉及母公司、子公司、分公司;涉及公司与其中直接负责的主管人员、其他直接责任人员的双罚/单罚等问题。

1. 关于跨国公司母公司、子公司、分公司之间刑事责任的划分,与一国之内母公司、子公司、分公司之间刑事责任的划分原理是一致的,但是应当注意几点。

一是跨国公司的子公司能否成为我国刑法上单位犯罪的主体?

根据一个公司对另一个公司的控制和依附关系可以分为母公司和子公司。凡拥有另一公司半数以上股份并直接掌握其经营的公司就是母公司,凡半数以上股份受其他公司控制的公司就是该控制公司的子公司。子公司具有企业法人资格,依法独立承担民事责任。母公司是以其出资额或所持股份为限对子公司承担责任,并直接掌握子公司的经营业务。母公司和子公司可以形成企业集团关系或关联企业。由于母公司与子公司都是企业法人,因而都可以独立成为单位犯罪主体,可以独立承担刑事责任。但是,由于它们内部存在着上述复杂的关系,因此,需要查清是否子母公司都与犯罪有关?卷入的具体程度如何?抑或是母公司犯罪还是子公司犯罪或者两者都构成犯罪?是否构成共同犯罪?子公司在东道国构成犯罪时,是否有必要追究其母公司的刑事责任?

理论上讲,只要是母公司指使、纵容或者默认子公司犯罪的,就应当承担

刑事责任。然而,实践中,这些母公司大多处在发达国家,而子公司大多在发展中国家。母公司一般希望与子公司"切割",断尾求生。即便确实存在着母公司指使、纵容或者默认子公司犯罪的情形,不仅难以证明,而且即使有证据,东道国也难以追究母公司的责任,因为大多数情况下,其母国会给母公司以"保护",不配合、不协助东道国的追诉工作,给东道国的追诉造成困难。因此,可以说,在追究母公司及其成员的刑事责任问题上,主要不是母国的能力问题,而是母国的意愿问题。如果母国有意愿,追究其母公司及其成员的刑事责任相对要容易得多。典型的如美国《反海外贿赂法》,对海外行贿的公司及其成员,同时也要追究母公司海外行贿的刑事责任。

二是跨国公司的分公司能否成为我国刑法上单位犯罪的主体?

就国内法而言,追究分公司的刑事责任并不存在着障碍。分公司是总公司设立的分支公司,是总公司法人在一定地域成立的,从事与公司、企业经营范围相同活动的机构。分公司虽然附属于法人(总公司),受法人管辖,但是也有自己固定的名称、场所、设施、机构、资金和从业人员,并经所在地注册登记,可以直接从事经营活动。分支机构(分公司)虽没有法人资格,不具有公司的组织形式,没有自己的股东会、董事会、监事会等公司机关,只有总公司任命的负责人,但它不同于公司中的职能部门,仍有独立的营业主体资格,有独立的决策自主权,对外以自己的名义进行经营活动并承担责任,具有相对独立的民事行为能力和财产责任能力,因此,在一定条件下,即未经总公司决定、批准或授意,即在总公司不知情的情况下,分公司的负责人独立以分公司的名义并为了分公司的利益而实施的犯罪,分公司就可成为单位犯罪的主体。[①] 但是如果分公司实施的犯罪行为是总公司决定、授意或批准的,则属于整个公司的犯罪,而不能由分公司独立负刑事责任。

然而,分公司作为境外母公司的分支机构,同时又是东道国的经营单位,却又不是法人,能否追究、如何追究其刑事责任呢?

是否需要追究其总公司及其高管的刑事责任,各国做法并不一致。例

---

① 这不同于单位的内部职能部门,它不具有自己独立的意志,其所从事的一切活动均听命于单位,它是具体的执行机构,未经单位决策机构同意或授权而实施的行为不代表单位,因此不能成为单位犯罪的主体。见李希慧:《论单位犯罪的主体》,《法学论坛》2004年第2期。

如美国《反海外贿赂法》(FCPA)规定,公司高管可能在不知情的情况下,由于海外分公司某位员工对他国政府官员的行贿行为而被判处最高 20 年的监禁。其理念是,某些时候,法律坚持公司高层应当知道手下的职员在干什么,即使他们确实不知道。而英国 2010 年英国通过的一项新反贿赂法案则不同于美国《反海外贿赂法》,它设置了一个"温和预防"的机制,使得公司避免因为低级员工的违法行为而遭受最严厉的惩罚,①当然前提是该公司已制定一套严厉的反贿赂政策、确保将政策落实到每一个员工并且有效地执行了该政策。因此,一个游手好闲的员工很难使一个无可指责的公司遭受严厉调查。

根据我国刑法第 30 条的规定,对"公司"实施的单位犯罪,都应当依照我国法律的规定追究其刑事责任,包括本国公司、外国公司和跨国公司。对其分支机构实施的犯罪,如果是在其总公司指示(授意)、决定、纵容或者默认下实施的,就应当追究其总公司及其成员的刑事责任。

2. 关于跨国公司及其直接负责的主管人员、其他直接责任人员的双罚、单罚问题。由于我国刑法规定的单位犯罪既有双罚也有单罚,因而适用中问题会比较多。关于公司犯罪双罚制,我国有学者质疑,也有人认为应当坚持,但同时认为双罚制不适用于一人公司,且应降低刑罚的起点、明确对单位罚金的额度等。②

追究了单位的刑事责任,是否意味着应当减轻或免除该单位中自然人的刑事责任? 我国刑法规定,在对单位判处罚金的同时,对其直接负责的主管人员和其他直接责任人员判处刑罚,至于单位责任是否影响实施此种犯罪的自然人的刑事责任在总则中没有明示性的规定,而是通过分则在具体的单位犯罪个罪的规定中予以揭示的。从分则的规定看,单位责任是否影响实施此种犯罪的自然人的刑事责任在我国不是十分统一。例如,单位犯受贿罪,对单位判处罚金,并对其直接负责的主管人员和其他直接责任人员,处 5 年以下有期

---

① Bribery Abroad:A Tale of Two Laws, America's Anti-corruption Law Deters Foreign Investment.Britain's Is Smarter.*The Economist*.2011,No.9.

② 丁华宇:《论公司犯罪双罚制原则及其立法完善》,《中国人民大学复印报刊资料〈刑事法学〉》2009 年第 12 期。

徒刑或者拘役;而自然人犯受贿罪,情节特别严重的,处死刑,并处没收财产。同样是行贿罪,如果自然人作为犯罪主体,情节特别严重的,处 10 年以上有期徒刑或者无期徒刑,可以并处没收财产。而公司等单位作为主体,情节严重的,对单位判处罚金,并对其直接负责的主管人员和其他直接责任人员,处 5 年以下有期徒刑或者拘役。显然,我国刑法对受贿罪、行贿罪的设置,单位责任对实施此种犯罪的自然人的刑事责任有很大的减轻处罚作用。这不仅有违罪责刑相称、罪责自负的精神,也认为造成了司法程序上的较大混乱:一旦被确定为单位犯罪,则自然人的刑事责任小多了!这种在单位、自然人之间刑事责任的分配因犯罪主体设定不同而有不同的规定,导致单位、自然人之间的扯皮、推诿,有的时候则是互相利用、包庇,结果,单位犯罪变成了自然人逃脱或减轻刑事责任的挡箭牌,并在实践中妨害刑事司法的正常进行。也正是由于构成单位犯罪时,其中作为双罚的自然人的刑罚会低于纯粹是自然人犯罪时的刑罚,因此,是否构成单位犯罪,常常成为控辩双方争议、辩论的焦点。例如黄光裕行贿罪、内幕交易罪一案即为典型例证。

对法人犯罪的"双罚制"在很多国家被采用。例如,2008 年 12 月 19 日俄罗斯国家杜马通过、同月 22 日联邦委员会批准的《俄罗斯联邦反腐败法》第 14 条规定:"以法人的名义或者为了法人的利益组织、准备和实施腐败违法行为的,后者为了实施腐败违法行为创造条件的,可以根据俄罗斯联邦法律的规定,对法人采取追究责任的措施。""在追究法人责任的同时,不免除犯有过错的自然人对实施腐败违法行为所应承担的责任;对自然人实施腐败违法行为追究刑事或其他责任的同时,也不免除法人对实施该腐败违法行为所应承担的责任。"[1]

笔者认为,我国应当吸取美国、加拿大、俄罗斯等国家的立法经验,修改单位犯罪的规定,分则当中不再具体涉及单位犯罪的问题,只需要在总则部分专门规定——刑法上的"人",既可以自然人,也可以是公司、企业、事业单位、机关、团体,且单位承担刑事责任不能代替责任人的刑事责任。这样,等于是在刑法中均采用双罚制,彻底结束单罚制、双罚制混用带来的混乱。

---

① 杜永明译:《俄罗斯联邦反腐败法》,《环球法律评论》2010 年第 3 期。

关于法人责任不应当影响实施此种犯罪的自然人的刑事责任的规定,在联合国反腐败、反有组织犯罪两公约中有法律依据。《联合国打击跨国有组织犯罪公约》第 10 条"法人责任"第 3 项、《联合国反腐败公约》第 26 条"法人责任"第 3 项皆规定:"法人责任不应当影响实施此种犯罪的自然人的刑事责任。"换言之,不能因为此种犯罪中追究了法人的责任而减轻或免除自然人的刑事责任。该项规定确立了法人犯罪的双重责任原则或称为双罚制原则,即法人在参与《公约》所确立的犯罪时,既要追究法人的责任,也要追究该法人组织中实施此种犯罪的自然人的刑事责任。两者在刑事责任上互不替代,互不成为从宽处罚的理由。[①] 因此,我国刑法有必要对我国双罚制原则进行修改,在总则"单位犯罪"一节规定"单位犯本法规定之罪的,对单位判处罚金,并对直接负责的主管人员和其他直接责任人员,依照本法各该条的规定处罚。"并同时规定"单位责任不影响犯此种罪的自然人的刑事责任"的双罚制原则,分则条文只需在有关条文中规定"单位犯本罪的,亦罚"即可,同时删除分则中类似于"单位犯前款罪"的大量处罚条款的规定。

也许有人认为单罚制还是有必要的,因为双罚制确有不可行之处。笔者认为,如果按照这样的逻辑,严格说来,刑法规定单位犯罪本身就有很多问题,例如机关、国企、事业单位的罚金执行问题,似乎只有退回到只规定"法人犯罪",甚至只规定"非公有制公司、企业"作为犯罪主体,罚金才有意义,否则都是将国家的钱从一个口袋掏到另一个口袋。目前折中的做法,就是刑法总则只统一规定双罚制且不能免除自然人的刑事责任,这样不仅解决了刑法上的诸多理论纷争,也将在程序上大大减少不必要的犯罪嫌疑人、被告人作为犯罪主体设置的问题,减少反复,减少司法资源的浪费,也不给自然人和单位以逃脱、减责的可能性。

关于法人犯罪,美国主要有 7 种理论,第 7 种是法人共犯论,它将法人与自然人视为"坏苹果与坏树"的关系。莫尔(Geraldine Szott Moohr)教授认为,如果代理人是"坏苹果",那么法人就是那棵结了坏苹果的"坏树"。法人环境

---

① 彭凤莲:《从〈联合国打击跨国有组织犯罪公约〉看我国单位犯罪的立法趋势》,《法学杂志》2008 年第 5 期。

对代理人具有重要影响,它降低了法人中的个人价值,破坏了个人遵守法律的能力;法人的体制和政策怂恿代理人犯罪,在法人犯罪中法人与代理人相互影响。因此,法人应当承担共犯的刑事责任。笔者认为,该理论对于跨国公司的母公司与子公司、分公司之间、对于跨国公司与直接负责的主管人员、其他直接责任人员之间的刑事责任分配,都有一定的启示,然而,该理论如何进一步运用于司法实践,尚不明晰。在实践中,美国法院适用下列 3 个要件认定法人犯罪:第一,代理人的行为发生在职务范围内;第二,为了法人的利益;第三,代理人的主观认识和客观行为可归责于法人。

## (二) 在刑事政策方面,应当平等保护

东道国既不应对跨国公司抱有"免检"的幻想,也不应为了保护民族产业的发展等而苛求、打压跨国公司。虽然跨国公司一直是"高效率、高质量与高廉洁"的代名词,但是它首先是以营利为目的的,无论如何它改变不了逐利的本性,因此,期待跨国公司像公务员、像慈善家那样行事,甚至期待跨国公司的到来能够改变我国的一些落后习惯与文化,是不切实际的幻想。

在改革开放初期,为了吸引外资,在税收减免等方面作一些倾斜、优惠并无不可,但是,从长远来看,应该尽可能实现内外资的平等,在刑法上更应当遵循刑法平等原则、罪责刑相称原则。我国的公司、企业按照性质,可分为国有、民营、外资三种。总体说来,资本主义国家和地区的刑法实行一体、无差别的平等保护,越是对公有制经济进行特殊刑法保护的国家,国有财产受侵害的现象越是严重。① 所幸这种现象已经随着我国对于税法、外资企业法的修改而有所改观。

## (三) 我国应当对来华投资经营的跨国公司进行有效的管理

我国的市场监管机制不健全导致跨国公司有机可乘,综观跨国公司的违法犯罪案件,无一不是暴露出中国市场监管部门技术与工作效率的问题。

---

① 张军:《非公有制经济刑法保护的分析与反思》,载《和谐社会与中国现代刑法建设》,北京大学出版社 2007 年版,第 409 页。

跨国公司对我国优势行业的强势企业大肆并购,在我国已日益形成垄断、阻碍相关产业发展,使我国的消费者面临其高额的利润掠夺,也背离了我国对外资引进的初衷。我国应当尽快对来华跨国公司在政府、社会二元规制上下功夫。当前社会管理创新一词较热,对跨国公司的管理当然也面临着创新。无非是二元结构,一是政府管理,二是社会管理,特别是非政府组织的管理,例如消费者协会。

关于政府管理,20 世纪 70—80 年代联合国组织制定的《跨国公司行为守则》、世界银行 1992 年主持制定的《外国直接投资指南》等文件对跨国公司的行为规制有着很强的指导作用。① 我国的各项立法也应当充分考虑这些国际文本的内容,作出相应的规定。应当积极发挥《反垄断法》的作用。例如,对于跨国公司的东道国管理,英美等国均以本国的反垄断法进行调整。英美等国对于跨国公司的规制集中于在其本国形成的垄断,而对于本国的跨国公司在国外的投资则表现出大力推进贸易自由化、进一步放松管制的态度。② 2008 年 4 月 28 日,美国财政部公布了《关于外国法人收购、兼并和接管的条例》,并给予 45 天公众评论期。该条例是《2007 年外国投资与国家安全法》(以下简称《外资安全法》)的实施细则,旨在落实《外资安全法》的有关规定。③ 而

---

① 关于东道国对跨国公司活动的法律规制,见车丕照、董毅:《东道国对跨国公司活动的法律规制》,《甘肃政法学院学报》2002 年第 6 期。

② 严艳:《WTO 规则下对跨国公司本国规制的思考》,2007 年 2 月 7 日,中国法院网,https://www.chinacourt.org/article/detail/2007/02/id/234871.shtml。

③ 《美国外资安全法》于 2007 年 7 月 26 日经总统签署成为法律,旨在改革外国投资委员会(CFIUS)加强外资并购安全审查,该法明确了外国投资委员会的结构、任务、工作程序和职责等,也确定了外国投资委员会各有关行政部门的具体职责。《美国外资安全法》明确了外国投资委员会对交易进行审查的程序。外国投资委员会首先进行 30 天的审查,确定交易是否危害国家安全。如不能确定,则可基于以下原因进行 45 天的调查,包括:第一,交易威胁国家安全,且此种威胁未在 30 天的审查期之前或之内得到减轻;第二,交易受外国政府控制;第三,交易使外资控制重要基础设施,外国投资委员会认为其威胁国家安全且此种威胁未能减轻;第四,负责审查的主要部门认为需要采取此种调查并得到外国投资委员会认可。美国在外资政策上一向寻求促进外国投资与保障国家安全之间的平衡,《2007 年外国投资与国家安全法》及其实施细则进一步扩大了监管范围,严格了监管程序,使我国"走出去"战略目标更加难以实现。见美国公布《〈2007 年外国投资与国家安全法〉实施细则》,2008 年 10 月 27 日,http://2015.casted.org.cn/web/index.php?ChannelID=8&NewsID=3410。另见陈宝明:《2008 年调研报告:美国〈2007 年外国投资与国家安全法〉及实施细则的影响和对策》,2009 年 11 月 13 日,http://www.casted.org.cn/channel/newsinfo/4020。

在发展中国家,对此类问题大都处于探索阶段,我国也不例外。

我国还应当积极发挥消费者协会、环境保护团体等非政府组织的作用,这也是一些发达国家规制跨国公司的经验。单纯依靠政府管理跨国公司毕竟力量有限,而政府的管理手段多为"硬法",而非政府组织大多依靠"软法",其手段灵活、弹性且不失公平、合理与"草根"基础,有时反而效果更好。

另外,为防止有组织犯罪集团对法人作不正当利用,我国应当考虑采纳《联合国打击跨国有组织犯罪公约》第31条"预防"第4项规定的有关措施,包括:1.建立关于法人的设立、管理和筹资中所涉法人和自然人的公共记录;2.宣布有可能通过法院命令或任何适宜手段,在一段合理的期间内剥夺被判定犯有本公约所涵盖的犯罪的人担任在其管辖范围内成立的法人的主管的资格;3.建立关于被剥夺担任法人主管资格的人的国家记录;4.与其他缔约国主管当局交流本款第4项1目和3目所述记录中所载的资料。

对于我国的公司在海外投资因失职而失利、造成重大损失的,在考虑适用我国《刑法》第168条国有公司、企业、事业单位人员失职罪时,应当就该罪的犯罪构成要件作较为深入的探讨。"失职"是过失犯罪,是由于行为人严重不负责任而造成,具体包括其不履行职责、不认真履行职责这两种情况。《德国刑法典》第266条第1款第2项"背信罪"规定,"违反其因法律、机关委托或法律行为所负有之管理他人财产利益的义务,因而使受信托之财产利益遭受损害者",比我国《刑法》第168条"严重不负责任"的规定更具可操作性。①笔者认为,有些犯罪的主观方面要素,完全可以不作具体规定,可以通过客观行为的描述来反映出来,这样既符合罪刑的主客观相统一的原则,不致发生犯罪的主观方面或客观方面的不当"溢出"要件。

如果在海外投资过程中构成其他犯罪的,例如,贪污、受贿、背信损害上市公司利益罪、逃汇罪、滥用职权罪、玩忽职守罪等,应当依照我国刑法追究其刑事责任,除非行为人在东道国已经受到相应的处罚。当然,如果在外国已经受过刑罚处罚的,可以免除或者减轻处罚。

---

① 王安异:《投资失职的刑法控制》,《中国刑事法杂志》2010年第6期。

## （四）对于我国"走出去"的企业，应当促使其守法经营

我国"走出去"的企业实施的犯罪无非是三类：

1. 违反国内法。例如，对投资失职者，应当依法追究其法律责任，包括刑事责任。对于利用国企改制实施的犯罪，[①]例如，隐匿国有资产投入新公司的行为，不论新公司是中资、民营还是外资，不论新公司位于国内还是海外，这一行为皆构成犯罪，应为私分国有资产罪。[②]

2. 违反东道国的法律。我国企业境外间接上市[③]过程中容易产生资产外流的问题。该问题对我国证券市场发展、货币市场秩序和税收增长产生了负面影响。政府应对境外间接上市过程中的资产外流问题进行必要监管。问题的根本解决，需从改善境内融资条件、健全监管制度、实现企业的平等待遇[④]以及加强对私人资产法律保护等方面入手。

3. 上述两者兼而有之。此外，我国"家公司"管理方式带来了刑事责任认定的一些问题。公司发起人、高管按血缘、亲缘、地缘关系组建，不仅是私营企

---

[①] 国企改制三部曲的第二步：把集体资产变成了私人资产。国企改制的一般规律就是三部曲：第一步是把国有资产变成职工集体资产；第二步是再把集体资产变成私人资产；第三步就是把国内资产变成外国资产，彻底摆脱中华人民共和国法律和制度约束，实现"蛹化蝶"的全部过程。

[②] 上海社会科学院法学所"公司犯罪研究"课题组：《国有公司犯罪若干疑难问题研究》，《中国人民大学复印报刊资料〈刑事法学〉》2008年第1期。

[③] 又称境外借壳上市，是指境内企业以其境内拥有或控制的权益为基础、通过境外设立或控制的公司境外发行股票并上市的行为，基本操作为境内企业境外设立或者控制一家壳公司后，将境内企业资产注入该壳公司或者以其他形式使该壳公司控制境内企业，壳公司最终在境外公开发行股票并上市。90年代后期以来，境内企业境外上市数量不断上升，在为境内融得大量境外资金的同时，其中所蕴含的财富外流问题也越来越受到关注。见伏军、石伟：《境外间接上市财富外流问题分析——以新东方纽约交易所上市为例》，《暨南学报》（哲学社会科学版）2008年第4期。

[④] 2006年8月8日，为了加强境外间接上市监管，商务部、国资委会、国税总局、工商总局、证监会、外管局五部委联合颁布《关于外国投资者并购境内企业的规定》，根据该《规定》，境内公司、企业或自然人以其境外合法设立或控制公司名义并购与有关联关系境内公司时，由此产生的外商投资企业不享受外商投资企业优惠待遇。但是，境外公司认购境内公司增资或者境外公司向并购后向所设企业增资，增资额占所投企业资本25%以上或实际控制人以外的外国投资者出资比例高于25%的，可享受外商投资企业待遇。见伏军、石伟：《境外间接上市财富外流问题分析——以新东方纽约交易所上市为例》，《暨南学报》（哲学社会科学版）2008年第4期。

业大多采取家族式的经营管理方式,一些国企乃至央企也未真正采取现代化公司治理方式,任人唯亲,治理之道中"人情"等感情因素较大,决策式家长式的"一言堂",实质上还是"人治"而非"法治"。一旦出事,却不见"家长"的身影,尤其在追究刑事责任时,大多找一些底层一线员工或中低层的管理者"当炮灰",如同一个家庭对邻居、对他人造成了损害事实,结果却是只打孩子,大人没事。殊不知,至少也有"监督过失"的责任。刑事责任的确定绝不是仅仅针对实行犯,而是同样甚至更应重视处罚"共谋"者、造意者。在单位犯罪的情况下,对主管人员一样要追究刑责。这对"走出去"的公司、企业同样适用。

从力量对比上看,我国"走出去"的跨国公司要比来华投资经营的跨国公司少很多,在实力方面也有不小的差距,据全球著名的管理咨询机构麦肯锡公司的一份研究报告指出,过去 20 年里全球大型的企业兼并案中取得预期效果的比例低于 50%,而具体到中国则有 67% 的海外投资不成功。在这些不成功的海外投资中,其中 2005 年中海油以 185 亿美元全现金方式竞购美国尤尼科失败案、2008 年中铝以 195 亿美元收购矿业巨头力拓 18% 股权毁约案和 2009 年一笔缴纳 157 亿美元昂贵学费的"平安—富通案"最具典型性和代表性。[①]失败的原因固然很多,但是,在很大程度上与我国海外投资者法律风险意识缺失有关。

应该说,我国政府对企业"走出去"的重视程度在不断提高。主要体现在:

一是把推进中国企业"走出去"战略作为一项国策,进一步完善了各项管理制度。制定了新形势下加快实施该战略的政策措施,出台了《境外投资管理办法》《对外承包工程管理条例》《对外承包工程资格管理办法》等配套法规。

二是加强宏观规划指导,落实各项支持政策,由商务部牵头,联合发改委、外汇管理总局、国资委等部门,对海外投资的公司、企业提供政策、法律等方面的培训、指导。

---

① 张媛媛:《论中国海外投资问题的法律缺失与影响——兼评海外投资失败的"三大典型案例"》,2011 年 6 月 13 日,北大法律信息网,http://pkulaw.cn/fulltext_form.aspx? Gid = 335603872。

三是开展服务促进工作,提供境外权益保障。2009 年,中国公司海外收购仅次于德国,总额达 218 亿美元。目前,中国已发展成为列英国、美国、日本之后,第四大受欢迎的投资国家。

然而,我国仍然迫切需要对本国的公司、企业、特别是"走出去"的跨国公司严格把关,加快制定《海外直接投资法》,既要防范中国企业在海外实施犯罪,也要使其充分了解相关的法律风险,充分考虑西方发达国家,非洲资源国家、政治动荡国家等国外一切影响我国进行海外投资发展的不利因素,特别是东道国的刑事法律,了解构成刑事犯罪的风险。

例如,美国证监会(SEC)主席玛丽·夏皮罗于 2011 年 4 月表示,自 2010 年 12 月以来,已有 8 家在美上市的中国公司被摘牌。2011 年 3 月以来,24 家在美上市中国公司的审计师提出辞职或曝光审计对象的财务问题,19 家在美上市中国公司遭停牌或摘牌。2011 年 6 月 9 日,美国证监会在其网站上发布了一份长达 6 页的公告,警告投资者反向收购公司所面临的巨大风险,而公告中所列公司几乎全部来自中国。而涉嫌造假的中国企业已经从转板上市的中小企业向主板蔓延,由美国证券市场延伸至加拿大。

跨国公司企业营业地在东道国境内,其一切经营活动在东道国境内,无论是根据属地管辖原则还是根据属人管辖原则,跨国公司都应当受东道国的规制。我国应当积极从刑法等各方面加强对来华跨国公司、我国"走出去"公司、企业的规制,有效抗制跨国公司的犯罪。

(本文原载《法治研究》2013 年第 3 期,中国人民大学复印资料《国际法学》2013 年第 6 期转载,获教育部"新世纪优秀人才支持计划"(Ncet-11-0590)项目资助)

# 论跨国有组织犯罪的特征及抗制措施

有组织犯罪这一犯罪形式,危害远远超出单个的个人、单位的犯罪。随着全球经济一体化的进程加快,交通、通信、商贸、留学、旅游等跨国活动逐年增加,为数不少的有组织犯罪呈现出跨国的特征,他们利用不同国家和地区的立法、司法、执法规定的差异,其活动和危害范围远远超出单个国家,远比一般想象中有组合运作能力,有些跨国有组织犯罪集团的武力、人力和财力,甚至比国家司法机关还要强大、高效,因此已非传统主权国家一国所能有效抗制。随着跨国犯罪愈演愈烈,预防和惩治跨国有组织犯罪已成为各国政府和相关国际组织的共识。

跨国有组织犯罪是危害甚重、性质特殊的犯罪,经济实力、组织性比 20 世纪后期的有组织犯罪都大大增强,全球化、网络也使其如虎添翼。黑社会组织、恐怖组织犯罪更是其中的典型代表,其实施的跨国经济犯罪同样危害比一般的跨国经济犯罪更大。如何进一步改善国家之间、国际层面的刑事立法、司法、执法合作,从而有效预防与惩治跨国有组织犯罪,是摆在各国政府、组织面前的严峻问题。

## 一、跨国有组织犯罪的特征

依托《打击跨国有组织犯罪公约》以及各国的国内立法、司法实践,我国有相当一部分学者对打击跨国有组织犯罪进行了有益的研究探讨。笔者认为,各国面临的预防和打击跨国有组织犯罪的难度是前所未有的,而难点主要在于跨国有组织犯罪的以下三个本质特征：

一是"混合"。跨国经济犯罪行为大多与合法行为相混合，难以鉴别。因投鼠忌器，常常让这些犯罪在合法外衣的掩盖之下逃脱法网。从跨国有组织经济犯罪来看，具体有三种情形的"混合"。

1. 依法成立的企业、公司，一般合法经营，也有经济违法犯罪行为。

根据中国社科院发布的 2010 年《法治蓝皮书》，有 50% 的黑社会性质组织拥有合法企业。在犯罪组织涉及的正当行业中，物流、娱乐、建筑、采矿、房地产等占主要部分，其中有 23.1% 的黑社会性质组织从事着物流行业。"白黑红"一体型是中国目前黑社会性质组织中最典型、最高级的一种形态，该类组织一般以某一行业起家，逐步扩大市场，进而垄断或控制该行业，最后向其他行业延伸，发展为融"白黑红"为一体的综合性企业和犯罪组织。利用合法的公司和行业为掩护获取经济利益是当前中国黑恶势力犯罪的主要形式。在跨国经济犯罪中，采取跨国有组织犯罪集团形式，在行为手段上违法犯罪与拥有合法企业身份，"整合"政府、企业、非政府组织、黑社会等多方资源实施的跨国经济犯罪屡见不鲜。

2. 依法成立的企业、公司，但主要实施违法犯罪行为，例如生产、销售假冒伪劣商品、逃税、走私、洗钱等。

3. 未取得营业执照，却以企业、公司的名义，从事违法犯罪行为。

上述第 3 项，我国已经明确将其排除在单位犯罪之外，只按照自然人犯罪追究其相应的刑事责任。对于上述第 1、2 项，合法、非法经营相混合，给查处、打击带来很大难度。在这方面，美国 1970 年国会通过的《反有组织犯罪及腐败组织法》，即通常人们所说的"RICO 法"（Racketeer Influenced and Corrupt Organizations Act 的缩写，以下简称"RICO"）的做法颇有值得借鉴之处。

首先，RICO 规定的行为是一种建立在具体的"基础行为（predicate activities）"或者"上游犯罪"之上的行为，换言之，是基于基础行为而抽象出来的、更高一层的行为。只有存在一些具体的犯罪行为，并且这些具体行为符合构成 RICO 基础行为的条件，才可以从这些基础行为中抽象出一个 RICO 行为出来，而并无一种可以直接成为 RICO 行为的具体行为。这种"双层"属性使得民事诉讼的当事人，在提起普通法项下的行贿受贿、侵权或欺诈等诉讼的同时,得以额外提出一项 RICO 指控。即使 RICO 指控最终不成立,也仍不影响那些具体的普通法项下指控的成立;但具体的普通法项下指控的成立,并不必然意味着违反 RICO 法行为的成立。RICO 指控只有符合规定的构成要件后,才能成立。① 亦即,RICO 法没有创设任何新的罪名,所有的罪状都源于 46 种上游犯罪。

RICO 在刑事立法方面的一大突破,是允许许多不同的罪行在一个单独的控诉中进行起诉。依据 RICO 法,这些不同的罪行甚至可以以一项单独的控罪来起诉被告人,只要被告人的罪行是与犯罪组织相关的犯罪模式的一部分。从本质上讲,RICO 法针对的是有组织的商业犯罪。由于 RICO 的上游犯罪包括各种形式的犯罪活动,例如贿赂,②使得 RICO 法的适用范围相当广泛。

其次,不同于以往打击有组织犯罪常常抓住了"小鱼小虾",却抓不住"大佬"的情况,RICO 法的目的是——"在每一个有组织犯罪案件中,目标始终是寻找犯罪组织的最高级领导人并将其定罪。"③

再次,RICO 不只适用于有组织犯罪案件,它也适用于警察、法官和政府官员的渎职案件。

复次,RICO 法第 1964(c)款规定,允许任何 RICO 法项下的受害人提起民事诉讼,一旦民事 RICO 指控得以成立,则被害人可以获得 3 倍于其实际损害金额的赔偿及合理支出的律师费。这本来是为了给被害人以足够的赔偿与安慰,结果在实践中出现了被滥用之势,原告及其律师想方设法将其民事诉求,包括违约、普通法欺诈、产品质量责任等描述为刑事犯罪,以期获得适用 RICO 法及其相应的三倍赔偿标准。

最后,RICO 法可以域外运用,其效力涉及于域外犯罪行为,是理想的打击跨国有组织犯罪的有力武器。在通常情况下,美国之外的犯罪行为如果威胁到美国的主权,或者是使相当数量的美国公民受到影响,法律对美国之外的犯

---

① 马明宇:《美国 RICO 初探》,2011 年 12 月 5 日,中国法学网,http://www.iolaw.org.cn/showNews.asp? id=6245。

② [美]詹姆斯·B.杰克布斯等:《被解缚的哥特城》,时延安译,北京大学出版社 2009 年版,第 158、326 页。

③ [美]李张健仪:《有组织犯罪调查与起诉:美国的经验》,陈晓济译,《公安学刊(浙江警察学院学报)》2009 年第 4 期。

罪行为依然适用。

然而,如此大的权力,RICO 赋予的权力显然存在被滥用的可能。为此,美国司法部集中检控有组织犯罪的部门"有组织犯罪和敲诈勒索检控处"(OCRS)设有一个特殊的检察官部门,仔细审查所有拟根据 RICO 法进行的指控是否在法律和事实上充分,以此确保 RICO 法只在必要时适用。如果其他的法律也能起到同样的效果,该部门会建议放弃潜在的 RICO 指控。

二是"联合"。跨国犯罪组织有强烈的经济利益驱动,有的还有政治利益、宗教信仰掺杂其间,内部成员之间"高度、高效联合",使用暴力、利诱等方式管理控制成员,其抗打击能力比一般的共同犯罪呈几何倍数增强,政府需要对其采取部门之间的高度联合行动才能有效打击。然而,无论是一国国内不同部门的协作,还是国家、地区之间的协作,有时比不上有组织犯罪人——包括自然人和公司等单位——之间的联合来得紧密,尽管有国际公约、国内相关立法的授权,有预防与打击跨国犯罪的强烈国家意愿与国际意愿的支撑。

其实,有组织犯罪的本质特征就是"高度联合"——资源信息联合、行动联合,这种特征与公司制度很相似——严密的组织、精密的分工、高效的协作。可以说,跨国有组织犯罪愈来愈呈现出"公司化"、"企业化"的倾向,其管理的有组织性、行动的计划性、成员分工的精细程度堪与跨国公司"媲美",这在跨国洗钱犯罪中体现得尤为突出。

与 20 世纪 80 年代以前的有组织犯罪不同的是,当今的跨国有组织犯罪不仅以实施跨国经济犯罪为主,而且其"成员"不再限于自然人,而是也有公司、企业,其中不乏跨国公司集团。跨国公司控制了世界生产的 40%,国际贸易的 60%,对外直接投资的 90%。不少跨国公司与国际犯罪组织有着复杂甚至密切的联系。①

从内部因素看,近年来我国的单位犯罪日益增多,犯罪主体有组织化的趋势,一些企事业单位、甚至机关为追求非法利润,利用其熟悉金融、税收、外汇等运作流程和薄弱环节,大肆进行跨国经济犯罪。从外部因素看,近年来来华

---

① 李锡海:《经济全球化与我国刑事犯罪》,《中国人民大学复印报刊资料〈刑事法学〉》2001 年第 7 期。

贿赂的跨国公司,更是"前赴后继"。至今为止,全球跨国公司 500 强中已有 400 家在中国投资了 2000 多个项目,[1]如果不尽快净化投资环境,严格国际间经贸规则的执行,将使得更多的跨国公司与跨国犯罪组织相勾结。

与国家之间、国家内部司法、执法机关相比,为何跨国有组织犯罪的"联合"紧密程度常常更高?原因主要有以下三个方面。

第一,动力不一样。对跨国犯罪组织而言,能否有效联合、"协同作战"是关系到其组织及成员的生死存亡的问题,而对各国司法、执法机构及其成员而言,其感受就未必能够如此深刻,动力、压力也没有那么大,虽然从根本上讲,能否有效抗制跨国有组织犯罪的侵害无论对国际社会还是一国的可持续、健康发展也都是生死存亡的问题。

第二,从利益因素角度看,部门利益(在国内合作的情况下)、国家与民族利益(在国际合作的情况下)导致"保护主义",在打击跨国有组织犯罪时的本位主义,一定程度上阻碍了国内、国际合作的广度、深度与效率。

第三,观念的差异。俗语说"隔行如隔山",不同的机构、部门之间对其他单位的工作性质、难度等了解不够全面、深入,导致沟通、配合不畅。而在国际层面,这一情形就变得更加复杂,加上东西方、南北方不同国家意识形态的差异,再加上对国家安全的考虑、并受国家之间关系的影响,种种因素导致预防与打击跨国犯罪的合作难以取得预期的效果。

三是"特殊"。特殊的犯罪需要"特殊"的刑事措施才能应对。诸如跨国经济犯罪、有组织犯罪、腐败犯罪等,早已不是常规刑事侦查措施所能应付的,其实施的一般都是多种犯罪,犯罪手段比传统黑社会组织更为残忍、多样且"高科技"。因此需要特殊手段。然而,在刑事法治建设尚处在开端的我国,公民守法、司法机关严格依照法律程序办事等法治环境尚未建设成熟,如果引入特殊手段,又恐进一步破坏法制,侵犯人权。例如,两公约等国际法律文本皆针对腐败犯罪、跨国有组织犯罪规定了特别的侦查措施和手段,各国内部也针对这些危害甚重的新型、特殊犯罪在刑事诉讼法上有所突破,例如毒品犯

---

[1] 严艳:《WTO 规则下对跨国公司本国规制的思考》,2007 年 2 月 7 日,中国法院网,https://www.chinacourt.org/article/detail/2007/02/id/234871.shtml。

罪、腐败犯罪、金融犯罪等,具体措施包括增强没收的可行性、延长预防性拘留的期限、给悔罪者以特别的宽大、举证责任的转移、倒置等。然而,这些措施常常是对传统法律所赋予的公民基本权利保护的缩减和贬损,特别是犯罪嫌疑人的权利,保护社会与保障权利的平衡。两难、"两害"——犯罪侵犯人权、侦破、追诉犯罪也可能侵犯人权,既不能防止犯罪,又不能采取高压、极权的刑事政策,变成"警察国",必须在二者之间寻求某种动态的平衡,"两害取其轻",即所谓"既要打击犯罪,又要保障人权"。虽说易说难做,却是各国立法、司法、执法机关共同孜孜以求的目标。

## 二、跨国有组织犯罪的控制措施

有组织犯罪要比以往更加严重,甚至可以说超出了人们的想象,用 20 世纪的传统方法已经无法有效打击。笔者认为,鉴于跨国有组织犯罪的特殊性,我们需要采用新方法解决 21 世纪人类面临的这一严峻、棘手问题。可以考虑:

### (一)进一步落实《联合国打击跨国有组织犯罪公约》的规定

为有效打击跨国有组织犯罪,《联合国打击跨国有组织犯罪公约》(以下简称《公约》)从传统的程序法方面的国际合作扩大到实体法方面的国际合作。这种实体法方面合作的显著标志和基础,就是明确规定应予以预防、禁止和惩处的跨国有组织犯罪以及构成跨国有组织犯罪的犯罪行为。《公约》第 3 条对跨国有组织犯罪所进行的表述是"跨国的且涉及有组织犯罪集团的犯罪"。《公约》规定,构成"跨国有组织犯罪"必须具备以下 3 种情形之一:

1. 犯罪具有跨国性,即"在一个以上国家实施",或"虽在一国实施,但其准备、筹划、指挥或控制的实质部分发生在另一国",或"在一国实施,但涉及在一个以上国家从事犯罪活动的有组织犯罪集团",或"犯罪在一国实施,但对于另一国有重大影响";

2. 涉及"有组织犯罪集团",这种集团"由三人或多人所组成的、在一定时期内存在的、以金钱或其他物质利益为目的而一致的行动",在组织结构方面仅要求"并非为了立即实施一项犯罪而随意组成的集团",但不必要求"确定成员职责,也不必要求成员的连续性或完善的组织机构";

3.属于《公约》确定的4类具体犯罪以及各国国内法中的"严重犯罪"——"可受到最高刑至少4年的剥夺自由或更严厉处罚的犯罪"。《公约》确立的4类犯罪是指参加有组织犯罪集团、洗钱、腐败和妨害司法。

"参加有组织集团罪"包括下列故意行为:

1.任何为直接或间接获得金钱或其他物质利益而与他人约定实施的严重犯罪;

2.明知有组织犯罪集团的目标和一般犯罪活动或其实施有关犯罪的意图,或明知其本人的参与将有助于实现上述犯罪目标而积极参加的有组织犯罪集团犯罪活动或其他活动;

3.组织、指挥、协助、教唆、便利或参谋实施涉及有组织犯罪集团的严重犯罪。

我国刑法中并无"有组织犯罪"这一概念,而是采用"犯罪集团"、"黑社会性质组织"、"恐怖组织"等方式加以规定。因而,这些概念与《联合国打击跨国有组织犯罪公约》所规定的"有组织犯罪集团"是交叉关系,并不一一对应。但是,这并不妨碍我国刑法在作出具体规定时,尽可能符合公约的要求。

## (二) 加强各部门之间的协调,联合行动、共同打击

1990年第八届联合国预防犯罪和罪犯待遇大会通过了《预防和控制有组织犯罪准则》第12条规定:"……应考虑是否需要建立拥有各种专门人员的专门机构,专门打击有组织犯罪。"跨国犯罪是涉及多个国家和地区、需要国际社会有效合作、联合打击的犯罪,有组织犯罪是组织性、破坏性很大的犯罪,经济犯罪是专业性很强的犯罪,三者结合的跨国有组织犯罪的预防与惩治,其难度可想而知。只有成立专门、高效的联合行动机构,才能及时、全面地掌握其犯罪信息,及时作出反应。例如,美国"在20世纪最后20年里,联邦、州和地方政府为了将纽约从科萨·诺斯特(Cosa Nostra)这个美国历史上最大、最复杂、最典型的犯罪辛迪加的束缚控制中解放出来,付出了全面的、空前的努

力。"1970 年,纽约州创建了"打击有组织犯罪特别行动组"(OCTF)。从 20 世纪 60 年代早期开始,逐渐形成联邦有组织犯罪控制计划,直到 80 年代中期才完全成熟。① 英国 2006 年 4 月 3 日成立的"打击严重有组织犯罪署"(Serious Organized Crime Agency,"SOCA")就是基于这一出发点。该机构共有 5000 多名职员,联合了原来的英国国家犯罪小组和犯罪情报处等机构。有人称其为"英国联邦调查局",因为它在很多方面仿效美国的联邦调查局(FBI),其实质变革在于,将用"特殊方式"对待"特殊罪犯",从而更有效地打击人口贩卖、毒品走私、欺诈案以及其他严重的有组织犯罪活动,但不包括恐怖犯罪和谋杀案。② 其"联合行动、联合处理"的特征表现在:由当时已经存在的 4 个机构成员组成。这 4 个机构包括英国国家罪案署(NCS)、全国刑事情报局(NCIS)、海关的调查机构和移民局的调查机构。其成员不仅有警察,还包括大量调查员、情报员、会计师、审计师、计算机专家和其他具有专业技能的工作人员。新机构的使命涵盖先前多个刑事执法和情报部门的职能以及移民和海关部门的某些执法项目。对跨国有组织犯罪,英国打击严重有组织犯罪署针锋相对地采样了"跨国打击"的特点——除英国国内外,同时在海外部署了 130 名左右情报人员,可以有效打击协助这些有组织犯罪行为的外围人士,其中包括知名律师和会计师。同时,建立庞大的全球网络及时交换信息,通过海外运作,打击任何在英国本土从事严重有组织犯罪的行为。

之所以如此改革,用当时首相布莱尔的说法就是,"这不是 50 年代的犯罪,甚至不是 80 年代的犯罪,这是 21 世纪的有组织犯罪,走私人口、有组织的毒品团伙、大规模的欺诈。如果我们想沉重地打击他们,我们将需要新的权力和新的组织来从事这项工作。""有组织犯罪往往是联合行动,我们的警察同样也要采取联合行动。"联合行动一向是英国警方的"软肋",而打击严重有组织犯罪署成立后,共享情报线索、协同派遣警力等工作更为顺畅地展开。

在我国香港特别行政区,廉政公署不仅要查办政府机关公务员贪污渎职

---

① [美]詹姆斯·B.杰克布斯等:《被解缚的哥特城》,时延安译,北京大学出版社 2009 年版,第 157 页。

② 《布莱尔称将成立"英国 FBI"专门打击有组织犯罪》,2004 年 2 月 10 日,新浪网,http://news.sina.com.cn/w/2004-02-10/07141759339s.shtml。

贿赂案件,而且也要侦办商业机构包括一些私人公司的犯罪案件。由于办案机关单一,在证据搜集和整理过程中,不会出现重复办案浪费司法资源的现象。我国的跨国经济犯罪案件,最好由专门机关统一负责侦查,"这样既可以淡化跨国犯罪案件中的政治因素,减少中国政府的国际压力;同时也可以全面收集相关证据,提高打击犯罪的效率。"①

其实,针对特殊性质、特殊危害的犯罪,国家设立专门机构对付这些犯罪,并不鲜见。关键是其成效,而这一决定于该机构是否有"牙齿"、"牙齿"是否锋利。例如,英国打击严重有组织犯罪署的任务虽然是由英国内政部确定的,但是它的性质却是一个独立于政府之外的有执法能力的情报机构,即它并不只是一个警察机构,而是被赋予了警察、海关官员和移民官员的综合权力。

我国近年来对打击跨国有组织犯罪非常重视,公安部刑侦局特设"反有组织犯罪处",并在各省、市公安局陆续建立相应机构专门负责对有组织犯罪的侦查工作,组建"打黑"网络,建立"打黑研究中心",与金融、税务、工商、文化、经贸等社会部门加强配合,进行"打黑"情报、信息的交流,总结、探讨"打黑"工作的经验与对策,强化"打黑"手段和基础建设。② 其存在的主要问题是,与其他相关机构之间的协调仍待增强,亟须提高协调能力,联合行动、联合打击,唯其如此,抗制跨国有组织犯罪才会有实质性的成效。

## (三) 适当调整刑事诉讼措施,包括特殊侦查手段

英国 2006 年成立的打击严重有组织犯罪署在处理有组织犯罪时,警方将降低对证据的要求,包括可以使用电话窃听证据、与污点证人合作以及向证人提供更有效保护等,以及为警察局和其他机构提供专家支持,以便更好地给罪犯定罪。其理念是,根本不必要像对待普通罪犯那样对待有组织犯罪分子,因为后者很难取证,必须将其"特殊处理"。③

---

① 乔新生:《中国应如何处理跨国商业犯罪案件》,《珠江晚报》2009 年 7 月 20 日。
② 陈明华:《有组织犯罪问题对策研究》,中国政法大学出版社 2004 年版,第 256 页。
③ 《布莱尔称将成立"英国 FBI"专门打击有组织犯罪》,2004 年 2 月 10 日,新浪网,http://news.sina.com.cn/w/2004-02-10/07141759339s.shtml。

打击有组织犯罪法律适用经常遇到的难点是,组织中的组织者、指使者难以得到有效处理,在实际生活中还常常身披"红袍"——同时也是官、警,或者以慈善家的良好形象示人。一旦行为败露,就可能与具体的行为人"切割",难以认定组织者、指使者的刑事责任。对于犯罪组织而言,只不过是斩断了章鱼的一根触须,对于犯罪组织不会有严重影响。而对行为人及其家庭,组织者可以通过经济补偿和其他手段进行安抚,因此一般犯罪组织的具体行为人从其"行规"出发,一般也不至于将组织者、指使者供出来,否则,不仅得不到任何好处,还可能被"做掉"。① 为了能够抓获并有效处罚"幕后大佬",就需要运用特殊的刑侦手段,掌握足够的证据,使其无法负隅顽抗。

采用特殊侦查手段既是联合国《打击跨国有组织犯罪公约》第 20 条的规定,也是许多国家的做法,包括控制下交付——包括在拦截货物后允许其原封不动地或将其全部或部分取出替换后继续运送至目的地、电子或其他形式的监视、特工行动等。其他在传统刑事诉讼法上的突破性措施还包括:增强没收的可行性、延长预防性拘留的期限、给悔罪者以特别的考虑、举证责任的倒置等。②

我国新通过的刑事诉讼法在"侦查"一章中增设了"技术侦查措施"一节五个条文,规定了秘密监控、乔装侦查和控制下交付三类特殊侦查措施,对技术侦查措施予以法律认可,同时通过立法严格限制技术侦查措施的适用,力求实现犯罪控制和人权保障两大价值目标的平衡。然而,这些措施是对传统法律给予个人权利保护的缩减,特别是犯罪嫌疑人、被告人的权利,在刑事法治建设尚处在开端的我国,公民守法、司法机关严格依照法律程序办事等法治环境尚未建设成熟,如果大量引入特殊侦查手段,又恐进一步破坏法制,侵犯人权。而不采用这些特殊侦查手段,又难以实质性抗制跨国有组织犯罪。如何在实践中真正在打击犯罪、保障人权之间取得适当的平衡,是刑事法领域的永恒话题。

---

① 曲新久:《对当前经济犯罪特征的再认识》,《中国人民大学复印报刊资料〈刑事法学〉》2008 年第 1 期。

② 郑列:《〈联合国反腐败公约〉视角下的特殊侦查措施》,《政治与法律》2008 年第 8 期。

## （四）　在加强国际刑事司法、执法合作的同时，立足打击国内有组织犯罪

事实上，相当一部分跨国犯罪组织是由国内犯罪组织演化而成。即使是跨国有组织经济犯罪，它也不是与具体国家和地区无关，或者完全摆脱相关国家和地区管辖、制约的，这些跨国有组织犯罪不可能存在于"真空"中。而且，即便是跨国犯罪组织利用了不同国家法律规定的不一致性、主权国家的自我保护意识实施犯罪，它的准备、筹划、指挥或控制绝大多数还是在具体国家领域内进行，这些犯罪组织的形成、"成长"当然也是在一国或地区以内，因此，打击跨国有组织犯罪，既要重视国家间的合作，也要重视主权国家对国内有组织犯罪的预防与惩治。当前，有组织犯罪在各国都不鲜见，关键是政府要有意愿、有能力予以不懈打击，并长期保持"高压"态势，不让其衍生蔓延成气候。

有组织经济犯罪是犯罪组织，包括黑社会组织与其保护伞的结合，是"黑白红"道的结合——一边是腐败者通过自己手中的权力，危害了其他人的生存权、发展权等合法权益，其手段总是离不开：（1）与黑社会等犯罪组织内外勾结，侵吞公共财产、公司等单位财产，使国家、集体、单位遭受巨大损失，（2）接受他人的贿赂，为他人谋取不法利益的违法犯罪行为大开绿灯，"他人"从中获得了形形色色的"不法利益"，其本来的不法行为、不法利益合法化，乃至由于长期受到审批、监督机构的保护（"金刚罩"）而"做大做强"。结果不仅"洗钱"，而且"洗人"——罪人变成了强人、能人、神人、功臣，沽名钓誉，进一步坑蒙拐骗，与"保护伞"沆瀣一气，称霸一方，乃至享誉全国甚至成为"国际名人"。在转型时期，在对物质追求无止境的享乐主义追求过程中，官商结合无疑是这种利益最大化的"双赢"组合。

相比其他国家，我国尤其应当警惕有组织犯罪。中国人的"关系"观、家族、地缘（老乡）观、人脉（哥们）观远甚于西方人，中国人的吃喝、送礼风气（美其名曰"饮食文化"、"酒文化"、礼尚往来）、拉帮结派的兴趣与能力也非西方人所能望其项背，且"一人得道，鸡犬升天"，其他的七姑八姨、沾亲带故的都能打入这种"组织"，搭上这趟快车，牟取暴利。这一特点为有组织犯罪者所利用，其衍生的速度与危害将一点不亚于世界其他国家的有组织犯罪。而国

内的有组织犯罪一旦涉入跨国经济活动,则组织更牢固、行动更疯狂、危害更不可估量。

鉴于此,要立足国内,打击跨国有组织犯罪,从方法上看应当注意以下两点:

第一,不能孤立地打击有组织犯罪、腐败犯罪、渎职犯罪,因为这些犯罪大多是纠结在一起的,是非法"交易"经济的产物——权钱交易。因此,应当全面出击,既"打黑",更要敢于"打白",打击"保护伞"。"有组织犯罪的存在和发展是以政府有关部门提供的政治庇护为前提的,犯罪组织通过贿赂与警察部门、司法部门建立广泛的联系,从而获得政治保护。""如果没有权力被腐败所造成的'权力真空',黑社会组织不可能存在和发展。因此,反腐败是预防黑社会产生的重要战略措施,也是与黑社会作斗争的重要内容。"①究竟是"鸡生蛋",还是"蛋生鸡",说不清楚,但是显然可以说这些有组织犯罪与"保护伞"的腐败、渎职犯罪互为因果,应当予以整体打击。

第二,"打黑"不能采取运动式,而应当成为常态,从中央到地方制订专门的计划,成立专门的打黑机构、组织。传统的刑事手段不足以打击有组织犯罪。

(本文原载《中国刑事法杂志》2012 年第 7 期)

---

① 陈明华:《有组织犯罪问题对策研究》,中国政法大学出版社 2004 年版,第 242 页。

# 论国际金融反恐的现状与反思

"9·11"事件以后,反恐成为国际社会关注的主要国际安全问题之一。虽然恐怖主义并非从"9·11"才开始,联合国早就制定过13个与反恐有关的条约和公约,安理会自20世纪90年代起就审议了反恐方面的问题,作出决议,制裁了一些与恐怖主义行动有关的国家和组织,[①]反对恐怖主义,谋求国际国内和平,是国际社会的共识。但是"9·11"以后,反恐工作进入了一个全新的阶段,反恐在军事、外交、情报、经济等领域综合展开。其中,切断恐怖组织的经济命脉,使其无法获得任何经济来源的国际金融反恐被认为是至关重要的"正本"的反恐手段。原因在于,恐怖主义对人类社会安宁、和平带来直接的威胁,而恐怖融资还对金融系统的健康运行造成危害,即妨害金融管理秩序,严重威胁各国的金融安全,阻碍国际金融经济的正常发展。因此,国际金融反恐所追求的目标具备正当性。

作为经济全球化的一个主要特征,金融创新和金融自由化使全球金融体系一体化加强。金融全球化既给恐怖主义融资带来便利,也使得国际社会和国家之间联手进行金融反恐合作成为可能,即国际金融反恐具备可行性。"9·11"事件引发的"反恐战"在金融领域打响,以美国为主导、以反洗钱为主要内容的国际金融反恐取得了联合国大会的支持。联合国大会成立了反恐特别委员会,2006年9月,联合国大会通过的《联合国全球反恐战略》其中很重要的一部分就是国际金融反恐。

---

① 何洪泽:《反恐正未有穷期:访联合国反恐执行局主任》,2006年1月26日,http://world.people.com.cn/GB/1030/4064604.html。

循着"恐怖主义的国际化——反恐的国际化——金融反恐的国际化"的路径,国际社会与绝大多数国家都将金融反恐纳入了法律的框架内,即通过合法途径进行国际金融反恐。易言之,国际金融反恐全面展开。

## 一、国际金融反恐的主要内容

所谓国际金融反恐,是指通过各国金融系统和机构的运作,切断恐怖组织、恐怖分子的经济命脉,使恐怖组织、恐怖分子无法生存或发展,使恐怖活动无法实施。具体工作主要是监测恐怖融资行为,防止利用金融机构进行恐怖融资、规范金融机构报告涉嫌恐怖融资可疑交易的行为。[1] 具体包括三个方面:一是国际公约与国家法律将恐怖融资行为规定为犯罪,通过刑法打击恐怖融资,追究行为人的刑事责任;二是国际社会快速、及时冻结、扣押、没收恐怖组织及个人、恐怖主义资助者的各种资产,彻底瓦解国际恐怖主义的融资能力;三是国际国内加强金融监管,预防恐怖组织和个人利用金融系统筹措或转移资金。[2]

那么,如何界定"恐怖融资"在此就成为关键的问题。恐怖融资一般包括四种行为:(1)恐怖组织、恐怖分子募集、占有、使用资金或者其他形式财产;(2)以资金或者其他形式财产协助恐怖组织、恐怖分子以及恐怖主义、恐怖活动犯罪;(3)为恐怖主义和实施恐怖活动犯罪占有、使用以及募集资金或者其他形式财产;(4)为恐怖组织、恐怖分子占有、使用以及募集资金或者其他形式财产。[3] 但是,界定"恐怖融资"的前提又需要厘清哪些客户是恐怖组织、恐怖分子,或者与恐怖组织、恐怖分子有关。对此,国际公约和各国政府或司法

---

① "金融反恐"有时也指金融机构防范恐怖组织针对金融机构进行的恐怖袭击,本文的"金融反恐"不包括这种情形。

② 薛亮、张晓露:《制定金融反恐法,截断恐怖组织财源》,《经营与管理》2006年第12期。

③ 见我国2007年6月8日公布施行的《金融机构报告涉嫌恐怖融资的可疑交易管理办法》第2条。该《办法》第9条规定,除了联合国安理会决议中所列的恐怖组织、恐怖分子名单以外,我国国务院有关部门、司法机关、中国人民银行都有权发布或要求关注恐怖组织、恐怖分子及嫌疑人名单。

部门都有专门向金融机构提供的"黑名单",使金融机构有的放矢。

从恐怖资金的来源看,分为恐怖组织的自身收入和外部资助两类。前者包括合法收入,但是有相当一部分是通过走私、贩毒、贩卖军火、贩卖人口等违法犯罪活动牟取的暴利。外部资助在恐怖资金中占有较大比例。由于恐怖主义的复杂性,一些极端的民族主义、种族主义、分裂主义、宗教主义等组织、个人甚至政府,为了谋取政治、社会、经济以及所谓的信仰目标,给恐怖组织提供资金、武器装备等,支持其实施恐怖活动,借此实现自己的目的。① 这些资金的融通绝大多数情况下需要通过洗钱手段来完成。因此,国际金融反恐与反洗钱有着紧密的联系,可以说,国际金融反恐的主要内容就是监控涉嫌恐怖活动资金的流动、追查、阻截和反洗钱。

金融反恐与反洗钱是交叉关系,而恐怖资金来源与洗钱也是交叉关系。洗钱是恐怖组织或个人取得资金的主要手段,但是恐怖活动的资金来源也包括恐怖组织或个人的合法收入、外部资助等其他来源;洗钱的上游犯罪也不仅限于恐怖犯罪,还包括毒品、走私、腐败、金融等其他犯罪,因而反洗钱也不仅仅是反恐怖洗钱。

## 二、国际金融反恐的主要法律依据

专门为切断恐怖主义活动资金来源而制定的国际法律文件主要是联合国于 1999 年 12 月 9 日通过的《制止向恐怖主义提供资助的国际公约》。它要求各缔约国将资助恐怖活动的行为规定为犯罪,根据本国法律原则采取适当措施,识别、侦查、冻结或扣押用于实施恐怖主义罪行的任何资金及犯罪所得收益,并予以没收。该公约规定了资助恐怖主义罪,即"任何人以任何手段,直接或间接地非法和故意地提供或募集资金,其意图是将全部或部分资金用于,或明知全部或部分资金将用于恐怖活动犯罪的行为"。② 公约还对金融机构

---

① 宋利红:《金融反恐形势分析及对策研究》,《福建公安高等专科学校学报》2003 年第 5 期。

② 俞光远:《反洗钱的理论与实践》,中国金融出版社 2006 年版,第 620 页。

如何采取措施制止恐怖活动资金流动,有关移送犯罪嫌疑人出国作证、引渡、司法协助等问题作了规定。

国际反洗钱和反恐融资领域最著名的指导文件是金融行动特别工作组(FATF)[1]的"40+9"项建议。就在"9·11"事件后一个多月——2001年10月29日,金融行动特别工作组推出了"反恐融资9项特别建议",在1990年颁布的反洗钱"40项建议"的基础上详细制定了关于调查、预防和监控恐怖主义资金流向的一系列建议,包括建议与会成员国将恐怖资金的转移规定为犯罪行为、冻结和没收恐怖分子的资产、报告与恐怖主义有关的可疑交易、加强对非盈利组织资金的监控等。[2] 金融行动特别工作组的"40项建议"和"反恐融资9项特别建议"合称为"40+9"项建议,已得到联合国安理会、国际货币基金组织、世界银行的认可,并逐步成为金融反恐的国际标准。

国际金融反恐的法律文件是与具体的国际金融反恐实践分不开的。例如金融行动特别工作组就在金融反恐方面发挥了极为重要的作用,建立了不合作国家和地区名单(NCCT)制度,并使之逐渐演变为国际合作审查(International Cooperation Review)制度。一旦被金融行动特别工作组列为不合作国家和地区或国际合作审查对象,如果不采取有效措施,该国或地区就会面临金融行动特别工作组的反措施,在吸引国外投资、国际结算等方面受到制裁。

国际金融反恐组织除了金融行动特别工作组以外,主要还有国际金融情报中心——埃格蒙特集团、亚太反洗钱小组、欧亚反洗钱与反恐融资小组等。[3] 鉴于国际金融反恐的重要性与特殊性,各国政府都对它寄予了较高的期望,特别是美国称之为"金融反恐战",主要采取了两大行动:公布恐怖分子"黑名单",通过"2001年反恐法",[4]迫切希望通过跟踪了解恐怖活动资金的

---

[1] 金融行动特别工作组(FATF)有33个成员国和20多个观察员。见《反洗钱金融行动特别工作组FATF简介》,《世界财经报道》2006年4月13日。2007年6月,中国成为反洗钱金融行动特别工作组的正式成员。

[2] Jayasuriya,Dayanath.Money Laundering and Terrorist Financing:the Role of Capital Market Regulators.*Journal of Financial Crime*,2003,No.10.

[3] 国际金融情报中心——埃格蒙特集团有70个成员国家和地区,欧亚反洗钱与反恐融资小组有6个成员国和19个观察员。见张梅琳、牛树成:《国际金融反恐:现状与问题》,《国际商务研究》2007年第3期。另见俞光远:《反洗钱的理论与实践》,中国金融出版社2006年版,第674页。

[4] 宿景祥:《美国"反恐金融战"对国际金融制度的影响》,《现代国际关系》2002年第4期。

来源与去向,断绝国际恐怖分子的经济来源遏制其行动能力。而《爱国者法案》则为全面打击恐怖主义提供了法律依据,其中第三部分"2001 年国际洗钱消除及金融反恐法案",详细规定了金融反恐的各项措施,特别是规定了金融机构的客户识别、业务禁止、情报收集和报告等义务,以此加强对涉恐资金流向的识别和监控。

# 三、国际金融反恐的实效与存在的问题

世界范围的金融反恐,取得了一些成绩。联合国 191 个成员国都向安理会反恐委员会提交了执行 1373 号决议情况的报告,批准 1999 年制定的《禁止金融资助恐怖主义公约》的国家也从 5 个激增至 117 个。170 多个国家承诺在国际金融反恐方面进行国际合作,[1]其中 81 个国家采取了实际行动,包括冻结资产、通过新的反洗钱法律——刑法、银行法和其他金融法规等执行措施,而且处罚比过去更为严厉。[2] 至 2003 年 4 月底,世界 160 多个国家和地区共冻结了 1.34 亿美元的恐怖组织资产。[3]

然而,国际金融反恐在追求正义目标的过程中遭遇了一系列的挑战,出现了一些新的问题。

## (一) 功利目标打折扣

虽然国际金融反恐如火如荼地展开,但是国际恐怖活动有增无减。根据有关报告,2006 年全球恐怖袭击事件达到 14338 起,比 2005 年增加了 29%。[4]

---

① Federal News Service.*The War on Terrorism*：*The Financial Front*.Jan.30,2008,http：//www.cfr.org/publication/12342/war_on_terrorism.htm.

② 见张梅琳、牛树成:《国际金融反恐:现状与问题》,《国际商务研究》2007 年第 3 期。例如,我国刑法增加了惩治资助恐怖主义的犯罪,2007 年 1 月 1 日施行的《反洗钱法》建立了一套新的防范恐怖分子融资的制度。2007 年 6 月,中国人民银行颁布了《金融机构报告涉嫌恐怖融资的可疑交易管理办法》,进一步明确了金融机构报告涉恐可疑交易的义务。

③ 宋利红:《金融反恐形势分析及对策研究》,《福建公安高等专科学校学报》2003 年第 5 期。

④ 外交部:《中国代表在联大"消除恐怖主义措施"议题的发言》,2007 年 10 月 18 日,https：//www.fmprc.gov.cn/web/。

而且恐怖事件的实际经济开支愈来愈低。例如基地组织实施"9·11"恐怖袭击的成本为35万—50万美元之间,制造马德里爆炸案的成本约为15万美元,而制造第一次印度尼西亚的巴厘岛爆炸案的成本只有1.5万—3.5万美元。① 发生在沙特阿拉伯、约旦、俄罗斯、埃及、英国的恐怖袭击,也只涉及很少的资金。

而且,那些所谓根据"权威"司法、金融情报跟踪和查处的"恐怖资金"有相当一部分最终被证明与"恐怖"二字无关,这些情报所提供的"恐怖组织、恐怖分子"的名单范围过于宽泛。美国政府的法令不可谓不严厉,②但是美国财政部的调查显示,虽然针对恐怖犯罪发出了1000多张大陪审团传票、宣布了150多项起诉,但是最终结果是大多数都判决无罪。

鉴于国际金融反恐的此种效果,有分析家认为国际金融反恐是"大炮打蚊子",而且恐怖分子已经得到了他们想得到的影响,即金融反恐不断增加的成本便是恐怖主义得逞的一种形式。这种论断是否准确姑且不论,它至少启发人们对国际金融反恐的利弊得失进行思考。

### (二)公正目标受损

恐怖主义给人们带来恐慌和灾难,而国际金融反恐也付出了较大的代价。

首先,由于恐怖主义活动是一种特殊形式的犯罪,需要对它采取非正常的抗制手段,包括在金融反恐中的一些措施,例如对可疑交易的跟踪、报告等。这些不仅与金融机构以往的一贯做法相悖,也对客户的金融隐私权构成威胁。金融隐私权是一种特殊的个人资料权,指的是个人控制收集、揭露和使用关于其本人金融交易或事务的权利。③ 一般说来,金融隐私权所涉及的个人金融信息包括:(1)有关账户的信息,包括账户上所存款项、收支情况、资金来源和去向、账户记录、信用卡的情况;(2)有关客户交易的信息,包括交易标的、种

---

① 张梅琳、牛树成:《国际金融反恐:现状与问题》,《国际商务研究》2007年第3期。

② 恐怖分子"黑名单"所列组织和个人已经由最初的27个增加至600多个。对不执行"恐怖资产冻结令"的机构,可处以最高50万美元的罚金,对个人可处以最高25万美元的罚金或10年监禁。见宿景祥:《美国"反恐金融战"对国际金融制度的影响》,《现代国际关系》2002年第4期。

③ 潘建珊:《欧美金融隐私保护法律制度比较》,《法学论坛》2007年第5期。

类、性质、内容、价格、当事人、时间等;(3)银行因保管客户的账户而获得的与客户有关的任何信息。现代经济的本质是信息经济、金融经济,公民个人、公司、国家机关等的经济往来在绝大多数情况下都需要经过金融机构,因此对客户信息的保密一直是金融机构的至上原则。然而国际金融反恐却动摇了这一原则。

虽然各国对打击恐怖主义早已形成共识,但是金融反恐的具体措施却不尽一致,实践中进展也不平衡,导致在国际金融反恐的合作中出现不谐之音。例如,美国中情局从"世界银行同业金融电信协会"获取了几乎所有国际金融交易的详细资料。欧盟和比利时有关机构批评国际银行业协作组织"环球同业银行金融电讯协会"(SWIFT)①违反了欧盟的金融数据保护规定。根据这些规定,有关金融交易的信息只能用于与银行业相关的目的,不能用做他途,如调查恐怖分子的资金来源。但美国方面认为,这些信息对于反恐斗争至关重要。此后,欧美双方就此问题展开了紧密的谈判。类似的争议在其他一些国家也不同程度地存在着。

其次,国际金融反恐付出的代价,还有金融系统的效率和效益。在国际金融反恐战中,金融机构首当其冲,责任重大。针对恐怖活动融资、洗钱的金融抗制措施发生在私法特征非常明显的金融领域,而金融活动需要自由、开放的空间,同时也迫切需要顺畅的秩序。金融机构在国际金融反恐中的一系列义务,特别是交易报告义务,即对可疑交易和大额交易进行报告的义务等,与金融经济的自由原则存在着一定的冲突。有些客户为了追求便捷,宁愿将资金通过地下钱庄、典当行等途径进行流转。这使得金融机构客户流失,业务竞争力受损。国际金融反恐的措施适用不当,还会对国家主权造成一定冲击,影响国家之间的金融经济、外交等方面的关系。虽然世界各国政府对金融反恐基本上都采取了支持、配合的态度,但是各国金融经济政策存在差别,对金融隐私权保护的程度不一,在国际金融反恐中行动步调并不一致。在此情况下,一

---

① 该组织总部设在比利时,负责处理全球 200 多个国家 7800 家金融机构的金融信息。它每天传送的金融信息多达 1100 万条,主要记录的是通过电汇和其他方式进出美国的资金情况。见章田:"美金融反恐项目曝光,可获近八千家金融机构信息",2006 年 6 月 23 日,http://www.chinanews.com/。

些在金融经济中占优势或霸权地位的国家给其他国家施以压力,甚至借机重新洗牌,建构利己的金融秩序,给别国的主权带来冲击。

此外,国际金融反恐措施中的至关重要的可疑交易报告制度还存在着监管者与被监管者目标冲突、金融机构认识不一、报告的边际信息价值有限、制度安排缺乏成本效益性等问题。①

## 四、国际金融反恐步履维艰的原因

如前所述,六年来,国际金融反恐在正义、功利两个目标上都不尽如人意。其原因是多方面的。

在当今经济全球化的大背景下,由于资金、货物、人员、信息等要素流动的便捷,更由于恐怖主义产生的复杂根源——各种类型的政治、种族、民族、宗教、文化、法律等方面的冲突,殖民主义、外国压迫等,使得恐怖主义带有鲜明的政治和意识形态色彩,也使得国际金融反恐工作遭遇了很大的阻力。一些恐怖主义组织受到某些国家、政府的支持、援助,使得国际金融反恐的各项措施很难落实。例如,有些国家为了支持恐怖主义,为恐怖组织、恐怖分子开绿灯,在应当追究其法律责任时滥用外交特权和豁免权等。

有时恐怖主义活动、恐怖分子、恐怖组织很难甄别,因而也难以采取准确的金融反恐措施,例如冻结账号甚至停止为可疑金融交易服务,如果缺乏对恐怖主义活动、恐怖分子、恐怖组织认定的可靠信息,就很可能造成对他人经济活动权利、金融隐私等权利的侵犯。有学者甚至提出质疑,"如果监控与恐怖组织有染的账户和机构,是否意味着金融反恐构成了对'无罪推定'的亵渎?"②

金融机构与监管当局的合作普遍不理想。原因在客观上是因为高估了金融机构对客户行为的识别、控制能力,③监管当局对金融机构的合作认为是理

---

① 高增安:《反洗钱:可疑交易行为报告制度有效吗?》,《证券市场导报》2007年第4期。

② 钟伟:《金融反恐是对"无罪推定"的亵渎?》,《南方周末》2002年7月18日。

③ 高增安:《反洗钱:可疑交易行为报告制度有效吗?》,《证券市场导报》2007年第4期。

所当然,缺乏相应的激励机制。主观原因是因为金融机构对自身经济效益和效率的考虑。这些问题在地方的金融机构更严重;国际金融反恐虽然涵盖金融机构和非金融机构,但是在实际操作上,仍然主要集中在金融机构,而相当一部分的恐怖融资却是通过网络或非金融机构渠道实施的。现行的司法、金融系统对网上银行、基金会、信托公司、地下钱庄、慈善组织等替代通汇系统("ARSs")缺乏有效的监管,使得恐怖融资有机可乘。网上银行业务准入条件低,便于成套洗钱账户的开立,而且网上银行业务"不落地"——不需要到柜台办理——使得甄别可疑交易的难度进一步加大。① 在一些国家,现金交易依然占很大的比例。虽然私营部门做出了巨大努力,但是对数额很大的非现金,常常很难得到有效监督,给恐怖活动筹集资金造成了可乘之机。而对网络金融恐怖融资的监管,更是难上加难。本来,金融机构的反恐已经十分困难,收效也不大,而监管、查处这些非金融机构,例如地下钱庄等,司法资源更为有限,操作难度更大。

此外,国际金融反恐所需要的刑事司法协助进展缓慢。一国再强大,都不可能独善其身,因此金融反恐从一开始就注定是国际化的。而国家间的金融机构协助、刑事司法协助就显得尤其重要。然而,刑事法一直以来都是法律领域主权性最强的领域,因此,在此领域的合作要比单纯的民商法领域的合作阻力大。而金融机构在金融反恐方面的合作无论如何是无法脱离司法合作运行的。

国际金融反恐的这种现状与原因足以使人们反思:从国际金融反恐的实际效果看,一方面,离所追求的目标距离尚远,似乎要做的是如何推进的问题;另一方面,这种实际效果的折扣和所付出的侵犯公民权利的代价与金融机构、公众的利益有抵触,需要反思国际金融反恐在某些方面是否已经走得太远,以及是否应当在国际金融反恐与人权保障之间、在国家利益、国际国内社会安全与个人权利(包括法人、组织)之间,寻找适当的平衡点。

---

① 研究表明,需要金融机构报告的可疑交易情况,基本上都需要临柜人员进行主观判断,而网上银行业务既不见票据,又不见人,很难进行有效的甄别。见齐葵香、杨子初、周德宗:《谨防网上银行业务成为反洗钱"盲区"》,《中国金融》2007 年第 19 期。

## 五、国际金融反恐措施的调整与完善

国际金融反恐是必要的。展望未来,国际金融反恐应当趋于理性化,绝不能"以恶制恶",即不能以恐怖的手段、恐怖的程序对付恐怖主义。[①] 国际金融反恐应当尊重国家主权、民族自决权,维护人权,遵循法治的原则。即便是战争,也应当遵守人权法和国际人道主义法。国际金融反恐是在法律框架内进行的,但是从自然法角度讲,"恶法非法",不合理、不合公平正义价值的法在应然层面,应当遭到批评,在实然层面也必然使得公正、功利/效率的目标受损,甚至同时受损。鉴于恐怖主义活动涉及面极宽,破坏力强大,又往往隐匿诡秘,采用惯常的执法措施来侦查和防止恐怖行为很难起作用,反恐法赋予执法部门较大的调查权并对涉嫌恐怖活动者及其行动进行严控,是国家利益和社会福祉的现实诉求,打击恐怖犯罪的需要当然可以要求公民自由作出一定的让步。但是,在国际金融反恐过程中,人权保障应当贯穿始终,并且需要保障三种不同对象的权利:恐怖分子的人权、潜在的恐怖分子/恐怖犯罪嫌疑人的人权以及恐怖犯罪被害人的人权、公众的权利。[②] 而且,依法惩治恐怖犯罪必须正确理解和运用《公民权利和政治权利国际公约》第 4 条规定的克减措施。克减条款的最终目的不是为了限制人权,而是允许缔约国在合法有限制的条件下减免履行人权条约的义务,同时仍要最大限度地保护人权。这种允许本身也是为了便于缔约国应付非常之情势,恢复民主与法治秩序,从而有益于人权的保护。采用克减措施必须以事态威胁着国家生存、紧急状态是暂时的、紧急状态须经有关当局正式宣布为前提。采用克减措施应遵循相称原则、无歧视原则和一致原则。《公约》第 4 条第 2 款还规定了不可克减

---

① 美国俄勒冈州联邦地区法官 9 月 26 日作出裁决,美国《爱国者法案》两项条款违背了美国宪法第四修正案的精神,因为它们允许当局在没有确切理由的前提下就发布搜查令。见《美联邦法官裁决〈爱国者法案〉条款违宪》,2007 年 9 月 29 日,http://cn.sonhoo.com/info/205794.html。

② 关于对恐怖犯罪被害人的人权保障,参见李韧夫、宋玥:《论恐怖主义犯罪中被害人的保护》,《当代法学》2007 年第 2 期。

的权利原则，[1]该条款在赋予各国有克减权的同时，还规定即使在威胁国家生存的紧急状态下，有些权利如生命权、免受酷刑的权利、不受奴役的权利、不受刑事溯及处罚的权利、思想、良心和宗教自由权等是明确的不可克减的权利。

笔者认为，理性地对待国际金融反恐需要调整和完善以下几项措施：

第一，国际金融反恐应当尽可能准确地认定“恐怖组织”、“恐怖分子”。立法应当将认定权限作明确、可操作性的规定，[2]行政或司法部门、中央银行等监管机构应当提高对信息的监测分析能力，经过严格甄别和审核，提供尽可能准确的“恐怖组织”、“恐怖分子”的情报，减少差误，将侵犯公民权利的概率降到最低。

第二，带有非常态特征的金融反恐措施，应当符合必要性、成比例原则。虽然，在恐怖主义的危害严重性与金融反恐手段的严厉性之间，无法进行数学式的计算，然而“比例原则”是必须遵循的法治底线。

第三，恐怖主义活动并非一成不变，并非任何时期都呈现出严峻的态势，那么，法制化的国际金融反恐措施也不可能一劳永逸，而应当因时而变。美国、日本、德国、印度等国规定“落日条款”（sunset clause）的反恐“限时法”可以迫使立法机关进行定期审查，以防止国家公权力的滥用。[3] 虽然这些国家大多延长了其反恐法的有效期限，但是这种立法模式在保障人权、约束和监督国家权力以及对法律有效性的及时评估等方面还是可取的。

第四，增强相关法律法规的可操作性和确定性。例如我国《反洗钱法》为此目标所作的努力有充分的体现——在行政领域改进涉恐名单的信息分发机制和程序，针对金融机构和部分非金融机构出台细化的操作指引与更为明确的要求；在执法、司法领域，制定报告、查封、冻结、扣押和没收相关资产的专门

---

① 佴澎：《论反恐怖主义犯罪的原则》，《法学杂志》2005 年第 1 期。

② 例如我国并无立法对恐怖分子、恐怖组织认定权限的范围、法律后果及相互衔接等问题的明确界定，一定程度上影响了反恐的实际效果。见赵秉志、杜邈：《恐怖组织认定模式之研究》，《现代法学》2006 年第 3 期。

③ 赵秉志、杜邈：《切实贯彻联合国反恐公约，理性选择反恐立法模式》，载《刑事法治发展研究报告》（2006—2007 年卷），中国人民公安大学出版社 2008 年版，第 373 页。

规定及有效程序,制定除名、解冻及保护善意第三人的具体措施等。①

第五,由于律师行业、房地产和彩票行业等特定非金融行业的内部治理结构和监管环境与金融部门大为不同,特定非金融行业反洗钱和反恐融资工作应在充分分析其行业特性及涉及风险的基础上稳妥、科学地逐步展开。

第六,在监管当局与金融机构之间,应当建立对金融机构的激励与约束并举的机制,使得对恐怖资金的查处不致流于形式。

第七,应当加强各国金融机构之间、司法机构之间以及金融机构与司法机构之间的沟通协作。

在国际金融反恐中,最根本的恐怕是需要调整对国际金融反恐的期望值。国际金融反恐的目的是切断恐怖主义的生命线,使得恐怖主义犯罪得到应有的预防和惩罚(打击洗钱犯罪),是报应刑思想的客观反映。但是,"报应"不等于"报复",如果将国际金融反恐作为对恐怖主义或曾经存在恐怖主义的地方、国家、人群进行报复的工具,或者借国际金融反恐之名,行推行金融霸权之实,便是一种新的"金融恐怖"了。美国对恐怖主义作出一些情绪化的过激反应,在一定意义上是可以理解的,道理很简单——让犯罪的被害人制定如何处罚凶手的法律,则该法律的严苛程度可想而知。关键是不应将美国的这种过激反应推而广之,不宜将美国对恐怖主义采用的"严打"措施国际化。

## 六、结语

国际恐怖主义是国际社会面临的严重问题,是对国际和平与安全的严重威胁,打击恐怖主义符合国际社会的共同利益。目前,制定《关于打击恐怖主义的全面公约》正在进行中。国际金融反恐是有必要的,然而"投鼠忌器"也是必要的。恐怖主义产生原因的多样性决定了国际金融反恐的艰巨性,决定了相关刑事法措施的最后手段性。

---

① 张鹿:《中国加入 FATF 的历程及未来反洗钱和反恐融资面临的挑战》,2007 年 8 月 15 日,http://ah.51zhu.com/article/8/2007/20070815149165.shtml。

"法律在危难的时候,方能体现其全部价值。"理性地对待国际金融反恐需要各国做到两点:其一,须在严格遵循《联合国宪章》的宗旨和原则及其他公认的国际法准则的前提下,依法进行;其二,须在一视同仁、采取同一标准而非双重标准的原则下进行。国际社会也应当合理地组织对国际恐怖主义的反应,否则过犹不及。

(本文原载《国际论坛》2008 年第 3 期)

# 论我国反跨国洗钱刑事法律的完善

## 一、当前跨国洗钱犯罪的态势

据广东省检察院通报:外逃至澳大利亚8年的原南海市置业公司经理李继祥因洗钱罪被澳大利亚联邦警察以洗钱罪立案并展开调查,澳大利亚昆士兰州高级法院陪审团于2011年9月13日裁决李继祥被指控的洗钱罪、利用犯罪收益罪等9项罪名成立。2011年9月14日,澳大利亚昆士兰州最高法院宣布李继祥因洗钱罪判处14年监禁,至少入狱10年;因利用犯罪收益违反1995年《澳大利亚刑法典》第400条,被判处12年监禁,至少入狱9年。上述刑罚于2011年9月13日起同时执行,9年内不得假释。同时,在被李继祥转移至澳大利亚的4000万元财产中,已有近3000余万元收缴至国内。至此,广东省检察机关8年追逃的案件告结束,此案被称作"中澳司法合作第一案"。①

除上述案例外,我国破获的其他跨国洗钱案件还包括中国银行广东开平支行前行长许超凡等人洗钱案、赖昌星等厦门远华走私犯罪集团走私、行贿、洗钱案、上海新加坡籍人罗怀韬等人洗钱案,等等。②

伴随着经济全球化进程,以及我国对外开放的不断深入,涉及我国的跨国洗钱犯罪日趋严重。据金融行动特别工作组的报告分析,目前国际洗钱犯罪的一个重要趋势是由发达国家向发展中国家蔓延。在金融全球化的形势下,

---

① 林霞虹、刘艺明:《广东南海外逃"裸官"在澳因洗钱罪获刑26年》,《广州日报》2011年9月23日。

② 康树华:《洗钱犯罪现状、原因与防治措施》,《南都学坛》2006年第4期。

金融监管还不完善的国家就成为洗钱的重灾区。中央财经大学金融学院调查报告指出,2005 年中国隐形经济规模逼近人民币 6 兆元,其中洗钱规模最高达 9300 多亿元。事实上,没有人确切知道,每年究竟有多少数额的金钱被清洗。洗钱形式也越来越五花八门,除了常见的出境旅游、购物、赌博(包括网络赌博)、走私和假贸易外,不少洗钱分子开始利用将非法资金作抵押、取得合法的银行贷款、炒股、购买高额保险后迅速退保、"地下钱庄"等其他手段大肆进行跨国洗钱,仅通过地下钱庄"洗"出去的黑钱每年至少高达 2000 亿元人民币,相当于国内生产总值的 2%。① 我国某些国有企业的海外分支机构甚至已经演变为专业的洗钱中心。

跨国洗钱使得大量"黑钱"频繁跨国转换、流动,不仅给贪污贿赂、走私、金融诈骗、恐怖犯罪分子大开方便之门,滋养了各种犯罪集团,还可能干扰各国对货币需求的预测,妨害多国的正常司法活动,破坏这些国家的金融管理秩序以及市场自由竞争的秩序,影响国际资本运行和投资市场的稳定,给这些国家、地区乃至国际经济造成了严重危害。鉴于跨国洗钱犯罪带来的严重后果及最新发展趋势,近年来我国不少学者对跨国洗钱犯罪展开研究。例如,曲新久教授研究了我国反洗钱的法律框架及其主要内容,②阴建峰教授对我国洗钱罪上游犯罪再扩容的问题进行了深入探讨,③阮方民教授从实践角度探讨了洗钱犯罪的预防与惩治,④邵沙平教授、⑤林安民教授⑥等从有关洗钱国际公约的规定探讨我国反洗钱的相关问题,王新教授介绍了美国、⑦德国⑧反洗钱刑事立法的成功经验及其对于完善我国的反洗钱法律制度的借鉴意义,等等。笔者则在全面总结我国反洗钱立法、司法成就的基础上,对跨国洗钱案件

---

① 《中国洗钱规模最高逾 9000 亿》,2006 年 12 月 3 日,http://www.360doc.com/content/06/1203/00/7579_280909.shtml。

② 曲新久:《中国反洗钱的法律框架及其主要内容》,《法学杂志》2007 年第 2 期。

③ 阴建峰:《论洗钱罪上游犯罪之再扩容》,《法学》2010 年第 12 期。

④ 阮方民:《洗钱犯罪的预防与惩治》,《人民检察》2007 年第 3 期。

⑤ 参见邵沙平、李曰龙:《国际反洗钱法的新发展与我国反洗钱法治》,《法学杂志》2007 年第 2 期。

⑥ 林安民:《我国反洗钱立法演变研究》,厦门大学出版社 2010 年版。

⑦ 王新:《追溯美国反洗钱立法之发展》,《比较法研究》2009 年第 2 期。

⑧ 王新:《德国反洗钱刑事立法述评与启示》,《河南财经政法大学学报》2012 年第 1 期。

的管辖权、是否应当将洗钱罪的上游犯罪扩大至所有犯罪、是否应当将刑法中所有的洗钱犯罪罪名集中规定、是否需要完善洗钱罪行为方式的规定、洗钱罪犯罪主观方面是否仅限于故意、自我洗钱者是否可以单独构成洗钱罪,以及跨国刑事司法、执法中如何进一步加强与外国及港澳台的反跨国洗钱合作等问题提出了自己的一些看法,供有识之士批评指正。

## 二、我国反洗钱立法、司法的成就

我国一直积极参与反洗钱的各项国际合作,先后签署、批准、执行了《联合国禁毒公约》《联合国打击跨国有组织犯罪公约》《联合国制止向恐怖主义提供资助的国际公约》和《联合国反腐败公约》等重要的国际反洗钱法律文件。我国在反洗钱方面的成就主要包括三个部分:一是刑事立法,二是预防性立法,三是反洗钱的法律实践。

### (一) 刑事立法

我国 1979 年刑法典中并没有洗钱罪的专门规定。1989 年 9 月 4 日,我国批准加入了《联合国禁毒公约》。为了履行公约义务,打击毒品犯罪,1990 年12 月 28 日全国人大常委会通过了《关于禁毒的决定》,其中明确规定了针对毒品犯罪的"掩饰、隐瞒毒赃性质、来源罪"。1997 年修订后的刑法典第 191条第一次明确规定了洗钱罪。由于我国参与制定并签署了涉及洗钱犯罪的《制止向恐怖主义提供资助的国际公约》《联合国打击跨国有组织犯罪公约》,因而 2001 年《刑法修正案(三)》对刑法第 191 条进行了修改,将恐怖活动犯罪增列为洗钱罪的上游犯罪,对单位犯洗钱罪增加规定了情节严重的罪状,适当提高了法定刑。2006 年,《刑法修正案(六)》又将贪污贿赂犯罪、破坏金融管理秩序犯罪和金融诈骗犯罪增加为洗钱罪的上游犯罪。2009 年,《刑法修正案(七)》将单位增设为第 312 条掩饰、隐瞒犯罪所得、犯罪所得利益罪的犯罪主体。至此,我国的反洗钱刑事立法基本完备。

我国刑法中罪名为"洗钱罪"的虽然只有第 191 条的规定,但事实上共有

4 个条文涉及有关洗钱的犯罪行为,即第 191 条的洗钱罪、第 312 条的掩饰、隐瞒犯罪所得、犯罪所得利益罪、第 349 条的窝藏、转移、隐瞒毒品、毒赃罪、第 120 条之一的资助恐怖活动罪。严格说来,资助恐怖活动罪不是典型的洗钱犯罪,然而,当前国际社会一般均将恐怖融资视为反向洗钱行为,而且我国于 2009 年 11 月 11 日起施行的《最高人民法院关于审理洗钱等刑事案件具体应用法律若干问题的解释》也对资助恐怖活动罪一并作出解释,因此,笔者认为,对我国的洗钱立法应当从广义理解为宜,即我国刑法中对洗钱犯罪的规定包括以上 4 个罪名。

## (二) 预防性立法

2006 年,我国出台了《反洗钱法》,这是一部综合性的反洗钱法律,包括总则、反洗钱监管、金融机构反洗钱的义务、反洗钱调查、反洗钱国际合作、法律责任和附则 7 章,共 37 条,第一次在法律层面全面确立了我国反洗钱的综合治理机制。我国专门性的反洗钱法律规定还包括《金融机构反洗钱规定》《金融机构大额交易和可疑交易报告管理办法》《反洗钱调查实施细则(试行)》《金融机构报告涉嫌恐怖融资的可疑交易管理办法》《反洗钱现场检查管理办法(试行)》《金融机构客户身份识别和客户身份资料及交易记录保存管理办法》等。应该说,我国已经初步建立起了预防反洗钱的法律、法规体系。

## (三) 反洗钱的法律实践

目前我国主要的反洗钱工作部门都建立了反洗钱执行机构,包括中国人民银行反洗钱局、公安部经济犯罪侦查局、国家外汇管理局管理检查司、中国反洗钱监测分析中心等,中国人民银行各分支机构也从 2004 年开始逐步设立专门的反洗钱机构,配备专职反洗钱工作人员,在中国人民银行系统内,从事反洗钱工作的专职和兼职人员已超过 4000 人。此外,我国在参与国际反洗钱的国际合作方面也取得成效,参与国际、地区社会反洗钱方面的合作不断深化。2005 年 1 月,我国成为金融行动工作小组(FATF)的观察员,2007 年 6 月 28 日成为其成员,在国际反洗钱领域迈出了重要一步。2005 年 10 月,世界上覆盖面积最大、涉及人口最多的地区性反洗钱和反恐融资组织"欧亚反洗钱与反恐融资小组"(EAG)在莫斯科成立,我国成为其创始成员国之一。

## 三、我国反跨国洗钱犯罪的司法困境

我国反洗钱的法律体系已经建立,但是相关法律适用的进展却相对缓慢。从1997年刑法规定洗钱罪,直到2004年3月的广州汪照洗钱案结案,①我国未判决一起以"洗钱罪"定罪的案件;至2007年底,现行刑法适用10年期间被判定为"洗钱罪"的案件仅为5例,共涉及10个自然人,涉案金额约为1.3亿人民币。也正因为如此,2007年金融行动特别工作组发布的《中国反洗钱评估报告》认为:中国未能有效地执行刑法第191条洗钱罪的规定。

从我国的刑事司法实践来看,洗钱罪被边缘化的确是一个不争的事实。"虽然在立法上洗钱是一种独立犯罪,但在司法适用中,洗钱罪却是其上游犯罪的分支,只能在侦破相关上游犯罪的时候才顺带查获洗钱犯罪之事实,在审判时更是以上游犯罪的审判为前提。"②而在跨国洗钱犯罪案件中的适用更是如此。究其原因,一是跨国洗钱利用跨国途径隐瞒犯罪的收益并将该收益转换形式使之合法化,洗钱手段日益跨国化、国际化,犯罪收益越来越深地被隐瞒或掩饰,对跨国洗钱的查处却越来越难。二是,我国有关洗钱的刑事立法、司法、执法仍然存在着一些亟待完善之处。例如,我国洗钱罪名的规定分散,一些洗钱行为在司法实践中无法适用刑法第191条洗钱罪,而是适用了第312条掩饰、隐瞒犯罪所得、犯罪所得收益罪、第225条非法经营罪等条款,导致无法准确统计实际处理的洗钱案件数量。当反洗钱刑事法律遭遇跨国洗钱犯罪时,面临着一系列问题。在刑事立法方面有:跨国洗钱案件管辖权如何确定?是否应当将洗钱罪的上游犯罪扩大至所有犯罪?是否应当将洗钱犯罪统

---

① 被告人汪照协助他人用毒资购得广州百叶林木有限公司60%的股权,并运送毒资作为转让款。后又将上述公司更名为立新公司,以经营林木为名,采取亏损账目的手段,将毒品犯罪所得转为合法收益。2004年3月,汪照以洗钱罪被广州海珠区法院判处有期徒刑1年6个月,并处罚金人民币275000元,没收其违法所得ML320奔驰越野汽车一辆。见康树华:《洗钱犯罪现状、原因与防治措施》,《南都学坛》2006年第4期。

② 林安民:《洗钱罪面临的困境与立法完善》,《福建警察学院学报》2010年第2期。

一规定于一个条文中？是否需要完善洗钱罪行为方式的规定？洗钱罪的犯罪主观方面是否仅限于故意？自我洗钱者是否单独构成洗钱罪？洗钱罪是否应当与上游犯罪并罚？在刑事执法方面有：是否应当扩大反洗钱的义务主体？在跨国、跨境刑事司法、执法方面主要是如何进一步加强与外国及我国港、澳、台地区的反洗钱合作。这些问题直接或间接地影响着打击跨国洗钱犯罪的国际合作推进与实际惩处效果，应予以深入探讨。

# 四、我国反跨国洗钱刑事法律的完善

## （一）刑事立法方面

### 1.跨国洗钱案件管辖权的确定

不仅跨国洗钱的上游犯罪与洗钱犯罪可以发生在不同国家，而且洗钱行为的处置、离析、归并等也常常发生在不同国家，由此，如何合理确定其刑事管辖权就成为是否能够进行有效刑事追诉与处罚的首要问题。

《联合国打击跨国有组织犯罪公约》第6条、《联合国反腐败公约》第23条第2项（3）都规定，上游犯罪应当包括在有关缔约国管辖范围之内和之外实施的犯罪。但是，如果犯罪发生在一缔约国管辖权范围之外，则只有当该行为根据其发生地所在国法律为犯罪，而且根据实施或者适用本条的缔约国的法律，该行为若发生在该国也为犯罪时，才构成上游犯罪。这实际上是"双重犯罪"原则，在认定本国境内洗钱罪的上游犯罪时，该罪可以发生在境内，也可以发生在境外；但在认定境外犯罪时，必须是该罪在其行为发生地与被认定国都被视为犯罪。

然而，欧洲在洗钱犯罪的管辖权方面的规定比国际公约更为进步。《欧洲反洗钱公约》第2条第1款规定："缔约国是否对原生罪拥有管辖权，无关紧要"。《欧盟反洗钱指令》第1条第3款规定："即使产生洗钱财产的行为是在另一个成员国或者第三国领域内实施的，仍然应当认为是洗钱。"根据这一规定，当洗钱涉及的财产是来自国外的犯罪收益时，尽管上游犯罪的行为是在国外实施的,即使该行为按照行为国的法律规定不构成犯罪,也仍然可以洗钱犯罪论处。申言之,不论洗钱犯罪的上游犯罪行为发生在哪一个国家,也不论该国是否将该行为规定为犯罪,只要该行为在洗钱行为发生地国构成洗钱罪的上游犯罪行为,该法域就能认定洗钱犯罪。《美洲反洗钱示范法》也有类似的规定。这种突破性的管辖规定也为越来越多的国家所认同与采纳,且对我国打击跨境犯罪具有重要意义——即使赌博行为在行为地的法域(如内地)不构成犯罪,但只要赌博行为在洗钱行为的法域构成洗钱罪的上游犯罪,就可以认定为洗钱罪而由洗钱行为的法域行使刑事管辖权。[1]

《联合国打击跨国有组织犯罪公约》第15条、《联合国反腐败公约》第42条都确定了洗钱罪的普遍管辖原则,即各缔约国对跨国洗钱犯罪均拥有管辖权。根据或引渡或起诉的国际法原则,各有关国家都有义务打击这种犯罪,抓获的犯罪嫌疑人如果不引渡或移交给相关国家惩处,也应当依据本国法对其定罪量刑。同时,合作追缴洗钱犯罪所得并返还受侵害的国家,也是合作打击洗钱犯罪的重要内容。另外,根据《联合国打击跨国有组织犯罪公约》第15条和《联合国反腐败公约》第42条第5款规定的协商管辖原则,"缔约国如果认为相互移交诉讼有利于正当司法,特别是在涉及数国管辖权时,为了使起诉集中,应当考虑相互移交诉讼的可能性,以便对根据本公约确立的犯罪进行刑事诉讼"。这一规定是开展追诉国际合作的基本国际法依据。"因此,在有关国家不愿意放弃行使其管辖权的情况下,配合这些国家对洗钱等犯罪定罪量刑,然后再考虑遣返和移交的可能,是明智和务实的选择。"[2]前文提及的"中澳司法合作第一案"——李继祥洗钱案即为典型例证。

当前,跨国洗钱一个突出的表现是利用跨国网络洗钱,但如何确定跨国网络洗钱的管辖权就成为一个问题。对此,2001年欧洲理事会《关于网络犯罪的公约》第2章第3节关于网络管辖权的规定,采用了传统的属地原则以及属人原则。针对管辖权的冲突,该公约规定:当不止一方对一项根据本公约确定的罪行主张管辖权时,有关各方应通过妥善协商,决定最适当的管辖权。因

---

① 陈晖:《内地与港澳跨境洗钱犯罪的刑事司法协助问题》,《西南政法大学学报》2006年第5期。

② 陈雷:《追诉国际合作的研究与运用前景广阔》,《检察日报》2011年10月14日。

而,对于利用网上银行等洗钱犯罪,应当由犯罪行为发生地或结果地为主、以犯罪主体国籍国相关法律规定为辅的原则确定管辖权。只是具体到某一案件中,犯罪行为的发生地或结果地都可能不止一个时,尚需分清主次,以便利诉讼为主要原则确定案件的管辖权。这一规定值得我国借鉴。

### 2. 洗钱罪上游犯罪的范围

对于洗钱犯罪的上游犯罪,不同国家与地区的规定不尽相同,主要有3种模式:(1)只规定了毒品犯罪所得的洗钱行为;(2)规定了某些特定犯罪行为所得的洗钱行为;(3)对所有犯罪所得的洗钱行为或者超过一定犯罪危害性的洗钱行为。《联合国打击跨国有组织犯罪公约》将洗钱罪的上游犯罪扩展为所有犯罪的非法收益,尤其是有组织犯罪集团行为的犯罪、妨害司法的犯罪、腐败行为的犯罪以及受到最高刑至少4年的剥夺自由或更严厉处罚的犯罪行为。《联合国反腐败公约》规定了洗钱罪上游犯罪的最大范围与最小范围。最大范围是指"范围最为广泛的上游犯罪",即只要国内法规定的能够产生犯罪收益的犯罪都是其上游犯罪,因为公约只指出了"明知财产为犯罪所得",但所洗的钱为何种犯罪所得并没有限定;最小范围是指本公约所列的各类犯罪,包括第15条贿赂本国公职人员罪、第16条贿赂外国公职人员或者国际公共组织官员罪、第17条公职人员贪污、挪用或者以其他类似方式侵犯财产罪、第18条影响力交易罪、第19条滥用职权罪、第20条资产非法增加罪、第21条私营部门内的贿赂罪、第22条私营部门内的侵吞财产罪、第24条窝赃罪和第25条妨害司法罪。这一最小范围,公约要求各缔约国必须在国内法上予以确立。

我国加入了上述两个国际公约,当然也要承担相应的国际义务,将国内立法规定与两公约的要求接轨。因此2006年《刑法修正案(六)》将洗钱罪的上游犯罪扩大到毒品犯罪、黑社会性质的组织犯罪、恐怖活动犯罪、走私犯罪、贪污贿赂犯罪、破坏金融管理秩序犯罪、金融诈骗犯罪等7种犯罪。如前所述,我国对洗钱犯罪的规定,表面上看仅有第191条的洗钱罪,而实质上,对有关洗钱的行为犯罪化体现在4个罪名上。对多年来学术界聚讼不休的一个问题——是否需要扩大洗钱罪的上游犯罪至所有犯罪,持扩张上游犯罪主张者的主要依据之一是《联合国反腐败公约》第23条第2项(2)的规定:"各缔约国均应当至少将其根据本公约确立的各类犯罪列为上游犯罪。"显然,我国刑法第 8 章"贪污贿赂罪"并不能囊括《联合国反腐败公约》所规定的滥用职权罪等腐败犯罪,即我国刑法第 191 条规定的 7 种上游犯罪似乎不能够实现《联合国反腐败公约》的"最低要求"。

笔者认为,如果整部刑法只有洗钱罪一个涉及洗钱行为的罪名,则需要扩大洗钱罪的上游犯罪至所有犯罪;反之,则不需要,但是应当协调好相关罪名之间适用的互补关系,尽量不要出现竞合,更不应"留白"。这个问题在 2009 年 11 月 11 日起施行的《最高人民法院关于审理洗钱等刑事案件具体应用法律若干问题的解释》(以下简称"最高法《解释》")中得到了有效地解决。其中第 4 条明确规定,本条所称"上游犯罪",是指产生刑法第 191 条、第 312 条、第 349 条规定的犯罪所得及其收益的各种犯罪行为。自此,所谓我国刑法有关上游犯罪的规定对照《联合国反腐败公约》"未达标"的争论是否可以告一段落?然而,问题似乎并未被画上圆满的句号。通过上一段的论述我们可以看出,虽然最高法《解释》已经将洗钱罪的上游犯罪扩大到第 191 条、第 312 条、第 349 条产生刑法规定的犯罪所得及其收益的各种犯罪行为,然而这是一种实质性的解释,因为从字面看,狭义的"洗钱罪"仅指刑法第 191 条,在实际适用中,仍然难以有效统一对洗钱罪"上游犯罪"的认定。换言之,由于形式与内容不符,对"刑法是否应当将洗钱罪的上游犯罪扩大至所有犯罪"的纷争,最高法上述第 4 条的解释未必能够真正起到"定纷止争"的作用。那么出路何在?笔者认为,我国可以结合上述两个公约的规定以及借鉴我国台湾地区相关法律规范的规定,将洗钱罪适用于所犯最轻本刑为 5 年以上有期徒刑的犯罪,然后再列举一些具体的犯罪类型。概言之,可对洗钱罪的上游犯罪统一规定一个刑罚底线,即最低刑为 4 年或者 5 年以上有期徒刑的犯罪。

3. 刑法中洗钱犯罪的罪名体系

对洗钱犯罪,刑法是集中规定还是分散规定合适?对此,联合国的公约及各国立法例并不一致。《联合国打击跨国有组织犯罪公约》总体上是将洗钱行为集中规定的,但是同时对窝赃罪与洗钱罪作了区分规定,即在第 23 条规定了洗钱罪之后,在第 24 条规定了窝赃罪,罪状是"行为所涉及的人员虽未参与根据本公约确立的犯罪,但在这些犯罪实施后,明知财产是根据本公约确立的任何犯罪的结果而窝藏或者继续保留这种财产",构成本罪的前提是"在不影响本公约第 23 条的规定的情况下"。有些国家,例如俄罗斯即采用单一的罪名规定。①

我国采取的是分散、区别打击的罪名体系,规定洗钱犯罪的 4 个条款所涉及的 4 个罪名分属 4 类不同的犯罪:资助恐怖活动罪属于危害公共安全罪,洗钱罪属于破坏社会主义市场经济秩序罪中的破坏金融管理秩序罪,掩饰、隐瞒犯罪所得、犯罪所得利益罪属于妨害社会管理秩序罪中的妨害司法罪,而窝藏、转移、隐瞒毒品、毒赃罪属于妨害社会管理秩序罪中的走私、贩卖、运输、制造毒品罪,显然,洗钱犯罪在立法上比较分散。尽管从法益保护角度出发,这样的设置有其合理性,然而,从提高反洗钱立法的有效性目的考虑,这种立法模式并不醒目、清晰。笔者认为,从便利实践、更好地发挥立法的引导作用角度考虑,还是将洗钱性质的犯罪规定于一个条文中为妥,即将刑法第 312 条、第 349 条所规定的罪状列于第 191 条第 1 款之后,合并在一个条文之下,并且每一款规定一类洗钱行为,共同构成洗钱罪的专门规定。同时,将窝藏、转移或者销售赃物的传统赃物罪名保留于刑法第 6 章妨害社会管理秩序罪中,因为其行为性质与典型的洗钱不一样。由于刑法第 349 条所规定的"窝藏、转移、隐瞒毒品毒赃罪"已被上述洗钱罪、传统赃物罪所分解、涵盖,并无作为特别法再规定的必要,应予以删除。

4. 洗钱罪行为方式的规定

我国现行刑法第 191 条列举了 5 种具体的洗钱行为方式。从行为性质上看,洗钱行为属于"协助型",而且均发生在通过金融机构以及"地下钱庄"的转换、转移的交易过程之中。随着洗钱犯罪日益频繁、加剧,新的洗钱手段层出不穷——有些将新兴的金融市场和新金融产品作为洗钱的重要途径和工具,有些则采用典当、租赁、买卖、投资、买卖彩票、奖券、赌博等方式洗钱。因此,2009 年最高法《解释》规定,通过典当、租赁、买卖、投资、买卖彩票、奖券、赌博等方式协助转移、转换犯罪所得及其收益,为洗钱行为。这些洗钱方式固然可以通过扩大解释,被刑法第 191 条第(5)项"以其他方法掩饰、隐瞒犯罪

---

① 王新:《俄罗斯反洗钱立法对我国的启示》,《法学杂志》2010 年第 1 期。

所得及其收益的来源和性质的"所涵盖。然而,刑法第191条第(1)至(4)项的规定主要是针对通过银行类金融机构实施的洗钱行为,实践部门对于不是通过银行类金融机构进行的赃款转换、转移、掩饰、隐瞒行为,是否可以理解为第191条第(5)项"以其他方法掩饰、隐瞒犯罪的违法所得及其收益的性质和来源",仍存有疑问。最高法《解释》对此问题的基本意见是:区分三个洗钱犯罪条文的关键在于上游犯罪,而非具体的行为方式。

笔者认为,这个问题依然与上一个问题有关,即刑法未将相关、类似的洗钱犯罪集中规定,导致具体适用时的前后关照不够,解释也不易统一。刑法是否需要扩大洗钱罪的行为方式至"进行金融交易和其他交易",取决于刑法是否将洗钱犯罪统一规定于一罪中或一处。在目前尚无法对洗钱数个罪名作调整的情况下,最好将最高法《解释》所提及的典当、租赁、买卖、投资、买卖彩票、奖券、赌博等洗钱方式进行立法解决,规定到刑法第191条当中去,实现立法的明确性。

### 5.洗钱罪犯罪的主观方面

我国刑法将洗钱犯罪的犯罪主观方面限定为故意,并且要求被告人必须明知是毒品犯罪、黑社会性质的组织犯罪、恐怖活动犯罪、走私犯罪、贪污贿赂犯罪、破坏金融管理秩序犯罪、金融诈骗犯罪的所得及其产生的收益进行洗钱才构成犯罪。长期以来,对"明知"理解不一、司法证明困难,也是我国洗钱罪的规定设立至今,只有寥寥数起以该罪名定罪的主要原因之一。《联合国反腐败公约》也明确将洗钱行为限定为故意实施的行为,其中第三章"定罪和执法"第23条"对犯罪所得的洗钱行为",连续用了3个"明知"(knowing)。我国台湾地区的刑事规范规定,洗钱罪在主观上不需要明知,但必须有犯罪的故意。"第2条对洗钱的定义并未提及明知,且第9条第3项规定,法人的代表人或自然人对于犯罪的发生,已尽力防止,即可免责。可见本罪的构成,仅限于故意。"①据此,间接故意也可构成洗钱罪。

2009年,最高法《解释》第1条对"明知"作了明确界定:"刑法第一百九

---

① 董士昙:《台湾、澳门反洗钱犯罪的法理结构比较》,《福建公安高等专科学校学报》2006年第3期。

十一条、第三百一十二条规定的'明知',应当结合被告人的认知能力、接触他人犯罪所得及其收益的情况,犯罪所得及其收益的种类、数额,犯罪所得及其收益的转换、转移方式以及被告人的供述等主、客观因素进行认定。具有下列情形之一的,可以认定被告人明知系犯罪所得及其收益,但有证据证明确实不知道的除外:(一)知道他人从事犯罪活动,协助转换或者转移财物的;(二)没有正当理由,通过非法途径协助转换或者转移财物的;(三)没有正当理由,以明显低于市场的价格收购财物的;(四)没有正当理由,协助转换或者转移财物,收取明显高于市场的'手续费'的;(五)没有正当理由,协助他人将巨额现金散存于多个银行账户或者在不同银行账户之间频繁划转的;(六)协助近亲属或者其他关系密切的人转换或者转移与其职业或者财产状况明显不符的财物的;(七)其他可以认定行为人明知的情形。"至此,对洗钱罪"明知"的操作标准得以明晰,理论纷争也告一段落。

然而,洗钱罪的犯罪主观方面是否仅限于故意,换言之,过失是否可以构成洗钱罪? 从规范层面看,我国只规定故意可以构成洗钱罪。1990 年由欧洲理事会制定的《欧洲反洗钱公约》明确建议缔约国,将应当怀疑财产是犯罪所得而转换、转让、隐瞒、掩饰、获取、占有或者使用的行为予以刑事化。例如有学者指出:"在欧洲长期反洗钱的实践中,欧洲理事会发现:若对洗钱行为人的主观要素提出较高水准的明知要求,则不利于打击洗钱行为,故在 2005 年的有关公约中将过失洗钱行为犯罪化,进一步扩充了洗钱犯罪的主观心态,各缔约国可以采取其认为是必要的立法和其他措施,在行为人'怀疑'或者'应当知道'财产是犯罪收益之情形时,将洗钱行为确定为刑事犯罪。为了贯彻欧洲理事会以上反洗钱的要求,德国增设了轻率洗钱罪……相比较而言,我国关于洗钱罪主观要件的设置不尽合理,有必要设立过失洗钱罪,从而严密我国反洗钱的刑事法网。"[1]我国澳门地区江志检察官也认为,"应当将银行、证券、保险、期货、货币兑换商、赌场经营者、押店等特定的金融和非金融实体所作出的过失洗钱行为纳入犯罪。"[2]

---

[1] 王新:《德国反洗钱刑事立法述评与启示》,《河南财经政法大学学报》2012 年第 1 期。

[2] 江志:《关于洗钱罪之若干法律问题研究》,《澳门检察》2003 年第 4 期。

在我国的司法实践中,实际以洗钱罪罪名处理的洗钱犯罪少之又少,究其原因,与需要证明"明知"这一较高的门槛有一定关系。迄今为止,我国银行等相关负有洗钱报告义务的部门,由于其重大过失未能报告洗钱动向,而承担法律责任的情况,并不多见。应该说,刑法中增加过失洗钱罪,是我国反洗钱刑事立法未来修订的方向。包括我国在内的很多国家和地区都建立了要求银行、中介机构、实体就可疑交易进行报告的制度,这些报告义务主体如果因本身的重大过失而未发现异常交易并导致洗钱行为之发生,应当承担刑事责任。国际公约将洗钱罪视为故意犯罪,只是最低要求,并不成为各国规定过失洗钱罪的立法障碍。

6. 自我洗钱者的定性

传统刑法理论认为,行为人实施犯罪后对其犯罪所得的处分行为尽管也可能构成独立的罪名,但它与前罪构成吸收关系,所以在定罪时依吸收犯的理论择一重罪处罚,没有必要数罪并罚。换言之,行为人实施 7 种上游犯罪后,自己处理犯罪所得及其产生的收益行为属于"不可罚的事后行为",从本质上讲具有"阻却责任"的性质,因此,不独立构成洗钱犯罪,只能依上游犯罪来定罪。这也是我国现行刑法施行以来,尽管对洗钱犯罪不断完善,而实际以洗钱罪定罪处罚很少的原因之一。

事实上,将自我洗钱行为犯罪化是国际趋势。"自洗钱犯罪独立于其上游犯罪之后,洗钱罪与相关的上游犯罪就成为两个不同类型的独立犯罪,由此国际反洗钱立法的趋势是将实施上游犯罪的主体也视为可以承担洗钱犯罪刑事责任的主体,即自我洗钱行为应构成洗钱犯罪。《巴勒莫公约》、金融行动特别工作组 2003 年《四十条建议》对此也有相同的规定。国外多数国家都将自我洗钱行为定为洗钱罪,只有少数大陆法系国家受事后不可罚理论的影响,在刑法中明确将自我洗钱行为予以排除。"[1]我国台湾地区的相关法律规范也规定,漂白自己犯罪所得也可构成洗钱罪。[2] 我国香港地区的刑事法律规范原来规定洗钱罪主体只能是原生罪以外的他犯,"协助他人保持贩毒得益

---

① 林安民:《洗钱罪面临的困境与立法完善》,《福建警察学院学报》2010 年第 2 期。
② 唐若愚:《海峡两岸洗钱罪之简要比较》,《法学家》1999 年第 3 期。

罪",即表明只能是他犯构成;现在已将"协助"二字去掉,表明洗钱犯罪的主体已扩大到原生罪本犯。澳门刑法黑社会罪中的洗钱行为的主体虽然只能是自然人,却也包括原生罪本犯和他犯。①

应当注意的是,无论是自我洗钱还是协助他人洗钱,对洗钱犯罪的处罚不应重于对上游犯罪的刑罚。例如我国澳门地区刑法规定,洗钱罚则不得超过产生该不法所得的前"犯罪活动"。②

### 7. 洗钱罪与上游犯罪的并罚

有学者指出:"洗钱犯罪复杂的洗钱过程大大改变了赃物的性质、形式、来源、流向、支配权和所有权,洗钱活动使犯罪所得及其产生的收益披上合法的外衣,实现了黑钱的安全运行,洗钱犯罪是独立于上游犯罪的另一个完全独立的犯罪过程。洗钱犯罪是一个使赃物合法化的过程,其与上游犯罪分别侵犯了不同的法益,因而不应当被看成是不可罚之事后行为,而应当数罪并罚。而且,从行使司法管辖权的需要考虑,洗钱犯罪的跨国性特点决定着洗钱犯罪与上游犯罪往往不是在一国领域内完成的,如果将上游犯罪者排除在洗钱罪主体之外,对于行使刑事管辖权也非常不利。"③即便如此,还会带来新的问题——主张上游犯罪人参与洗钱的进行数罪并罚,是否意味着实施了盗窃、抢劫、诈骗等犯罪之后进行掩饰、隐瞒犯罪所得、犯罪所得收益的也应该按照第312条掩饰、隐瞒犯罪所得、犯罪所得利益罪与其上游犯罪进行并罚呢? 诚然,传统的赃物犯罪——1979年刑法规定的是窝藏、销售赃物罪——毕竟大大不同于洗钱罪,但是,我国传统的赃物犯罪已经演变为与洗钱罪非常类似的一个犯罪。④ 因此,如果仅将第191条的上游犯罪与洗钱罪并罚,而对第312

---

① 童伟华:《区际洗钱犯罪研究》,2006 年 6 月 10 日,京师刑事法治网,http://ccls.bnu.edu.cn/criminal/info/showpage.asp? showhead=&pkID=8398。

② 董士昙:《台湾、澳门反洗钱犯罪的法理结构比较》,《福建公安高等专科学校学报》2006年第 3 期。

③ 何萍:《自我洗钱者可以单独构成洗钱罪》,《检察日报》2010 年 1 月 6 日。

④ 1997 年刑法增加了此罪的行为方式,罪名为窝藏、转移、收购、销售赃物罪;2006 年的《刑法修正案(六)》将这一犯罪改为掩饰、隐瞒犯罪所得、犯罪所得收益罪,行为方式上除了窝藏、转移、收购、销售外,还包括其他任何形式的掩饰与隐瞒;在行为对象上除了原本规定的"犯罪所得"外,还规定了"犯罪所得所产生的收益",导致刑法第 312 条掩饰、隐瞒犯罪所得、犯罪所得利益罪与第 191 条洗钱罪这两个罪的规定除了上游犯罪范围不同外,几乎没有其他区别。

条掩饰、隐瞒犯罪所得、犯罪所得利益罪的上游犯罪与该罪不并罚,必然会造成不同的洗钱犯罪实际处罚的不协调。

有学者主张,①如果行为人实施上游犯罪后只是对犯罪所得窝藏、转移或者销售的,除了影响到司法机关的查处外,基本上没有侵害其他的法益,可以按照不可罚之事后行为,只追究上游犯罪的刑事责任。但是,如果上游犯罪人,无论实施了盗窃、诈骗、抢夺、抢劫还是实施了毒品、走私、贪污、受贿犯罪的,只要将犯罪所得或者犯罪所得收益进行现金走私、存放于金融机构、通过地下钱庄购买保险、房产,通过现金密集型行业、拍卖行、赌场等机构进行掩饰或者隐瞒的,都应当予以数罪并罚。尽管这种主张不无道理,但是,这样操作将直接带来司法不统一的问题——同样一个掩饰、隐瞒犯罪所得、犯罪所得利益罪,将会因为:(1)只是窝藏、转移或者销售,(2)进行掩饰或者隐瞒性质的处理——导致有时不与其上游犯罪并罚、有时又并罚的情况,显然欠妥。根本的解决之道,是将所有洗钱犯罪规定于一个条款中,同时仍然将窝藏、转移或者销售的传统赃物罪名保留于刑法第6章妨害社会管理秩序罪中,因为其性质完全不一样;并且,在第191条增加一款,明确规定:"既实施上游犯罪又实施洗钱行为,同时构成洗钱犯罪的,数罪并罚。"

## (二) 刑事执法方面

银行不属于反洗钱一方,就属于洗钱的一方。反洗钱的义务主体,首先是银行。不过,我国《反洗钱法》《金融机构报告涉嫌恐怖融资的可疑交易管理办法》都将反洗钱、反恐怖融资的义务主体限定在金融机构,范围太窄。当前实践中,对洗钱案件的监控与线索收集职责集中在中国人民银行,而作为侦查机关的公安局不再主动查处洗钱案件,至多也是将洗钱案件的线索作为查处其上游犯罪的线索,使得反洗钱的打击力度大打折扣。另外,作为反洗钱义务主体的金融机构,事实上也难以有效开展反洗钱工作。肩负反洗钱监管重任的中国人民银行及其下属的反洗钱监测分析中心等部门,在专职处理洗钱事

---

① 何萍:《自我洗钱者可以单独构成洗钱罪》,《检察日报》2010年1月6日。

务的人员的数量、级别、专业知识与技能等方面严重不足,无法承担反洗钱的重任。① 银行为牟取经济利益,以保护客户隐私为名不积极配合查处、不提供可疑交易线索的情形也时有发生。

"2001 年 12 月 4 日《欧盟预防洗钱犯罪的新指令》规定,该指令适用于整个金融系统和查账员、外部会计和顾问、房地产代理商、公证员和其他独立的法律专业人员、珠宝交易商、拍卖商、赌场等非金融系统的单位和个人。"②鉴于跨国洗钱的严峻态势,我国应当将反洗钱的义务主体扩大到非金融领域和其他职业。

## (三) 跨国刑事司法与执法方面

当前,我国发生的洗钱犯罪则表现出跨国性和跨境性的双重特点,又由于中国大陆和香港地区、澳门地区属于不同的法域,在洗钱的管制和制裁上存在着差异,因此,洗钱者常常把港澳作为"中转站",利用三地司法管辖范围的限制和冲突,跨境洗钱,其最终目的是将"黑钱"洗到国外。"大陆和港澳地区都是洗钱犯罪的重灾区。……三地之间的区际洗钱往往又跟跨国洗钱联系在一起,区际洗钱和跨国洗钱具有结合性。"③内地与港澳间的洗钱数量很大,"2003 年 3 到 12 月,从内地流向其他国家和地区的个人大额跨境交易外汇资金共 6.54 亿美元,而排在个人大额外汇主要流向的 10 个国家和地区中,排在前两位的香港和美国所吸纳的比例已达 47.64%,澳门居第 9 位。共有 22.51亿美元个人大额外汇主要从香港、美国等 10 个国家和地区流入内地。"④

打击跨境洗钱犯罪有赖于内地、香港、澳门在立法、司法、执法上形成共识并相互借鉴,尽快形成包括立法协调、司法协助、监管合作以及人员与文化交流等多方面的系统、固定的反洗钱合作机制,加强合作。这种合作既有难

---

① 林安民:《洗钱罪面临的困境与立法完善》,《福建警察学院学报》2010 年第 2 期。

② 王新:《俄罗斯反洗钱立法对我国的启示》,《法学杂志》2010 年第 1 期。

③ 童伟华:《区际洗钱犯罪研究》,2006 年 6 月 10 日,京师刑事法治网,http://ccls.bnu.edu.cn/criminal/info/showpage.asp? showhead = &pkID = 8398。

④ 中国国家外汇管理局:《中国外汇领域反洗钱报告》(2004 年),国家外汇管理局 2004 年版,第 55 页。

点——法制不一样①,又有优势——同为"一国",可以尽可能地趋同而减少法律冲突,提高打击洗钱犯罪的效率。为此,笔者建议进一步加强与外国及港、澳、台地区打击洗钱的跨国司法、执法合作,具体包括:首先,在立法上减少立法差异,促进内地与港澳台反洗钱法律制度的趋同,为反洗钱刑事司法、执法创造有利条件。可以借鉴《欧洲反洗钱公约》《欧盟反洗钱指令》以及《美洲反洗钱模范法》的一系列规定,在不断完善反洗钱法律体系的基础上,共同协商制定《区际反洗钱协定》;其次,合理确定跨境洗钱犯罪的刑事管辖权。具体来说,应当按照实际控制和先理为优的原则确定管辖权,即何地司法机关先查获审理洗钱案件,就由何地司法机关管辖;最后,在制定具体经济政策、措施时,应当考虑洗钱的风险。"香港立法会保安事务委员会副主席表示,在现有机制下,对大批流入的内地资金,香港根本无法知道是否为合法所得。"②这种局面如不改变,将非常不利于打击跨境、跨国洗钱犯罪。

## 五、结语

世界各国已经普遍认识到反洗钱国际合作的重要性,开展国际合作已经成为各国司法、执法机构和金融监管部门的工作中心之一。打击跨国洗钱犯罪将不仅可以减少跨国金融犯罪,也堵塞了犯罪人从事其他跨国犯罪的渠道。然而,反洗钱难度很大,特别是反跨国洗钱。"事实上,在一些反洗钱法律制度比较健全的国家,对可疑交易的定罪率也只有千分之几而已。"③结合本文开头的案件,中澳两国在尚未签订引渡条例的情况下,广东省检察院在接到协

---

① 香港刑法规定,洗钱犯罪的对象主要是两类:一类是贩毒收益;另一类是从可公诉罪行中得到的收益,即其他严重犯罪收益,其上游犯罪规定宽泛,覆盖到所有公诉罪所得。在洗钱行为方式方面,香港刑法对洗钱行为作概括规定,即"处理贩毒收益或者可公诉罪收益的行为"。澳门刑法对洗钱行为的规定与香港刑法相类似,是指将不法资产或物品"转换"、"转移"或"掩饰"。可见,香港和澳门刑法对洗钱行为方式的规定几乎没有限制。

② 夏文辉:《中国内地投资移民将会催生香港"洗钱"黑洞》,《国际先驱导报》2003年9月12日。

③ 康树华:《洗钱犯罪现状、原因与防治措施》,《南都学坛》2006年第4期。

助请求后,向最高人民检察院汇报案情并提出与澳大利亚警方直接合作,在澳大利亚对李继祥提起刑事诉讼,由当地法院审判并追缴赃款的思路,粤澳双方展开联合调查,并且得到了香港警方的协助,中方组织 13 名证人进行远程视频作证,并且澳大利亚警方启动了该案的民事程序,剥夺其非法财产,开我国与其他国家联手打击跨国洗钱犯罪成功范例之先河。事实证明,国际公约、各国立法对洗钱犯罪作出规定是第一步,对反洗钱的刑事立法、司法、执法不断完善是持久的、必需的。也只有通过有关国家之间切实、有效的合作,反跨国洗钱犯罪才能取得实质性进展。

（本文原载《河南大学学报》（社会科学版）2012 年第 6 期,《新华文摘》2013 年第 7 期部分转载）

# 论垄断的构成要素及其法律定位

垄断最早出现在资本主义国家,而现代意义的《反垄断法》产生于西方资本主义向垄断资本主义过渡之后,其中美国最先遭受垄断危害并最早制定《反垄断法》。垄断并非为资本主义社会所特有,只要是市场经济,就必然存在竞争,竞争是市场经济运作的动力所在,而竞争的结果必然会导致垄断,垄断反过来又削弱和限制竞争,从而打乱了市场经济所赖以生存的秩序。我国在建设社会主义市场经济的进程中也毫无例外地出现了垄断的现象,而且与其他国家不同,垄断具有"中国特色":历史的原因使行政垄断色彩浓厚,与经济垄断并存或者合二为一;现实的原因使得外资的垄断步步进逼①,入世更使人亦喜亦忧②。鉴于此,我国许多学者积极呼吁《反垄断法》的出台,国家也从1983 年开始就着手该法的起草,无奈国情复杂,至今已八易其稿,却"千呼万唤不出来"。笔者认为,垄断一词虽不陌生,但是在法律上给予准确的定位却并非易事,许多经济发达国家对它采取的政策也并非一成不变。我国必须制定《反垄断法》已成为不争的事实,当前亟待解决的也是我国即将面世的《反垄断法》首先需要确定的问题,是垄断的法律构成要素以及在法律上的定位。

---

① 我国一些重要行业已经形成由外资垄断的局面,如电脑、通信、飞机制造、医药等行业由美资垄断,汽车行业由法资和德资垄断,且在外资并购过程中国有资产流失相当严重。见戴德生:《外资兼并和收购国有企业的法律问题及其对策》,《经济与法》1999 年第 10 期。

② 经济全球化已使巨型跨国兼并出现第五次浪潮,1998 年全球共发生了 26000 起企业兼并,成交额约为 24000 亿美元,比 1997 年提高了 50%。见王晓晔:《巨型跨国合并对反垄断法的挑战》,《法学研究》1999 年第 5 期。

# 一、垄断的法律要素

## （一）行为要素

据《布莱克法律辞典》的解释："垄断是赋予某个人或公司或更多的人或公司的一种特权或特别优势，正是由于这种专有权利（或实力）的存在，上述人或公司才能从事一种特别的事业或贸易，制造某种特别的产品或控制某种特殊商品的整个供应规模，垄断是一种市场结构形式，在这种市场结构中，一个或仅仅少数几个人或公司支配着某项产品或某项服务的总供应规模。"对于垄断，人们可以从不同角度去理解，首先它是相对于竞争行为而言，二者皆属于市场行为。市场行为是指企业在市场中的开发、定价、渠道安排、促销以及企业的横向、纵向或者混合的扩张行为。从广义上讲，垄断也是一种竞争行为，但是，由于它具有削弱、抑制自由、公平、有效的竞争的危害，因而属于广义的不正当竞争行为，为许多国家所禁止。如果这些行为决策是独立作出的，并且没有针对交易对方（企业客户或消费者）限定不利的交易条件或者索取高额价格，那么这种市场行为就是竞争行为。反之，如果企业的上述行为决策是企业之间共同作出的，旨在限制竞争，对交易对方安排种种不利的交易条件或者索取高额的价格，那么它就是垄断行为①。垄断行为实际上是企业有意识地取得、维持和扩展市场支配力的积极行为。它主要表现为两种形式：一是共谋，二是滥用。

1. 共谋。垄断共谋是指企业之间通过共谋、协议、联合等方式，垄断或者企图垄断本国或国际间的贸易或商业活动。人们所熟悉的卡特尔、辛迪加、托拉斯、康采恩协议都是典型的垄断共谋的结果——建立垄断组织。卡特尔协议是由多个企业以垄断市场、获取高额利润为共同目的，在一定时期内就划分市场、规定产量、确定价格而达成的正式或非正式的协议。参与卡特尔的如果有外国企业，那么该卡特尔就是国际卡特尔。辛迪加协议是指同一行业的企

---

① 戚聿东：《中国现代垄断经济研究》，经济科学出版社1999年版，第11页。

业为了统一价格订立的垄断联合的协议。托拉斯是指生产同类商品或在生产上有紧密联系的企业从生产到销售实行全面合并的垄断联合。康采恩是指分属不同部门的大企业,以其中实力最雄厚的企业为核心结成垄断联合。① 为获取高额利润的强烈动机驱使许多大企业为控制价格、垄断市场而共谋勾结,形式也不仅限于建立垄断组织,只是暗地共谋采取统一垄断价格等措施,对是否属于共谋的判断并不需要证明企业建立了垄断组织。

2. 滥用。滥用是指在市场中居支配地位的大企业滥用自身的经济实力,对其他企业施加影响,迫使他们按自己的意志行事,从而妨碍公平竞争,如随意提高产品价格,减少市场供给,以排挤对手,一统天下。滥用的行为表现形式在美国的《克莱顿法》中有具体的规定,主要包括 6 种情形:(1)价格歧视;(2)独家交易;(3)维持转售价格;(4)限定销售区域;(5)强制搭配销售;(6)公司董事交差任职。② 前一段时间被美国政府提起垄断指控的微软公司,其手法也不出其右。但应当分清,法律禁止和处罚的是企业滥用经济支配地位或意图滥用上述手段取得市场控制、支配地位,企业通过正当竞争手段从而在市场上居于领先、支配地位的行为并不违法,不应作为垄断对待,否则将使得合法企业无所适从。为了某一产业的高技术、高效益,国家应当鼓励企业做大,产生规模经济的效应,增强国际竞争力。但是实际情况是,取得了市场支配地位的企业为了谋取更高额的经济利润或为了保住江山,都极易滥用其经济地位,这样便剥夺了其他企业公平竞争的机会,因而向来为各国反垄断法严厉禁止。

## (二) 结果要素

对于垄断的构成,是否需要规定结果构成要素,各国规定不一,在反垄断要求严格的国家,如美国,只要有垄断的企图,即构成垄断并被规定为重罪,即属于刑法上的行为犯,不需要具体的结果发生③。美国《克莱顿反托拉斯法》

① 张守文、于雷:《市场经济与新经济法》,北京大学出版社 1993 年版,第 331 页;曹士兵:《反垄断法研究》,法律出版社 1996 年版,第 11 页。

② 李树:《发达国家反垄断法的特点》,《经济与法》1999 年第 5 期。

③ Richard Janda T.*Competition and Regulations*:*Sherman Antitrust Act*,section 1.University of Montreal,Canada.1999.

还规定,"其结果如果有可能实质性地削弱竞争或有助于在任何商业部门形成垄断时"也属违法。但是,由于它是针对早期的尚未有结果的商业行为,尽管有助于遏制垄断的早期势头,毕竟要求过于严格,也违背了《反垄断法》的适用目的,即保护和促进有效竞争,且无具体的衡量标准,对于一些正常的竞争行为有可能起到不应有的抑制作用,对于正在促进规模经济的社会主义市场经济建设时期,效果将适得其反,因此不宜采用。之所以要禁止和处罚垄断行为,目的是在于恢复和维护正常的市场竞争秩序,而不是惩罚大企业。垄断使得一些经济实力雄厚的企业过度膨胀,其市场占有份额、市场支配能力过大,如果这些企业再滥用这种地位或与他人合谋垄断市场,将实质性地损害竞争,剥夺了其他中小企业的平等发展机会,同时也使垄断企业本身丧失了技术革新、提高效益的动力和压力,不利于其长远的发展进步,也不利于消费者,不具有整体的经济效益。但是动辄以违反《垄断法》要挟之,也一样使得企业无法放开手脚,无法创新和进取。衡量垄断的结果要素的标准只能是——是否实质性地损害了竞争。

### (三) 主体要素

构成《反垄断法》中违法行为的主体既应当包括中国的企业,也应包括外国企业。在市场经济条件下,各个不同经济主体在市场上既然可以公平地进入并进行竞争,就应该公平地遵守规则,中国、外国企业都不例外。我国目前有两种盛行的垄断:内部因素产生的行政性的垄断和外来因素产生的外资垄断,而行政垄断与经济垄断的结合是我国目前最严重的,行政部门是垄断发生的最频繁的参与主体。由于高度集权的历史传统,我国政府对市场的过度干预广泛存在,造成企业隶属于不同的主管部门和地方政府,企业不是根据市场需要决定其市场行为,而是跟着行政部门的利益驱动行事,政企合一的体制造成了畸形的垄断和竞争,近年来地方保护主义的盛行更使公平、有效的竞争成了一句空话。同时外国企业利用我国对外开放,在税收、利润上缴等对外资倾斜的经济政策和其自身的技术、资金优势,为挤垮中国的同行业,或疯狂兼并中国企业,或低价倾销其产品,其结果,不仅垄断中国市场,还使大量国有资产流失,因而必须尽快将外国企业这一市场主体纳入《反垄断法》的规制中。

但并非一切企业都要受《反垄断法》的调整。对于一些涉及国计民生或投入资本巨大的企业,为了国家的稳定和人民生活的保障,为了避免资金的重复投入和浪费,应当允许其不受《反垄断法》的限制。各个国家出于国家利益和公共利益,一般都有类似规定。我国也不例外,目前对通信、保险、航空、铁路、电话、电力、自来水等行业,是不允许其他企业涉足的。但是,垄断地位无论给予谁,都不可避免地暴露其弊端,"不受制约的权力必然走向腐败",不受监督的企业也必然走向垄断。事实上,我国该类企业的服务越来越让人担忧。如中航油独家垄断航油市场,使中国民航近年增加了40亿元的支出。为转嫁负担,中国民航又不得不采取上浮国内航线机票价格,即向旅客收取燃油附加费的办法。同样的原因和方法,自来水公司强迫消费者购买其指定的水表,供电局强迫消费者购买其指定的电表,液化气公司则强迫消费者购买其指定的灶具。据国家工商行政管理局的最新统计数字表明,自1990年算起,各地工商行政管理机关已先后查处了万余件垄断行业强迫企业和消费者购买其商品和服务的限制竞争行为,但是过程之艰难超乎想象①。取消这些重要行业的垄断权是不现实的,对其限制只有两个出路:一是鼓励这些行业内部在法律规定范围内的公平、有效竞争,二是加强监督,建立一个独立于这些行业的监督机构,也就是《反垄断法》的执行机构,同时辅之以严格、可操作的程序,《反垄断法》才有可能发挥其应有的作用。

垄断行业或企业皆属于"资本聚集者",具有强大的经济实力,有些还具有政治靠山,对其动法当然不易。事实说明,全国各地工商行政管理机关由于种种原因,在查处垄断案件时非常手软,很多居然只停留在行政建议的层面,国家工商局也很少办理或督办过像样的反垄断大要案②。有些国家设立了多元的管理机构③,也有些国家采取一元制,对垄断行为进行管理。笔者认为,我国应建立反垄断委员会与工商行政管理局并行的管理反不正当竞争的二元

① 别清河:《维护消费者利益必须反垄断》,《南方周末》2001年3月15日。

② 别清河:《维护消费者利益必须反垄断》,《南方周末》2001年3月15日。

③ 多元管理机构如美国由司法部反托拉斯局、联邦贸易委员会共同管理垄断及不正当竞争案件,德国设有卡特尔局和反垄断委员会。一元机构如日本的公平交易委员会、我国台湾地区的反垄断机构。见顾功耘:《新兴市场中的法律问题研究》,世界图书出版公司1997年版,第78页。

体制,垄断违法行为由反垄断委员会专属管辖,反垄断委员会由立法直接创设,具有独立的法律地位,直接对国务院负责,除了行政权,它还有准立法权和准司法权,对其处理决定不服,可以向法院提起行政诉讼。

## 二、垄断的法律定位

通过以上对垄断的法律要素的分析,我们已经看到了垄断性质的特殊性,它典型地说明了经济行为的特点——变动不居性和法定性。从根本上讲,任何经济行为都具有这些特征,即其性质随着时间、空间和各国的特定国情而改变,而垄断又是这些特征最典型的反映。面对垄断现象,各国立法者都一样面临着两难境地,都需要在保护经济发展的自由和维护经济秩序的有序之间作出艰难的权衡,可以说,无论作怎样的规定都会造成部分目标实现的缺失,这种尺度把握不好,很可能会使经济发展的自由大环境和有条不紊的经济秩序这两个目标的实现同时受挫。例如,竞争者对有竞争力的对手的任何举动都十分敏感,而把那些强有力的竞争手段称为"掠夺",事实上,这些手段在打击竞争对手的同时,也会让消费者得到实惠。即使一家企业确实在处心积虑地打击对手,或做出了不公平的举动,但在降价和企业试图取代竞争者的过程中,消费者常常是最直接、最迅速的获益者。因此,对有可能走向垄断的企业的举措,不应当只考虑其负面影响,而应当全面地看问题。如果有证据证明,消费者现在从低定价得到的好处,将比不上这一低定价行动在日后带来的损害,比不上商家在将来为收回"投资"、"血本"的高价,那么采用理由禁止乃至处罚当前的所谓"掠夺式"行为。否则,打击这些垄断或垄断前期的行为如果仅仅考虑其他弱小同行竞争者的利益,结果可能牺牲的,既是有效率、有实力、有发展前景的企业的利益,同时也损害消费者的利益。

鉴于此,我们需要对自己国家的经济发展阶段和状况有充分的了解,对垄断的现状以及它的现实的、潜在的危害有充分的认识,在此基础上对垄断进行准确的定位,显得十分重要。虽然法律"因时而转"是正常的,但过于频繁的更改总是会影响其稳定性和严肃性,因此我们在立法时,应当对垄断在我国的特定时期对经济的影响等进行充分的调查研究和实证分析,尽可能作出既有现实性,又有一定前瞻性的规定。对垄断行为的定位最终要落实到对行为实施者是否要追究法律责任、追究什么法律责任的问题上。市场竞争中的垄断现象,是任何一个实行市场经济体制的国家都普遍存在并且也是各国政府都高度重视的问题,许多国家和地区例如美国、德国、日本、俄罗斯等,在反垄断法或相关法律都采取兼有民事责任、行政责任和刑事责任的综合性法律责任制度,虽然在具体规定与适用上存在一些差别。对私人垄断和限制竞争行为,追究垄断企业及其负责人的行政责任无疑是可以和必要的,但是,要不要追究其刑事责任,目前各国做法不同。

例如,日本除了对不公正交易方法和自然垄断未规定为犯罪外,其他如私人垄断和限制竞争行为均规定了刑事责任,仅其垄断禁止法就列举了八种罪名。而在德国,刑事责任的运用被限定在几种特定的不正当竞争行为方面,垄断、限制竞争行为不构成犯罪;在俄罗斯,刑法典明文规定"垄断行为和限制竞争之罪"①;在美国,一般不正当竞争行为不运用刑事责任(极个别例外),而依据《谢尔曼法》,贸易限制和垄断行为都必须承担刑事责任,它可以构成重罪,如果是公司,可被判处一百万美元的罚金,如果是个人,可被判处十万美元的罚金或者三年以下的监禁或二者并处。垄断这一与竞争相生相克的现象,其积极作用与消极作用兼具的复杂性,国家法律对其又需要限制但又不可以无"限制"地限制的进退维谷的处境,从这些国家法律对它的反应中都可以看出。

在垄断的法律定位问题上,垄断是否构成犯罪,其性质的相对性可以从加拿大窥见一斑。1969年,为了更好地保护消费者,加拿大政府在《竞争法》中规定垄断和兼并构成犯罪,给予刑事处罚。但是,经过十多年的实践,政府态度有较大改变,认为处在竞争中的企业偶尔有违规的经济行为并不足为奇,政府既要抑制垄断,又要保护稳定、可预测的经济环境,应当将经济繁荣定为反垄断的主要目标,不可以给企业随意贴上犯罪的标签②。当然也是由于商业

---

① 黄道秀译:《俄罗斯联邦刑法典》,中国法制出版社1996年版,第90页。

② Laureen Snider.*Bad Business—Corporate Crime in Canada*.Nelson Canada,1993.

人士对修改《加拿大竞争法》的广泛参与和抗争,1986 年《加拿大竞争法》取消了对垄断和兼并的刑事处罚,但对其他严重的不正当竞争行为,诸如串通投标、虚假广告等仍然规定可以构成犯罪,被判处五年以下的监禁。换言之,该法将其他严重不正当竞争行为的危害性确定在垄断和兼并之上。加拿大的这一做法并非绝对值得效仿,但至少对我们是否认定垄断的刑事责任有所启发,其中所反映的政府在保护经济主体的积极性和保护市场经济秩序的正常运行方面所作的权衡,刑法为适应社会变迁与经济发展的需要所作的刑事政策的及时检讨与修缮,是具有可取性的。

即便是在将垄断作为犯罪处罚的日本、美国等国家,并非一切垄断都构成犯罪,这些国家的法律明确规定了垄断罪与非罪的界限。例如,美国法院对《谢尔曼法》第 2 条关于单纯意义的垄断是视为合法的,但是对于限制竞争行为,美国法院直接依据"本身违法原则"(即无须说明)宣布其违法。而英国在其反垄断法中明确规定:企业构成垄断状态并不违法,只有当企业滥用这种垄断状态时,才是反垄断法追诉的对象。

对入世以后市场竞争中的一系列问题,我国现行《反不正当竞争法》的内容有待完善。例如,尚无针对低价销售、搭配销售等限制竞争行为的处罚规定。那么,针对危害肯定有、性质却不是简单地非此即彼,而是利弊兼具的垄断与限制竞争行为的状况,我国应当尽快建立起与我国的社会主义市场经济相适应的竞争法律体系,特别是要尽早制定出我国的《反垄断法》,把《反不正当竞争法》中的非法垄断行为单列出来,对垄断性行业的限制竞争行为追究行政责任①。入世将带来国内市场的全方位开放,外国公司将大量进入,竞争的加剧必然产生垄断,而垄断行为将严重危害我国产业和市场经济的发展。如何发展规模经济效益好的企业加入国际竞争行列,又防止少数垄断企业特别控制市场,促进社会资源的合理分配,是《反垄断法》必须权衡的问题。

根据当前市场竞争的立法现状和发展前景,我国有些学者建议对将来的《垄断法》中的垄断设立刑事责任,将情节严重的非法垄断行为规定为犯罪,

---

① 王卫星、王为农:《我国加入 WTO 后的竞争法律问题——外国企业参与我国市场竞争带来的影响及其对策》,《浙江社会科学》2001 年第 3 期。

认为这样才能达到制裁力度①。笔者认为,我国的现实情况决定了不宜将垄断进行犯罪化,我国对市场的进入和退出、兼并和集中、各行业规模的经济标准等问题尚无明晰的法律界定,而且为了提高企业产业集中度,增强国际竞争力,在政策上鼓励发展大公司大集团,以间接促进产业的技术进步和创新,企业为了拓展市场,总是力图发展企业的规模,扩大企业的影响,难免出现违规操作的情形,但完全可以通过经济、行政的手段调整,如命令其停止侵害、赔偿受害企业、罚款、没收非法所得、撤销并购、解散企业等。刑罚作为最后调整手段,应当在对待垄断的问题上保持其应有的谦抑性,这是由刑罚本身的特点决定的——用之得当,国家和社会两受其利;用之不当,国家和社会两受其害。如果企业因垄断行为被打上犯罪的烙印,成为"污点企业",不仅将严重影响经济主体应有的积极性,非常不利于其今后的生存和发展,也违反了罪刑相称的原则。因此,不宜对垄断应设立刑事责任。

垄断是社会化大生产和科技进步过程中资本积聚和资本集中的必然产物,它的危害性是现实的,但其本身是一个相对、发展的概念,相反,竞争却是绝对的。一些将垄断以民事、行政或刑事法律加以规定的国家,早已是"世贸组织"的成员国,市场已经相对稳定,因此对其竞争诈欺犯罪的规定不可盲目效仿,我们对垄断行为要根据国情来确定其作用与影响,还必须宏观考察具体的竞争行为与市场经济全局发展的关系。由于篇幅所限,不再赘述。

(本文原载《南都学坛》2003 年第 5 期)

---

① 滕海迪:《关于反垄断的立法建议》,《当代法学》2001 年第 1 期。

# 侵犯著作权罪新问题探讨

　　我国刑法第二百一十七条和第二百一十八条关于侵犯著作权罪和销售侵权复制品罪的规定，与 1991 年 6 月 1 日施行的《著作权法》共同为保护著作权、打击著作权领域的违法犯罪行为共同起到了积极的作用。在这两个罪当中，侵犯著作权罪可以说是"源头"犯罪，销售侵权复制品罪可以说是一种后续的犯罪，二者互为因果，而堵住源头，依法有效打击侵犯著作权罪，尤为重要。

　　长期以来，我国的著作权法律制度与 WTO 组织的要求存在着一定差距。1992 年 10 月 15 日，我国加入了《保护文学艺术作品伯尔尼公约》《世界版权公约》，并在入世申请文件中明确承诺，要全面履行 WTO 协议及其附件规定的义务，包括履行《与贸易有关的知识产权协议》（简称"TRIPS 协议"）的义务，而"TRIPS 协议"是当前世界范围内知识产权保护领域涉及面广、保护水平高、保护力度大、制约力强的一个国际公约，其标准也更高，要求也更严。根据有关承诺，我国已在入世之前完成了对著作权法等三部主要知识产权法的修改。在"TRIPS 协议"于 2001 年 12 月 11 日对我国生效之前——2001 年 10 月 7 日，我国修订后的著作权法出台，其显著的特点之一就是加强对"盗版"行为的打击。无疑，它将比以往更为有效地与刑法的侵犯著作权罪和销售侵权复制品罪在不同法律层面上联手出击，全面惩处"盗版"行为。目前的情况是，一方面，著作权侵权行为假借现代科学技术日显扑朔迷离，例如刻录光盘、网络复制、书籍的印刷等都是极为容易的事情。另一方面，通过这几年来的适用，我们不难发现，刑法第二百一十七条侵犯著作权罪的规定存在着不尽合理之处，这些问题的存在给有效打击侵犯著作权罪带来困难，应当及时予以修缮。而且,面对新修订的著作权法和所加入的著作权法方面的公约和"TRIPS协议",刑法在司法运作和自身发展方面都有值得研究之处——在坚持罪刑法定原则的基础上,刑法在哪些方面应当及时反映修订后的著作权法的精神,体现瞬息万变的智力成果——各类作品著作权和著作邻接权保护的要求?

## 一、"作品"的范围

修订后的著作权法第三条第(三)项增加规定了"杂技"艺术作品;第(四)项分解"美术作品"后独立规定了"建筑作品"。1991 年的著作权法并未单独规定"建筑作品",只是在 1991 年著作权法实施条例中将"建筑作品"包括在"美术作品"中,但《伯尔尼公约》明文将建筑作品单独列入。那么,刑法第二百一十七条侵犯著作权罪规定的第一种行为,"未经著作权人许可,复制发行他人文字作品、音乐、电影、电视、录像作品、计算机软件及其他作品的……"是否要体现著作权的这一修改?"作品"在本罪中除了所指明的他人文字作品、音乐、电影、电视、录像作品、计算机软件以外,还包括"其他作品"。这是一个比较弹性的、开放式的规定。在著作权法扩大和调整了作品范围的情况下,侵犯著作权罪是否有必要对"作品"的范围也应扩大和调整?

2002 年 9 月 15 日公布施行的新著作权法实施条例明确,所谓"杂技艺术作品",是指杂技、魔术、马戏等通过形体动作和技巧表现的作品,著作权对杂技艺术的保护,实质上是对杂技中艺术成分的保护,而杂技中表现的动作难度和技巧难度,并不受著作权保护。类似的竞技项目,例如滑冰、体操、跳水等项目表现出的动作难度与技术难度,也不受著作权法保护,因为这类竞技项目的动作设计本质上与著作权保护的作品不同,前者旨在鼓励演员、运动员等模仿,并达到新的难度;后者一旦被法律确定为著作权保护的课题,则意味着禁止他人模仿、复制、表演。是否应当将著作权法新增加规定的"杂技艺术作品"列入侵犯著作权罪所指的第一种行为中的"其他作品"的范畴? 笔者认为应当列入。由于本罪对第一种行为的规定是一个开放性的罪状设计模式,第一种行为应该包含著作权法中所包含的一切作品,这也是符合著作权保护的实际需要。虽然有些作品未必能够被大量复制、发行而营利,但这不是个刑法应不应该保护这些作品的问题,而是实践中犯罪人有没有可能通过这些作品营利、构成犯罪的问题,是应然与实然的问题,不能相混淆。而且,著作权领域是随着科技、文化的进步日新月异的领域,刑法在立法技术上也应当具备一定的前瞻性,在今天看来不大可能大量复制发行的作品,也许在不久的将来便会由于科学技术的突破成为易事。网络的巨大功能已经充分说明了这一点。因此,将"杂技艺术作品"列入侵犯著作权罪第一种行为中的"其他作品"符合刑法立法的本意,不仅是可行的,也是必需的。

"建筑作品"是指以建筑物或者构筑物形式表现的有审美意义的作品,也就是建筑实物。此种理解虽与国际流行的概念不同,但并不意味着我国的著作权法只保护建筑物本身,因为建筑设计图、建筑模型等分别列入了工程设计图、模型作品等保护范畴。如果说在著作权法实施以前,由于将"建筑作品"包含在"美术作品"中,因此有可能符合侵犯著作权罪第(四)项"制作、出售假冒他人署名的美术作品",构成侵犯著作权罪的话,那么现行著作权法已经明确将其排除在"美术作品"之外,是否刑法也不应再将其作为"美术作品"对待了呢?

对这个问题的回答不仅是一个法律适用价值评判标准问题,更加关系到国家立法不同效力的问题。在 1991 年施行的著作权法中,并未明确"建筑作品"的独立地位以及它与"美术作品"的关系,但 1991 年施行的著作权法实施条例第四条第(七)项将"建筑作品"界定为"以线条、色彩或者其他方式构成的有审美意义的立体造型艺术作品"而从属于"美术作品",现行著作权法第三条第(四)项以"美术、建筑作品"相提并论。从法律渊源角度看,刑法是全国人民代表大会制定的基本法律,而著作权法则是全国人大常委会制定的基本法律以外的一般法律,二者具有同等的地位和效力。著作权法实施条例是国家版权局制定、国务院批准的,尽管在应当将其纳入行政法规还是部门规章的地位问题上我国学者依然有争议,但毫无疑问,它的效力是低于刑法这一基本法律的。就著作权法本身而言,当然适用"后法优于前法"的原则,"建筑作品"应当理解为类似于"美术作品"(因为立法将其归入一类)却又不同于"美术作品"(相并列)的地位;从著作权法与刑法的关系来看,既然具有同等效力,首先就没有了谁必须服从谁的因素,在没有根本冲突的情况下,应该遵循"后法优于前法"、"特别法优于一般法"的原则,即刑法中所指"美术作品"不应再包括"建筑作品"。在不违法罪刑法定原则的前提下,刑法适用应当尽可能考虑专门法律的发展变化,这样,既与变化了的国情相同步,又与国际接轨的需求相一致。

## 二、行为方式

侵犯著作权罪的行为方式,立法规定为四种,其本质都是"盗版"行为。目前存在争议的是,第(一)项中的"复制发行"的含义,是必须"既复制又发行",还是可以"或复制或发行,或者,复制并发行"? 对此我国学者有不同理解。根据著作权法第十条的规定,所谓"复制",是指以印刷、复印、拓印、录音、录像、翻录、翻拍等方式将作品制作一份或多份的行为。可以看出,这样的定义主要是指狭义的复制,即以同样形式再现作品的行为;所谓"发行",是指以出售或者赠予方式向公众提供作品的原件或者复制件的权利。著作权法第五十七条还规定:"本法第二条所称的出版,指作品的复制、发行。"

笔者认为,刑法侵犯著作权罪 条中的"发行"与销售侵权复制品罪的"销售"有重合,"发行"包括了"销售"内容。对侵犯著作权罪中的"复制发行",应当理解为"既复制又发行"。如果以营利为目的大量复制但尚未发行,可构成该罪的未遂;如果未复制而只是发行,实质上就仅仅是一种方法传播他人作品的行为,而不是制作行为,不再属于"源头犯罪"的性质,故只可构成销售侵权复制品罪,再以侵犯著作权罪论处显然不当。但如果行为人不以营利为目的,而是以赠予方式向公众提供作品的原件或者复制件,则不构成销售侵权复制品罪。

著作权法第十条在原有的发表权、署名权、修改权、保护作品完整权以外,将原来的"使用权和获得报酬权"分解,分别规定了复制权、发行权、出租权、展览权、表演权、放映权、广播权、信息网络传播权、摄制权、改编权、翻译权、汇编权以及应当由著作权人享有的其他权利共 17 项权利,其中,信息网络传播权是新增加规定的。同时,著作权法第四十六条和第四十七条对侵权行为作了规定,在第四十七条增加了"构成犯罪的,依法追究刑事责任"的内容,这是原来的著作权法中所没有的。在这种情况下,刑法应作何反应,侵犯著作权罪的行为方式应否随着著作权法对著作权范围的拓展而拓展?是否表明著作权法第四十七条规定的七种行为,情节严重的,都可以对其追究刑事责任?让我们作一具体分析。

就"出租"行为而言,探讨著作权法中的"发行"行为,就无法回避"出租"行为性质的问题。在有些国家,"出租"他人享有著作权的作品的行为也被规定为犯罪。① 1991年著作权法实施条例将"出租"解释为"发行"的行为方式之一,②但现行著作权法第十条第(七)项在对著作权人作品(包括电影作品)使用权的具体列举中专门规定了"出租权",是指"有偿许可他人临时使用电影作品和以类似摄制电影的方法创作的作品、计算机软件的权利,计算机软件不是出租的主要标的的除外。"与发行权并列。这显然是立法向"TRIPS 协议"看齐的结果。③ 这样,原来的著作权法中的"发行"由于其实施条理的解释包括"出租",而现行著作权法中的"发行"不再包括"出租",是否意味着复制并"出租"他人作品的行为曾经构成犯罪,在新著作权法施行以后则不构成犯罪?对此应当同样适用上述关于"建筑作品"的探讨,而且,与"建筑作品"不同的是,"建筑作品"与"美术作品"规定在一项中,而"出租权"彻底独立于"发行权"单独成为著作权的一项。遵循"后法优于前法"、"特别法优于一般法"的原则,侵犯著作权罪中的"发行"应不再包括"出租"。

再如,当前比较突出的是网络侵权问题,比起真实世界的著作权侵权行为,网上的侵权现象虽令人深恶痛绝,却防不胜防,很是猖獗。网络环境的出现,使得作品和其他信息的传播更为简单、方便,也使得对著作权的侵害更加容易、隐蔽和难于察觉。现行著作权法针对加强网络环境的著作权保护作出

---

① Article 42 & 43 of Copyright Act of Canada, 2001.

② 1991年《中华人民共和国著作权法实施条例》第五条第(五)项之规定。

③ TRIPS 协议第11条规定:计算机程序和电影类作品的权利人应享有许可或者禁止他人向公众商业出租其作品或者作品的复制件的权利;第14条规定:录音制品的制作人或者其他权利人应当享有出租权。

了重要的规定:首先,增加了作品、表演和录音录像制品的信息网络传播权,它规定,未经著作权人、表演者、录音录像制作者许可,任何人无权将他人的作品、表演和录音录像制品通过信息网络向公众传播,否则,必须承担相应的法律责任。有了这些规定,网络将不再是"盗版者的天堂"。其次,增加了对"技术措施"的保护,将"故意避开或者破坏"技术措施①的行为规定为一种严重的侵权行为。从某种意义上讲,信息网络传播的行为特点与复制、发行非常近似,都是向公众提供作品,因此,如果对侵犯著作权罪"复制发行"按照"或复制或发行"的理解,也可以将通过信息网络传播侵犯他人著作权的行为视为犯罪。譬如,行为人复制了他人的作品放在自己的网页上,供他人有偿下载使用,向公众传播,这与"复制发行"有何本质区别? 最大的区别也许是,在网络上,行为人自己只复制一次即可,以后的复制权由用户自己付费取得,而且这种复制与发行是同时完成的,因为"信息网络传播"的本质特征就是以有线或者无线方式向公众提供作品,使公众可以在其个人选定的时间和地点获得作品。在著作权法的修改之前,法律界在互联网对著作权的挑战方面,一直主张扩大复制权,这次著作权法的修改对复制权并未改动,而是新增加一个信息网络传播权。相比之下,增加信息网络传播权较之扩大复制权的解释更容易操作。但笔者认为,刑法能否覆盖网络侵权,只能严格遵照刑法本身的规定来判定是否构成犯罪。虽然著作权法第四十七条第(一)(三)(四)(六)(七)项都有对通过信息网络传播侵犯他人著作权要承担法律责任的规定,然而根据罪刑法定原则,由于侵犯著作权罪只包括那四种行为,而不包括其他行为,即那些未经著作权人许可,表演、放映、广播、摄制、改编、汇编、通过信息网络传播其作品的行为,对情节严重的这类行为,于刑法无据,无法追究其刑事责任。著作权法第四十七条增加的"构成犯罪的,依法追究刑事责任"的内容,只是对 1991 年著作权法进行完善的规定,表明了著作权法在法律责任不同层次上的互相衔接,行政责任与刑事责任相协调一致的原则,它并不表示该法创设了新的著作权方面的犯罪,只在该条所列举的行为符合刑法规定的犯罪的情况

① 这里所讲"技术措施"主要是指诸如"加密锁""防火墙"之类的加密方式和设置。但法律、行政法规另有规定的除外。见国家版权局:《国家版权局官员谈新〈著作权法实施条例〉》,《中国青年报》2002 年 8 月 15 日。

下,才能够被追究刑事责任。

从立法方面看,无论是经验式立法与超前式立法,都是以犯罪发生的现实为基础的。从总体上讲,立法将某一行为或者某一类行为规定为犯罪,必须是带有普遍性的、典型的严重危害社会的行为,要根据这些行为发生的概率、发展变化的速度以及立法、司法机关对这些行为把握的程度等进行综合评估,而不能将特例作为立法的标本。就目前状况看,虽然未经著作权人许可,出租、表演、放映、广播、汇编、通过信息网络向公众传播其作品的行为在我国呈现不断增长的趋势,与相对普遍、更加广泛的复制、发行行为相比,其影响波及面以及实施的容易程度、参与主体的广泛性等都在不断扩大。然而,作为稳定性较强的刑法不宜轻举妄动,对网络侵权行为可以适用著作权法的规定追究行为人的民事责任和行政责任,这不仅符合我国当前的实际状况,也与"TRIPS 协议"确立的著作权作为私权的性质相吻合。但从长远角度看,并不排除将来在这些侵权行为的广度和深度上都日益加深时,刑法有将其犯罪化的可能。例如,当侵犯著作权行为更多地通过成本低廉、传输速度迅捷、被接收者广泛的虚拟空间而非真实的物理空间,给著作权人造成较大损失时,在追究传统以纸张为传播媒介的"复制发行"侵犯著作权行为刑事责任的同时,也应当追究通过信息网络向公众传播者的刑事责任。随着技术的日趋发达,当"表演"除了"活表演"——公开表演作品以外,"机械表演"——以各种手段公开播送作品的表演都极易实施时,如果给著作权人造成较大损失,也可以考虑追究其刑事责任,这些应当说都是"法与时转"的必然要求。

从应然的角度讲,侵犯著作权罪仅限于打击绝对"盗版",是不利于充分保护著作权的。虽然刑法设立侵犯著作权罪和销售侵权复制品罪两个罪名,主要是针对国际影响较坏、国内情况严重的"盗版"现象。然而侵犯著作权的严重行为,至少还应当包括未经著作权人许可,复制发行经过歪曲、篡改的他人文字作品、音乐、电影、电视、录像作品、计算机软件及其他作品,复制、销售数量较大的行为。有些人甚至擅自增加迎合部分读者、观众、听众以及使用者的低级趣味的内容,当然——还是署原作作者的名字,严重违反了原作的精神、风格、格调,却加以大量复制发行。对这种大量复制发行的非 100% 复制品的行为,如果依然按照刑法第二百一十七条处罚,有违罪刑法定原则,因为法条本身并未包括这种复制经过改动的作品的行为;如果不处罚,显然放纵了这类犯罪。刑法对侵犯商标权、专利权的行为,侧重对权利人的财产权利保护是可以理解的,因为商标权、专利权都属于工业产权,其价值主要体现在经济方面;然而著作权则的人身权利因素更强,这在《伯尔尼公约》中以"精神权利"肯定了它作为公约保护的权利内容。而上述行为就其严重性而言,比原封不动复制类的"绝对盗版"的行为的危害更甚。原因在于,这些行为不仅侵犯了作者的著作人身权中的发表权和著作财产权,而且同时还侵犯了作品的修改权和保护作品完整权,侵犯了作者对其作品不受任何有损其声誉的歪曲、篡改或其他更改,或其他贬损行为的权利。我国目前对这种行为只能依据著作权法第四十六条第(四)项的规定,按照"歪曲、篡改他人作品"的行为追究其民事责任,不足以遏制这些人的嚣张气焰,保障被侵权人的合法权益,有必要将来在刑法修改时考虑将其犯罪化。其实完全可以采取增加概括式规定,通过开放式的罪状设计,在已有的四种情形以外,增加第(五)种,"以其他方法侵犯他人著作权的",以适应著作权发展的实际需要。


## 三、损失的计算标准


在犯罪的定量因素方面,我国侵犯著作权罪采取行为人"违法所得数额较大或者有其他严重情节"的标准。实际上,侵犯著作权所造成的损失计算一直是一个令人头疼的问题。为了改变原著作权法对侵犯著作权行为处罚力度不够严厉的情况,修订后的著作权法参照了国际上通行的在权利人不能确定自己的损失时规定法定赔偿额的做法,规定"权利人的实际损失或者侵权人的非法所得不能确定时,由人民法院根据侵权行为的情节,判决给予五十万元以下的赔偿"。显示了打击侵权行为的决心和对权利人的有效保护。当然,刑法无法效仿这一做法来判处罚金,但是可以在刑事附带民事赔偿中适用这一非常得力的规定。

在侵犯著作权罪危害的具体计算方法上,当前更应当引起关注的问题,是不应当以侵权行为人"违法所得"来衡量,而应以其"非法销售金额"来衡量。

以侵权行为人"违法所得"作为侵犯著作权罪的罪与非罪的主要标准之一容易误导司法人员和广大公众,认为判断是否构成犯罪的主要依据是行为人的犯罪所得大小,这是有悖犯罪的本质的,因为之所以要对一行为追究刑事责任,主要是依据它对社会和他人带来的危害(包括损失)而非行为人从中获取的利益大小,著作权保护一样主要是着眼于权利人之所失,而不是犯罪人之所得。而且,相比较而言,违法所得数额在司法操作性方面,比非法复制、销售著作权作品的数量更难以计算。此外,从发展我国市场经济,加强私人财产权保护的角度出发,我国著作权刑事保护的重心也应作较大调整,即由维护社会经济秩序转向对著作权人著作权所有权的保护。这一精神在其他国家的相关立法中也有体现。例如,在是否构成侵犯著作权犯罪、轻罪与重罪的问题上,美国以复制、销售著作权作品的数量,以及零售价值为标准。它与我国标准上的差异,体现了两国立法保护重心的不同,以销售金额为标准,是从侵权者对于著作权所有人所有权侵害的角度来衡量行为的严重程度,复制、销售侵权作品越多,著作权所有人受损就越大。而以违法所得的数额为标准,是从侵权者对社会经济秩序所造成的危害上来考虑侵权行为的严重程度,违法所得的数额越大,对于社会经济秩序的破坏就越大。但违法所得数额并不必然能够反映对著作权所有人造成的损失,违法所得数额小,对著作权所有人造成的损失却不一定小,当侵权人是大量复制、低价销售的情况下尤其如此。[1] 因此,改变以违法所得的数额为标准的传统做法,而代之以销售金额为计算标准,更加利于司法操作,有利于加强对著作权的保护,有利于我国科技文化事业的发展和进一步改革开放的需要。

## 四、罪过心态

《刑法》第二百一十七条规定,侵犯著作权罪的罪过心态必须是"以营利

---

[1] 廖中洪:《中美知识产权刑事保护的比较研究》,《法律科学》(西北政法学院学报)1997年第3期。

为目的"。虽然都属于故意犯罪,但我国对侵犯商标权、专利权的犯罪在主观方面的法律规定只要是故意即可,而侵犯著作权的犯罪在主观方面除了是出于故意之外,还必须是"以营利为目的"。著作权不同于商标权、专利权这些工业产权,它更多的是文化产品,注入了更多的思想、精神方面的内容;有些侵犯他人著作权并非为自己营利,而是别有用心,或者就是为了降低他人作品的声誉。对基于其他复杂动机或目的而侵犯著作权,情节严重的行为,也应当规定为犯罪。商标权、专利权、商业秘密权与著作权均属知识产权,都既具有经济内容,又具有人身依附性和名誉权方面的价值,都是人身权与财产权的统一,仅对侵犯著作权要求"以营利为目的"的法定因素是没有根据的。即便是为了区别于那些合理使用他人作品的行为,也仍然可以取消"以营利为目的"的内容,改为"违反著作权法的规定",一样直白明了,一样可以达到区别于合理使用的目的。如果一定要加以规定,可以将其作为犯罪的加重构成要件来对待。① 世界上许多国家(如日本、法国、意大利、美国等)和地区(如我国台湾地区)的刑事法律规范均未将"以营利为目的"作为侵犯著作权犯罪的主观要件,有些甚至适用严格责任原则,推定行为人的罪过心态。

众所周知,在民事责任领域,长期适用的原则是:合同责任是严格责任,而侵权责任则是过错原则。与商标权、专利权的取得方式不同,著作权的侵权行为,特别是某些计算机软件、网络侵权行为的证明,十分困难,因此包括我国在内的许多国家对著作权直接侵权行为采用了严格责任。我国著作权法第五十二条规定了严格责任即过错推定责任原则,"复制品的出版者、制作者不能证明出版、制作有合法授权的,复制品的发行者或者电影作品或者以类似摄制电影的方法创作的作品、计算机软件、录音录像制品的复制品的出租者不能证明其发行、出租的复制品有合法来源的,应当承担法律责任。"这一责任原则同样可以适用于刑法领域,即由复制发行人等涉嫌侵权的犯罪嫌疑人负责举证复制品的合法来源或者是经过合法授权取得,如果不能证明,就要承担刑事责任,这样可以提高证明成功率和诉讼效率。在我国香港地区 2001 年 4 月实施的 2000 年《知识产权法案》(若干修正案)中,对著作权法所作的一项重大修

---

① 1991 年《著作权法实施条例》第五条第(五)项之规定。

改内容,就是增加规定了构成该罪的行为方式,将在商业活动中非法持有侵权复制品的行为犯罪化,而且不论该商业活动是否与侵权复制行为有关。①

## 五、刑事责任

侵犯著作权罪的法定最高刑为 7 年有期徒刑并处罚金。作为扰乱国家经济管理秩序的犯罪,本罪不同于其他经济犯罪,对它的处罚应当更加注重对被侵权人的状态恢复,对犯罪人的刑事处罚是必要的但不是唯一的手段。目前的情况是,一方面处刑较重,另一方面犯罪构成要件的构成要素太多,在主观方面除了故意还要求"以营利为目的",在客观方面除了四种行为方式以外还必须具备"违法所得较大或者有其他严重情节",从而大大限制了刑事处罚的范围,造成部分人成为漏网之鱼,而那部分落网的人则要"从严惩处",在客观上违反罪责刑相称原则,在主观上导致犯罪人心理不平衡,影响长远的预防犯罪的效果。有些非刑罚措施,能够剥夺侵权人实施侵权的条件,抚慰被侵权人,如果与刑罚一起适用,效果更好。过去我国过于重视国家和公众利益,忽视了权利人利益,对著作权保护不力是有目共睹的事实,在改革开放后这些年来,在与国际经济、文化交往中越来越认识到著作权保护的重要性,尤其是面临美国等一些发达国家指责的压力,法律及时作出了反应和调整,顺应了时代的要求。但是,不应单纯为了与国际接轨而不考虑本国国情的需要而过度严厉。侵犯著作权罪的处罚牵涉保护著作权人权益和促进文学、艺术和科学作品传播的公众利益的权衡,既要反映时代的需要、对外开放中其他国家的要求,又要利于本国的经济发展和文化繁荣。现行著作权法在国家、集体、个人间的利益分配方面逐步向个人倾斜,接近了国际保护水平,但刑法与著作权法不一样,虽然二者都有关于著作权保护的内容,刑法由于事关有可能剥夺个人的更为重大的权益——人身自由,并且向社会昭示了行为人的可谴责性——被打上犯罪的烙印,因而在侵犯著作权罪刑罚上应当有足够的理性,处罚要适

---

① *The New Copyright Law*.April 16,2001,www.hongkong.org/ehongkong3/copyright.htm.

度。而且,TRIPS 协议的总体精神,也是建立在既要保护权益人的利益,又要保护国家及公众利益的基础上的。其显著标志是,TRIPS 协议第 61 条是整个协议中唯一一条涉及犯罪问题的条款,与有关民事程序和临时措施的规定相反,它规定得非常笼统。为什么?它既要求对受到侵犯的知识产权给予一定程度的刑事司法保护,同时又让成员自己决定如何去履行这些义务。因为它涉及不同利益之间的权衡,非常微妙,如何界定,只能由一国政府自己去论证、决策。

因此,鉴于上述诸多原因,笔者认为,我国刑法对法定刑的设计以 5 年有期徒刑并处罚金作为法定最高刑足矣。同时,还可以在侵犯著作权罪的刑事责任中,直接列入对犯罪人并处一定时期(例如主刑执行完毕后 5 年内)禁止从事相关职业的内容,即规定"资格刑",以剥夺其再犯可能性,比单纯提高法定刑更有现实性。

## 六、相关程序性规定

这个问题已经超出了刑法领域,但它又深刻地影响着刑事立法的执法效果。在著作权得到较好保护的国家,无不重视对侵犯著作权罪司法程序的同步规定,同时这也是"TRIPS 协议"关于执法措施的要求,即各国必须通过提供协议规定的执法程序,采取有效行动制止侵权行为。我国现行著作权法第五章章名由原来的"法律责任"改为"法律责任和执法措施",并增加了诉前的三种"临时措施",包括诉前禁令(国外称为"临时禁令")、产权保全和证据保全,在法律保护方面加大了执法的可操作性。其内容是:有关的权利人"有证据证明他人正在实施或者即将实施侵犯其权利的行为,如不及时制止将会使其合法权益受到难以弥补的损害的,可以在起诉前向人民法院申请采取责令停止有关行为和财产保全的措施"。"为制止侵权行为,在证据可能灭失或者难以取得的情况下,著作权人或者与著作权有关的权利人可以在起诉前向人民法院申请保全证据。"依据我国民事诉讼法的规定,诉前可以提出申请的只有财产保全,停止侵权的禁令、证据保全等申请必须在诉讼中方可提出。这一修改,突破了民事诉讼法的限制,在国内应属于一种新确立的司法程序。但这些程序并非必经的司法程序,它的启动是有严格条件的。虽然它只是民事诉讼程序性的规定,然而正确把握这些条件,恰当运用这些程序,对于制止侵权、证明侵权构成违法犯罪,维护被侵权人的合法权益可以起到事半功倍的效果。对于侵犯著作权犯罪的被害人,他所期望的,也是对他最能起到保护作用的,就是停止侵权行为,弥补所受的损失。当然,滥用这些程序也可能给自己带来无可挽回的损失。当前比较迫切的是需要立法、司法机关对这些临时措施的具体适用再作进一步的程序性的明确。

(本文原载《人民司法》2004 年第 8 期)

# 论从人权保障角度反腐败

## 一、什么是"腐败"?

在论及腐败与人权保障的关系之前,我们首先需要对"腐败"的含义进行界定。值得注意的是,近年来几个最重要的地区或国际反腐败公约都直接将"腐败"一词作为公约名称——例如《联合国反腐败公约》、欧洲理事会《反腐败刑法公约》《反腐败民法公约》;与此形成对比的是,虽然"腐败"一词在我国的适用频率很高,然而,我国刑法没有将"腐败"作为类罪的名称加以规定,只是采用了具体的腐败犯罪的列举法,即"贪污贿赂罪"。

虽然采用"腐败"一词作为公约的名称,《联合国反腐败公约》、欧洲理事会《反腐败刑法公约》却都未给"腐败"直接下定义,只有欧洲理事会《反腐败民法公约》第2条规定:"腐败是指直接或间接地要求、提供、给予或者接受贿赂或其他不正当利益或机会,此种行为使得不正当利益或机会的接受者不能恪尽职守。"而《英联邦促进良好管治和打击贪污腐败原则框架》的序言则指出,"腐败通常被定义为为了获取私利而滥用公共职权。""美国对外援助机构"对腐败的定义涵盖范围更广,是指滥用被授予的权力谋取私利。① "透明国际"(Transparency International,"TI")采用的也是这一定义。② 可以看出,"美国对外援助机构"与"透明国际"对腐败的定义不仅包括行为人滥用公权

① Steven E.Hendrix.New Approaches to Addressing Corruption in the Context of U.S.Assistance with Examples from Latin America and the Caribbean.*Sw.J.L.& Trade Am*,2005,No.12.

② Lucinda A.Low.The Anti-Corruption Laws of the United States and Mexico.*U.S.-Mex.L.J.*,2003,No.11.

力,还包括滥用其他职权谋取私利的行为;不仅包括重大的腐败行为,也包括轻微的腐败行为。从内容上看,《联合国反腐败公约》列举的"腐败"罪行也比我国刑法的规定宽泛。

不少法学家曾试图对"腐败"作出准确的界定,其中为西方社会比较普遍认同的,是美国统一法学的代表人物埃德加·博登海默(Edgar Bodenheimer)的定义:"腐败就是运用公共权力谋取私人利益的行为,其特征是个人或集团实施了影响部门活动的超越法律的行为,这些个人或集团比其他人更多地参与了决策过程,其行为本身也超越了合法性的权力。"该定义既揭示了腐败的本质——运用公共权力谋取私人利益,又指出了腐败的越权性和非法性的特征,比较全面、准确。

腐败可以分为制度性腐败与常规性腐败。二者之中,前者最为危险,因为仅仅依靠法律执行方法很难有效预防和惩治制度性腐败。[1] 美国学者斯蒂文·E.亨德里克斯(Steven E.Hendrix)将腐败分为"重大腐败"(grand corruption)与"行政性腐败"(administrative corruption),前者是指行政、司法、立法或政党高级官员的腐败行为,后者是指中、低层官员的腐败。[2] 这种区分的意义在于说明,行政性腐败反映的是制度以内的缺陷,而重大腐败则是对整个体制的歪曲滥用。反腐败要取得实质性的成效,最终必须触及重大腐败。如果重大腐败得不到有效惩处,结果可能只是滋生重大腐败的体制和人员被重新洗牌,甚至只是重新排列组合,而不会实质性地减少腐败的发生,因为只针对行政性腐败的各项措施不具有可持续发展性。

## 二、腐败的危害性及其与人权保障的关系

自古以来,国家的覆灭总是多种因素综合作用的结果,但是来自政权内部

---

[1]　C.Raj Kumar.Corruption and Human Rights: Promoting Transparency in Governance and the Fundamental Right to Corruption-free Service in India.*Colum.J.Asian L.*,2003,No.17.

[2]　Steven E.Hendrix.New Approaches to Addressing Corruption in the Context of U.S.Assistance with Examples from Latin America and the Caribbean.*Sw.J.L.& Trade Am.*,2005,No.12.

的腐败则是致命因素之一。美国对外援助机构也曾表示,"来自于政府、政党领导、法官的腐败比其他任何问题更会使公民疏离其政治机构和领导,危害政治稳定和经济发展。"①20世纪末,在一项对超过60个发展中国家的150名高级公务人员的调查中,被调查者将公共部门的腐败列为对其本国发展的最大的威胁。② 在金融机构、商业部门,腐败也日益成为需要解决的头等大事。例如世界银行总裁就曾经表明,对世界银行而言,没有什么问题比腐败来得更严重。③ 国际刑法学协会前主席、美国著名国际刑法学家巴西奥尼更明确地指出,对一个国家和社会的稳定而言,腐败犯罪是最大的威胁。④ 此断言并不过分。虽然恐怖犯罪、有组织犯罪等犯罪危害国家和社会的安全,给人们造成极大的心理恐慌,但它们皆属于"外发性的犯罪",相反,腐败犯罪却是"内源性的犯罪",是由掌握权力的人⑤为谋取私利而实施的犯罪,常常对其他犯罪起着推波助澜的作用,而且起着至关重要的"开绿灯"、"打保护伞"的作用。有组织犯罪如果不能渗透、腐蚀国家公职人员,根本无法长期存在与发展。

正因如此,《联合国反腐败公约》以及其他地区性反腐败公约都对腐败的危害有深刻的表述,例如《联合国反腐败公约》序言开宗明义地指出:"腐败对社会稳定与安全造成问题、构成严重威胁,它破坏民主体制和价值观、道德观和正义并危害着可持续发展和法治。"从本质上讲,腐败首先是公职人员的违约、背信行为,它说明,由公民选举出来行使管理国家权力的代表违反了他们

---

① Steven E.Hendrix.New Approaches to Addressing Corruption in the Context of U.S.Assistance with Examples from Latin America and the Caribbean.*Sw.J.L.& Trade Am.*,2005,No.12.

② Cheryl W.Gray & Daniel Kaufmannn.Corruption and Development,Finance and Development,1998,No.3.转引自 Parthapratim Chanda,The Effectiveness of the World Bank's Anti - corruption Efforts:Current Legal and Structural Obstacles and Uncertainties.*Denv.J.Int'l L.& Pol'y*,2004,No.32。

③ 世界银行颁布的指南还禁止行贿的承包商将来介入与该银行资助相关的项目,并取消对索贿者所在国家的贷款。见 Philip M.Nichols,George.Corruption as a Pan-cultural Phenomenon:an Empirical Study in Countries at Opposite Ends of the Former Soviet Empire.*Tex.Int'l L.J.*,2004,No.39。仅 1996 年,世界银行就禁止 90 多个公司与世界银行开展金融业务,原因即这些公司存在腐败行为。参见 Robert E.Lutz.On Combating the Culture of Corruption.*Sw.J.L.& Trade Am.*,2004,No.10。

④ 王霞:《腐败犯罪是最大的威胁——国际刑法学大会代表研讨反腐败问题》,2004 年 10 月 20 日,https://jw.fjrtvu.edu.cn/info/1107/2617.htm。

⑤ 以往主要是指掌握国家公权力的人,现在也包括在国际组织、私营部门掌握权力的人。

与公民之间的"社会契约",破坏了信托关系,而且是出于谋取私利的动机,是恶意违反义务。

对遏制腐败违法犯罪的对策研究,可谓汗牛充栋。有从政治学角度论述的①,有从经济学角度论述的,例如通过成本—收益理论分析如何在制度上设置阻隔行为人进行腐败行为的机制;更多的是从法学,特别是刑法学角度论述的,探讨如何确定腐败行为的性质及其应当承担的相应的法律责任。而从人权保障角度考察腐败犯罪的危害、对腐败犯罪的预防和惩处、反腐败措施与人权保障的关系以及从人权救济的角度进行反腐败法律制度的安排,却比较显见。笔者认为,所谓反腐败与人权保障的关系,至少包含以下三个方面的内容。

## (一) 腐败犯罪威胁和妨害公民的生存发展权

反腐败和保障人权都是国际社会和各国政府高度关注的问题,即使是在腐败治理效果不佳的国家,一般也都有严厉的刑法条款对付腐败犯罪。由于腐败是"低风险,高收入"的犯罪,因此很容易蔓延,一旦演化成制度性的腐败,刑法显然是力不从心的。只有在认识到腐败对人权、法治的危害,从反腐败角度促进人权保障,从保障人权的必要性看待腐败犯罪的危害性和反腐败的重要性,将反腐败的刑法要求与宪法要求相结合考察时,才有可能发生质的转变。有些国家还将从人权保障角度出发的反腐败内容规定在宪法中,印度就计划将"公民有权享有无腐败的政府"这一权利写进宪法第三章。② 在人权观念日益得到国际和世界上绝大多数国家和地区重视、其权利内容日益被充实、其价值愈加得到彰显的今天,对腐败与人权保障之间关系的认识与深化,将有助于我们理解其中的关系,并促进惩治与预防腐败、保障人权的双重目标的实现。

---

① 从政治学角度看,腐败动摇公共权力主体的合法性、破坏政治关系、阻碍或破坏政治过程、阻挠或中断政治发展、毒化社会政治心理、瓦解和动摇政治制度的阶级基础。而西方传统理论一般是从政治学的角度来探讨腐败这个问题。亚里士多德的《政治学》、孟德斯鸠的《论法的精神》等著作中都有对腐败的独到论述。

② C.Raj Kumar.Corruption and Human Rights: Promoting Transparency in Governance and the Fundamental Right to Corruption-free Service in India.*Colum.J.Asian L.*,2003,No.17.

从刑法角度看,任何一种犯罪都是对法益的侵害,不具备法益侵害性的行为不会被刑法规定为犯罪,但是与人权直接相关的刑法法益,是个人法益,即公民的人身权利、民主权利和财产权利,而不是国家法益或社会法益。腐败犯罪没有明确的被害人,且危害的首先是公职行为的廉洁性,其次是公共财产权,因此,说腐败犯罪侵犯人权,似乎比较牵强。但是,由于公职行为的廉洁性与公共财产权直接关乎公民(包括作为个人的和作为集体的)的生存发展条件,在有明确的被害人的情况下,腐败犯罪直接侵犯了被害人的人权,在没有明确的被害人的情况下,则间接地侵犯了其他人的人权,即生存权与发展权。

具体而言,由于腐败(此处主要是指贿赂)犯罪的存在,在国家公职人员任免、公共采购、项目招标等诸多领域的竞争中,造成不公平和不公正,严重侵犯了因此失去应有机会的人(包括自然人和单位)的民主权利和经济权利。

同时,腐败行为在谋取私利的过程中都侵犯了他人或公共的权益——不仅侵犯了公私财产权(例如贪污、挪用犯罪)以及公权力的廉洁性,而且,由于本可以用于经济建设、文化教育、社会保障事业的巨额资金被侵吞或转移至其他国家,直接危及其他公民的生存与发展,"对政治稳定和可持续发展造成威胁"。① 这在发展中国家尤为明显。除了腐败犯罪人及其团体本身,其他非介入者都是腐败犯罪的受害者,包括公众,因为他们作为纳税人,其资产被不法地剥夺或减少。

在现代社会中,特别是在市场经济条件下,每个人都有依靠自己的诚实劳动和能力获取相应资源的权利。人权首先是生存权和发展权。《世界人权宣言》第22条规定:"每个人、作为社会的一员,有权享受社会保障,并有权享受他的个人尊严和人格的自由发展所必需的经济、社会和文化方面各种权利的实现,这种实现是通过国家努力和国际合作并依照各国的组织和资源情况。"我国于1998年10月签署的联合国《公民权利与政治权利公约》第1条以及于2001年2月28日批准通过的《公民经济、社会、文化权利公约》第1条都规

---

① 见《联合国反腐败公约》序言。

定："所有人民都可以按照他们自己的目的自由处置他们的天然财富和资源，而不损害根据基于互利原则的国际经济合作和国际法而产生的任何义务。在任何情况下都不得剥夺人民自己的生存手段。"①

　　然而腐败却剥夺和妨害了公民利用合法拥有的资源从事经济、社会、文化发展的权利。在经济全球化的今天，在 WTO 规则被越来越多的国家所认可、遵循的国际经济形势下，地区、国家之间的竞争已经日益成为经济实力的竞争，但是贿赂等腐败行为介入国际经济贸易领域，极大地损害了"三公"的经济规则，危害了其他经济实体的合法权益。② 在国际层面和一些经济发达国家，反腐败与人权保障、经济全球化与人权等问题正越来越凸显其重要地位。例如，跨国公司由于其巨大经济影响以及与政府间的密切关系，注定了它们既是反国际经济贿赂的主力，也可能成为国际经济贿赂的主要行为者。③ 国际商业、金融领域的贿赂就将跨国公司推向台前——虽然许多国家的反腐败法律对此并无准备和经验。而跨国公司的贿赂行为对所在国的人权的侵害，应当引起所在国政府的足够重视。

　　对上述两方面进行比较可以发现，腐败对人权的危害是间接的，因为受害对象不确定，但是范围广；而腐败对人权的狭义危害是直接的，受害对象相对确定。它们却都会引发社会不满，导致社会矛盾和冲突的产生和升级，带来诸多不和谐因素，从而影响社会稳定和发展。可以说，在"腐败→不公平→不和谐"这一发展过程中，关键因素在于，腐败具有对人权的侵犯性与威胁性。国家要有效保障公民的这一最基本人权，就需要采取各项措施切实反腐败。

---

①　赵秉志：《酷刑遏制论》，中国人民公安大学出版社 2003 年版，第 487、505 页。

②　例如政府采购作为一种市场交易行为，在为市场提供巨大商机的同时，也容易滋生商业贿赂等腐败行为，WTO《政府采购协定》（即 GPA）主要是针对这一问题而制定的。我国将于 2007 年底前加入该协定的谈判。

③　关于跨国公司违法行为对人权的侵害问题，见 Sukanya Pillay. And Justice for All? Globalization, Multinational Corruptions, and the Need for Legally Enforceable Human Rights Protections. *U. Det. Mercy L. Rev.*, 2004, No. 81。

### （二）反腐败需要切实保障腐败犯罪嫌疑人、被告人的合法权益

由于是"权力型犯罪"，腐败犯罪比其他犯罪更难于侦破，原因主要在于：

第一，腐败犯罪常常与合法的公务行为（或职务行为，在指商业贿赂时）纠缠交织在一起；

第二，腐败犯罪没有明确的被害人，其中贿赂犯罪又是权钱交易，各得其所，比侵犯公民人身权利、民主权利罪（例如故意杀人罪、故意伤害罪、非法拘禁罪、虐待罪等）及侵犯财产罪更隐蔽；

第三，腐败犯罪人具有较强的反侦查意识和能力，在罪行暴露后，他们大多会利用自己的职权地位之影响，动用各种社会资源掩盖其罪行，阻挠对其追诉工作的正常进行，以求逃避法律的惩处。

要切实保障腐败犯罪嫌疑人和被告人的合法权益，需要注意以下三个方面的问题。

一是，在微观层面，办案人员在抓获犯罪嫌疑人之后，无论是因为侦破之不易还是由于对腐败犯罪的痛恨，都容易产生急躁冒进的情绪，出现对腐败犯罪嫌疑人的合法权益（包括程序的和实体的）保护不力，甚至侵犯其合法权益的现象，最常见的包括违法收集证据（特别是刑讯逼供）、超期羁押以及对律师及其本人的辩护权未予应有保障等。在宏观层面，在对腐败犯罪人人喊打的国际、国内大环境中，政府也容易将反腐败工作政治化。这虽然可以起到立竿见影的效果，但是从长远看来，不仅侵犯腐败犯罪人的合法权益，而且将会破坏法治和民主。

二是，法律要保障和维护的，是腐败犯罪嫌疑人和被告人的合法权益，并不是要给这些人以特权。实践中刑事侦查、起诉和审判人员仍然可能会因为这些人曾经呼风唤雨、权倾一时而在处理腐败案件时畏首畏尾，或给予犯罪嫌疑人以"片面最惠待遇"。显然，这种做法违反了《刑事诉讼法》第67条"对一切公民在适用法律上一律平等"的原则。

三是，正确看待对腐败犯罪嫌疑人和被告人合法权益的保障与特殊侦查手段之间的关系。

由于上述原因,腐败犯罪比较难于侦破,对其采用一些特殊侦查手段的做法已经被许多国家所采用,也为《联合国反腐败公约》所认可——第50条就是关于"特殊侦查手段"的规定。① 其他反腐败公约也有类似规定。②

但是特殊侦查手段必须是在公约或国家法律的框架内采用,否则便是对犯罪嫌疑人人权的侵犯。反腐败公约或国家法律本身应当为腐败犯罪人提供足够的制度上的人权保障。例如《联合国反腐败公约》就在追诉程序、定罪机制、刑罚执行等多个刑事诉讼环节体现了对腐败犯罪人的人权保障,其中第44条(十四)项就针对被引渡的犯罪嫌疑人作出规定:"在对任何人就本条所适用的任何犯罪进行诉讼时,应当确保其在诉讼的所有阶段受到公平待遇,包括享有其所在国本国法律所提供的一切权利和保障。"

### (三) 反腐败应当切实保障举报人、证人、鉴定人的人权③

反腐败与保障举报人、证人、鉴定人人权的关系十分紧密。由于腐败犯罪的举报人、证人、鉴定人面对的是权倾一时,有相当的社会、政治影响,能够调动诸多权力资源的人,因此,打击报复举报人、证人、鉴定人的问题在腐败犯罪中表现得十分突出,甚至这些人的家庭成员的生命安全都得不到应有的保障。在任何国家,对任何犯罪的追诉都应当切实保障举报人、证人、鉴定人的合法权益。对举报人、证人、鉴定人的人身安全与其他合法权益的保障,既是法治本身的需求,也是打击犯罪的切实需要。

由于腐败犯罪的复杂性,许多腐败大案要案正是从举报人、证人提供的线索入手得以侦破的,而且,与特殊侦查手段相比,举报人、证人所提供的线索在多数情况下更具合法性,成本较低,效率却更高。因而也更适合我国当前惩治

① 《联合国反腐败公约》第50条规定:"为有效地打击腐败,各缔约国均应当在其本国法律制度基本原则许可的范围内并根据本国法律规定的条件在其力所能及的情况下采取必要措施,允许其主管机关在其领域内酌情使用控制下交付和在其认为适当时使用诸如电子或者其他监视形式和特工行动等其他特殊侦查手段,并允许法庭采信由这些手段产生的证据。""为侦查本公约所涵盖的犯罪,鼓励缔约国在必要情况下为在国际一级合作时使用这类特殊侦查手段而缔结适当的双边或多边协定或者安排。这类协定或者安排的缔结和实施应当充分遵循各国主权平等原则,执行时应当严格遵守这类协定或者安排的条款。"
② 例如1999年欧洲理事会《反腐败刑法公约》第23条。
③ 从外延上来看,广义的证人包括举报人,狭义的证人仅指诉讼开始后作证的人。

与预防腐败犯罪的实际情况。从功利、实用的角度讲,对这些人的保护,很大程度上就是对腐败犯罪的有效惩治。《联合国反腐败公约》第 32 条、第 33 条就保护证人、鉴定人和被害人以及保护举报人作了专门规定。英国早在 1892 年就制定了《证人保护法》,我国香港廉政公署也于 20 世纪 70 年代建立了比较完善的《证人保护条例》,司法部门对包括举报人在内的证人实施 24 小时保护措施。美国、加拿大、德国、新加坡等国不仅有单独的证人保护法①,其诉讼法也有关于证人保护的规定,美国、澳大利亚等国还有专门的证人保护机构,而且对举报人的奖励制度也非常完善。②

## 三、对腐败行为受害者的救济

预防腐败犯罪、惩治(虽然在一些国家,这一点做得也很不够)腐败犯罪人,给腐败犯罪人定罪判刑,是反腐败的第一要素,但它并不完全是打击腐败犯罪的成功标志,反腐败的内容不限于此。从人权保障角度看,恢复被侵权人的产权和其他权利,与处罚腐败犯罪人同样重要,因为它是人们赖以生存与发展的基本条件。例如,贪污犯罪人将资金转向"金融天堂",则其国内所迫切需要的经济资源被剥夺,公平的竞争机制被损害,自由贸易秩序受危害,贫富分化加剧,社会矛盾激化,最终影响社会和谐的建构。尽管对全球因腐败转移的非法资金数额难以作出确切统计,但是据国际货币基金组织估计,全世界每年的洗钱总额占世界生产总值的 3%—5%(相当于 6000 亿—18000 亿美元),

---

① 例如 1984 年美国联邦《证人安全改革法》规定,对于出庭作证的举报人,若遭遇生命危险,可以申请联邦政府提供 24 小时贴身保卫、更换身份、工作地点等保护措施,以确保其人身、财产安全。1989 年美国国会通过的《吹口哨人保护法》(*The Whistleblower Protection Act*)在美国的 42 个州内适用,保护的内容非常全面深入,例如政府在雇用一个雇员时需要在劳动合同上写明,不能因为此人揭露了政府内部存在的问题,如腐败、渎职等而被解雇或变相解雇。这些举措旨在澄清吏治,抑制腐败,鼓励和保护联邦工作人员检举揭发政府弊端,以制止打击报复和消除政府内部的违法犯罪及不当行为。

② 例如美国《吹口哨人保护法》规定,整个罚金的四分之一要用来奖励举报人。见林江秤:《打击商业贿赂要建立举报制度》,《上海证券报》2006 年 3 月 30 日。

而其中很大一部分主要来自腐败犯罪的资金。①

对反腐败与人权保障的特殊关系的认识,不仅要求人们对反腐败任务的重要性有新的、更深层次的解读,更重要的是需要进行一项长期以来未被足够重视(或根本未重视)的工作——从保护人权的角度对因腐败犯罪而遭受利益侵害的人进行救济。只有与救济联系在一起,权利才是实在的权利,"有权利必有救济","无救济的权利是无保障的权利"。与此相对应,法律必须有"牙齿",而且是锋利的牙齿,才能"咬"得动腐败这块骨头。趋利避害、谋取私利是人之共性。一旦赋之以权力,如果没有法律制度的良好建构,任何人都有滥用权力的可能,即"权力导致腐败,绝对的权力导致绝对的腐败"。经济全球化、市场经济,自然人、企业乃至国家与地区,无不以利益最大化为目标,以实用为标准。追逐利益虽然是每个人的权利,但是权利的边界是其他人的人权,即便这种权利搭上了权力的便车,也一样要以权力(职权)的边界和他人人权的边界为限制。

良好的法律除了对权力进行合理配置、对预防和惩治腐败犯罪的措施进行规范以外,还应当包括对因腐败而产生的权利救济的规定。反腐败的措施,从"公共政策→惩罚腐败犯罪的法律(包括从立法→执法)→认可和救济因腐败犯罪而受侵害的权利的法律(包括从立法→执法)",每个进程都是一大进步。公民的生存权与发展权蕴涵着享有一个没有腐败的政府和社会的权利。将反腐败从保护人权的高度看待,还说明了反腐工作的绝对性和适用对象的平等性,因为人权是每个公民平等享有、受法律平等保护的,因此腐败犯罪无论大小、犯罪人无论其职务高低,都不应被容忍,更不允许对腐败犯罪人进行"选择性执法"。

根据《联合国反腐败公约》,腐败犯罪被害人有权提起损害赔偿的法律诉讼,或委托检察院提起公益诉讼。而且,在腐败犯罪人死亡、潜逃或者缺席而无法对其提起公诉的情形下,被害人根据《联合国反腐败公约》享有可以不经

---

① Philippa Webb.The United Nations Convention Against Corruption——Global Achievement or Missed Opportunity?.*J.Int'l Econ.L.*,2005,No.8.

过刑事定罪而获得这类财产的权利。①《联合国反腐败公约》用专章和 9 个条文规定了"资产的追回"(第 5 章),并且第 51 条规定,"按照本章返还资产是本公约的一项基本原则"。第 53 条规定,各缔约国应当根据本国法律采取必要的措施,允许另一缔约国在本国法院提起民事诉讼,以确立对通过实施根据本公约确立的犯罪而获得的财产的产权或者所有权,并允许本国法院命令腐败犯罪人向受其犯罪损害的另一缔约国支付补偿或者损害赔偿。1999 年《欧盟反腐败民事公约》第 3 条也规定,因腐败遭受损失的人有权通过诉讼获得全部的损害赔偿。

至于对举报人、证人的保护,以及对腐败犯罪嫌疑人、犯罪人合法权益的保障,更是国际反腐败公约以及许多国家和地区反腐败法律的重要内容。

对腐败犯罪受害者的救济是一个不断发展完善的课题,这是因为,腐败犯罪是处在动态发展之中的,并无一成不变的模式,例如贿赂外国公职人员、国际组织官员的行为便是随着现代国际政治、经济交往的发展而衍生的。而对于不同腐败犯罪的受害者,应当有不同的救济方式。有学者提出,因为竞争者的贿赂行为丧失机会的人,法律(包括国际法律与国内法律)应当为其提供司法诉讼的渠道。② 对此尚待进一步的研究。

## 四、我国应当从保障人权的角度推进反腐败进程

我国一向重视反腐倡廉。2005 年 10 月 27 日,十届全国人大常委会第十八次会议批准了《联合国反腐败公约》。《公约》确立的反腐败法律原则和措施,为我国进一步完善反腐败法律机制提供了依据。③

同样,我国日益重视对人权的保障,并完善相关法律制度。如前所述,我国已经批准加入了《经济、社会、文化权利国际公约》,签署了《公民权利和政

---

① 见《联合国反腐败公约》第 54 条第(三)项。

② Cecil Hunt.Recent Multilateral Measures to Combat Corruption.*ALI-ABA*,2004,SJ 078.

③ 在世界几大洲当中,唯独亚洲没有地区性反腐败公约,因而,《联合国反腐败公约》对亚洲国家(尤其是那些已经签署、批准该公约的国家)具有非常深远的影响。

治权利国际公约》,我国宪法第四修正案第一次明文规定,"国家尊重和保障人权",而宪法的其他规定则将人权保障进一步具体化。宪法有关保障人权的这些规定,为我们从人权角度反腐败提供了最根本的法律依据,但是,具体如何落实和实现对人权的充分保障,将宪法权利进一步推进,用制度来丰富它的内涵,以及如何使得反腐败向更纵深方向开拓,还有许多问题需要深入研究和解决。① 在依法治国已经被确立为国家方略,写入宪法和党章的今天,在程序上和实体上保障腐败犯罪嫌疑人和被告人的合法权益,保障举报人、证人、鉴定人的人身安全和其他权利,是建设刑事法治的必然要求。具体而言,我国从保障人权的角度反腐败,以及通过反腐败促进人权保障,需要关注下列若干问题。

第一,由于我国采用刑事附带民事诉讼的制度,因此我国不太可能像美国等其他国家那样,由专门的部门管辖因腐败产生的民事侵权案件,但是,我国各级法院应当指定具有专门知识的法官组成合议庭,审理因腐败犯罪带来的他人财产权遭受损失的案件。

第二,在保护腐败犯罪嫌疑人的合法权益方面,我国既需要对司法机关及其人员的行为进行规范,还需要对纪检监察办案人员的行为进行规范,因为涉及保护腐败犯罪嫌疑人、被告人合法权益的主体,在我国不仅包括检察机关,还有纪检监察部门。而"双规"(也称为"两规"、"两指")作为法律和党内规章授权纪检和监察机关在查处违犯党纪、政纪案件时可以使用的一项组织措施,是我国最有效的反腐利器,一直以来对腐败违法犯罪人发挥了强大的威慑力,然而,"双规"不应突破法律底线,这是法治社会的基本要求,也是保障腐败犯罪嫌疑人和被告人人权的必然需要。② 中央已在研究制定规范使用"两规"的新规定,"随着反腐败斗争的稳步推进,纪检监察机关将慎用或不用'两规'措施。"保障人权的理念将逐步加强和完善。例如中纪委的"7号文件"就

---

① 侧重从人权保障角度打击腐败需要司法的介入。见 C.Raj Kumar.Corruption and Human Rights:Promoting Transparency in Governance and the Fundamental Right to Corruption-free Service in India.*Colum.J.Asian L.*,2003,No.17。

② 本刊首席时政观察员:《完善"双规"推进反腐斗争法制化》,《领导决策信息》2006年第21期。

明文规定,要维护被查者的申辩权、申诉权、人身权、知情权和财产权。①"双规"的法治化,正是保护腐败犯罪嫌疑人人权的重要体现。

第三,无论是对腐败犯罪受害者的权利恢复,还是对腐败犯罪人和犯罪嫌疑人的权利保护以及对举报人、证人等的保护,最终都要受到经济条件的限制。这三个方面在我国目前都是很现实的制约瓶颈。

第四,单从法律本身看,我国对保护举报人的规定过于抽象笼统,存在着相关机构的职责划分没有明确界定、法律的适用范围过窄——仅限定在保护举报人本人而不包括举报人的亲属、为举报人保密的制度存在缺陷等问题。而且即便是这样不甚完善的规定,也并未得到很好的执行,使得举报人及其家人生活在恐惧之中,举报人惨遭报复的情形也并不罕见。为有效打击腐败等犯罪,我国应当及时借鉴国外的立法经验,尽快建立起举报人保护机制,②通过专门的法律和机构保护举报人。

第五,在遭受腐败危害的对象中,受害最深的是弱势群体。被腐败犯罪人所非法占有的资产,本可以用来解决相当一部分弱势群体的基本生活保障的问题——被腐败剥夺的资源对他们而言,是"有"和"无"的区别,直接关系到他们的生存条件,而对经济条件相对较好的人而言,被腐败剥夺的资源对他们的影响通常只是"多"与"少"的关系,影响的是其发展的问题。正因为如此,腐败犯罪又比其他犯罪更容易毒害社会风气,引发社会不满,激化社会不同阶层——特别是贫富阶层之间的矛盾,导致弱势群体的生存状况进一步恶化,严重影响社会和谐的建构。因此,从人权保护角度反腐败,首先应当关注对社会弱势群体的权利保护,这就需要国家公共部门决策的公平、公正、公开透明,并且必须与问责制紧密挂钩。从社会契约论的角度看,人权作为每个合法公民的"权利",即意味着政府的"责任",公民有权要求政府对公众负责,而且这种负责是要通过让公众了解政府的决策(透明)、参与政府的决策(民主)并追究不负责任的决策者和滥用权力者的责任(法制)实现的。

---

① 欧阳晨雨:《让法治精神为"双规"改革领航》,2006 年 7 月 28 日,http://cpc.people.com.cn/GB/64093/64371/64376/4640808.html。

② 全国人大自 2001 年开始研究论证修改《刑事诉讼法》和《民事诉讼法》,其中已涉及建立证人及其举报人保护制度。

第六,应当重视非官方组织、民间团体反腐败的作用。既然承认腐败侵犯公民权利,既然宪法和其他法律法规都保障公民合法权利,那么"公民权利"就应当尽可能交给公民自己去行使,除非官方组织(包括国家的官方组织和国际官方组织)有介入的必要和法律依据。从理论上讲,反腐败不只是政府的事情,它不仅关乎法律执行和公共政策,更与公民权利休戚相关。① 民权应当成为反腐败的中坚力量,并且是从根本上彻底改变制度性腐败的希望所在,它可以监督政府权力的过分行使,提高公众的权利意识和自我保护的能力,净化社会空气,强化政府的责任心,减少和消化社会不和谐因素。在本质上,它是市民社会力量的介入。从实践看,在反腐败比较成功的国家和地区,无一例外都有民间反腐败组织的存在②,它使反腐败的意识深入人心,并通过民间的多种反腐行动体现,即便是一些普通的公民,也以极大的热情和责任感投身其中。而非官方组织、民间团体具有推动反腐败的宝贵资源与优势,因为他们中的成员多为专业人士,且地位超然、中立,确实能够及时发现官方机构未必能发现的一些有用线索,以便堵塞漏洞,进行及时、专业化的监督,对于营造全民反腐败的氛围起着不可替代的作用。

第七,从长远看,我国从人权保障角度反腐败还需要提高民众的反腐败意识和人权保障意识,这就需要从教育入手,逐步影响社会文化意识,培养民众拒绝、排斥腐败以及人权保障的认知心理。除了严格执行法律规定预防和惩罚腐败犯罪,在很大程度上还需要通过提高政府决策的透明度,完善政府决策

---

① Philip M.Nichols,George.Corruption as a Pan-cultural Phenomenon:an Empirical Study in Countries at Opposite Ends of the Former Soviet Empire.*Tex.Int'l L.J.*,2004,No.39.

② 我国香港地区是从人权保障角度出发解决腐败控制机制的成功范例之一。在20世纪六七十年代,香港的腐败犯罪很猖獗,腐败俨然是一种"生活方式"。但是在此以后,政府的意愿与决心、强势的法律及其执行措施、公众的支持、制衡的制度以及国际合作等因素,特别是通过促进公民行使其权利——有权要求各级政府以及私营部门的决策透明、负责任,从而提高了政府管理和私营部门的运作质量和透明度,大大减少了腐败行为的发生。香港廉政公署(Independent Commission Against Corruption,"ICAC",直译为"独立反腐败委员会")则是为世界公认的打击腐败比较成功的制度框架。在最近几年透明国际的全球腐败报告中,香港一直被列为最不腐败的国家之一——透明国际从1995年起开始发布世界各国腐败情况排行榜,我国香港地区一直是最廉正的地区之一,2005年排名第15位。见世界经理人数据:《世界腐败国家排名》,2006年8月28日,http://www.icxo.com/。关于非政府组织对国际人权保护的作用,见彭锡华:《非政府组织对国际人权的保护》,《法学》2006年第6期。

和行为的责任机制来实现。这些是每个公民应当享有的、固有的权利,国家有义务保障公民"拥有无腐败(至少很少腐败)的社会"的权利。

## 五、结语

建设法治、保障人权皆需要切实遏制腐败现象的发生与蔓延。在反腐败与保障人权之间,不仅不矛盾,而且有许多相通之处——都需要诚信、透明、高效、负责任的政府,都与健全的法治和"良政"互为条件。其中那些负责查处腐败犯罪的机构与人员,例如刑事司法人员、海关官员、纪检监察人员的行为廉洁性尤为重要。如果不能有效遏制腐败,就谈不上对大多数人,特别是对大量弱势群体的人权保障;如果不能切实保障人权,以权利限制权力,就无法有效预防和惩治滥用权力实施的腐败犯罪。绝对无腐败当属一种理想,但是只要真正做到保护人权和实现法治,腐败还是可防可控的。对腐败这样深层次原因带来的问题,需要更深层次的认识与措施予以解决。

(本文原载《法学家》2007 年第 2 期)

# 强化法治思维，全面推进扶贫腐败监察工作的法治化

党的十八届六中全会公报明确提出，"办好中国的事情，关键在党，关键在党要管党、从严治党。"这也为扶贫领域执纪监察工作提出了要求、指明了方向。

## 一、中央高度重视扶贫腐败监察工作

近年来，扶贫工作更是被提到了史无前例的高度。在 2015 年 11 月的中央扶贫开发工作会议上，习近平总书记指出，"消除贫困、改善民生、逐步实现共同富裕，是社会主义的本质要求，是我们党的重要使命。全面建成小康社会，是我们对全国人民的庄严承诺。脱贫攻坚战的冲锋号已经吹响。我们要立下愚公移山志，咬定目标、苦干实干，坚决打赢脱贫攻坚战，确保到 2020 年所有贫困地区和贫困人口一道迈入全面小康社会。""要坚持精准扶贫、精准脱贫，重在提高脱贫攻坚成效"。[①] 2016 年 8 月 30 日，习近平总书记主持召开中央全面深化改革领导小组第二十七次会议并发表重要讲话，要求切实落实"扶贫攻坚责任制"，指出，推进脱贫攻坚，关键是责任落实到人，要以硬措施保障硬任务。这为我国的扶贫工作进一步指明了方向、明确了任务。

---

① 《习近平谈治国理政》第二卷，外文出版社 2017 年版，第 83—84 页。

## 二、扶贫领域存在的主要腐败问题

扶贫领域成为腐败高发区,近年来,中央纪委不断加大扶贫领域监督执纪问责的力度,查处了一大批典型案件,为遏制扶贫领域腐败,保障扶贫开发工作有序健康推进提供了有力的支持。截至 2016 年 8 月 29 日,中纪委当年共通报 325 起扶贫领域突出问题,扶贫领域的腐败发生地域广、涉及领域多、基层涉事者多、窝案串案多、违纪环节多①、违纪手段多,其中约 218 起案例是村干部涉腐,占比 67%,村干部成为主要的违纪群体。近年来,随着越来越多的扶贫资金下拨到基层,发生腐败的风险也随之上升,一些干部对扶贫资金、项目"雁过拔毛""见肉分汤"吃回扣却心安理得。从通报的案例来看,危房改造、低保发放等领域成为问题频发的重灾区,虚报套取、冒领、截留私分、挤占挪用、损失浪费、滞留滞拨等"跑、冒、滴、漏"现象常见,直接侵害贫困群众的切身利益,从严查处扶贫领域的不正之风和腐败问题刻不容缓。②

## 三、"严"字当头,全面推进扶贫腐败监察工作的法治化

即使是"微腐败",由于是在扶贫政策和资金落地的最后一站出问题,也会导致前功尽弃,恶化干群关系,侵害弱势群体的生存权。根据 2014 年 11 月 19 日起施行的国务院办公厅《关于进一步动员社会各方面力量参与扶贫开发的意见》《精准扶贫工作责任追究暂行办法》等规定,扶贫要坚持政府引导、坚持多元主体、坚持群众参与、坚持精准扶贫的基本原则。各级党组织、部门(单位)及其党员、工作人员违反工作纪律,不履行或者不正确履行职责的,应当依法依规追究责任。具言之,要在"严查、严处、严治、严防"四个方面下足功夫。

---

① 扶贫领域的腐败广泛分布于扶贫项目申报、考察、招标、实施、验收、报账、审计等环节,甚至出现"全链条腐败"。见秦锦、苏畅才:《扶贫领域岂容"蝇贪"肆虐》,《中国纪检监察报》2016 年 4 月 21 日。

② 顾远山:《治理扶贫领域腐败亟须扎紧制度笼子》,《中国纪检监察报》2016 年 9 月 21 日。

## （一）"严查"

为落实习近平总书记的重要指示和中央扶贫开发工作的重大决策,中央纪委六次全会对扶贫领域监督执纪问责进行了专门部署:"各级纪检监察机关要落实中央要求,严肃查处扶贫领域虚报冒领、截留私分、挥霍浪费问题,以严明的纪律为打赢脱贫攻坚战提供保障。""凡是敢向扶贫资金伸手就决不客气"。本着这样一个原则,近年来各级纪检监察机关将查处扶贫领域腐败问题作为监督执纪问责工作的重要任务。2016 年 4 月,中央纪委对扶贫领域监督执纪问责作出了进一步的部署和安排,要求以零容忍的态度快查严处扶贫领域腐败问题。

然而,实践中存在着一些现实困难,例如,查处工作的人力不够、受害群众敢怒不敢言或者是"上游"干部层层盘剥,上行下效,导致一些扶贫村干部成为"喂猫的老鼠",上级睁一眼闭一眼,自己就可以胡作非为。这就要求扶贫监察工作必须顺藤摸瓜,抓住各个环节不放松,既要打老虎、拍苍蝇,也要抓"虱子",反之亦然。不能将扶贫监察工作停留在表面、某一阶段,必须从根源上全面解决扶贫腐败问题。

## （二）"严处"

2016 年 1 月 1 日起施行的《中国共产党纪律处分条例》、2016 年 7 月 8 日起施行的《中国共产党问责条例》以及《精准扶贫工作责任追究暂行办法》等规定是处理党员领导干部违纪的直接依据。对管辖范围内"损害群众利益的不正之风和腐败问题突出的",要严肃追究有关党委、纪委、职能部门党组织和党的领导干部的责任,将全面从严治党的要求落实到基层。对违规操作、虚报政绩的进行问责,问题严重的移交纪检监察机关处理。构成犯罪的,移送司法机关依法追究刑事责任。

在 2016 年 7 月召开的东西部扶贫协作座谈会上,习近平总书记发出总攻令:"扶贫开发到了攻克最后堡垒的阶段"。① 明确既要精准施策、上下同欲,

---

① 中共中央文献研究室编:《习近平关于社会主义经济建设论述摘编》,中央文献出版社 2017 年版,第 233 页。

更需要严谨的制度和纪律，在冲刺的道路上保障每一项政策落实到位，保证每一分资金用在扶贫攻坚的刀刃上。中央纪委也加大扶贫领域监督执纪问责力度，查处了一大批典型案件，为遏制扶贫领域腐败，保障扶贫开发工作有序健康推进提供了有力的支持。

"严处"中，尤其要重视对"不作为"官员的问责。正如国务院扶贫办主任刘永富2016年所提出的，"要落实脱贫攻坚责任，真抓实干，真帮真扶，不干就要问责，不真干也要问责。"对已造成实际损失的，不论是纪律处分还是被追究刑事责任，都不能代替赔偿损失等相应的民事责任。对构成犯罪的，该捕的捕、该诉的诉，不符合缓刑条件的不判缓刑。对涉及贪污、受贿、挪用、侵占、职务侵占、打击报复等多项罪名的，要厘清此罪与彼罪的关系，准确定罪量刑。对于立法、司法中存在的"模糊地带"，要遵循罪刑法定原则，严格解释，不随意出、入罪，严格依照相关法、纪规定进行处罚。

对扶贫中的违法犯罪问题"严处"的最终目的还是为了落实扶贫项目、扶贫资金的精准投放、落实到位，惠及贫苦群众，因此，为实现这一目标，对违法犯罪的干部也不是一味地"从严惩处"，而应当注意依照"两个条例"、刑法等有关规定，做到"宽严相济"。

## （三）"严治"

### 1.扶贫工作的法治化

要精准扶贫，就要解决扶贫工作中信息严重不对称的现象，将自上而下与自下而上相结合。必须按照规定严格落实标准和程序，不能搞数字脱贫、弄虚作假。要让扶贫项目规范运行、资金规范使用，坚持公开透明、阳光操作，从制度上使之常态化、刚性化。从贫困户的识别和确认实行信息公开、需要群众认可，到扶贫政策的执行、资金的使用要有一本详细的"明白账"，让群众清楚知道钱的来龙去脉、使用细节，并以有效、显著的方式公示一段合理的时间。具体需要结合党务、政务、村务公开，对扶贫项目资金分配管理、项目实施情况等进行有效的公告公示，确保群众的知情权、参与权与监督权的实现。

### 2.扶贫腐败监察工作的法治化

对扶贫中的腐败问题，要处理好纪律与法律的关系，依纪、依法处置。当前我国的扶贫工作行政化特征明显,未来应当更多地强化法治意识,各地在扶贫资金分配与使用的决策、发放、纠纷解决等问题上都应当全面强化法治思维,弥补制度上的漏洞和缺失。纪检部门在加强自身加强监督的同时,也要依靠其他职能部门,明确各方的监督职责,并追究监督者的失职责任。对扶贫开发资金、扶贫开发项目及其结果进行有效监督。例如,上级扶贫办可以与下级纪检监察部门签订《廉洁扶贫行动合作协议》,将干部廉政承诺与乡镇政务质询、村务监督员等制度相结合,确保扶贫项目资金安全有效的使用。①

## (四)"严防"

如果将"处罚性法律"比喻为对落网者的"痛打",是"治标"之策,那么"预防性法律"对于预防扶贫领域的腐败则具有"扎紧篱笆"、防止其"漏网"而胡作非为的作用,属于"治本"之策。扶贫领域的腐败问题说明了监督工作滞后、缺位、错位,各级纪委要充分履行其监督职责,同时各级党委与职能部门要履行其主体职责。"严防"的措施包括但是不限于:

1. 制定、完善《政务公开法》或《政府信息公开法》

对村干部一级一样适用。未雨绸缪、防患于未然,使之"不能腐",从根本上减少扶贫领域的腐败机会。

2. 加强各项制度的预防性、实操性

要深刻认识人性与制度的关系,并在制度上作更加人性化、合理的安排。一方面要靠加强思想政治教育、党性教育,使得官员首先要有人性,否则单纯遵循弱肉强食的"丛林法则",不能称之为"人"。然而,也要认识到,趋利避害是人的本性,政府、组织、公司、企业、个人无不具有这一特性。因此,对扶贫任务的制度设计,需要关注市场经济的运作规律,对资源的分配、管理、使用、监督都要从"理性人"的角度出发,全面考虑一般人、理性人的人性善、恶常态,而不能建立在"道德人"的人性假设基础上。② "法治"的理性状态是"良法善

---

① 胡晓蓉:《加强项目资金监管,推进廉洁扶贫行动》,《云南日报》2014 年 7 月 20 日。

② 例如,在中央政府与地方政府之间、多个地方政府之间、地方政府与企业、地方政府与农民之间,都存在着利益博弈。见许源源:《"道德人"还是"经济人":中国扶贫制度中的人性困惑》,《西部论坛》2011 年第 3 期。

治"，扶贫领域的法治实现也不外乎如此——一方面有良好的、可执行的扶贫规定，另一方面有严格的、善意的理解与妥善的管理与执行，通过细化各级部门与人员对扶贫指标的建议权、上报权、分配权，将扶贫中的腐败概率降到最低。

3. 加强村民民主自治制度的建设，选人用人

以农村基层党建为基础，加强贫困地区农村合作的社会基础建设①，拓展农村产业发展的多元化路径，消除扶贫资源使用中存在的腐败土壤。

4. 拓宽村民的维权渠道、提升村民的依法维权能力

开辟新渠道、采取新方法，倾听村民的反映与呼声。由于强劳力外出，越是贫困地区越是只有老弱病残在村里居住，文化水平、身体素质都比较低，没有勇气、信心和能力与村干部等公权力对抗，成为任人宰割的羔羊。要教育被扶贫对象，提升其依法维权的意识和能力，防止其生活陷入困顿、走投无路甚至铤而走险。

5. 引入 NGO、第三方评估制度

完全依靠行政手段扶贫，存在着效率低、人手不足，监督的人手欠缺等"心有余而力不足"的问题，事后的查处投入的时间与精力、人力物力财力也都不小。借鉴国际经验，尝试"小政府、大社会"，以市场为主导进行扶贫，改变单一地依靠政府扶贫的局面，适当强化中国扶贫基金会、中华慈善总会等组织的作用，并引入专家第三方评估，用好 2016 年 9 月 1 日起施行的《慈善法》，提高扶贫的专业性、精准性、多元性。

一个社会是否文明、有多文明，不是看它如何对待富人，而是是否能够让穷人过上有尊严的生活。对扶贫腐败零容忍、严以治吏，就是爱民，就是让每一个百姓都得到实惠、分享改革成果。

（本文原载《中国扶贫》2017 年第 2 期）

---

① 王春光、孙兆霞:《扶贫开发:惩防腐败应重点关注的新领域》,《中国党政干部论坛》2013 年第 9 期。

# 境外追逃追赃与国际刑事
# 司法合作的法治化

近年来,我国在反腐及其国际刑事司法合作领域取得了举世瞩目的成绩,得到了一些重要的国际组织及国际反腐专家的高度认可①。例如,总部位于布鲁塞尔的智库欧亚中心执行主任弗雷泽·卡梅伦认为,伴随中国持续加强反腐败国际合作,中国的反腐败国际追逃追赃"天网"行动开局良好。

然而,由于我国法治建设时间较短,境外追逃追赃、国际刑事司法合作的经验还在逐步积累②,我国在反腐领域取得的巨大成果并未被世界所及时、全面地了解,在国际司法合作过程中也出现了这样那样的问题③,境外追逃追赃与国际司法合作的艰巨性、复杂性不容小觑。长远来看,境外追逃追赃的热情只有与法治化紧密结合,才具有可持续性。具体需要完善国内立法、推进国际刑事司法合作法治化的实践进程。

---

① 新华网:《欧洲智库专家:中国追逃追赃开局良好》,2015 年 4 月 2 日,见 http://world.people.com.cn/n/2015/0402/c157278-26792128.html。

② 总部在柏林的"透明国际"公布了 2014 年全球清廉指数,中国的得分比 2013 年低了 4 分,排名也从 80 名降到了 100 名。

③ 例如,2015 年 8 月 17 日,《纽约时报》引述多名美国官员的话称,奥巴马政府已就中国"特工"在美国从事秘密活动向北京发出警告,要求中国停止这些活动,并称他们拥有确凿的证据表明这些中国"特工"用各种铁腕手段让逃犯返回中国,包括威胁这些人在中国的家属,而这些"特工"并非因美国政府所知悉的政府事务而进入美国。见人民网:《外媒"奥巴马警告北京停止猎狐,中国暂未回应"》,2015 年 8 月 18 日,见 http://sc.people.com.cn/n/2015/0818/c345461-26024662.html。

# 一、尽快制定和完善相关立法

改革开放以来,我国的法治建设取得了长足的进步,社会主义法制体系逐步建立并不断完善。然而,由于在国际刑事司法合作方面的经验不足,相关立法仍需尽快制定或完善。

## (一) 积极参与国际反腐国际条约的制定

我国一贯积极参与联合国《反腐败公约》等国际公约以及地区性公约的制定,例如亚太经合组织第 26 届部长级会议审议通过的《北京反腐败宣言》。未来要在反腐国际公约的制定中更加发挥实质性作用。

## (二) 加快与其他国家引渡条约、刑事司法协助条约

我国与一些国家签署了《引渡条约》《刑事司法协助条约》和《移管被判人条约》,极大地推动了双边与多边的反腐国际合作,其中包括法国、西班牙、葡萄牙、英国和比利时等欧盟国家签订的刑事司法协助条约,并正在加紧与英国、美国等国家签订引渡条约、刑事司法协助条约。与加拿大签署的《犯罪资产的追缴与分享协定》,使得加拿大有可能成为第一个与中国签署分享被没收资产协定的国家。

我国还和美国草签了《海外追税条款协议》。协议规定,中国会提供美国公民在中国金融机构的账户资料;相应地,美国也将给中方提供中国公民在美国银行的账户信息。未来中国政府就可以掌握中国公民在美国的资产情况,有利于境外追赃。不过,贪官、经济犯罪嫌疑人大量逃往的美、加、澳、英、新(新西兰以及新加坡)等国尚未与我国签订刑事司法协助条约或引渡条约,未来需进一步推进此项工作。

## (三) 吸取他国经验,尽快完善我国的相关法律制度、纪律制度

我国的追逃追赃工作可借鉴英、美、德、新加坡以及北欧一些法治发达国

家的有益经验,并在实践中不断总结、提高。境外追逃和境外追赃都是开展国际反腐合作的重要组成部分,二者相辅相成。例如,通过积极开展追缴和返还腐败资产的国际合作——追赃,可以摧毁外逃腐败分子在境外生存的物质基础,挤压其生存空间,迫使其回国自首或被强制遣送回国,以此实现"追赃促追逃"①的效果。尽管声势浩大的"猎狐行动""天网行动"成效显著,然而境外追逃追赃不是运动战,而是持久战,需要常态化。境外追逃追赃毕竟是事后的倒查,是不得已的事后法、事后罚,困难重重。在全面反腐倡廉的初期,各部门调集精兵强将,集中力量办大事很有必要,但是从长远来看,还是要靠制度,特别是反腐败预防性的制度起作用。

实践证明,国际追赃追逃的最大困难是法律方面的障碍。我国政府试图首先从立法依据、国际司法与执法合作行动上解决这一问题。2014年,中纪委整合已有资源,新成立国际合作局,负责将国内法规与《联合国反腐败公约》、国际法相对照,研究其中不相容、不接轨的地方并提出修改建议。这方面的法律制度、纪律制度正在抓紧制定或者修改完善以及亟待制定或完善的有:

1. 法律方面

一是需制定《反腐败法》。目前我国反腐败的法律体系初步建成,但是缺乏统一性和完整性,需要一部专门法典明确各司法机关、执法机关的职责,包括在境外追逃追赃中的职能分工。该法应该类似于"两公约",融合了实体法和程序法、反腐败机构、举报、调查、侦查权限、证据制度、起诉、审判、预防等内容。

二是需修改《引渡法》。应当强化《引渡法》的司法性、弱化其政治性。要尽量保持与《联合国反腐败公约》的一致性。需要明确"双重犯罪原则"的例外情形,并对"政治犯不引渡原则"的适用范围进行限制。传统的本国国民不引渡、"双重犯罪原则"等制度也有待突破,以适应国际刑事司法合作的需要。②

---

① 彭新林:《追逃与追赃应双管齐下》,2015年7月31日,见 http://www.jcrb.com/procura-torate/theories/practice/201507/t20150731_1531606.html。

② 《引渡法》第7条规定,向我国提出引渡请求的第一个条件是"引渡所指的行为,依照中华人民共和国和请求国法律均构成犯罪",而不是"引渡所指的行为,依照中华人民共和国和请求国法律均应当受到处罚"。见贾宇:《跨国追逃的困境与出路》,《人民检察》2008年第12期。

　　三是制定《刑事司法协助法》。党的十八届四中全会通过的《中共中央关于全面推进依法治国若干重大问题的决定》明确提出，"深化司法领域国际合作，完善我国司法协助体制，扩大国际司法协助覆盖面"。这项工作首先要有法可依。目前，《国际刑事司法协助法(征求意见稿)》已经公布，一旦通过，将使国内各相关部门的国际刑事司法合作有章可循，并将增强国际互信，提高效率。

　　四是制定《违法所得没收(追缴)法》。追赃之所以困难，除了国外因素以外，还因为我国缺乏《违法所得没收法》，没有专门规定没收程序的启动主体、决定主体、执行主体等问题，导致国际合作缺乏国内明确依据，一些国家对我们提出的司法合作请求敬而远之。当然，我国已经缔结了的刑事司法协助条约、引渡条约和《联合国反腐败公约》等国际公约的"没收事宜国际合作""资产返还"条款以及其他国家的犯罪所得追缴合作法是我国跨国追赃的重要依据，然而我国亟待细化本国的违法所得没收程序的司法制度，制定《违法所得没收法》。英国《2002 年犯罪收益(追缴)法》①将产生于外国违法行为的财物也列为民事追缴的对象，值得我国立法时予以借鉴。

　　五是需修改《公务员法》，明确"防止利益冲突"规则及相应罚则。2005年制定、2006 年 1 月 1 日实施的《公务员法》第九章"惩戒"第五十三条第(十四)项规定了"不得从事或者参与营利性活动，在企业或者其他营利性组织中兼任职务"的内容，目的是防止利益冲突。美国、新加坡等国有详尽的规定与严厉的惩戒措施。例如，美国 1961 年就通过肯尼迪总统行政令的方式提出了公共官员不得实施的与其公职相冲突的 7 项规则，并将防止利益冲突作为美国现代公共道德管理的核心规则。②

　　六是需制定《公务员财产申报法》。该法事关"阳光政府"的打造，极为重要，需尽快制定，对不实申报的给予实质性的处罚。新加坡前总理李光耀在推行铁腕反腐制度时说，"一个国家如果没有建立公务员财产公示制度，这个国

---

　　①　黄凤、鲍艳：《英国〈2003 年国际刑事合作法〉关于协助查询、监视和冻结银行账户的制度》，《境外追逃追赃与国际司法合作》，中国政法大学出版社 2008 年版。

　　②　Roberts B.R.N., Jr.M.T.D.*From Watergate to Whitewater*：*The Public Integrity War.* California：Praeger Publishers，1992.

家的反腐败就只能是镜中花、水中月"。① 官员财产公示制度是让公职人员不致成为贪官、不致外逃的"篱笆性"预防性规定。

七是进一步完善刑法、刑事诉讼法的相关规定。我国刑法、刑事诉讼法及时修缮，与时俱进，这也充分体现在反腐方面的规定上。例如，《刑法修正案（九）》对贪污受贿犯罪的定罪量刑标准作出修改，结合"数额+情节"进行定罪量刑，并规定可处终身监禁、不得减刑、假释，这些举措都是积极借鉴国外立法经验所作的完善，有利于境外追逃追赃与国际合作。未来仍需关注取消非暴力犯罪的死刑，取消"没收财产"刑种，明确逃往境外人员自首的认定标准，完善新刑诉法规定的犯罪嫌疑人、被告人逃匿、死亡案件违法所得没收程序。

2. 纪律方面

我国的反腐不仅依靠国法，很大程度上还依靠党纪。要坚持党纪严于国法，实现纪法分开，体现党的先锋队性质，推进全面从严治党、依规治党的制度创新。把权力关进制度笼子，首先要加强党内监督制度体系的顶层设计。

一是已修订的《廉政自律准则》和《党纪处分条例》。在全面依法治国大背景下，新修订的中国共产党《廉政自律准则》和《党纪处分条例》成为管党治党、严肃纪律的尺子，将推进全面从严治党的制度创新。

二是颁布了《巡视工作条例》。2015 年 8 月 3 日颁布的《巡视工作条例》将党的十八大以来许多行之有效的巡视工作方针和经验做法，以党内法规的形式固定下来，使巡视这把"利剑"的反腐作用更快、更准。

## 二、依法开展国际刑事司法合作

"徒法不足以自行"。即使再完备的法律体系也不可能消灭犯罪，同样，即使再完备的反腐法律体系、反腐机构也难以完全遏制腐败犯罪。在反腐体制较为完善的韩国，多届总统涉及腐败。而同样反腐制度较为完备、机构专用突出的中国台湾、中国香港，台湾地区前领导人陈水扁、香港特区前政务司司

---

① 何家弘：《反腐败的战略重心与官员财产公示》，《法学》2014 年第 10 期。

长许仕仁等也因贪腐获刑,说明在经济一体化、大数据时代,反腐日益需要加强国际合作,加强"行动中的法"的力度。

近年来我国在境外追逃追赃的国际刑事司法合作领域取得了历史性的进展,且比以往更加重视构建新的反腐合作平台。例如,2014 年 11 月 8 日 APEC 部长级会议通过的《北京反腐败宣言》(以下简称《宣言》)"搭建了最大的反腐败国家追逃追赃平台",提出要建立"亚太经合组织反腐败执法合作网络"(ACT-NET),成为亚太地区反腐败与执法机构间分享信息与交流经验、技术的非正式合作机制。境外追逃追赃工作复杂而又艰巨,跨国追查,尤其是跨国追缴和没收犯罪人资产也困难重重。国家利益不一致,国家的法律文化和法律制度不一致,国家的司法机制和政治理念不一致,甚至是国家的经济发展水平和对外开放程度不一致,都使合作变得更为困难。近期中美之间刑事司法合作中的摩擦即为典型例证,双方有合作也有不少障碍。跨境反腐依然需要"意愿+能力"的结合,有强大的政治意愿与民意支持是基础,同时也需要跨境反腐"法治化"能力的不断提高。具体需要注意以下 4 个方面的工作。

## (一) 遵守公约、条约,"依法"境外追逃追赃

我国一直致力于运用国际公约等国际规则进行刑事司法合作,这些国际规则包括《联合国宪章》、国际刑事公约,特别是两个《公约》——《联合国反腐败公约》《联合国打击跨国有组织公约》,以及一系列人权公约、联合国安理会决议等。两个《公约》都规定了刑事定罪与执法、国际合作、资产追回等机制,我国应予充分对接与应用。例如,外逃犯罪嫌疑人乔建军及其前妻因涉嫌向国外转移盗窃资金罪、移民欺诈罪、共谋洗钱罪被美国司法部门起诉,依据的就是《联合国反腐败公约》。[①] 在中美尚未签署引渡条约的前提下,这反映出中美反腐国际刑事合作的进步。

## (二) 了解、熟悉、尊重被请求国的相关法律制度

境外追逃追赃既要熟悉国际规则进行司法合作,又要熟悉被请求国的法

---

① 新华网:《2015 中国收紧反腐"天网"》,2015 年 4 月 2 日,见 http://news.xinhuanet.com/politics/2015-12/31/c_1117638373.htm。

律,特别是刑事法律、民事法律、难民法、引渡法等。作为国际刑事司法合作中的请求国,我们所采取的每一个步骤都需要审查是否符合本国法律,是否尊重对方国家法律,需要进行精心设计,包括申请文书如何送达,以何种形式通报,追捕证据的方式条件以及抓捕的后续工作等。既要提高境外追逃追赃的成功率,提高办案效率;也要知己知彼、互尊互信,这样才能与被请求国建立稳定、良好的合作关系。

### (三) 在严格依法追逃追赃的基础上,灵活运用各项制度

包括死刑犯不引渡、本国国民不引渡等在内的多项原则,其实都随着犯罪态势的变化、国际刑事司法合作的发展有了变通和突破。例如,当前国际上普遍实行的追逃追赃机制中的驱逐出境制度,[①]直接将犯罪分子驱逐出境,交由罪犯所在国籍国处理,可以简化跨国办案的程序,避免中途出现的各种差异和壁垒。又如,我国大陆在与港澳台地区进行区际刑事司法合作时,可以考虑借鉴欧洲逮捕令的一些突破性措施,不再适用本国国民不引渡、政治犯罪例外、双重犯罪标准、特定性规则等传统引渡合作原则,创造出新型的合作模式,真正做到"魔高一尺、道高一丈"。当然,对各项制度的灵活运用也依然是有限度、有底线的,不能为了成功追逃、追赃而违法犯罪、不择手段。例如,美国等国家曾经在境外追逃追赃中使用"绑架"甚至暗杀手段,本质上就是犯罪。[②]这关系到下一个问题——境外追逃追赃与国际刑事司法合作中的人权保障问题。

### (四) 高度重视境外追逃追赃中的人权保障

1. 犯罪嫌疑人、被告人的人权保障

具体包括犯罪嫌疑人、被告人的人身自由权利、名誉权利、财产权利。在境外追逃追赃过程中,办案人员容易急躁冒进,出现对腐败犯罪嫌疑人的合法

---

① 刘欣:《境外追逃追赃与国际司法合作路径探析》,《管理观察》2015 年第 7 期。

② 其实,执法、司法中的大量措施如果是被其他主体所采取,都可能是违法犯罪行为,例如监听、人身强制措施、财产的查封、扣押、没收,以及各种刑罚。因此,执法、司法的正当性在个案中就显得尤为重要。无他,就是违法犯罪,即使是公权力。

权益(包括程序的和实体的)保护不力,甚至侵犯其合法权益的现象,最常见的包括违法收集证据(特别是刑讯逼供)、超期羁押以及对律师及其本人的辩护权未予应有保障等。在宏观层面,在对腐败犯罪人人喊打的国际、国内大环境中,政府也容易将反腐败工作政治化。这虽然可以起到立竿见影的效果,但是从长远看,不仅侵犯腐败犯罪人的合法权益,而且将会破坏法治和民主。当然,保障腐败犯罪嫌疑人和被告人的合法权益不是要给其特权。

2.被害人的人权保障

境外追逃追赃也需要加强对贪腐犯罪被害人的人权保障。这里的"被害人"是广义的。应当关注《国际被害人公约》的一系列要求。

3.其他相关人员的人权保障

境外追逃追赃还涉及犯罪嫌疑人、被告人家属、被害人家属、举报人、证人[①]等相关人员的权利保障。特别是对举报人、证人的权利保障需要强化。对这些人的保护,不仅是人权保障的本身需要,而且在很大程度上是对腐败犯罪最有效的发现途径。《联合国反腐败公约》第 32 条、第 33 条就对保护证人、鉴定人作了专门规定。英国、美国、加拿大、德国、新加坡等国不仅有单独的证人保护法[②],其诉讼法也有关于证人保护的规定,美国、澳大利亚等国还有专门的证人保护机构,而且对举报人的奖励制度也非常完善。[③] 我国新刑事诉讼法明确规定了证人强制出庭制度,对证人出庭规定了多项保护措施,但是在举报人、证人的人身保障措施[④]等方面的规定有待细化,防止举报人、证

---

① 广义的证人包括举报人以及鉴定人。

② 例如,1984 年美国联邦《证人安全改革法》规定,对于出庭作证的举报人,若遭遇生命危险,可以申请联邦政府提供 24 小时贴身保卫、更换身份、工作地点等保护措施,以确保其人身、财产安全。1989 年美国国会通过的《吹口哨人保护法》(*The Whistleblower Protection Act*)在美国的42 个州内适用,保护的内容非常全面深入,例如,政府在雇用一个雇员时需要在劳动合同上写明,不能因为此人揭露了政府内部存在的问题,如腐败、渎职等而被解雇或变相解雇。这些举措旨在澄清吏治,抑制腐败,鼓励和保护联邦工作人员检举揭发政府弊端,以制止打击报复和消除政府内部的违法犯罪及不当行为。

③ 例如,美国《吹口哨人保护法》规定,整个罚金的四分之一要用来奖励举报人。见林江秤:《打击商业贿赂要建立举报制度》,《上海证券报》2006 年 3 月 30 日。

④ 例如,2013 年 1 月 5 日,媒体曝出两条举报人遭"死亡威胁"的消息——成都红会善款发霉举报人称曾遭软禁死亡威胁(《新京报》);郑州"房妹"爆料人接到死亡威胁电话(《京华时报》)。见黄栀梓:《如何用法律应对举报人"死亡威胁"》,《南方都市报》2013 年 1 月 6 日。

人被打击报复之悲剧的不断重演。

再如,新刑诉法中的违法所得没收特殊程序,关系到犯罪嫌疑人家属、第三人的财产权利保障,具体应当如何公告、充分保障相关人的合法权益等问题,关乎犯罪嫌疑人、被告人、被害人以外人员的权利保障,需要在每个案件中予以落实。

## 三、增强反腐败国际合作中的话语权

如前所述,我国在依法治国的理念与制度建设方面成效卓著,但是我国的反腐成就未能被世界所及时、全面了解。未来我国需增强在反腐领域的国际互动,讲好中国反腐故事,增强在国际舞台上的反腐话语权,争取更多的国际支持。要在反腐败国际合作领域加强统筹协调,充分利用《公约》的有关规定,不断增强我们的话语权;要集中精力做好履约审议各项工作,充分反映我反腐倡廉做法和成效,积极展示我国负责任大国形象。未来我国要以更加开放的姿态参与国际反腐,在跨境追逃追赃的同时,也积极协助其他国家解决此类问题,互惠共赢,以实际行动取得国际反腐领域的更多话语权。

## 四、进一步深化司法体制改革

联合国《反酷刑公约》第 3 条规定,禁止各缔约国驱逐、遣返或引渡任何人到"充分理由相信其于该国将受到酷刑"的国家。一国的司法形象很大程度甚至可以决定境外追逃追赃工作的成败。当我国提出引渡或遣返请求时,被请求国一般会就被请求人是否会受到公正的司法待遇展开一系列的评估,该评估结果直接影响被请求人能否被顺利引渡或遣返回国。我国的实体法、程序法仍需进一步加强打击犯罪与保障人权的两个目标的平衡,落实刑讯逼供等非法证据排除规则、审判公开、律师有效辩护制度、有效控制与减少死刑适用,否则国际司法合作的效果也会大打折扣。

总之,跨境追逃追赃离不开国际刑事司法合作,两者都是系统工程,都牵涉国内、国际多个机构、部门,需要适用国内、外国以及国际公约等不同层次的法律法规、纪律制度。必须有不畏艰难、长期、常态的意识,一手抓充分整合国内资源,协调好各部门行动、不断完善相关法律法规;一手抓全面加强与其他国家和地区的司法协助、引渡方面的合作,同时充分培育全社会的廉洁法治文化,为境外追逃追赃与国际刑事司法合作创造良好的社会土壤。

(本文原载《深圳大学学报》(人文社会科学版)2016 年第 6 期)

# 提升我国参与全球腐败治理的话语权

党的十八大以来,我国全面加强反腐倡廉的各项制度建设,反腐力度举世瞩目、成绩斐然,反映了执政党反腐的坚定决心。然而,这一巨大成就并未被世界所及时、全面地了解。例如,2014 年"透明国际"的全球清廉指数,中国在 176 个国家中的排名从 80 名降到了 100 名,比 2013 年下降了 20 名,一些媒体也对我国反腐作了各种不实的猜测甚至是误读。除去反腐成效评价滞后的因素,以及"中国威胁"心态下的扭曲报道,还与我国长期以来参与全球腐败治理的话语权意识缺失有关。

当前,经济全球化、信息全球化使得腐败与反腐败不再是一国、一地区的事情,反腐需要国际合作,需要增强参与全球腐败治理的话语权,对自身的腐败与反腐予以客观、公正、及时的报道与评价。

习近平总书记指出,"提高国家文化软实力,要努力提高国际话语权。要加强国际传播能力建设,精心构建对外话语体系,发挥好新兴媒体作用,增强对外话语的创造力、感召力、公信力,讲好中国故事,传播好中国声音,阐释好中国特色。"①有必要在以下六个方面着手,将我国的反腐成就推介给全世界,促进反腐的法治化进程。

## 一、知己知彼是开展国际反腐对话的前提

关于"知彼",尽管信息传输极为便捷,翻译引进资料也比以往丰富很多。

---

① 《习近平谈治国理政》第一卷,外文出版社 2018 年版,第 162 页。

总体而言,对部分国家的腐败现状、反腐进展特别是具体举措了解得不够系统全面,也不够深入及时。当前,有必要尽快开启类型化的"知彼"研究,渠道可以是收集其他国家的最新预防和惩治腐败的立法、案例、数据等,定期制作动态资讯,对法治发达国家、"一带一路"沿线国家与地区的腐败现状、反腐立法、司法与执法进展,对透明国际(TI)、欧盟、石油输出国组织(OPEC)等反腐法律文件、廉洁指数评价标准以及工作机制等加强研究。

关于"知己",有两层含义。

一是我国有必要对近年来的腐败案件作类型化的梳理,进行定量分析,做到心中有数。而且,不仅领导层、司法机关、学界要掌握我国的腐败、反腐现状,还要让公众更多地知悉。切实做到审判公开,案件部分涉及国家机密、商业秘密、个人隐私的,只对该部分进行不公开审理,其他部分仍然应该坚持公开审理,判决书也要公开,既教育公众,也接受公众监督。要实现政府信息公开,因为"谣言止于真相",我国官方及时公开腐败、反腐的有关信息是消除各种反腐"段子"、谣言的最好武器。

二是让外国人"知己"——了解中国。在第一点以外,还亟待向世界展现一个真实的、正在不断迈向法治的中国,要理性、客观、全面地进行对外传播。这就需要更加透明的外宣、传播机制,用大量的数据、审判视频、判决书等事实说话。

向世界介绍中国不可避免地有"语言+反腐内容"结合的问题,对此应当充分调动、发挥国家正在培养的复合型涉外法治人才的作用,介绍中国的反腐成就,将对提高我国参与全球腐败治理的话语权大有裨益。


## 二、推进反腐法治化进程、提升国际反腐制度的参与能力、营造全球腐败治理"共同语境"

众所周知,不在一个语境下说话是"鸡同鸭讲",很难取得成效。如果说全球腐败治理话语权是"言"、是形式,则一国本身的反腐法治程度就是"行"、是实质,是国际间进行腐败治理合作、对话的"语境"。为此,我国的反腐需要遵循法治精神、符合法治规律。

在对内层面：(1)对刑法的修订与适用都要符合罪刑法定原则、罪责刑相称原则、刑法面前人人平等原则，妥善处理好对贪官是否适用死刑的问题，刑事诉讼法要完善犯罪嫌疑人、被告人逃匿、死亡案件违法所得没收程序，同时加快制定《反腐败法》《刑事司法协助法》《违法所得没收（追缴）法》《公务员财产公示法》等相关立法，尽快修订《公务员法》，明确规定"防止利益冲突"规则及相应罚则，使得反腐全面地有法可依。(2)刑事司法要加快"以审判为中心"的改革，细化非法证据排除规则的落实，对贪腐案件的处理要严格依法进行，不枉不纵，既要打击惩处，也要保障其合法权益，实现公正司法。

在对外层面：(1)在立法上，需积极参与国际、地区反腐公约与条约的制定、积极参与"透明国际"等组织有关廉政评价标准的制定，提升国际反腐制度的参与能力，发挥作为一个负责任的大国在国际腐败治理制度中的建设性主导作用。与此同时，加快与其他国家引渡条约、刑事司法协助条约的缔结。(2)在国际刑事司法合作中，要紧紧抓住提高联合国《反腐败公约》这个多边合作平台，提高《反腐败公约》《打击跨国有组织犯罪公约》、地区反腐公约、双边条约的利用率，加快境外追逃追赃的法治化、常态化，重证据、重事实，尊重犯罪嫌疑人、赃款所在国的法律规定，针对不同国家制定不同的《追逃追赃指南（或手册）》，有严谨的程序意识，慎重、依法适用劝返等措施，深化国际司法合作、警务合作，提高移民部门合作、银行间反洗钱合作的效率，积极取得逃犯或赃款所在国的配合，在此基础上提高境外追逃、追赃的成功率。

## 三、构建不同层次的国际对话平台，加强国际间媒体合作

基于中央对反腐领导的坚定决心与民众痛恨腐败、期待反腐的强烈愿望，我们应当有足够的取得国际腐败治理话语权的理论自信。话语权的体现一定要有平台、载体。多年来，全球腐败治理话语权一直被某些西方国家所控制，我国有必要在不同层次的国际平台上传达反腐新动态，包括构建新平台。例如，习近平总书记在亚投行签署仪式、上合组织和金砖国家领导人会议、G20

集团峰会等多个场合表示,中国坚持有腐必反、有贪必肃,以零容忍态度惩治腐败,加强反腐败国际合作。2014 年亚太经合组织通过的《北京反腐败宣言》就是一次很好的国际反腐成果展示。

应当加强国际间的媒体合作,提升外国对我国反腐信息的公信力和国际影响力。要发挥不同类型媒体的作用,例如,国内的主流媒体、国家预防腐败局等网站,特别是涉外的央视国际频道、中国国际广播电台等,以及国际主流媒体、自媒体。发挥使领馆的作用,重视民间组织特别是 NGO 的独特作用。既要面向北美、西欧国家,又要通过培养"小语种+法律"的复合型人才,向东欧、中东、南亚等国家和地区传播我国的反腐进展与成就。同时需要区分不同媒体的传播特点更加灵活、生动地讲述中国反腐现状。此外,还可以通过各国在华使领馆向外传播反腐信息,在更大范围内提高参与全球腐败治理的话语权。

## 四、整合反腐国际合作资源与外宣力量,区别不同受众、采取不同方式进行对外传播

由于各自不同的工作性质、职能的不同,中纪委全面领导反腐,公安部牵头境外追逃追赃,最高检常常被国外要求进行腐败犯罪查处的对接,中宣部、中联部、外交部、国新办(包括网信办)则各有对外职责。尽管各部门在国际反腐、外宣中都发挥了不同的作用,然而,在国际反腐话语权仍然较弱、外界对中国的反腐成就不甚了解的情况下,有必要整合反腐国际合作的资源与外宣力量,既提高效率,又可以有计划、有步骤地区分不同受众、采取适当方式进行国际反腐传播。

官方发布反腐新闻,应当准确、及时,更应当专业,涉及被追究法律责任的案件报道更应当"法言法语",保持新闻应有的专业性。针对国外主媒喜欢深度挖掘、爆料的特性,我国也应在媒体上适当发表深度报道,满足世界深入了解我国反腐成果的需求。

对于民间的新闻传播,要以外国人喜闻乐见、听得懂的方式讲述腐败治理

问题，就需要针对不同人群采取不同的反腐传播方式。对于一般公众，不论在网络上还是在线下，可以制作一些简洁明了、生动形象的宣传册或漫画、短片进行传播。对于公开审判的案件，应当尽可能对境外媒体开放。

此外，对于反腐的政策性语言、外交性语言，应尽可能转化为专业却不晦涩的法律语言，因为腐败治理更多的是依靠法律制度，这样可以彰显反腐的法治化特征，也更易被外国人所理解和接受。在对外反腐传播中，应尽可能淡化官方色彩，尤其避免套话、空话，增强反腐新闻的专业性和文化亲近性。

## 五、打造全球腐败治理新概念、新范畴、新表述

习近平总书记在中央政治局集体学习时曾指出，在国际规则的制定方面，我们不能当旁观者、跟随者，而是要做参与者、引领者，善于在国际规则制定中发出更多中国声音、注入更多中国元素，努力在经济全球化中抢占先机、赢得主动。要加强话语体系建设，着力打造融通中外的新概念、新范畴、新表述，增强在国际上的话语权。

这同样适用于国际反腐话语权建设。当前世界腐败治理的主流话语并不尽然正确或准确，例如，"透明国际"清廉指数的测评依据反映的就只是腐败印象指数，而非确切的腐败事实状况。作为一个负责任的大国，中国有责任创新评价模式。随着我国在全球腐败治理话语权方面的意识觉醒，应在引进西方反腐法治与廉政建设话语、努力融入国际反腐体系的同时，尽快创立特色鲜明、原创而富有影响力的国际反腐话语。全球腐败治理既有共性也有个性，中国有中国的国情与特色。

我们在遵循国际法治的要求、推进腐败治理的法治进步的基础上，也要发出自己的声音，创新全球腐败治理话语，提出国际反腐的新概念、新范畴、新表述。加快融入"透明国际"有关廉洁性评估体系的制定中去，尽快制定出适用于不同地区与组织（如"一带一路"国家）的廉政新标准，充实腐败治理的新内容，使之在世界主流媒体中占据一席之地，并逐步被接受，这是提高我国参与国际腐败治理话语权的根本所在。既彰显我们的特色，又可以更好地维护国

家利益,并带动周边及相关国家的协同反腐。

## 六、坚持参与全球腐败治理常抓不懈

不论是哪种话语权,其终极目的当然是主导。目前,在世界腐败治理话语权方面,我国还不可能做到这一点。那么,至少要对国际反腐的重要事务,特别是有关中国的事务有发言权,并使得这种发言被更多的人所知悉、所认同或大致认同。

要打开局面、提升国家反腐形象、提高参与全球腐败治理的话语权,就不能是一阵风、运动式,要当成一项事业来做,这样才有可能在某个反腐案例、某条反腐新闻被外媒或国外民众接受之后,逐步建立信任与好感,有利于下一步的反腐内容传播。也有可能在某条立法意见被采纳后,增强其他国家对我国立法能力、制定反腐规则或标准的信赖程度。

任何国际领域的话语权最终还是以综合国力为后盾。因此,我国要全面深化改革开放,继续保持、推进与世界上其他国家和地区的关系,践行区域合作共赢与全球协商共治的战略新方案,加强国际反腐刑事司法合作与执法合作,提高参与全球腐败治理的话语权。

(本文原载《中国党政干部论坛》2016 年第 9 期)

# 电子商务与网络犯罪治理

# 拒不履行信息网络安全
# 管理义务罪适用分析

近年来,我国互联网技术、网络金融、电子商务等发展日新月异,而其"副产品"——网络违法犯罪也迅速蔓延,一些企业合规性意识不强,立法却又相对滞后,包括刑法在内的现行法律存在一定空白之处,给国家安全、社会秩序、公民隐私等合法权益带来很大威胁。鉴于此,《刑法修正案(九)》新增了"拒不履行信息网络安全管理义务罪"作为刑法第二百八十六条之一。

从刑事处罚范围看,"拒不履行信息网络安全管理义务罪"的增设无疑是立法的必要扩张,是一种犯罪化的表现,将情节较为严重的网络服务提供者拒不履行信息网络安全管理义务的行为纳入刑法的视野。同时,刑法也表现出在国家相关立法体系中一定的超前性,在个人信息保护法、网络安全法、电子商务法等相关法律尚在制定之中,还没有全面规定不履行信息网络安全管理义务行政责任的情况下,刑法先行规定了拒不履行信息网络安全管理义务的刑事责任。面对汹涌而来、野蛮生长的网络犯罪,刑法不可能等其他法律都出台了再作规定,各项相关法律也很难实现完全的"联动立法或修订"、在同一时间一起出台。此外,我国也没有严格意义上的附属刑法,无论是电子商务法还是个人信息保护法等都不可能规定具体的罪名、罪状与法定刑,所有涉及罪、刑的规定都只存在于刑法之中。

然而,在相关立法规定尚不明晰之时,审慎司法也是保障人权的题中之义。采用目的性限缩解释方法解释刑法第二百八十六条之一,有利于准确定罪,实现刑事司法的"严而不厉"。通过立法与司法之间的一扩一限,实现法律制定与适用的动态平衡,在实践中实现"罪刑法定"。这里的"限缩"不是指限制解释,而是指"以立法目的为根据,限缩法律条文的适用范围,将一些模棱两可的情形排除在该条适用范围之外"①。具体需要严格依照罪刑法定原则进行解释,对需要其他法律进行填补、规范的内容,例如,"违法信息""责令改正"等规定,没有成熟依据的,或者相关立法尚未出台的,刑法要根据法益保护的需要,进行条文适用的适当限缩、不轻易介入、不轻易定罪处刑。不能认为刑法规定了罪名就是拿来用的,就可以无顾忌、不考虑其他法律的前置性就予以适用。笔者认为,对该罪名的正确适用主要涉及以下几个方面。

## 一、"信息网络安全管理义务"的界定

《刑法》第二百八十六条之一明确规定,网络服务提供者所违反的"信息网络安全管理义务"是"法律、行政法规规定的信息网络安全管理义务"。根据国务院《计算机信息网络国际联网安全保护管理办法》第十条规定,"信息网络安全"主要是指信息内容的安全,也包括信息系统本身的安全。而"信息网络安全的管理"则包括网络营运监管、网络内容监管、网络版权监管、网络经营监管、网络安全监管、网络经营许可监管等。

此外,全国人大常委会《关于加强网络信息保护的决定》《消费者权益保护法》等也都包含对网络服务提供者的网络信息管理义务的要求。正在制定的网络安全法、电子商务法、个人信息保护法等也会涉及网络服务提供者的网络信息管理义务。至于"信息网络安全管理义务"是否包括来自部门制定的规章及文件。对此应该严格按照罪刑法定原则进行解释,既然第二百八十六条之一明确规定网络服务提供者不履行的是"法律、行政法规规定的信息网络安全管理义务",就不应包括部门制定的规章等规范性文件。

## 二、"监管部门"的界定

我国对网络服务提供者有权进行监管的部门包括:国信办、工商行政管理

---

① 梁慧星:《裁判的方法》(第2版),法律出版社2012年版,第18页。

部门、工信部和地方通信主管部门、新闻出版部门、教育部门、卫生部门、药品监督管理部门、公安部门和国家安全等,且存在职能交叉现象。若不加以限制,如果所有监管部门的各层级都属于条文规定的"监管部门",会导致"责令"出自多门,甚至有时可能互相矛盾,形成很重的被监管压力。甚至有可能互相矛盾,使得互联网企业承担很重的信息安全管理压力。

从法益保护角度看,本条的立法目的主要是保护信息网络安全,因此,司法实践中最好对"经监管部门责令"的"监管部门"进行目的性限缩解释,通过列举的方式限定为"网络安全监管部门",明确本条所指的法律、行政法规系那些规范国家安全、社会秩序的相关规定。不作为犯罪成立的前提是具有明确的法定义务,对于本法条规定的信息安全管理义务首先应当明确法律、法规的范围。

## 三、"责令"的内容、形式

一是责令的内容。在此有一个平台责任边界问题一直争论不已。就网络安全监管而言,国家监管部门负有监管职责,然而,互联网的出现很大程度上改变了社会治理方式,将过往的政府一元式治理变成"政府+社会"的二元式治理,这里的"社会"首先是网络平台企业,由于其直接面对用户,因此,部分承担了网络安全监管的职责,也可以说,网络平台企业事实上具有部分的网络安全监管职权,而权、责从来就是紧密相关、不可分割的。当前,网络经济、电子商务、电子金融的发展速度远超过网络监管的发展速度,在一定程度上,网络监管跟不上网络经济的发展步伐。由于网络治理的特殊性,出现了政府不得不与网络服务提供者共同对信息网络进行"联手治理"的现象。然而,平台责任的边界在哪里,与国家网络监管部门的监管职责究竟如何划分成为新的问题。

当习惯于公权治理的领域引入私权治理,司法裁判者绕不开的是,对于都担负着不同监管职责的行政主管部门、网络服务提供者,执行过程中都可能会有过错,而这种过错,不能都归责于网络服务提供者。换言之,若要追究网络服务提供者的刑事责任,首先就需要确认"监管部门责令采取改正措施"中的"措施"是合理合法的、正当可行的,才能对"拒不改正"追究刑事责任。因而,司法实践中需要对"责令改正"的内容作实质性判断,不能只是形式性判断。如果认为只要监管部门对网络服务提供者发布有关采取改正措施的"责令",后者拒不改正导致严重后果的,就追究刑事责任,未免过于严苛。

二是责令的性质与形式。"经监管部门责令采取改正措施而拒不改正"中的"责令"是否包括"口头"责令?《行政处罚法》第八条将行政处罚种类划分为警告、罚款、没收违法所得和非法财物、责令停业、暂扣或吊销许可证或执照、行政拘留等六种,其中并无责令改正。责令改正的性质,不是一种行政处罚,而只是一种行政措施。然而,发出责令是否必须采用书面形式,法律没有专门规定。实践中,监管部门的日常监管一般也不必采用书面形式。而且,监管部门不同级别的人都有可能通过电话、口头通知发布"责令",如果将这种非正式的通知包含在"责令"之内,会给企业履行义务带来困扰,导致入罪的风险过大。

## 四、对"拒不改正"的界定

作为纯正的不作为犯罪,与《刑法》第二百八十六条之一类似的规定还有拒不执行判决、裁定罪。然而,这两个罪的不同之处在于,拒不执行判决、裁定罪中的"判决、裁定"内容是确定的,而拒不履行信息网络安全管理义务罪中的"义务"却庞杂得多,随着相关立法的出台"义务"会不断增加,其空白罪状的特征非常明显。因而,对网络服务提供者的"拒不改正"认定不可以"一刀切",而要视具体情况进行具体分析。

所谓"改正"就是把错误的改为正确的,而"拒不改正"既包含"不采取改正措施"行为要素,也包含"采取了改正措施但仍然没有达到预期目的"的结果要素。对拒不履行信息网络安全管理义务罪的认定,应当注意对行为人的主观方面,特别是注意对行为人主观恶性的判断,例如,行为人对"责令改正"的内容是否明了、改正的可能性与难度、拒不改正的次数等。如果监管部门提出的只有目标没有具体改正措施,或者改正目标在当前技术无法实现,则缺乏期待可能性,不宜定罪。事实上,随着网络技术的飞快发展,针对信息网络服务者实施的破坏计算机信息系统、非法控制计算机信息系统、非法获取公民个人信息等犯罪也越来越猖獗,且手段多变、防不胜防,有时即使服务提供者在接到改正通知后已经尽到了注意义务或者采取了防范措施,仍不足以防止后果发生。由于网络跨地域、传播快等特点,有时网络平台企业即便是穷尽所有的技术救济手段,也无法完全避免违法信息的传播。因而,对是否"改正"、是否属于"拒不改正"都不能仅仅看效果,而要结合网络服务提供者的主观心态、客观所作的努力进行综合判断,否则将陷入"客观归罪"。

## 五、什么是"违法信息"

国务院《互联网信息服务管理办法》第十五条以及修订后的国务院《中华人民共和国电信条例》第五十六条规定了九类违法信息内容,那么,刑法第二百八十六条之一中的"致使违法信息大量传播"是否涵盖上述九种违法信息,该罪的保护法益是国家安全、公共安全、社会秩序及公民个人信息,上述前八种违法信息的内容都十分明确,不会产生太大的异议,主要是第九种"含有法律、行政法规禁止的其他内容的",这种兜底式的规定可能被任意解释、扩大适用,而违背刑法谦抑性的基本原则。例如,发放垃圾广告、夸大宣传、诽谤他人、侵犯商业信誉等行为也属于"法律、行政法规禁止的其他内容",本来通过行政法规进行制裁即可,若被解释成上述违法信息的,则处罚范围被不当扩大。从域外立法经验看,追究信息网络服务提供者的罪责一般只针对仇恨言论、侵犯著作权、淫秽物品、毒品、诽谤等,而不是使其对一切违法信息负责。

## 六、对"灭失"的界定

《刑法》第二百八十六条之一规定的第三种情形是"致使刑事案件证据灭

失,情节严重的",此处的"灭失"如何界定,对确立行为人的刑事责任至关重要。通常说来,"灭失"可以是信息被删除但仍可恢复的情形,也包括信息被删除带来的信息不可恢复、永久消失。笔者认为,必须将"灭失"与"情节严重"相联系进行解释,即这种"灭失"要达到"情节严重"的程度,而不包括那些仍可恢复的证据"灭失"。当然,如果在找回的过程中,由于司法机关工作人员的失误造成了信息的不可恢复、永久消失,则不应将这种后果归责于网络服务提供者。

## 七、法律列举情形中存在的矛盾

有观点认为,《刑法》第二百八十六条之一所列举的四种情形,第(一)项和第(三)项在逻辑和实践层面是互相冲突的,第一项规定的情形是"致使违法信息大量传播",第三项则"致使刑事案件证据灭失",就二者关系而言,可能出现这样的情形:为了防止违法信息的大量传播,行为人就会赶快删除,而删除又导致刑事证据的灭失,亦即,如果不删除"违法信息",可能"致使违法信息大量传播",符合了第(一)项的规定;如果删除"违法信息",可能"致使刑事犯罪证据灭失,严重妨害司法机关依法追究犯罪",符合了第(三)项的规定。笔者认为,其实二者并不矛盾。对这种貌似冲突、矛盾规定的解释,需要依据国务院《互联网信息服务管理办法》第十六条的规定,"互联网信息服务提供者发现其网站传输的信息明显属于本办法第十五条所列内容之一的,应当立即停止传输,保存有关记录,并向国家有关机关报告。"

其实有可能出现矛盾的却是"致使用户信息泄露,造成严重后果的"(第二项)和"致使刑事案件证据灭失,情节严重的"(第三项)两项内容。在第(二)项规定中,"用户信息"是指互联网信息服务提供者在提供服务的过程中收集的用户姓名、出生日期、身份证件号码、住址、电话号码、银行卡卡号、密码等能够单独或者与其他信息结合识别用户的信息,以及用户使用服务的时间、地点等信息。实践中,有的监管部门未采取严格的调取证据的程序,就要求网络信息服务提供者提供用户的个人信息。网络服务提供者如果提供这些用户信息,则可能"致使用户信息泄露,造成严重后果",符合第(二)项的规定;如果不提供这些用户信息,则可能"致使刑事犯罪证据灭失,严重妨害司法机关依法追究犯罪",符合第(三)项的规定。这会使得网络服务提供者在履行不同的信息网络安全管理义务时,陷入两难的窘境。显然,这再次说明,信息网络监督管理部门的执法规范与否将对网络服务提供者的配合效果发生重大影响,直至影响刑事责任的认定。因此,在具体办案中,应当引入期待可能性理论,对网络服务提供者的行为所造成的后果进行目的性限缩解释。

## 八、对"其他严重情节"的把握

《刑法》第二百八十六条之一所列举的第四种情形是"有其他严重情节的"。之所以如此规定,主要在于网络发展之快超出立法者的预料,对拒不履行信息网络安全管理义务的还会造成何种严重后果、具备何种严重情节,单纯采用列举式恐怕不能涵盖、穷尽,为避免挂一漏万,才作此规定。

然而,罪状规定的明确性是罪刑法定原则的必然要求,立法应当尽量避免"其他严重情节"这样开放式、兜底性的规定,因为它给法官留下了较大的解释空间,如果适用不当,容易使司法裁量权过大,损害被告人的合法权益。笔者认为,这里的"其他严重情节"应当是与前三项"致使违法信息大量传播""致使用户信息泄露,造成严重后果""致使刑事案件证据灭失,情节严重"危害性相当的情节,而不应作扩大解释。而且,本罪保护的法益是"信息网络安全",因此,对"其他严重情节"的法益判断既包括信息内容安全,也包括信息网络系统的安全。

## 九、慎用"单位犯罪"条款

《刑法修正案(九)》对网络犯罪的修订,不仅对第二百八十六条之一拒不履行信息网络安全管理义务罪规定了单位犯罪,对二百五十三条之一出售、非法提供公民个人信息罪,非法获取公民个人信息罪,第二百八十七条之一非法利用信息网络罪、第二百八十七条之二为他人利用信息网络实施犯罪提供帮助罪都规定了单位犯罪,且均采用双罚制,即除了对单位判处罚金,对直接负责的主管人员和其他直接责任人员依照前款规定处罚。对实施网络犯罪的企业进行刑事处罚,其必要性毋庸赘言,但也要慎用该规定。在互联网行政立法越来越多的情形下,加在互联网企业身上的信息网络安全管理义务会越来越多,如果企业管理者刑事风险很高,将严重影响互联网行业的快速发展。

(本文原载《人民检察》2016 年第 6 期)

# 电子商务活动相关法律责任研究

法律责任是指因违反了法定义务或契约义务，或不当行使法律权利、权力所产生的，由行为人承担的不利后果。由于责任条款很大程度上取决于前面各章对电子商务主体权利、义务的规定，电子商务的飞速发展会带来电子商务主体的权利、义务内容的变化，因此，法律责任一章也不宜作过于僵化的规定。在《电子商务法（草案）》的94个条文中，专门规定法律责任的共13条。法律责任设置的出发点，一是针对违法行为，二是针对一个或多个主体，当然更多的是两者的结合。根据违法行为的性质，电子商务法中的法律责任规定主要有三类。

## 一、《电子商务法（草案）》相关法律责任的种类

### （一）民事责任

我国法律规定的民事责任承担方式有10种，在电子商务法中，主要是损害赔偿责任。《电子商务法（草案）》第八十一条规定，"电子商务经营者提供商品或者服务造成他人损失的，应当依照本法和有关法律、法规的规定，承担民事责任。"

电子商务、电子商务第三方平台经营者提供商品或者服务涉及的民事责任可以适用《民法通则》第一百零六条，《合同法》第一百零七条，《侵权责任法》第二条、第五条、第三十六条，《产品质量法》第四十一条等。《电子商务法（草案）》对民事责任的规定与其他法律衔接，遵循特别法优于普通法的原则，

《电子商务法(草案)》有规定的适用本法,未作规定的,依照其他有关法律、法规的规定承担民事责任。

例如,《侵权责任法》第三十六条规定:"网络用户、网络服务提供者利用网络侵害他人民事权益的,应当承担侵权责任。网络用户利用网络服务实施侵权行为的,被侵权人有权通知网络服务提供者采取删除、屏蔽、断开链接等必要措施。网络服务提供者接到通知后未及时采取必要措施的,对损害的扩大部分与该网络用户承担连带责任。"该规定成为电子商务活动中侵权民事责任的重要依据。

由于电子商务自身的特点,有必要对一些电子商务活动涉及的民事责任作专门规定。例如,第五条是原则性的义务规定:"从事电子商务活动,应当遵循自愿、公平、诚实信用的原则,遵守公认的商业道德。"第三十二条对电子支付服务提供者提供的服务不符合国家、金融行业标准和相关信息安全管理要求,造成电子支付服务接受者损失的,规定了应当承担返还资金、补充差额、赔偿应偿利息损失的责任,以及电子支付服务提供者未及时采取措施导致损失扩大的,对损失扩大部分承担责任。又如,第三十九条规定了快递物流服务提供者在服务过程中,电子商务交易物品发生延误、丢失、损毁或者短少的,应当依法赔偿的责任。对以加盟方式提供快递物流服务的,规定了加盟方与被加盟方承担连带赔偿责任。

虽然《消费者权益保护法》第四十四条规定了网络交易平台的先行赔付义务,但是由于电子商务中第三方平台与商品生产者、销售者或者服务提供者、消费者的三方关系,平台责任必须明确,《电子商务法(草案)》第五十八条第二款仍然对平台的先行赔付义务作了重申性的规定。

民事责任是否具有惩罚性? 民事责任尽管是一种不利后果且具有一定的强制性,但是主要还是一种救济手段,旨在使受害人被侵犯的权益得以恢复。然而,这方面美国等英美法系国家的民事处罚(civil penalty)、民事罚款(civil fine)具有一定的惩罚性质,而并无大陆法系国家的行政罚制度。不过它更接近于我国的行政处罚。① 但是,具有一定惩罚性的赔偿金制度在我国也越来

---

① 陈太清:《美国罚款制度及其启示》,《安徽大学学报》(哲学社会科学版)2012年第5期。

越多地被采用。固然,补偿性民事责任的基本属性,但是对于欺诈等行为,也不能忽视惩罚性赔偿条款的适用。①《电子商务法(草案)》中虽未直接规定惩罚性赔偿金,但是,《侵权责任法》第四十七条、《消费者权益保护法》第五十五条、《食品安全法》第一百四十八条第二款有相关规定,②可适用于电子商务领域。

## (二) 行政责任

《电子商务法(草案)》"法律责任"一章规定的行政责任承担方式包括:罚款、责令停业整顿、没收违法所得、吊销营业执照或者吊销经营许可证等。尽管也有条文规定了"责令限期改正",但是严格说来,"责令限期改正"不是一种行政责任,只是一种行政命令,只有违反它带来的法律后果的才是行政责任。而且,《行政处罚法》第八条规定行政处罚的种类只有七种,"(一)警告;(二)罚款;(三)没收违法所得、没收非法财物;(四)责令停产停业;(五)暂扣或者吊销许可证、暂扣或者吊销执照;(六)行政拘留;(七)法律、行政法规规定的其他行政处罚。"

对电子商务活动相关行政责任的理解,必须结合具体的义务设定考察。

电子商务第三方平台是电子商务的"中枢神经"和"基础设施",不同于传统交易的双方关系,由于电子商务第三方平台还具有商品、服务的推介和电子支付担保等功能,因此对电子商务第三方平台的规范是电子商务法的重点。

---

① 当然,惩罚性赔偿制度在实践中也存在着被"职业打假"滥用的现象,立法与司法也作出了一些应对。见赵亚翔:《"职业打假人"是公益性买者吗?——基于"买假索赔"式打假机制的定量研究》,《西南政法大学学报》2016年第4期。

② 《侵权责任法》第四十七条规定,"明知产品存在缺陷仍然生产、销售,造成他人死亡或者健康严重损害的,被侵权人有权请求相应的惩罚性赔偿"。《消费者权益保护法》第五十五条规定,"经营者提供商品或者服务有欺诈行为的,应当按照消费者的要求增加赔偿其受到的损失,增加赔偿的金额为消费者购买商品的价款或者接受服务的费用的三倍;增加赔偿的金额不足五百元的,为五百元。法律另有规定的,依照其规定"。《食品安全法》第一百四十八条第二款规定,"……生产不符合食品安全标准的食品或者经营明知是不符合食品安全标准的食品,消费者除要求赔偿损失外,还可以向生产者或者经营者要求支付价款十倍或者损失三倍的赔偿金;增加赔偿的金额不足一千元的,为一千元。但是,食品的标签、说明书存在不影响食品安全且不会对消费者造成误导的瑕疵的除外"。

本次立法经过大量的走访调研,综合考虑各方利益,结合我国电子商务平台的发展状况、所处地位、存在问题、监控能力等全面考虑,对平台义务作了具体规定,力求合理界定平台的责任。主要体现在两个方面。

一是电子商务经营主体的一般义务,其中包括了平台的义务,主要有:经营主体须获得许可从事电子商务活动、不得违反法律、行政法规提供禁止交易的商品或者服务、执法配合义务、信息披露和公示义务、消费者个人信息保护义务、不得侵犯知识产权、不得实施不正当竞争行为、不得侵犯消费者权益、信用评价义务等。

二是电子商务平台经营者的专属义务,包括身份核验义务、信息检查监控义务、提供稳定安全服务义务、自营与他营业务区分义务、记录保存的义务等等。

电子商务涉及的主体还有电子支付提供者、快递物流服务提供者、电子商务监督管理部门,例如,电子支付提供者不得未经许可从事电子支付业务、保证支付服务安全性的义务、账户实名制管理的义务、备付金的使用与管理义务等。快递物流服务提供者不得违反规定寄递、运输违禁品的义务。政府监督管理部门未履行数据信息保护义务等。

电子商务涉及的主体还有电子支付提供者、快递物流服务提供者、政府监督管理部门,例如电子支付提供者不得未经许可从事电子支付业务、保证支付服务安全性的义务、账户实名制管理的义务、备付金的使用与管理义务等。快递物流服务提供者不得违反规定寄递、运输违禁品的义务。政府监督管理部门未履行数据信息保护义务等。

关于违反义务带来的行政责任轻重设定的考虑因素,将在第二部分讨论。

## (三) 刑事责任

由于我国没有真正意义上的附属刑法,非刑法的法律中有关刑事责任的规定都是指引性的,即指向刑法的规定,《电子商务法(草案)》也不例外,第九十三条规定,"违反本法规定,构成违反治安管理行为的,依法给予治安管理处罚;构成犯罪的,依法追究刑事责任。"这几乎是我国所有非刑事法律对刑事责任规定的"标配"。尽管规定得极为简洁,内容却十分丰富,不容忽略。

对电子商务活动中的违法犯罪行为不应姑息,对于制假售假、侵犯他人知识产权、恶意诋毁商家信誉、虚构交易"刷信用"、虚假促销、传销等违法活动,应依法予以惩治。这些行为可能触犯的刑法罪名有:销售伪劣商品类的犯罪,具体罪名不予罗列;侵犯他人著作权、商标权、专利权、侵犯商业秘密等侵犯知识产权的犯罪;诈骗罪、侵占罪、信用卡诈骗等与支付相关的犯罪,分布在刑法的侵犯财产罪与金融诈骗罪规定中;洗钱罪;逃税罪等涉税犯罪;走私罪;组织、领导传销活动罪、非法经营罪;侵犯公民个人信息罪,包含了出售、非法提供公民个人信息、非法获取公民个人信息等行为方式;私自开拆、隐匿、毁弃邮件、电报罪、破坏计算机信息系统罪、拒不履行信息网络安全管理义务罪,非法利用信息网络罪,帮助信息网络犯罪活动罪,①虚假广告罪、损害商业信誉、商品声誉罪、非法经营罪,以及监督管理部门工作人员的玩忽职守罪、滥用职权罪,等等。特别是刑法修正案(七)、刑法修正案(九)新增加的有关公民信息保护的、与信息网络有关的罪名,与电子商务活动关系密切。在从事电子商务活动中,这类行为的刑事风险较高,应予足够重视与防范。

## 二、法律责任设置的指导思想——与电子商务法的目的相一致

法律责任的具体种类、轻重设置,离不开一部法律的总体指导思想。《电子商务法(草案)》第一条规定,"促进电子商务持续健康发展,规范市场秩序,保障电子商务活动中各方主体的合法权益。"②因此,需要"国家发挥市场在资

---

① 信息不仅仅关系到个人利益,还有可能涉及公共利益、公共安全、国家安全。电子商务中的信息保护不仅是保护公民隐私权等个人权利的需要、保护企业信息安全的需要,同时也是提高电子商务信息资源利用率,保证电子商务信息化发展的战略需要。从国际个人信息保护立法的趋势来看,无论是欧盟、美国、新加坡、韩国等都在不断强化信息主体的权利的同时,日益注重明晰信息控制者的网络安全维护的责任。

② 例如,以往我国对电子商务中小卖家的权益保护几乎是空白,例如,职业差评师就对他们的权益带来了巨大的损害。对此,《电子商务法(草案)》第五十六条规定,不得违背事实,恶意评价损害他人商业信誉,卖家也不得骚扰或者威胁交易对方,迫使其违背意愿作出、修改、删除商品或者服务评价等。

源配置中的决定性作用,鼓励和支持电子商务经营主体依法自主经营、自律管理"(第六条)。这就决定了这部法律的促进法、综合法的定位,要将规范秩序与保障权益并重。

具体体现在电子商务活动相关法律责任规定的谦抑性,主要表现在:

一是能通过其他法律的"法律责任"规定解决问题的,不再新增处罚内容。例如,电子商务活动中的绝大多数纠纷与矛盾可以通过民法通则、侵权法、合同法规定的民事责任条款解决,不能解决的或者需要电子商务法再作特别规定的,再规定具体的民事责任条款。

二是能由电子商务经营主体、消费者实现私法领域意思自治、通过民事责任的承担解决问题的,不动用行政责任,不设置处罚条款。

三是在对电子商务法活动相关行政责任的制度设计上,充分关注其他相关法律的法律责任规定,包括消费者权益保护法、产品质量法、食品安全法、知识产权三大法、广告法、反不正当竞争法等。然而,这种关注与衔接并非亦步亦趋地与其他法律的法律责任规定完全等同,因为不同的法律立足点不一,处罚力度也可以有别。①

四是刑事责任设置的谦抑性。如前所述,尽管刑事责任的设置不在《电子商务法(草案)》中,但是对电子商务活动中危害社会的行为的犯罪化,更要注意必要性与正当性、合理性,既要考虑保护市场经济秩序,也要充分保障各方主体的权益。司法实践中更要慎重对待。

例如,关于电子商务平台经营者在信息网络安全管理方面的责任,刑法修正案(九)新增了"拒不履行信息网络安全管理义务罪",在《电子商务法》《网络安全法》等相关法律对"信息网络安全管理义务"的规定尚未生效、这些义务还未成为法定义务的情况下,从处罚范围看,当前刑事责任的设置显示了刑法应有的扩张性。为保护消费者合法权益、保卫国家安全,平台对制售假信息必须及时、充分地提供给工商和市场监管部门,否则将容易出现"柠檬市场"现象。然而,由于前置法的缺失,刑事司法中应当通过目的性限缩解释保持适度的谦抑,审慎界定"信息网络安全管理义务""监管部门""责令""拒不改

---

① 例如,对于违反信息披露义务的行为,《证券法》第一百九十三条的处罚就较重。

正""违法信息""致使刑事案件证据灭失"等,从而切实贯彻罪刑法定原则,在保护信息网络监管秩序的同时保障各方主体的合法权益,促进互联网与经济的融合发展。

刑法在信息保护、信息网络监管等方面都走在了前面,设置了诸多的刑事责任条款,因此,电子商务法的法律义务、责任规定尽管无法直接规定罪与刑,却必须充分考虑违反这些义务带来的严重的刑事法律后果。因为这些义务与责任的规定是刑事定罪的前置法。在我国"前置法定性、刑法定量"的惯例下,对于法定犯的前置法的义务与责任设置就须格外慎重。

## 三、法律责任的设定须基于权利、义务、责任的一致性——以行政责任为视角

对电子商务活动相关法律责任的设置,必须基于权利、义务、责任的一致性,尽管不是绝对一刀切的"谁获利、谁担责"。如果前面各章未出现义务性规定,则不予规定罚则。同时,处罚的轻重也要与义务内容的重要性、违反义务的程度相一致,符合比例原则。

如何判断法律责任的轻重、如何在民事责任、行政责任、刑事责任中作出抉择?依据是对法益的侵害性——侵害私法益的,民法(主要是侵权法)调整;不仅侵害私法益,而且破坏秩序的,或者虽然没有直接侵犯私法益,但是对秩序造成较大程度的侵害或侵害危险的,达到一定程度,应规定行政处罚内容。严重侵害他人相关权益或严重扰乱市场经济秩序或二者简而言之的,刑法调整。例如,对于较为常见的电商"刷单"行为——无论是卖家找所谓的消费者进行虚假交易,卖家买快递单号,其收件人和寄件人与实际的买家、卖家根本不一致,还是快递公司发空包,但快递公司并未完成配送,而帮助卖家完成平台上的物流信息,都违反了《网络交易管理暂行办法》,是一种不正当竞争行为,不仅损害消费者权益,也破坏正常的竞争秩序。《电子商务法(草案)》"市场秩序与公平竞争"一节中的第五十六条规定,电商不得以虚假交易、删除不利评价、有偿或其他条件换取有利评价等形式,为自己或他人提升

商业信誉,不能骚扰或威胁交易对方,迫使其违背意愿作出、修改、删除商品或服务评价等,情节严重最高可处 50 万元罚款。如果损害他人商品声誉、商业信誉,给他人造成重大损失或者有其他严重情节,可构成损害商业信誉、商品声誉罪。如果通过刷单非法占有他人财物,则有可能构成诈骗罪,被追究刑事责任。

然而,应当避免对行政责任的规定过于庞杂、严苛。尽管电子商务法兼具经济法的特征,其性质主要还是调整平等主体之间的商业交易的法律规范,其任意性特征大于强制性特征,因而能够用民事责任解决的,就不应轻易动用行政责任。

行政处罚要遵循合比例原则,体现责任设置的层次性。例如,罚款的上限问题,目前《电子商务法(草案)》规定的最高限额是 50 万元,适用于以下行为:电子商务第三方平台违反对平台内经营者身份核验义务、信息检查监控义务、提供稳定安全服务义务、自营与他营业务区分义务、商品和服务信息、交易记录信息保存义务,情节严重的,以及快递物流服务提供者违反规定的,电子商务经营主体未履行电子商务消费者个人信息保护义务,情节严重的。然而,为保持罚款与行为性质及后果相称以及立法一定的弹性,未来在立法完善时可以考虑规定,在罚款最高限额以外,兼采"违法所得"的比例或倍数规定,从而实现"任何人都不得通过自己的违法行为获利"之处罚目的。

当然,在实践中,民事责任、行政责任、刑事责任有可能发生竞合并同时适用,要防止行政责任与刑事责任的"一事再罚"。限于篇幅,不予赘述。


## 四、监管"监管者"——具体规定监管部门的责任

2016 年 12 月,国务院批复建立了由工商总局牵头的网络市场监管部际联席会议制度。

电子商务监管涉及主体准入、产品或服务标准、广告营销、交易行为、竞争秩序维护、消费者权益保护、网上支付、物流快递等多个环节,如何进行有效监

管、创新监管、适度监管,不同监管部门之间、监管部门与平台之间如何在保护国家机密、商业秘密、公民个人隐私的前提下实现数据信息共享,提高效率,保障各方权益,是电子商务立法与实践面临的难题。

在要求电子商务经营者必须合规经营的同时,迫切需要对监管部门进行"监管"规范,明确电子商务监督管理部门的义务,确定各类机构的监管权限避免不当执法带来的损害。《电子商务法(草案)》一方面专章规定了"监督管理",另一方面也专门针对监管者设立了罚则。例如,第七十九条提出各级人民政府有关部门、行业协会、电子商务经营主体、消费者及其他组织通过行政管理、行业自律、平台治理、消费者维权和监督等机制,建立多元共治的电子商务管理模式;第九十二条规定:"各级人民政府有关部门及其工作人员违反电子商务法规定,未履行电子商务法规定的数据信息保护义务的,由其上级机关或者有关机关责令改正;对直接负责的主管人员和其他直接责任人员依法给予处分;给电子商务经营主体、消费者造成财产损害的,电子商务经营主体、消费者有取得赔偿的权利。"同时规定,对依法负有电子商务监督管理职责的部门的工作人员,玩忽职守、滥用职权、徇私舞弊,尚不构成犯罪的,依法给予处分。

# 五、结语

"道之以政,齐之以刑",这是法治社会的基本秩序。电子商务离不开切实有效的监管与法律规定特别是责任的落实,法律只有具有强制力和约束力,才具有实际可操作性,否则就是一部"软法"。然而,作为一部电子商务的促进法,也不宜作过于严苛的规定,而应宽严适度、步伐适中,以免"一管就死"的现象发生。对电子商务活动的规范,未来需要《电子商务法》与其他法律法规共同发力,除了《电子商务法》本身,《反不正当竞争法》《行政处罚法》等法律法规也需要进一步完善与电子商务发展与监管相适应的责任条款,共同为电子商务的健康有序可持续发展提供法律依据。指望一部《电子商务法》就能解决电子商务活动中的所有问题是不现实的。随着互联网技术的飞速发展,电子商务行业发展也日新月异、动态性显著,"法律一经制定就落后于现实"的特征对于电子商务而言将充分显现。为此,包括法律责任规定在内的电子商务立法也必须保持一定的弹性,兼顾现实并适度前瞻。

（本文原载《中国市场监管研究》2017 年第 1 期）

# 论网络时代公民个人信息的刑法保护

在互联网时代,个人信息以数据的形式被快速收集、保存、传输。诚然,只有数据可交易、可交换,才有可能消除"数据孤岛"。例如,电子商务离不开对公民个人信息的收集以及大数据分析,否则相关广告的投放、私人定制无从谈起。但另一方面,个人信息也变得前所未有的脆弱,易被非法获取、泄露、出售、滥用,而这样的风险存在于对个人信息的"收集、利用、加工、传输、提供、公开、出售"等各个环节。采用刑法手段保护公民个人信息的目标,既要惩治侵害公民个人信息的违法犯罪行为,又要保护公民个人信息的正当使用,促使个人信息在内的数据得到安全、有序的流通,促进大数据应用的创新。基于此,最高人民法院、最高人民检察院于 2017 年 5 月 8 日公布了《关于办理侵犯公民个人信息刑事案件适用法律若干问题的解释》(以下简称《解释》)。该解释具有一定的创新性和实践操作性,有助于保护公民个人信息,但同时仍有一些问题需要从理论上进一步探讨。

## 一、《解释》的亮点

2009 年刑法修正案(七)首次将侵犯公民个人信息行为纳入刑法规制,2015 年刑法修正案(九)取消了"非法提供"中的"非法",并最终将"违反国家有关规定、出售或提供公民个人信息"和"窃取或者以其他方法非法获取公民个人信息"两种行为犯罪化。然而,何为"以其他方法非法获取公民个人信息",有待明确。

《解释》是在总结相关理论研究成果和国内外立法、司法实践经验的基础上制定的,忠实于已有的法律规定,与刑法、网络安全法等相关法律规定相一致,亮点颇多。网络安全法首次从法律层面对"个人信息"进行了明确界定,明确了个人信息保护的责任原则、目的明确原则、最少使用原则、同意和选择原则、开放透明原则等八项原则。《解释》对此作了细化,明确了办案标准,对实践中的一些争议较大的问题、"盲点"进行了界定。例如,《解释》第四条将"违反国家有关规定,通过购买方式获取公民个人信息的"解释为刑法第二百五十三之一第三款规定的"以其他方法非法获取公民个人信息",将有效打击侵犯公民个人信息的"买方市场",特别是使得打击电子商务中的"灰黑产业链"于法有据——对通过直接或间接的方式购买他人信息,再将低价购得的个人信息以高价出售,用于恶意注册、虚假认证、售假、诈骗、洗钱等行为进行刑事处罚。当然,未来最好是在第二百五十三之一第三款规定的"以其他方法非法获取公民个人信息"中明确"购买"这一方式,这样更加符合罪刑法定原则的要求。

## 二、《解释》中有待厘清的几个问题

### (一)"公民个人信息"的范围

《解释》第一条规定,刑法第二百五十三条之一规定的"公民个人信息"是指"以电子或者其他方式记录的能够单独或者与其他信息结合识别特定自然人身份或者反映特定自然人活动情况的各种信息,包括姓名、身份证件号码、通信通讯联系方式、住址、账号密码、财产状况、行踪轨迹等"。它具体包括两类:一类是识别特定自然人身份的"身份信息",另一类是反映特定自然人活动情况的各种信息,即行踪轨迹等"活动信息"。① 对此,理论界与实务界的观

---

① 叶良芳、应家赟:《非法获取公民个人信息罪之"公民个人信息"的教义学阐释——以〈刑事审判参考〉第 1009 号案例为样本》,《浙江社会科学》2016 年第 4 期;高富平、王文祥:《出售或提供公民个人信息入罪的边界——以侵犯公民个人信息罪所保护的法益为视角》,《政治与法律》2017 年第 2 期。

点不尽相同,而这直接影响着侵犯公民信息违法犯罪的法律责任的追究。

从立法看,2017 年 6 月 1 日起实施的网络安全法第七十六条规定的"个人信息",是指"识别自然人个人身份的各种信息"。① 根据电子商务法(草案)第四十五条第二款的规定,②对个人信息描述的关键词为"识别特定用户的信息",既可包含"身份信息",也可包含"活动信息"。理论界对于第一类"身份信息"基本无疑问;对于第二类"活动信息"则有不同看法。

笔者认为,个人信息包括但不限于个人隐私信息。因为侵犯公民个人信息罪的法益,首先是公民个人的隐私权,但不限于隐私权,还包括对个人信息的控制权,也可以说是一种新型的人格权。刑事违法性的实质是对法益的侵害或者威胁,刑法的任务与目的是保护合法权益,即法益。而一个具体犯罪,处于刑法中的什么位置,决定了该罪的性质。"侵犯公民个人信息罪"位于刑法分则第四章"侵犯公民人身权利、民主权利罪"之中,因此,该罪所要保护的法益应当是公民人身权利或民主权利。公民个人信息关系着公民的人身、财产安全和生活安宁,因此,即使超出了隐私的范畴,此类法益也需要刑法予以保护。例如,公民在接受网络提供的商品和服务过程中而产生的大量数据,不仅涉及隐私、关乎自然人的隐私权、人格权,也具有较强的经济性,一旦被侵犯,对公民个人的姓名权、名誉权、安宁权、财产权等都会带来不可估量的损失。当然,侵犯公民个人信息所侵害的法益,不仅危害个人信息安全,也妨害了网络监管、身份管理等社会管理秩序。

从内容上看,个人信息除了"身份信息",也包括行踪轨迹等"活动信息",例如手机定位后获取的公民个人行踪信息。前者是静态信息,后者是动态信息。其实之前也有相关司法解释依据和个案裁判依据。例如,2013 年最高人民法院、最高人民检察院、公安部联合颁布的《关于依法惩处侵害公民个人信息犯罪活动的通知》就规定,"公民个人信息包括公民的姓名、年龄、有效证件

---

① 见《网络安全法》第 76 条"名词定义"之(五):"是指以电子或者其他方式记录的能够单独或者与其他信息结合识别自然人个人身份的各种信息,包括但不限于自然人的姓名、出生日期、身份证件号码、个人生物识别信息、住址、电话号码等。"

② 见《电子商务法(草案)》(审议中)第 45 条第 2 款,"本法所称个人信息,是指电子商务经营主体在电子商务活动中收集的姓名、身份证件号码、住址、联系方式、位置信息、银行卡信息、交易记录、支付记录、快递物流记录等能够单独或者与其他信息结合识别特定用户的信息"。

号码、婚姻状况、工作单位、学历、履历、家庭住址、电话号码等能够识别公民个人身份或者涉及公民个人隐私的信息、数据资料。"在此,"公民个人信息"除了"能够识别公民个人身份的信息",还包含"涉及公民个人隐私的信息、数据资料"。在"胡某等非法获取个人信息案"中,法官认为,通过非法跟踪他人行踪所获取的公民日常活动信息也许并不具备识别个人身份的作用,但是却可能反映了个人活动情况,有可能损害其相关利益,具有隐私性和权益性。①

《解释》第五条规定了非法获取、出售或者提供公民个人信息情节严重、情节特别严重的认定情况,给司法适用提供了具体化的标准。然而,由于目前交易最活跃的数据在征信、电商、营销、快递物流等几个行业以及诸多监管部门,如果只看信息数量,相关行为很容易"入罪"。司法实践中需要结合法益侵害性进行实质判断,不可过于僵化教条、形式化地数一数信息条数。在对侵犯公民个人信息罪是否构成进行违法性判断时,需要看该行为是否危害了公民个人信息的隐私权、控制权法益,同时行为人也具有侵害这一法益的希望或放任心态。如果一些个人或企业打着"大数据"的旗号,违规收集、滥用公民信息,而且"一次同意,频繁收集",就需要在定性的基础上结合《解释》规定的"情节严重""情节特别严重"等定量因素进行判断。大数据时代,公民要获得更为精准、快捷的服务,其个人信息必然要有一些让渡、公开,然而,大数据技术绝不等于买卖原始数据的合法化,正规的大数据分析必须以保护用户隐私权为基础。

当然,并非所有的公民个人信息都需要用法律加以保护。原则上讲,只要公民不想公开,且与公共利益无关,就是"个人信息",关键是把握"个人信息"的本质——可识别性。例如,根据网络安全法的规定,"经过处理无法识别特定个人且不能复原的信息,不属于个人信息",亦即经过"脱敏"处理后的信息不再属于"个人信息"。②

---

① 《最高人民法院刑事审判第一、二、三、四、五庭.胡某等非法获取公民个人信息案〔第1009号〕》,《刑事审判参考》(总第99集),法律出版社2014年版,第181页。

② 问题是,在大数据交易中,80%是个人信息。交易最重要的两个环节是清洗和脱敏(匿名化)。然而全球都尚未形成脱敏的具体标准。见齐爱民:《在"脱敏标准不一致个人信息泄露"研讨会上的发言》,2017年7月10日,见 http://www.spsp.gov.cn/contents/4/403425.html。

## （二）"违反国家有关规定"的含义

《解释》第二条规定："违反法律、行政法规、部门规章有关公民个人信息保护的规定的，应当认定为刑法第二百五十三条之一规定的'违反国家有关规定'。"首次明确将部门规章包含在内。这一规定有上位法的依据——刑法修正案（九）第十七条的规定。刑法第九十六条规定："本法所称违反国家规定，是指违反全国人民代表大会及其常务委员会制定的法律和决定，国务院制定的行政法规、规定的行政措施、发布的决定和命令。"刑法修正案（九）第十七条在对刑法第二百五十三条之一修改时，将"违反国家规定"修改为"违反国家有关规定"，增加了"有关"一词，突破了刑法第九十六条"违反国家规定"的内容，将原本不属于全国人大及其常委会和国务院制定的效力及于全国范围的其他国家规定包含了进去。这是出于以往对公民个人信息的处罚于法无据、打击不力的现象而作的立法修订。例如部门规章，目的是利用部门规章制定相对灵活、富含公民个人信息保护条款的特点，加强对公民个人信息的刑法保护。

不过，部门规章在保护公民个人信息方面也是利弊兼具，既包含保护公民个人信息的内容，也可能包含侧重秩序维护的内容。当然，立法法第八十条第二款明确，"没有法律或者国务院的行政法规、决定、命令的依据，部门规章不得设定减损公民、法人和其他组织权利或者增加其义务的规范，不得增加本部门的权力或者减少本部门的法定职责。"然而，由于部门规章数量多、专业性强，对其审查既是个法律问题，也是个技术问题，如果不及时、不严格，容易带来刑法处罚范围的失当。因而，司法实践中对"违反国家有关规定"的判断，需要进行实质性分析、审慎把握，应当限定在国家层面、效力及于全国范围的相关规定，不能将地方性法规、自治条例和单行条例等地方性规定解释进来。

## （三）侵犯公民个人信息罪犯罪主体的认定

1. 犯罪主体范围扩大，立法模式从身份到行为。刑法修正案（九）第二百五十三条之一"侵犯公民个人信息罪"的主体由原来的"国家机关或者金融、电信、交通、教育、医疗等单位的工作人员"扩大到一般主体及单位，即凡是达到法定刑事责任年龄的个人及任何单位均能以本罪追究刑事责任。

值得注意的是刑法第二百五十三条之一的第二款立法方式的变化——刑法修正案(九)将原来侵犯公民个人信息犯罪的主体"国家机关或者金融、电信、交通、教育、医疗等单位的工作人员"这一身份规定,修改为通过客观行为方式进行描述,即"违反国家有关规定,将在履行职责或者提供服务过程中获得的公民个人信息出售或者提供给他人的,"并进行法定从重处罚。这种立法模式更科学也更具实践操作性。考虑到这类犯罪难以查处追责,以及这类行为的背信特征,《解释》明确"将在履行职责或者提供服务过程中获得的公民个人信息出售或者提供给他人的",认定"情节严重"的数量、数额标准减半计算,更为合理。

2. 侵犯公民个人信息的单位犯罪认定。《解释》第七条进一步明确了单位犯罪的规定,很有必要。不过,在互联网时代,自然人侵犯公民个人信息的行为,何时可以归责于"单位",不易把握。例如,在快递物流行业,如果快递员、快递物流操作员非法获取、出售或者提供公民个人信息,即使是经其"单位"集体研究决定或由有关负责人员代表"单位"决定,为本"单位"谋取利益而故意实施的,严格说来很难认定为单位犯罪,因为在新经济模式下,企业流动性用工增加,用工形式多样化,兼职者大量出现,在劳动法上,是否应将这种灵活多元的就业关系纳入劳动关系范畴,不同法院有不同的判决结果,有些认定为劳动关系,一些认定为承揽合同关系。如果是后者,"快递员"就不属于快递企业"单位"的员工,难以获得劳动法上的很多补偿和救济。同样的问题还存在于 P2P 网贷兼职、网络直播群体中。然而司法实践中,在确定刑事责任时,对于劳务派遣甚至是更为松散的合同关系的工作人员,大多采取实质判断标准——只要工作人员与用人单位存在管理与被管理的关系,就认定为刑法上的"员工",按照单位犯罪定罪量刑。

笔者认为,这么做貌似有理,实质不公平——这些人员大多是社会弱势群体,需要劳动合同法上的保护时,难以被认定为"员工",在确定罪与非罪时,就被实质解释为刑法上的"员工",其用人单位也成为刑法上"单位犯罪"的单位了。当然,由于现行刑法规定单位犯罪已经是 20 年前,未来对这类主体的认定还是通过立法解决为好。

### （四）拒不履行信息网络安全管理义务罪中"致使用户信息泄露，造成严重后果的"，司法适用中仍有待细化

对个人信息权的侵害主要体现为未经许可而收集和利用个人信息，主要表现为非法搜集、非法利用、非法存储、非法加工或倒卖个人信息等行为形态。包括刑事责任在内的处罚都是因为相关行为违反了信息网络安全管理义务，因此，在认定拒不履行信息网络安全管理义务罪时，首先应明确网络服务提供者对"用户信息"进行保护的义务来源。根据网络安全法的规定，收集和使用个人信息时应遵守"合法性""合理性"和"必要性"三个原则，[①] 具体体现为：应获得个人明确的知情同意；个人信息的收集范围应该具有相关性；信息应该是准确和最新的；如果信息经过加工已经无法用来识别特定个人，则有关个人信息可与第三方共享；信息管理者必须采取充分的保护措施，确保个人信息安全。对于某些被视为关键信息基础设施的行业，个人信息应保存在中国境内，其跨境转移需要具备业务必要性并获得政府批准。[②]

在网络服务提供者违反对"用户信息"上述保护义务的情况下，尚有"罪量"的要求——"致使用户信息泄露，造成严重后果的"，才构成犯罪。在其他相关立法对"信息网络安全管理义务"的规定不甚完备的情况下，从处罚范围看，刑法先行设立拒不履行信息网络安全管理义务罪显示了立法的扩张性，也有其现实必要性。然而，何为"网络服务提供者拒不履行法律、行政法规规定的信息网络安全管理义务，经监管部门责令采取改正措施而拒不改正，致使用户的公民个人信息泄露，造成严重后果的"，司法适用中仍然有待细化。刑事司法应当通过目的性限缩解释保持适度的谦抑，审慎界定"信息网络安全管理义务""监管部门""责令""拒不改正""违法信息""致使用户信息泄露，造

---

① 徐辉、戴方莉、吴学初：《〈民法总则〉与时俱进，加强个人信息权与数据保护》，2017 年 7 月 2 日，见 http://opinion.caixin.com/2017-05-11/101089167.html。

② 2017 年 4 月 11 日国家互联网信息办公室颁布的《个人信息和重要数据出境安全评估办法（征求意见稿）》第 8 条规定，"数据出境安全评估应重点评估以下内容：……（二）涉及个人信息情况，包括个人信息的数量、范围、类型、敏感程度，以及个人信息主体是否同意其个人信息出境等"。第 11 条规定，"存在以下情况之一的，数据不得出境：（一）个人信息出境未经个人信息主体同意，或可能侵害个人利益……"

成严重后果的"等要件,切实贯彻罪刑法定原则,在保护信息网络监管秩序的同时切实保障各方主体的合法权益,促进互联网与经济的融合发展。

# 三、侵犯公民个人信息行为的治理路径

## (一) 加强对公民个人信息的类型化研究

《解释》第五条对"公民个人信息"作了区分:例如,"行踪轨迹信息、通信内容、征信信息、财产信息"为重要信息,"住宿信息、通信记录、健康生理信息、交易信息等"为敏感信息,其他的为一般信息,有其可行性与合理性,值得肯定。然而,由于公民个人信息的复杂性,仍然有待对其进行类型化研究。

首先,要将个人信息与用于公共事务的数据相区分;其次,根据不同主体、不同领域再对个人信息进行分类并进行专门研究,为刑法提供前置法的专业性、专门化依据。例如,尽管互联网服务接入商(ISP)、互联网内容提供商(ICP)都是"网络服务提供者",然而一个是服务接入商、一个是内容提供商,它们对公民个人信息保护的义务与责任程度并不相同,构成网络信息侵权的认定标准也不同,在刑法上是否构成拒不履行信息网络安全管理义务罪,需要结合其他法律和互联网的特点进行综合判断。又如,在跨境电子商务活动中,我国大数据跨境传输的基础性立法还比较缺乏、执法能力也不足。为有效保护包括公民个人信息安全在内的国家安全、网络安全,未来需要通过立法逐步建立开放透明和可操作性的分类监管体系,把高风险、中等风险、低等风险、无风险的跨境数据流动作出分类,对应不同的监管手段和方法。再如,对个人信息的"脱敏"标准,也必须建立在公民个人信息的类型化研究基础上。"究竟哪类个人信息应当采用可恢复性脱敏,哪些应当采用不可恢复性脱敏?因为采取可恢复性脱敏存在可逆化,而敏感信息的可逆将导致个人信息的泄露。如果脱敏不完整、不全面,数据融合在一起的时候就存在识别个人身份的可能。"[①]而

---

① 陈际红:《在"脱敏标准不一致个人信息泄露"研讨会上的发言》,2017年7月10日,见 http://www.spsp.gov.cn/contents/4/403425.html。

对个人信息标准的制定,需要监管部门、企业、行业协会等之间的协调,否则标准不一致,必将带来刑法上"二次违法性"判断的不一致。建议其他法律、行政法规等对个人信息本身及其使用范围都进行类型化界定,从而有效防止过度收集信息,增强法律保护的可操作性。

## (二) 惩治侵犯公民个人信息行为的刑事政策

在电子商务、网络游戏、网络广告等领域,互联网企业与监管部门对公民个人信息的提供义务、披露类型与范围存在着一些不同认识。例如,在电子商务中,不仅电子商务经营主体应当依法向国家有关部门提供电子商务数据信息,而且国家有关部门也应当采取必要措施保护相关数据信息的安全,这已被网络安全法、电子商务法草案所明文规定。政府、企事业单位不可避免地需要收集、披露、分析处理个人信息,对公民个人信息数据的利用也是大数据发展和应用的题中之义,互联网产业本身就建立在个人信息收集和利用的基础之上。目前,需要通过刑法在内的多项立法,共同预防和处罚对个人信息的过度收集和过度披露行为。应处理好公民个人信息安全、网络安全与企业发展、商业价值实现之间,个人信息保护与网络时代信息共享之间的平衡关系。侵犯公民个人信息犯罪已经成为很多犯罪的上游犯罪,必须依法严惩。未来应进一步理顺公民个人信息的民事、行政、刑事保护关系,考虑法律适用的协调性。

公民个人也应当强化个人信息保护的意识。只有"互联互通、共享共治",才能及时、有效、充分地保护公民个人信息,兼顾个人信息保护与大数据的发展运用。未来还需要探索"黑名单"共享机制,构建政府监管、行业自律、社会参与的多元化监管格局。更为长效的举措是加快个人信息保护法的立法。虽然作为刑法前置法的《网络安全法》《消费者权益保护法》《民法总则》以及《电子商务法(草案)》都有保护公民个人信息的内容,但个人信息保护法能够对公民个人信息进行最全面、具体的保护,构建个人信息的收集、处理和利用规则。

(本文原载《人民检察》2017 年第 20 期)

# 网络食品安全犯罪的刑事
# 责任认定问题研究

食品安全关系国计民生,我国一向重视打击食品安全领域的违法犯罪,在司法机关的努力下,及时铲除了一批制假售假的黑工厂、黑作坊、黑窝点、黑市场,有效摧毁了一批制假售假的犯罪网络。然而,网络食品安全监管难度大,对网络食品安全犯罪的刑事责任认定需要对以下几方面问题进行研究。

## 一、网络食品安全犯罪的法律依据

与食品安全直接相关的罪名主要有三个,一是生产、销售不符合安全标准的食品罪(刑法第一百四十三条);二是生产、销售有毒、有害食品罪(刑法第一百四十四条);三是生产、销售伪劣产品罪(第一百四十条)。

司法实践中,涉及食品安全犯罪的罪名还包括:1. 非法经营罪;2. 假冒注册商标罪、销售假冒注册商标的商品罪等侵犯知识产权的罪名;3. 投放危险物质罪、以危险方法危害公共安全罪及其过失犯罪;4. 敲诈勒索罪,一些职业打假索赔者被处以此罪名;5. 刑法修正案(九)新增的拒不履行信息网络安全管理义务罪等3个网络犯罪罪名;6. 食品监管渎职罪、徇私舞弊不移交刑事案件罪、商检徇私舞弊罪、动植物检疫徇私舞弊罪、放纵制售伪劣商品犯罪行为罪等渎职罪罪名。

然而,对食品安全犯罪的准确定性、量刑较大程度上依赖于前置法的界定,诸如食品的安全标准、食品安全事故处置、造成危害后果或危险的鉴定等问题。随着科技的发展,食品行业呈现出越来越强的专业性、复杂性,涉及化学化工、工程机械、信息通信等多方面专业知识,而食品交易一旦"触网",其监管与法律责任的追究就不仅仅是一个法律问题,更是一个技术问题。① 而前置法中规定的食品领域侵权行为、违规行为的民事责任、行政责任,也是在确定其刑事责任时需要充分考虑的内容。

在此背景下,食品安全法对互联网食品交易作了专门规定,修改后的食品安全法实施条例也于 2016 年 2 月 6 日公布施行,《网络食品安全违法行为查处办法》自 2016 年 10 月 1 日起施行,这些规定都从实体上、程序上对网络食品交易第三方平台提供者、入网食品生产经营者涉及食品安全的违法犯罪行为的查处提供了依据。

## 二、网络食品安全领域涉及的刑法问题

### (一) 生产、销售不符合安全标准的食品罪的入罪门槛过高

从北京市近年来司法机关的办案情况看,提起公诉的案件与实际发生的食品侵权类案件数量相距甚远。例如,淘宝网 2016 年查处几千起假冒伪劣商品(包括食品在内),移送执法部门提起公诉的为二三百起,最后定罪十余起,其中还有几例适用缓刑。② 除了证据问题,其中的一个原因是食品安全犯罪的入罪门槛过高以及处理偏轻。

---

① 例如,美国食品药品监督管理局(FDA)即为一支由医生、律师、工程师和科学家组成的队伍。见特约评论员:《专业性是食品药品监管的客观要求》,《中国医药报》2017 年 2 月 16 日。

② 例如,北京市一中院近年来审理的相关案件中,2013 年被判处食品安全类犯罪的案例共计 4 件,包括刘广社生产、销售不符合卫生标准的食品上诉罪(2000 年),食厚德销售不符合安全标准的食品上诉罪(2011 年),李逸销售不符合安全标准的食品上诉罪(2012 年),熊文明等销售不符合安全标准的食品上诉罪(2013 年)。又如,2017 年 2 月 27 日,阿里平台治理部经大数据和人工查出了 4495 个远超五万起刑点的制假线索,但执法机关受理的仅有 1184 个,公安机关能够依法进行打击的只有 469 个,截至消息发布日,已经作出刑事判决的仅有 33 例。其中包括食品类的。

从罪状表述来看,构成"生产、销售不符合安全标准的食品罪"需要同时具备"违反食品安全标准""足以造成严重食物中毒事故或者其他食源性疾病"这两个要件。《食品安全法》第一百五十条第十款规定:"食源性疾病,指食品中致病因素进入人体引起的感染性、中毒性等疾病,包括食物中毒。"实践中一些案件,例如跨境电子商务中的"洋奶粉",其中国外一些中小企业生产的婴幼儿奶粉营养成分明显不符合食品安全标准,①但是却难以证明"足以造成严重食物中毒事故或者其他食源性疾病",因而无法定罪。② 建议未来进一步提前刑法防线,设置生产、销售不符合安全标准的食品罪的行为犯。

具言之,《食品安全法》第一百二十三条规定了"生产经营营养成分不符合食品安全标准的专供婴幼儿和其他特定人群的主辅食品"等6种情形,③刑法有必要将"情节严重"这类行为犯罪化。在此基础上,将原来生产、销售不符合安全标准的食品,"足以造成严重食物中毒事故或者其他食源性疾病的",设置为情节加重犯;对造成实害的,依据原有规定按照结果加重犯。同时,对生产、销售伪劣产品罪中,建议在数额标准以外,增加"其他严重情节"的罪状表述,以有效处罚和预防类似"洋奶粉"事件。

有观点认为,对生产、销售不符合安全标准的食品的行为,如果够不上"生产、销售不符合安全标准的食品罪"的追诉标准,然而如果销售金额达到5

---

① 《消费主张》栏目记者网购了19款热销奶粉,有8个样品的铁、锰、碘、硒实测值不符合我国的食品安全标准,样品的不合格率竟然达到了42.1%,长期食用危害婴幼儿健康。见亲贝网:《洋奶粉出现问题既是警示也是机遇》,2016年8月5日,见 https://www.sohu.com/a/109254695_119039。

② 当然,在2015年10月1日以后,对此类行为可依据《食品安全法》第一百二十三条追究其行政责任,最高可并处货值金额30倍以下罚款,情节严重的,吊销许可证,并可以由公安机关对其直接负责的主管人员和其他直接责任人员处五日以上十五日以下拘留。

③ 《食品安全法》第一百二十三条规定的6种情形:"(一)用非食品原料生产食品、在食品中添加食品添加剂以外的化学物质和其他可能危害人体健康的物质,或者用回收食品作为原料生产食品,或者经营上述食品;(二)生产经营营养成分不符合食品安全标准的专供婴幼儿和其他特定人群的主辅食品;(三)经营病死、毒死或者死因不明的禽、畜、兽、水产动物肉类,或者生产经营其制品;(四)经营未按规定进行检疫或者检疫不合格的肉类,或者生产经营未经检验或者检验不合格的肉类制品;(五)生产经营国家为防病等特殊需要明令禁止生产经营的食品;(六)生产经营添加药品的食品。"

万元,可以适用"生产、销售伪劣产品罪",未必需要设置"生产、销售不符合安全标准的食品罪"的行为犯。需要注意的是,在网络食品生产、销售中,由于刷单炒信等不法行为的存在,一些食品销售交易量实为虚构,并不符合"生产、销售伪劣产品罪"的构成要件。①

## (二)"不符合安全标准的食品"特别是进口食品的"安全标准"认定困难

生产、销售不符合安全标准的食品罪、生产、销售有毒、有害食品罪、生产、销售伪劣产品罪的认定,都离不开"标准"问题。食品安全法第三章用9条专门规定了"食品安全标准"。国家相关主管部门发布了683项食品安全国家标准,加上待发布的400余项整合标准,共涵盖1.2万余项指标。对于如此海量的食品安全标准,按理说刑事定性就有法可依了,再严密的法网也不可能完全"一网打尽"。何况目前具体、统一的食品安全标准仍在不断完善之中。

《食品安全法》规定了食品安全的国家标准、地方标准、企业标准,其中第二十五条规定:"食品安全标准是强制执行的标准。除食品安全标准外,不得制定其他食品强制性标准。"该法第九十三条规定,进口商在满足一定条件的情况下,可以进口"尚无食品安全国家标准的食品"。② 先不论这里的"满足一定条件"尚需解释,单就"生产、销售不符合安全标准的食品罪"而言,在客观方面要求违反食品安全标准,那么,进口确实存在着危害人体健康隐患的"尚无食品安全国家标准的食品",是认定为违反还是不违反我国的"食品安

---

① 至于由于刷单网站是最大推手和获利者,其"大进大出"的虚构交易行为属于"严重扰乱市场秩序",非法经营数额及获利数额常常远超"非法经营罪"的15万元及5万元追诉标准的,则应当按照非法经营罪进行追诉。

② 《食品安全法》第九十三条规定,"进口尚无食品安全国家标准的食品,由境外出口商、境外生产企业或者其委托的进口商向国务院卫生行政部门提交所执行的相关国家(地区)标准或者国际标准。国务院卫生行政部门对相关标准进行审查,认为符合食品安全要求的,决定暂予适用,并及时制定相应的食品安全国家标准。进口利用新的食品原料生产的食品或者进口食品添加剂新品种、食品相关产品新品种,依照本法第三十七条的规定办理。""出入境检验检疫机构按照国务院卫生行政部门的要求,对前款规定的食品、食品添加剂、食品相关产品进行检验。检验结果应当公开。"

全标准"呢？这关系到罪与非罪的问题。笔者认为,在食品安全国家标准草案出台前,①如果前置法的违法性依据尚阙如的,不能轻易定罪。若构成其他罪的,依照其他罪名定罪。

同时,建议厘清食品安全"企业标准"的法律定位,完善食品安全"企业标准"的备案制度,确保食品安全法规定的"高标准、严要求"的食品"企业标准"得到落实,也使得网络食品安全犯罪的处理有更为明确的前置法依据。

### (三) 网络食品安全犯罪的主观心态认定难

网络已然成为相当一部分食品安全犯罪嫌疑人的主要活动场所,而其犯意的证明成为难点。刑法将有关食品安全类犯罪案件的主观心态均限定为故意犯罪,但是,由于种种原因,实践中对于网络食品安全犯罪人的违法性认识难以确定,特别是在食品是否"有毒、有害"尚无确定性结论时,更难以确定犯罪人的主观故意。部分法院对这类过失性造成食品安全侵害严重后果的案件认定为"投放危险物质罪""以危险方法危害公共安全罪"。但事实上,这类犯罪与传统意义上的以危险方法危害公共安全的主观心态存在较大差距,容易出现罪刑不相称的问题。在主观故意难以确定的情况下,从罪刑法定原则出发,对这类行为其实以过失类犯罪处罚更为准确。建议未来对这类案件的主观心态认定予以统一。

此外,从立法上看,由于证明网络食品安全犯罪故意的难度较大,建议借鉴日本对于公害犯罪案件的处理方法,在刑法中设置"(重大)业务过失致人重伤罪",适用于食品安全犯罪。

### (四) 网络食品交易第三方平台提供者的义务违反及其刑事责任认定模糊

《食品安全法》第六十二条、第一百三十一条规定了网络食品交易第三方平台提供者对入网食品经营者进行实名登记、审查许可证,或者未履行报告、

---

① 见《食品安全法实施条例》第十六条。

停止提供网络交易平台服务等义务,以及先行赔付的责任,①《食品网络交易违法行为处理办法》在第二章专门规定了网络食品交易第三方平台提供者、通过自建网站交易的食品生产经营者的"网络食品安全义务",以有效保护消费者的合法权益。自 2013 年 5 月 4 日起施行的最高人民法院、最高人民检察院《关于办理危害食品安全刑事案件适用法律若干问题的解释》第十四条也明确规定了提供网络销售渠道等便利条件的,以生产、销售不符合安全标准的食品罪或者生产、销售有毒、有害食品罪的共犯论处。② 而在 2015 年 10 月 30 日质检总局发布的《网购报税模式跨境电子商务进口食品安全监督管理细则(征求意见稿)》中,第七条规定了"平台企业的一般义务",包括建立并执行经营企业审查登记、销售食品信息审核、食品安全应急处置、投诉举报处理、消费者权益保护等管理制度,保证其平台经营食品安全。平台企业应当按规定向出入境检验检疫部门备案等义务。

对平台的这些义务规定紧紧抓住了网络食品交易第三方平台提供者这个关键点,对保护食品消费者的合法权益至关重要。然而,由于我国电子商务的迅猛发展,实践中第三方平台的义务来源也越来越多,而且平台义务的规定或先于或后于刑法(修正案)及相关司法解释的规定,产生了监管部门通知形式与内容的合理性、平台的免责情形等不明确的问题。如果对违反义务的行为只从形式上把握、轻易入刑,则难免出现打击面过宽的情形。

---

① 《食品安全法》第六十二条规定,"网络食品交易第三方平台提供者应当对入网食品经营者进行实名登记,明确其食品安全管理责任;依法应当取得许可证的,还应当审查其许可证。网络食品交易第三方平台提供者发现入网食品经营者有违反本法规定行为的,应当及时制止并立即报告所在地县级人民政府食品药品监督管理部门;发现严重违法行为的,应当立即停止提供网络交易平台服务。"第一百三十一条规定,"网络食品交易第三方平台提供者未对入网食品经营者进行实名登记、审查许可证,或者未履行报告、停止提供网络交易平台服务等义务的,由县级以上人民政府食品药品监督管理部门责令改正,没收违法所得,并处五万元以上二十万元以下罚款;造成严重后果的,责令停业,直至由原发证部门吊销许可证;使消费者的合法权益受到损害的,应当与食品经营者承担连带责任。"

② "两高"《关于办理危害食品安全刑事案件适用法律若干问题的解释》第 14 条规定,"明知他人生产、销售不符合食品安全标准的食品,有毒、有害食品,具有下列情形之一的,以生产、销售不符合安全标准的食品罪或者生产、销售有毒、有害食品罪的共犯论处:……(二)提供生产、经营场所或者运输、贮存、保管、邮寄、网络销售渠道等便利条件的……"

建议司法对于食品交易第三方平台提供者的义务违反及其刑事责任认定从严把握。应结合平台不履行相关义务的具体情况,从主、客观两方面综合判断。在保护消费者合法权益的同时,也要考虑平台履行义务的期待可能性。

## (五) 网络食品"职业打假"索赔中的敲诈勒索罪认定标准不一

"知假卖假"绝不可容忍,而"知假买假"呢? 这在网络食品打假索赔中也并不鲜见。特别是利用惩罚性赔偿制度进行打假索赔,它与敲诈勒索的法律边界问题已经舆论关注的焦点、执法与司法的难点。[①] 据中国消费者权益保护法学研究会不完全统计,从 1995 年"3·15"打假出现至今的 20 年间,全国各地发生打假人因购假索赔、以涉嫌敲诈勒索被刑事拘留的同类案件共有 16 例。[②] 而在跨境电子商务中,由于中文标签等问题被以 10 倍赔偿索赔的也时有发生。

为有效保护消费者的合法权益,《侵权责任法》第四十七条、《消费者权益保护法》第五十五条、《食品安全法》第一百四十八条第二款都规定了惩罚性赔偿,其中消费者权益保护法对欺诈行为规定了最高 3 倍、食品安全法规定了最高 10 倍的惩罚性赔偿。[③] 实践中,立法的良苦初衷似乎并未收到好的效果——这类案件中有 80% 左右是关于商品标识,职业打假者占用甚至浪费了

---

① 王利明:《美国惩罚性赔偿制度研究》,《比较法研究》2003 年第 5 期。

② 例如,购买到过期食品索赔被警方认定构成敲诈勒索罪、"食品打假专家"董金狮涉敲诈勒索罪获刑 14 年、今麦郎方便面天价索赔获刑等。见华声在线:《充分发掘"打假敲诈案"的标本意义》,2016 年 7 月 20 日,见 https://www.sohu.com/a/106701226_119717。

③ 《侵权责任法》第四十七条规定,"明知产品存在缺陷仍然生产、销售,造成他人死亡或者健康严重损害的,被侵权人有权请求相应的惩罚性赔偿。"《消费者权益保护法》第五十五条规定,"经营者提供商品或者服务有欺诈行为的,应当按照消费者的要求增加赔偿其受到的损失,增加赔偿的金额为消费者购买商品的价款或者接受服务的费用的三倍;增加赔偿的金额不足五百元的,为五百元。法律另有规定的,依照其规定。"《食品安全法》第一百四十八条第二款规定,"……生产不符合食品安全标准的食品或者经营明知是不符合食品安全标准的食品,消费者除要求赔偿损失外,还可以向生产者或者经营者要求支付价款十倍或者损失三倍的赔偿金;增加赔偿的金额不足一千元的,为一千元。但是,食品的标签、说明书存在不影响食品安全且不会对消费者造成误导的瑕疵的除外。"

很多行政、司法资源,工商行政管理部门不胜其扰。① 2014 年 3 月 15 日起施行的最高人民法院《关于审理食品药品纠纷案件适用法律若干问题的规定》规定:"因食品、药品质量问题发生纠纷,购买者向生产者、销售者主张权利,生产者、销售者以购买者明知食品、药品存在质量问题而仍然购买为由进行抗辩的,人民法院不予支持。"

然而,凡事有度。对于在尚未能证明产品确实有问题的情况下,就通过向媒体曝料、在自媒体曝料或者以此为要挟获得惩罚性赔偿金、收取或变相收取"封口费"的,以及"做假买假"、扰乱市场竞争秩序的,不排除触犯敲诈勒索罪、损害商业信誉、商品声誉罪等罪名。

### (六) 查处网络食品安全犯罪的刑事诉讼法适用问题

由于网络的特点,网络食品安全犯罪的查处主要有以下难点。

一是犯罪数额的认定难。例如,当事人提出,网络食品交易第三方平台提供的销售记录中有炒信交易,但是在职权主义的诉讼模式下,是要求检察机关承担证明责任的。因此,如果没有举证责任倒置,控方证明并非易事。

二是电子证据适用难。各地司法机关对网络食品犯罪中的电子证据的证据能力理解、把握不一。

三是证明标准难以把握。大数据时代,网络食品交易第三方平台提供者对于食品安全违法犯罪运用大数据进行推演,以较高的效率甄别出食品安全违法犯罪线索。然而,目前看来,这些通过数据推演出来的结果怎么让公检法认可其逻辑,还是个问题。对此必须结合互联网的特点,运用大数据思维,通过相关解释在法律的框架内不断取得突破,条件成熟时可修改法律。

又如,根据食品安全法的规定,进口食品应当符合我国的食品安全国家标准,且只有经过出入境检验检疫机构检验合格后才能入境销售。那么,既然出

---

① 以北京朝阳法院为例:2014 年 3 月 15 日,新消费者权益保护法实施后,朝阳法院当年受理涉消费者买卖合同纠纷案 496 件,较上年的受理量增长了 10.3 倍,其中网购纠纷增长了 4 倍,大部分源自"知假买假"的特殊消费者,这些案件中涉及食品领域的案件达 256 件,占案件总数近六成。见余瀛波:《知假买假或不再受消法保护引争议:职业打假人该不该适用惩罚性赔偿》,《法制日报》2016 年 8 月 8 日。

入境检验检疫机构使用的标准同样是我国的食品安全国家标准,其出具的检测报告是否直接可以作为鉴定意见来使用?

## 三、网络食品安全犯罪刑事责任与行政责任、民事责任的衔接

这里的"衔接"包含立法、司法两个层面。从立法上看,由于食品安全领域的违法犯罪不仅侵害民众身体健康,而且还有可能危害公共安全,因此,对食品安全不法行为的"处罚性"不仅体现在刑事责任方面,又体现在民事责任、行政责任方面:民事责任主要是惩罚性赔偿制度;行政责任体现在《食品安全法》第一百二十三条规定的最高可处货值金额30倍以下罚款;刑事责任体现在罚金一般处销售金额的2倍以上。①

暂且不论这些不同性质法律责任的处罚金额倍数之间的关系,单就法律适用而言,既然都具有处罚性,不同法律责任的适用就出现了衔接、协调的问题。

在司法实践中应注意:第一,由于行政处罚与刑罚是两种不同性质的公法制裁方式,二者在出现竞合时,同质的处罚可以也应当相互折抵。如,行政处罚法第二十八条第二款规定,"违法行为构成犯罪,人民法院判处罚金时,行政机关已经给予当事人罚款的,应当折抵相应罚金。"第二,由于惩罚性赔偿的民事性质,与行政处罚、刑罚这两种公法制裁性质具有根本的不同,而且我国惩罚性赔偿的归属都是被害人,而罚款、罚金是上缴国库或地方财政,因此理论上不矛盾,可以并用。但是,对于被告而言,却存在着是否合比例、负担过重、重复评价的问题。

这关系到如何看待惩罚性赔偿金的性质。其实,在最早提出并适用惩罚性赔偿制度的英美国家,是重视主观恶意因素在惩罚性赔偿金中的作用的,这

---

① 《关于办理危害食品安全刑事案件适用法律若干问题的解释》第十七条规定:"犯生产、销售不符合安全标准的食品罪,生产、销售有毒、有害食品罪,一般应当依法判处生产、销售金额二倍以上的罚金。"

也使得本是私法属性的惩罚性赔偿更多呈现出"惩恶"的公法特点。尽管中外学界对惩罚性赔偿的公法还是私法性质一直有争论,然而,当惩罚性赔偿金的相当一部分上缴国家之后,其"民刑峻别"的特点立刻显现。因此,对这一司法问题的根本解决在于立法。未来可以参考美国一些州的做法,对惩罚性赔偿金的最高数额作出限制。例如,佐治亚州规定,惩罚性赔偿金的75%归政府,25%归原告。① 如此,具有公、私法混合性质的、部分归原告、部分归政府的惩罚性赔偿金自然不能与罚款、罚金完全并用。

当然,为全面实现网络食品安全民、行、刑三方面法律责任的衔接,更为可取的是进行"领域联动立法",这样有利于对网络食品安全违法犯罪的民事责任、行政责任、刑事责任之间的轻重平衡、更好地进行法律责任的设置。

（本文原载《人民检察》2017 年第 8 期）

---

① 王利明:《美国惩罚性赔偿制度研究》,《比较法研究》2003 年第 5 期。

# 网络犯罪案件适用法律问题研究

近年来,随着信息技术的飞速发展,信息技术的安全隐患和威胁也逐渐显现,特别是利用计算机网络实施的各类犯罪迅速蔓延,社会危害严重。适应信息时代网络犯罪的新形势,有力惩治和防范网络犯罪,促进互联网的健康发展,是一项重要的任务。2014 年 5 月 4 日,最高人民法院、最高人民检察院、公安部联合发布了《关于办理网络犯罪案件适用刑事诉讼程序若干问题的意见》(以下简称《意见》),明确规定了网络犯罪案件的范围、管辖、初查等内容;2015 年 11 月 1 日施行的刑法修正案(九)突出了对网络犯罪的关注,多个条文与网络犯罪相关,涉及新增犯罪、扩充罪状、降低入罪门槛、提升法定刑配置和增加单位犯罪主体等多种方式。然而,面对网络犯罪呈现的一系列亟待分析和研究的新特征,网络犯罪相关规定存在矛盾冲突之处,司法适用仍面临诸多难题。

## 一、网络犯罪司法适用疑难问题

近年来,网络犯罪呈现产业化、智能化、跨国化等新特点,立足刑法、刑事诉讼法及相关司法解释等立法现状,司法机关具体适用法律打击网络犯罪遇到了一些疑难问题。

### (一) 刑法规制范围狭窄

网络犯罪的侵害指向从最初的技术性侵害,发展到后来的利益性侵害,直至过渡到目前的利益性侵害与秩序性侵害相混合的现实关系侵害。① 网络犯罪的新变化给传统刑法中的概念及其适用范围提出了挑战,使刑法中的基本原理在对网络犯罪解释与具体适用上显现出不足。我国现有的网络犯罪罪名体系不仅在罪名上数量较少,而且刑法所保护的范围也较为狭窄,刑法面对层出不穷同时具备严重社会危害性的一些网络违法行为,还无法及时有力进行惩处。如随着网络信息技术迅速实现与人们生产生活的深度融合,除了黑客攻击、盗取账号、钓鱼网站等明显的网络犯罪黑色产业链以外,以流量劫持、恶意注册和虚假认证等为典型代表的网络灰色产业开始疯狂扩张。暴利驱动下,灰色产业链异常繁荣,成为全球共性问题。特别是恶意注册、虚假认证行为,由于执法司法部门本身对此存在模糊认识,亟须加强刑法规制。

## (二) 法定刑配置仍有不足

首先,对网络犯罪的惩罚,域外通常规定了自由刑、财产刑和资格刑,而我国刑法对多数涉嫌网络犯罪的自然人没有规定同时适用资格刑,部分罪名对涉罪自然人也没有规定适用财产刑。这不符合当前打击网络犯罪的立法趋势,属于立法上的一大局限,不仅形式上与刑罚的整体发展趋势相悖,而且对于当前以侵财目的为主的网络犯罪难以实现有效遏制。其次,刑法中部分网络犯罪的自由刑设置较轻,如非法侵入计算机信息系统罪法定最高刑仅为 3 年,这类犯罪对国家秘密的破坏非常严重,从罪刑相适应原则出发,对此类危害性较之传统犯罪有所增加的犯罪应从重处罚。再次,虽然《刑法》第三十七条之一作出了职业禁止的规定,但这一条款适用罪名范围过窄,没有对智能化、职业化特征明显的网络犯罪适用职业禁止作出具体规定,司法实践适用阙如,未能充分发挥这一条款的特殊预防功能。

## (三) 证据收集不够规范

网络犯罪证据的产生、收集、运用都必须借助高科技手段,这一点不同于

---

① 李怀胜:《三代网络环境下网络犯罪的时代演变及其立法展望》,《法学论坛》2015 年第 4 期。

传统犯罪中常见的证据形式,特别是犯罪涉及的电子数据证据的收集、固定既是一个技术问题,也是一个法律问题。一方面,收集证据的主体需要具有信息网络方面的专业知识技能,从而保证电子数据的客观性、关联性,使电子数据具备较高的证明力。在这一问题上,司法实践中目前不仅专业的电子数据取证人员难以满足实践需要,而且相应的电子数据取证工具也非常不足。另一方面,收集证据的主体是否了解刑事侦查的相关规范与程序,对收集对象是否有比较系统、全面、准确的认识,对收集时把握的原则是否有深刻的理解等,这些都直接影响到收集的证据的证明能力和证明力。如原始存储介质应当随案移送,勘验、搜查等应当有相关人员的签名等,这些程序如果得不到遵守,收集的电子数据就可能因不具有证据能力而无法运用到刑事诉讼中。

### (四) 技术侦查措施方面的立法有待完善

网络犯罪的对象通常是通过计算机程序处理的各种数据,这些数据的属性和内容很难从外观上进行探究,因此,这些数据易被篡改却难以察觉。同时,犯罪的实行具有瞬时性、犯罪现场具有不确定性,这使得传统侦查措施,诸如勘验、检查、搜查、扣押等难以适用于网络犯罪。传统侦查措施依赖于物理场所,而网络犯罪一般缺乏可感知的物理场所。这种场所是一种抽象的、数字化的虚拟空间。再则,网络犯罪涉及的电子数据收集难、易破坏,要想获取并固定需要依靠新的侦查措施。这就需要对涉及网络犯罪的侦查措施进行完善,对采取技术侦查的范围和条件视情况作出一定调整。此外,在网络犯罪侦查过程中,侦查行为若被滥用,可能侵犯公民隐私权,因此需要考虑如何平衡查明事实的限度、切实有效保障人权。

## 二、法律适用的完善

一方面,司法实践中,法官应合理运用刑法解释,树立罪刑法定的实质化理念,破除原有的传统犯罪处理观。笔者赞同实质解释论基本内容(或要求）：首先，对构成要件的解释必须以法条的保护法益为指导，而不能仅停留在法条的字面含义上。也即，解释网络犯罪的构成要件，应先明确该犯罪侵犯的法益，然后在刑法用语可能具有的含义内确定构成要件的具体内容。其次，对违法构成要件的解释，必须使行为的违法性达到值得科处刑罚的程度；对责任构成要件的解释，必须使行为的有责性达到值得科处刑罚的程度。易言之，必须将字面上符合构成要件、实质上不具有可罚性的行为排除于构成要件之外。再次，当某种行为并不处于刑法用语的核心含义之内，但具有处罚的必要性与合理性时，应当在符合罪刑法定原则的前提下，对刑法用语作扩大解释。质言之，在遵循罪刑法定原则的前提下，可以作出不利于被告人的扩大解释，从而实现处罚的妥当性。①

另一方面，面对汹涌而来、野蛮生长的网络犯罪，刑法不可能等其他法律都出台了再作规定，各项相关法律也很难实现完全的"联动立法或修订"。因此，刑法有时表现出一定的超前性，如在个人信息保护法、网络安全法等相关法律还没有全面规定不履行信息网络安全管理义务行政责任的情况下，刑法先行规定了拒不履行信息网络安全管理义务的刑事责任。然而，在相关立法规定尚不明晰之时，审慎司法也是保障人权的题中之义。笔者认为，司法实践中打击网络犯罪需要处理好立法扩张与司法限缩的关系。如拒不履行信息网络安全管理义务罪条文规定："网络服务提供者不履行法律、行政法规规定的信息网络安全管理义务，经监管部门责令采取改正措施而拒不改正，有下列情形之一的，处三年以下有期徒刑、拘役或者管制，并处或者单处罚金……"（《刑法》第二百八十六条之一）。从刑事处罚范围看，显示了刑法应有的扩张性。然而，刑事司法应当通过目的性限缩解释保持适度的谦抑，审慎界定"信息网络安全管理义务""拒不改正""违法信息"等，实现刑事司法的"严而不厉"。通过立法与司法之间一扩一限，实现法律制定与适用的动态平衡，在实践中实现罪刑法定。

---

① 张明楷：《实质解释论的再提倡》，《中国法学》2010 年第 4 期。

## 三、刑事立法处罚范围的适度扩张

一是建议法益保护上不仅注重保护计算机信息系统,还要注重对网络信息数据的保护。在现代信息社会背景下,信息不再是虚无不定的抽象存在,已经逐渐被物化为实实在在的物质财富,而且其价值正随着信息时代发展的逐渐深入而不断扩大。从某种程度上讲,当前我国刑法对于信息数据的保护在形式上是较为完备的,但是,对于诸如大数据等新生法益,刑法却存在保护的真空,这就有必要明晰此类新型法益的本质,积极将相关利益纳入刑法的调控范围之内。

二是建议在危害公共安全罪一章中设立有关网络犯罪的独立罪种。在计算机犯罪阶段乃至网络犯罪的早期,其所针对的计算机或系统往往具有特定性,侵犯公民个人信息犯罪具有个体性,而且所侵害的法益并不重大,一般不会侵犯公共安全。然而,随着网络社会对于网络犯罪的再构,被害特定人转向不特定或多数人,个体被害转向群体被害,并在事实上侵害不特定或多数人的人身、财产等重大法益,网络犯罪所侵犯法益的公共化已经成为现实。基于刑法修正案(九)的规定,在法益问题上,应正视网络犯罪侵犯法益向公共安全的扩张,确有必要在刑法分则第二章作出明确规定,以切实保障公共网络安全,对其进行前置化保护,并对增设有关危害公共信息安全的犯罪作出前瞻性考虑。

三是建议新增部分罪名以强化对新的违法犯罪行为的惩治。如有观点指出,应在危害公共安全罪一章中,增设故意传播恶性计算机病毒罪和制作恶性计算机病毒罪。[①] 笔者同意这种观点,恶性计算机病毒不同于一般计算机病毒,其破坏力巨大,而且一旦产生危害后果十分严重。所以制作、传播恶性计算机病毒行为理应作为危害公共安全的犯罪行为加以规制。此外,建议《刑法》第二百八十七条之一将恶意注册、虚假认证的行为纳入规制范围,增加

---

① 皮勇:《论我国刑法中的计算机病毒相关犯罪》,《法学评论》2004 年第 2 期。

"为了实施诈骗等违法犯罪行为,而进行大规模恶意注册和虚假认证行为"这一内容,其主要目的是能够在最大程度上确保网络用户的个人利益不受到损害。

## 四、将法定刑的配置类型化

一是建议对现有部分以网络作为直接犯罪对象的网络犯罪的刑罚区分罪量、配置"情节(后果)严重""情节(后果)特别严重"等不同等级情节的罪责,并设置法定刑的梯度。如《刑法》第二百八十五条第一款规定,对"国家事务、国防建设、尖端科学技术领域"等需要实行特别保护的网络系统,考虑到"国家事务、国防建设、尖端科学技术"等特别领域的网络安全受到侵害可能导致的严重后果以及情节不同可能产生危害的较大差异,可以考虑将其量刑标准规定为三年以下有期徒刑或拘役;情节严重的,处三年以上七年以下有期徒刑;情节特别严重的,处七年以上十年以下有期徒刑。

二是对于通过网络实施的传统犯罪行为,如煽动、诽谤类型的犯罪,为了充分反映网络犯罪所具有的严重危害性,建议将通过网络实施煽动和诽谤或其他传播非法信息的行为,作为相应罪行的加重情节。只有通过适当加重对网络犯罪的量刑,使其同网络犯罪的社会危害性相适应,才能使刑法对网络犯罪起到有效的遏制作用。

三是建议对有些网络犯罪增设罚金刑。基于加强对网络犯罪特殊预防的考虑,无论是自然人实施还是单位实施的,最终都会对具体的个人追究刑事责任,这就不仅对涉嫌犯罪的人判处自由刑,还应在部分未设置罚金刑的罪名中增设罚金刑。

四是建议对部分网络犯罪明确规定适用职业禁止。对涉及计算机领域、特定行业领域(如网络食品安全领域)等从业资格、准入行为的犯罪,应有针对性地对行为人适用职业禁止,剥夺其生存之道,彻底将其与相关行业领域相隔离,从而实现犯罪的特殊预防。

## 五、证据收集规范的明确与细化

一是建立重特大网络犯罪案件证据收集专家辅助制度。《意见》第十三条对电子数据的收集主体作出了规定，"收集、提取电子数据，应当由二名以上具备相关专业知识的侦查人员进行。"然而，对一些重特大网络犯罪案件在收集证据时，还需要聘请计算机工程师、程序设计员、操作员等专家协助，借助专业力量提高侦查取证的完整性、客观性。当然在制定规范时应对"重特大网络犯罪案件"作一个界定，对聘请专家人选标准、聘任程序、履职权利义务等予以明确，另须明确聘请的专家技术人员不算在"两名以上具备相关专业知识的侦查人员"之内。

二是对电子数据的收集对象作出系统化规定。电子数据的收集对象应当包括三个方面：内容证据、附属信息证据与系统环境证据。所谓"内容证据"，是指电子数据的正文本身，它是电子数据内容的直接反应，可以直接证明案件的待证事实，例如邮件的正文与图片。所谓"附属信息证据"，是指电子数据在产生、传播、修改过程中生成的各种电子记录，如电子文件的属性、创建者信息、修改者信息等。所谓"系统环境证据"，是指电子数据所存在的软件和硬件环境，即某一证据在产生、传播、修改过程中所依靠的系统环境。内容证据用来证明待证事实的具体情况；附属信息证据可以用来证明电子数据的保管链条，表明该电子数据自形成到收集、最后到移送法庭，每一个环节都是有据可查，从而保障内容证据的真实可靠性；系统环境证据则保障电子数据可以被完整、清晰地展现出来，从而保证该数据被鉴定和被质证的可能性。

三是明确电子数据的收集原则。除《意见》明确的原始存储介质原则、客观完整原则外，还应包括及时原则和见证人见证原则。首先是及时原则。由于电子数据具有易毁性，并且不受时空限制，因此对于电子数据，应当在第一时间迅速收集。如果不及时做好电子数据的固定和保全工作，原始证据极易被更改、删除，从而使证据难以取得或者无法取得。其次是见证人见证原则。电子数据的易修改性决定了电子数据的收集必须公开、公正，应由案外人监督侦查人员的侦查取证工作,确保证据收集的真实性、合法性。如果原始存储介质的持有人拒绝在笔录上签字,可以记录在案并由见证人签字。

## 六、技术侦查措施的审慎应用

在重大网络犯罪案件中,技术侦查措施既是可采的,也是必要的,例如电话窃听、搜查电子邮件、电子监控、电子跟踪、卫星定位等。然而,技术侦查措施应用不当,也会给公民的隐私带来很大的威胁。因此,对网络犯罪中技术侦查措施的应用须加以限定。

一是建立类型化区分适用制度。根据侵犯公民隐私权程度的不同,技术侦查可以分为侵犯内容信息的侦查措施和侵犯非内容信息的侦查措施。内容信息和非内容信息的隐私程度是不同的,内容信息由于涉及交流的实质内容,私密程度相对较高;而非内容信息主要用来确定某一主体及其身份,在信息公开程度越来越高的当今社会,人们对非内容信息的隐私权期待越来越低。这种分类的意义在于,侵犯隐私权的程度决定技术侦查措施的适用条件,侵权的程度越高,越应当严格限制其适用条件。相反,侵权的程度较低,适用条件便可以相对放松。

二是建立技术侦查适用外部监督制度。当前,技术侦查的批准仍然限于公安机关的内部审批,甚至仅限于地市级,由此可见,技术侦查的审批远远不够"严格"的程度。为了审慎适用技术侦查措施,应引入外部监督制约,鉴于目前法律赋予检察机关相对中立的法律监督地位,建议技术侦查措施的适用同步报同级检察机关备案审查。

(本文原载《人民检察》2019年第4期,系2018年最高人民检察院检察应用理论研究重点课题"网络犯罪案件适用法律问题研究"的研究成果)

# 建立多层次国际合作有效惩治网络犯罪

　　全球化、信息化时代，互联网使得世界日益成为一个不可分割的地球村、"命运共同体"，牵一发而动全身，每个人都可以是信息生产者、传播者，信息数据、商品与服务可以瞬时到达世界的不同角落。网络已经全方位、深层次地影响着人们的生活，然而，互联网也是一把"双刃剑"，在造福人类、便捷人们生活的同时，也给网络空间治理带来了很多新问题，和平与发展也遭受着来自网络的严峻挑战。如网络监听、黑客攻击、网络恐怖主义活动等犯罪，严重危害着网络安全。

　　当今世界已然离不开互联网，网络犯罪早已突破地域，面对严峻、复杂、多变的网络犯罪态势，迫切需要共同开展打击网络犯罪的国际合作。要开展打击网络犯罪的国际合作，显然存在着各国涉网络刑事法律不同、证据标准与刑事诉讼程序差别较大等多重障碍，然而，这些差别不能成为停止或减缓网络犯罪惩治国际合作的理由。

　　我国为应对日益增长和快速演变的网络犯罪威胁，不断完善网络安全的政策和法律框架的顶层设计，将打击网络犯罪作为维护国家网络安全的重要战略任务，并为深化相关国际合作提供必要的政策指导和法律保障。为共同开展打击网络犯罪的国际合作，笔者认为应从以下几方面努力。

　　增强与其他国家在惩治网络犯罪方面的共识。开展国际刑事司法与执法合作的前提是参与国家"有意愿+有能力"。"有意愿"是合作的基础。达成"有意愿"除了有共同利益外，主要是要有共识。因为，"有意愿"合作的一个阻力就是缺乏对网络犯罪的共识。例如，在观念层面，要处理好数据共享、网络共治与尊重网络主权原则的关系，执法合作与保护公民个人信息、保护商业秘密的关系,网络安全与网络发展的关系,特别是促进网络技术与产业创新、促进数字经济发展与规范网络秩序的关系。国家和地区之间需要从国际法的视角出发,推动构建有效的网络空间国际治理框架。为此,可以借鉴欧盟指令的做法,在公约或条约、协议中规定"最低标准",各国的追诉、处罚只能在此之上而不能低于该标准,这样既有底线,也有适应各国国情的弹性。

而"有能力"指的是,对内要有打击网络犯罪的能力,对外要有积极参与和主导网络空间规则制定、提升网络空间治理话语权的能力。近年来,我国始终以和平发展、合作共赢为主题,以构建网络空间命运共同体为目标,就推动网络空间国际交流合作提出中国主张,为破解全球网络治理难题贡献中国方案。目前,我国的互联网用户数量世界排名第一、电子商务、电子支付、快递物流的发展皆领先于世界其他国家,以"BAT"为代表的我国互联网企业的品牌也逐步拥有了世界级的影响力。相应地,因此而衍生的网络犯罪的数量、种类,在全球也是名列前茅。换言之,我国有丰富的互联网发展经验,也有多样化的网络犯罪以及与其作斗争的网络刑事立法、司法与执法经验,应当基于维护国家安全和网络利益的需求,确立缔结和参加网络犯罪国际公约的"底线原则",努力输出中国规则,并将"网络主权"作为参加网络安全国际事务的最核心立场。欧洲《网络犯罪公约》制定于 2001 年,也是世界上第一个打击网络犯罪的地区性公约,其中很多内容已经不符合现实要求。因此,可考虑在联合国框架下推进新的网络犯罪公约的制定,建立国际层面的预警机制、惩处合作机制,建立互联网刑事法治新秩序。这也是我国作为一个网络大国应该承担的治理责任。在此之前,国际社会可考虑先制定惩治网络犯罪国际合作的示范法,以发挥引领作用。

加强多边或双边框架下的刑事司法与执法合作。我国需要与其他国家一道,在世界范围内加强对网络安全的保护、确定网络空间中的行为规则,从而更好地预防各类网络攻击的发生。如果说,在短时间内很难实现制定联合国或者全球性的打击网络犯罪国际公约、建立相关组织,则可以借助地区性的合作平台开展合作,例如,亚太经合组织(APEC)、二十国集团(G20)等,逐步凝聚国际共识。同时,更多开展双边国际刑事司法与执法合作。"双边带多边,以多边促双边。"在多边一时还难以达成规范层面共识的情况下,可结合"一带一路"倡议,首先考虑网络犯罪惩治的双边合作,逐步过渡到多边合作。目前我国已与近百个国家和地区建立了直接的双边警务合作关系,与几十个国家的内政警察部门建立定期工作会晤机制,依托国际刑警组织建立"打击信息技术犯罪"亚太地区工作组,在亚太地区建立了每年会晤的协作机制;与美国等7个国家建立了网络犯罪调查专人联络机制,与日本、韩国等14个国家联合建立了亚洲计算机犯罪互联网络(CTINS),及时交换网络犯罪动态、共享侦查取证技术;依托上海合作组织制定了《上海合作组织成员国保障国际信息安全行动计划》,建立了网络犯罪侦查取证协作机制。在具体措施上,可以先易后难、逐步推进。对还没有与我国签订引渡条约的国家,可以先采用遣返、异地追诉等替代方式移交犯罪嫌疑人或罪犯。例如,2017年10月,依托"中美执法合作联合联络小组"(JLG)合作机制,中美已在网络犯罪与网络安全执法合作对话中取得进一步的务实成果,包括及时分享网络犯罪相关线索和信息、及时对刑事司法协助请求作出回应,涉及网络诈骗、黑客犯罪、利用网络实施暴力恐怖活动、网络传播儿童淫秽信息等,保持和加强网络安全信息分享,并考虑今后在关键基础设施网络安全保护方面开展合作。

加强网络犯罪预防性的国际合作、推动国际社会共治。网络犯罪是线下犯罪的投射,其成因多样复杂,其治理也需要国家、国际组织、跨国公司、个人等共同参与和防范。对此,需要充分利用大数据、网络平台这些抓手,深入推进基础信息化建设,充分运用大数据技术和信息化手段提升防控智能化水平,有效预防网络犯罪,开展惩治网络犯罪的深入治理。

完善网络刑事立法与相关法律体系。目前,我国已经形成网络安全法、国家安全法、刑法、刑事诉讼法、反恐怖主义法以及新修订的民法总则、反不正当竞争法等涉网络治理法律体系,而《信息安全技术:个人信息安全规范》《关键信息基础设施安全保护条例(征求意见稿)》以及正在审议中的《电子商务法》草案、《国际刑事司法协助法》草案将对规范电子商务、打击网络犯罪国际合作提供完备的网络治理法律体系,为惩治网络犯罪提供全面的规范支持。此外,还需要进一步增强这些法律之间的协调性和可操作性,通过比较、借鉴域外的刑事立法、司法经验,进一步提高网络刑事立法技术,用好刑事司法解释,提高刑事司法水平,准确定罪量刑,有效打击与预防网络犯罪。

建立一支适应网络发展要求、与时俱进的智慧司法、执法队伍。加强司法信息化建设,包括智慧公安、智慧检察、智慧法院、智慧法律服务等,提升国际司法与执法合作的实力基础,特别是利用大数据进行办案的水平、对电子数据的收集、分析和认定的能力。通过互惠以及双边或多边条约或其他安排,积极与其他国家在调查、取证、起诉、引渡以及关闭非法网站等方面提供协助,使得网络犯罪者"无处隐身"。

总之,惩治网络犯罪国际合作任重道远却又迫在眉睫。要在相互尊重、相互信任的基础上,推动互联网全球治理体系变革,建立起多边、民主、透明的全球互联网治理体系,共同惩治网络犯罪,构建互联网空间命运共同体,促进互联网的健康有序发展。

(本文原载《检察日报》2018 年 5 月 20 日)

# 域外司法信息化发展新趋势及其启示

我国的司法信息化建设取得了举世瞩目的成就,在最高人民法院强力推动和各地法院积极探索创新下,全国法院信息化建设快速向"智慧法院"转型升级迈进。互联网+诉讼服务、案件送达排期、文书自动生成、庭审语音识别、司法公开四大平台、审判流程管理、审判大数据分析等的运用,有效提升了诉讼服务水平、审判执行质效和审判管理科学化水平。

先进的司法理念、制度是无国界的,是属于全人类的司法文明成果。在司法信息化的进程中,司法文明成果的交流十分必要。域外司法信息化发展迅速、谋划细致,其中大数据、云计算、人工智能、区块链、物联网等是多个国家司法部门都在努力挖掘、运用、推进的技术,在审判执行工作、辅助司法、在线矛盾纠纷多元化解平台(ODR)等方面都有不同的突破与推进。

## 一、域外司法信息化进程

2019年,美国更新《联邦司法部门信息技术长期规划》(以下简称《规划》),包括"战略重点"和"IT计划的投资"两部分,旨在发掘信息技术在法院工作中的潜力。该《规划》还列出了信息技术建设的四个目标,包括:

1.继续构建稳定和灵活性强的技术系统和应用,包括面向社会公众的电子化服务、文档电子化管理、行政管理信息技术、安全保障等方面内容。

2.从司法角度协调和整合国内的信息技术系统和应用,充分利用现有规定提高服务。

334

3.探索发展体系化的技术应用途径,实现高效且低成本的技术应用。

4.改善和更新安全措施。《规划》指出,在现有的安全保障基础上,司法部门将会通过防止网络和系统内部的恶意活动,监测、分析和减轻干扰,营造网络安全的环境。

这些规划在实践中也得以充分体现:美国新的刑事司法技术目录重新启动了130多个项目;人工智能被广泛应用于犯罪预防、预测、侦查、保释与假释监控等环节。

自2017年初起,英国启动司法信息化改革,号称"旨在实现自1873年以来最激进的改革"。此次改革主要包括三个方面:一是所有程序和庭审都采用数字化和最先进的技术;二是简化程序和流程,以便为民事、家事、刑事以及法庭司法制定统一和共同的程序制度;三是推进司法建筑的现代化,使法院和调解庭更有效地共同办公,并支持新的工作模式。

此外,2018年12月,欧洲委员会下属的司法效率委员会(CEPEJ)通过了在司法系统中使用人工智能的首份道德准则。2019年1月,欧洲委员会通过了《人工智能和数据保护指南》,其准则是"确保人工智能尊重人类尊严、人权和自由的基础"。

2018年,沙特阿拉伯全面实施法院信息化,沙特阿拉伯法院在11个月内发送了50万份电子通知。

在智慧法院建设方面,非洲也已经形成了司法数字化转型路线图。东南非共同市场法院的数字司法系统瞄准安全、便捷、效率,做出有效探索。

巴基斯坦正在建设电子法院;智利、阿根廷等国家也在电子证据等方面开展尝试。

## 二、域外司法信息化的六大平衡

通过考察域外司法信息化的进程,可以发现,无论是发达国家还是发展中国家,在司法信息化关注点的具体价值取向方面,都不同程度地关注以下六大方面及其之间的平衡。

## （一）关注信息化具体措施的公正性审查

在不少国家和地区，无论是刑事诉讼还是民事诉讼，直接言词证据规则都被认为既是古老的，也是保证司法公正所必需的诉讼规则之一。如果通过电子送达方式送达文书，那么如何弥补直接言词证据缺失所带来的证据不真实的瑕疵？法庭可以使用什么样的证据？如何处理缺失的证据？如何对目标进行优化及设置所有的相应评估数值？若政府部门、司法机关使用虚假数据，应如何处理？这些问题都有待进一步探讨。

为评估这些工具的可靠性，由多家大型科技公司携手成立的组织 The Partnership on AI(PAI)开展调查，并于近期发布了一份报告。该报告收集了多个学科对于人工智能和机器学习的研究及伦理学界的观点，发现美国刑事司法系统使用的风险评估算法工具，存在严重的缺陷。

该报告也详述了采用这些工具所面临的挑战，主要包括三类：一是工具本身的有效性、准确性和偏差；二是工具与人交互的问题；三是治理、透明度和问责制问题。使用这些工具的部分原因是希望减轻刑事司法系统中现有的人为错误。但仅仅因为工具是基于数据设计的，就认为工具是客观或中立的，则是严重的误解。虽然公式和统计模型提供了一定程度上的一致性和可复制性，但它们仍然具有或者放大了人类决策的许多弱点。

在美国威斯康星州法院审理的威斯康星州诉卢米斯一案（Wisconsin v. Loomis）中，被告埃里克·卢米斯因偷窃枪击者抛弃的汽车而被警察误当作枪击者予以逮捕。风险评估算法工具 COMPAS 系统通过对卢米斯回答的一系列问题的测算，将其危险等级认定为"高风险"。鉴于其存在偷盗和拒捕行为，卢米斯最终被判有罪并服刑六年。卢米斯提起上诉，但威斯康星州最高法院支持了下级法院的裁决，认为 COMPAS 系统的算法具有中立性和客观性。

再如，英国司法界对于司法现代化存在一种批评声音。地方法官指出，如果按照英国的司法改革计划，将会有更多的审判转化为视频庭审。如果没有直接负责人或机构承担公共责任，这种诉讼程序可能会破坏公众对法律制度的信任。

## （二）关注信息化措施的透明度

倘若信息化措施的透明度不够,可能带来的问题包括算法黑箱,伪造、篡改、隐匿数据,披露算法等,有些涉及知识产权问题,有些涉及金融稳定、安全责任等问题。

英国议会公共账户委员会(PAC)警告,由 HMCTS 开创的"计算机定罪"计划是有争议的。网上认罪、网上支付罚款,未经国家依证据进行讯问,后果会很严重。此外,未经评估,在线移动服务贸易未能通过足够的渠道获得法律建议。而对于如何在虚拟庭审中进行辩护,人们可能会作出不够明确、恰当的决定,进而可能引发偏见,导致不公正、不公平的结果。而且,有人提出,在司法进程中,尚未对数字服务进行适当的评估。尽管 HMCTS 保证其可以对数字服务进行评估测试,但目前,对于新技术在司法服务中的运用可能引发的广泛影响,仍缺乏应有的适当评估。

## （三）关注司法效率

"关注司法效率"在欧洲司法效率委员会中得到集中体现。司法效率评估方案是欧洲司法效率委员会了解欧洲各国司法效率有关情况的基础手段和重要的文本资料。

## （四）关注司法成本的比重

"关注司法成本的比重"在有些国家有所体现,特别是地方法院,主要包含在司法信息化的效益评估规划中。

## （五）关注司法信息化可能带来的影响及网络安全

一些国家对司法信息化的安全性表示担忧,并试图采取措施保障司法信息网络安全。在努力推进司法信息化改革的同时,部分国家对技术可能带来的风险也非常审慎。

英国司法部文件显示,英国司法信息系统存在着"难以承受的风险等级"。对于信息技术应用在欧洲司法系统中的影响,评价指数涉及信息技术设施发展完善程度、立法架构的完善程度、战略治理发展程度等。评价结果的得出也需分三个阶段进行。

关于司法信息技术的安全可控性,多个国家和地区都体现出"司法拥抱科技,同时也警惕科技的副作用"的观点。这些国家或者从合宪性角度出发,或者从言词证据规则、技术安全性等角度出发,对人工智能、区块链等新技术应用于司法领域保持审慎的态度,具体表现在从对司法现状的实证调研到给出具体建议。

## (六) 关注司法信息的开放性与共享性,关注国际合作

域外司法一般认为,信息技术的研发、应用、管理并重,而且要高度关注信息技术适用的地域性差异。司法信息应当开放和共享,如果其他国家与地区发出司法请求,也应当尽可能满足,除非涉及国家机密、商业秘密、个人隐私。

相比较而言,国外司法信息化的着重点或优先级与我国不同。外国法院注重司法信息化服务审判执行,服务司法管理。而对于民众的司法服务,大多则采取收费方式。例如,在新加坡、罗马尼亚等国,当事人获取庭审记录需要付费。

我国的司法信息化也面临着一系列挑战。部分法院存在干警应用网络积极性不高,缺乏懂法律、懂网络和懂管理的复合型人才,制度落实不力,经费困难,信息化建设和管理严重滞后等问题。对域外司法信息化进行翻译、调研、深度分析等工作,将有助于进一步提高审判管理水平、促进司法公正、提高审判效率、整合司法资源、节约司法成本、加强司法记录和信息的机密性、加强国际合作,从而提高世界司法信息化水平、促进全球司法公正。

(本文原载《中国审判》2019 年第 18 期,系在 2019 年互联网法律大会上的发言)

# 附录　历年学术成果一览

## 一、著作

### （一）独著

1.《加拿大与中国经济诈欺犯罪比较》,中国检察出版社 2003 年版。

2.《欧洲金融犯罪比较研究——以欧盟、英国、意大利为视角》,外语教学与研究出版社 2006 年版。

3.《创新社会治理视域下的刑事法治》,中国政法大学出版社 2016 年版。

### （二）合著、合编

1.罗玉中主编:《知识经济与法律》,北京大学出版社 2003 年版。

2.薛波主编:《元照英美法词典》,法律出版社 2003 年版。

3.《北京大学法学百科全书——刑法学、犯罪学、监狱法学》,北京大学出版社 2003 年版。

### （三）译著

1.[美]谢里夫·巴西奥尼:《国际刑法入门》,法律出版社 2006 年版。（第二译者）

2.[美]奥斯汀·萨拉特等主编:《法社会学手册》,法律出版社 2019 年版。（第一译者）

# 二、论文

## （一）独著

1.《论庭审方式改革后的几个问题》，载《法学论坛》1996 年第 4 期。

2.《建议刑法增设"见危不救罪"》，载《法学天地》1997 年第 1 期。

3.《论改革后的庭审方式》，载《法学杂志》1997 年第 2 期。

4.《论破产犯罪与破产刑法》，载刘守芬主编：《刑事法律问题专题研究》，北京大学出版社 1998 年版。

5.《中国与加拿大经济诈欺刑事立法比较研究》，载《烟台大学学报》2001 年第 4 期。

6.《论信用证诈骗罪的概念与认定》，载赵秉志主编：《新千年刑法热点问题研究与适用》，中国检察出版社 2001 年版。

7.《亟待建立未成年人援助中心》，载《青少年犯罪研究》2001 年第 4 期。

8.《论知识经济与刑法变革》，载《法学家》2001 年第 5 期，被人大复印资料《刑事法学》2002 年 2 月转载。

9.《互联网上侦查权与隐私权的冲突及其刑事政策——以加拿大为视角》，载《比较法研究》2003 年第 6 期。

10.《论刑事政策法治化的基础》，载《刑法评论》第 4 卷，法律出版社 2004 年版。

11.《论共谋金融诈骗罪》，载《现代刑事法治问题探索》第 3 卷（中国人民大学刑事法律科学研究中心组织编写），法律出版社 2004 年版。

12.《如何认定介绍贿赂罪及其相关问题》，载《刑事法判解研究》2003 年第 4 辑，人民法院出版社 2003 年版。

13.《质疑刑法第 247 条的立法价值》，载《人民检察》2004 年第 6 期。

14.《侵犯著作权罪的立法完善》，载《法制日报》2003 年 7 月 10 日"理论专刊"。

15.《域外司法信息化发展新趋势及其启示》,载《中国审判》2019 年第 18 期。

16.《论垄断的法律定位》,载《南都学坛》2003 年第 5 期。

17.《侵犯著作权罪新问题探讨》,载《人民司法》2004 年第 8 期。

18.《介绍贿赂罪问题研究》,载《2004 年中国刑法学年会文集》(第 2 卷),中国人民公安大学出版社 2004 年版。

19.《侵犯著作权罪新探》,原载张军、赵秉志主编:《2003 年刑法学年会文集》,中国人民公安大学出版社 2003 年版,2006 年被评为中国法学会优秀刑法论文(2000—2005)二等奖。

20.《加拿大市场竞争的刑法保护及其启示》,载《法学评论》2005 年第 4 期。

21.《欧盟刑事法简介》,载《人民法院报》2005 年 7 月 15 日“海外法域”版。

22.《中美累犯制度比较研究》,载《2005 年中国刑法学会论文集》(第一卷上册),中国人民公安大学出版社 2005 年版。

23.《公诉案件被害人损失赔偿问题研究》,载《南都学坛》2005 年第 6 期。

24.《欧盟刑事法的最新发展及其启示》,载《河北法学》2006 年第 3 期。

25.《关于“恐怖主义”的定义》,载《北京政法职业学院学报》2006 年第 1 期。

26.《刑事法反恐若干问题探析》,载《上海公安高等专科学校学报》2006 年第 3 期。

27.《侵犯著作权犯罪立法若干问题研究》,载《深圳大学学报》(人文社会科学版)2006 年第 5 期,被中国人民大学复印资料 2006 年第 12 期《刑法学》全文转载。

28.《论和谐社会的刑事法治》,载《2006 年中国刑法学年会文集》(中国人民公安大学出版社 2006 年版),被《人民检察》2006 年第 23 期转载。

29.《论刑事和解的法律规制》,载中国博士后基金会、中国社会科学院主编:《法治与和谐社会建设》,社会科学文献出版社 2006 年版。

30.《论从人权保障角度反腐败》,载《法学家》2007 年第 2 期。

31.《全球化时代的刑法国际协调》,载《深圳大学学报》2007 年第 4 期,被《新华文摘》2007 年第 23 期"报刊文章篇目辑览·法学"收录,并被收录于戴玉忠、刘明祥主编:《和谐社会语境下刑法机制的协调》,中国检察出版社 2008 年版。

32.《中文功底对你很重要——论法科学生的文化底蕴》,载最高人民检察院主办《法学院》2007 年 6 月 22 日第 12 版。

33.《我国金融犯罪的修正问题研究》,载《2007 年刑法学年会论文集》2007 年版,并被收录刘明祥主编:《金融犯罪的全球考察》,中国人民大学 2008 年版。

34.《论国际刑事法院的管辖权》,载《国际刑法评论》2008 年第 4 期。

35.《论外语院校复合型法律人才的培养模式》,载《中国大学教学》2008 年第 2 期。

36.《国际金融反恐的现状与反思》,载《国际论坛》2008 年第 2 期。

37.《论行为刑法与行为人刑法的结合——未成年人犯罪刑事政策研究》,载《青少年犯罪研究》2008 年第 3 期。

38.《论单位域外犯罪的管辖》,载《人民检察》2008 年第 19 期。

39.《行政犯罪与行政违法的界定及立法方式》,载《东方法学》2008 年第 4 期。

40.《严密法网、宽严相济》,载《云南大学学报》2006 年第 6 期。

41.《宪法只有走进刑事法视野,才会出现真正的刑事法治》,载《光明日报》(理论版)2008 年 9 月 8 日。

42.《行政违法与行政犯罪若干问题研究——以中国与加拿大比较为视角》,载《南都学坛》2008 年第 5 期。

43.《论我国量刑制度的改革》,载《法学论坛》2008 年第 5 期,并被中国人民大学复印资料 2008 年第 12 期《诉讼法学》全文转载。

44.《重大环境污染事故罪构成要件研究》,载《河北法学》2009 年第 9 期,被中国人民大学复印资料 2009 年第 12 期《刑法学》全文转载。

45.《欧洲一体化与欧盟金融刑事法的发展》,载程卫东主编:《欧盟法律创新》,社会科学文献出版社 2009 年版。

46.《从欧盟法律规定看金融刑法的边界》,载曾令良、黄德明主编:《欧洲联盟法治50年回顾与展望》,湖北人民出版社2009年版。

47.《欧盟金融刑事政策述评》,载谢望原主编:《中国刑事政策报告》(第4辑),中国方正出版社2009年版。

48.《论刑法中重罪与轻罪的划分》,载《法学评论》2010年第2期,被中国人民大学复印资料《刑法学》2010年第6期全文转载。

49.《刑法学教科书60年回顾与反思》,载《政法论坛》2010年第2期,被《新华文摘》2010年第13期转载,并被收录《第二届中国法学优秀成果奖获奖论文集》,法律出版社2012年版。

50.《美国反"仇恨犯罪"刑事法研究》,载《中国刑事法杂志》2010年第1期,被《中国社会科学文摘》2010年第7期转载。

51.《组织未成年人进行违反治安管理活动罪若干问题研究》,载《南都学坛》2010年第1期。

52.《"仇恨犯罪"若干问题研究》,载《河北法学》2011年第4期,被中国人民大学复印资料《刑法学》2011年第7期全文转载。

53.《群体性暴力事件与仇恨犯罪:刑法与刑事政策的回应》,载《甘肃政法学院学报》2011年第4期。

54.《"法外复仇"传统与"仇恨犯罪"的抗制——以中国传统复仇文化为视角》,载《法学论坛》2011年第6期,被中国人民大学复印资料《刑法学》2012年第3期全文转载。

55.《卓越法律人才培养与法学教学改革》,载《中国大学教学》2011年第7期。

56.《社会冲突、社会管理创新与刑法理念的发展》,载朱孝清等主编:《社会管理创新与刑法变革:中国刑法学年会文集·2011年度(上下卷)》,中国人民公安大学出版社2011年版。

57.《社会管理创新与刑法理念的发展》,载《东方法学》2011年第6期。

58.《论跨国有组织犯罪的特征及抗制措施》,载《中国刑事法杂志》2012年第7期。

59.《论刑法的宪法制约》,载赵秉志、张军主编:《刑法与宪法之协调发展》,中国人民公安大学出版社 2012 年版。

60.《论我国反跨国洗钱刑事法律的完善》,载《河南大学学报》(社会科学版)2012 年第 6 期,被《新华文摘》2013 年第 7 期论点摘录。

61.《中国刑法分则研究之考察》,载《东方法学》2013 年第 1 期,被收入中国法学创新网"最新文选"。

62.《论跨国公司犯罪及其有效抗制》,载《法治研究》2013 年第 3 期,被中国人民大学复印资料《国际法学》2013 年第 6 期全文转载。

63.《波兰宪法与刑法的互动关系评述》,载《刑法论丛》2013 年第 1 卷。

64.《从赖昌星案看中加刑事司法合作》,载《南都学坛》2013 年第 5 期,被《新华文摘》2013 年第 23 期全文转载。

65.《打击跨国贿赂犯罪的刑事政策研究》,载《法治研究》2013 年第 7 期。

66.《流动人口仇恨犯罪与刑事政策的发展》,载张凌等主编:《犯罪防控与平安中国建设——中国犯罪学学会论文集(2013 年)》,中国检察出版社 2013 年版。

67.《"赔偿损失"对刑事责任影响的类型化研究——以涉众型经济犯罪为视角》,载《法学杂志》2014 年第 1 期。

68.《中国恐怖活动犯罪的惩治与防范》,载韩国比较刑事法学会主编:《全球化安全社会与刑法》,韩国中央大学出版社 2015 年版。

69. *On the Improvement of Criminal Legislation and Criminal Policy to Deter Cross-Border Money Laundering in China*, Transnational Crime - European & Chinese Perspectives, Valsamis Mitsilegas , Saskia Hufnagel, Anton Moiseienko, Shi Yanan, Liu Mingx, 2018, Routledge.

70.《"后劳教时代"的人身危险性因素研究》,载《南都学坛》2014 年第 6 期。

71.《审判权运行机制改革研究》,载《东方法学》2014 年第 6 期,被《新华文摘》2014 年全面推进依法治国专刊全文转载。

72.《贪污受贿罪定罪量刑标准的立法修改完善问题研究》,载《刑法学论丛》2015 年第 2 期。

73.《仇恨犯罪的研究与治理》,载《法律与文化》2015 年第 5 期。

74.《论我国死刑的"停、改、废、释"》，载《南都学坛》2015 年第 4 期。

75.《受贿罪中"收受财物后退还或上交"的定罪标准问题研究》，载李少平等主编：《法治中国与刑法发展》，中国人民公安大学出版社 2015 年版。（第一作者）

76.《司法是"稳定器"并非"灭火器"》，载《北京日报》2015 年 9 月 21 日。

77.《论涉外法治人才培养机制的创新》，载《中国大学教学》2015 年第 11 期。

78."1949－2014：Review and Reflection upon the 65－Year History of Text-books on Criminal Law"，*Peking University Law Journal*，2015（2），载《中外法学》英文版 2016 年第 2 期。

79.《〈制止核恐怖行为国际公约〉与我国相关立法的协调》，载《河南大学学报》2016 年第 3 期。

80.《规律规范规制——以审判为中心的制度建设》，载《东方法学》2016 年第 1 期。

81.《境外追逃追赃与国际刑事合作的法治化》，载《深圳大学学报》2016 年第 6 期。

82.《立法的扩张与司法的限缩——基于刑法第 286 条之一的分析》，载《人民检察》2016 年第 6 期。

83.《适当降低刑事责任年龄是必要的》，载《法治周末》2016 年 6 月 2 日第 2 版。

84.《地方拟立法预防处理校园欺凌值得期待》，载《法治周末》2016 年 9 月 1 日第 2 版。

85.《电子商务中的法律责任》，载《中国市场监管研究》2017 年第 1 期。

86.《强化法治思维，全面推进扶贫腐败监察工作的法治化》，载《中国扶贫》2017 年第 2 期。

87.《遏制未成年人违法态势须标本兼治》，载《法治周末》2017 年 2 月 23 日第 2 版。

88.《网络食品安全犯罪的刑事责任认定》，载《人民检察》2017 年第 8 期。

89.《论网络时代公民个人信息的刑法保护——"两高"〈关于办理侵犯公

民个人信息刑事案件适用法律若干问题的解释〉解读》,载《人民检察》2017年第 20 期。

90.《共享经济离不开法律制度的保障》,载《检察日报》2018 年 4 月 22 日。

91.《建立多层次国际合作,有效惩治网络犯罪》,载《检察日报》2018 年 5月 20 日。

92.《将共享经济纳入法治轨道》,载《人民日报》2018 年 6 月 13 日"论法"理论版。

93.《网络犯罪案件适用法律问题研究》,载《人民检察》2019 年第 2 期。

94.《论"一带一路"背景下海峡两岸暨香港、澳门的反洗钱合作》,载《河南社会科学》2019 年第 10 期。

## (二) 合著

1.《论提升我国参与全球腐败治理的话语权》,载《中国党政干部论坛》2016 年第 9 期。(第一作者)

2.《界限与融合:东北亚区域化反恐合作组织的构建》,载《江汉学术》2017 年第 2 期。(第一作者)

3.《引渡基本原则在我国区际刑事司法协助中的适用——以港澳〈关于移交被判刑人的安排〉为视角》,载《南阳师范学院学报》2018 年第 5 期。(第一作者)

4.《情报预防思想在国际反恐警务合作组织机制构建中的作用》,载《南都学坛》2018 年第 1 期。(第一作者)

5.《论网络恐怖主义犯罪治理中的六大关系》,载《南阳师范学院学报》2019 年第 5 期。(第二作者)

## (三) 译文

1.〔英〕Barry A.K.利德:《论洗钱犯罪的控制和预防》,载《中外法学》1999 年第 5 期。

2.〔美〕斯蒂芬·休特:《有宪限制与无宪限制——美国刑法与英国刑法比较》,载《法学杂志》2004 年第 5 期。